高等院校经济学管理学系列教材

国际贸易

（第五版）

孙丽云　王立群　编著

上海财经大学出版社

图书在版编目(CIP)数据

国际贸易/孙丽云,王立群编著.—5版.—上海:上海财经大学出版社,2014.5

(高等院校经济学管理学系列教材)

ISBN 978-7-5642-1857-7/F·1857

Ⅰ.①国… Ⅱ.①孙… ②王… Ⅲ.①国际贸易-高等学校-教材 Ⅳ.①F74

中国版本图书馆 CIP 数据核字(2014)第 047794 号

□ 责任编辑 顾晨溪

□ 封面设计 张克瑶

□ 责任校对 赵 伟 王从远

GUOJI MAOYI

国际贸易

(第五版)

孙丽云 王立群 编著

上海财经大学出版社出版发行

(上海市中山北一路 369 号 邮编 200083)

网 址:http://www.sufep.com

电子邮箱:webmaster @ sufep.com

全国新华书店经销

启东市人民印刷有限公司印刷装订

2014 年 5 月第 5 版 2019 年 1 月第 3 次印刷

787mm×1092mm 1/16 21.75 印张 556 千字

印数:76 001—77 000 定价:36.00 元

第五版前言

2007年以来，国际贸易因世界市场诸多事件的发生而变得愈发举步维艰。其中，亚洲金融危机、欧洲债务拖累、美国财政悬崖、多哈回合未果、自贸区频生等因素使得世界市场日趋复杂化。在如此风云多变的大背景下，保护主义一再抬头，“世界经济脱轨前行、国际贸易版块将被重组”等预言此起彼伏。

从国际贸易实务方面来看，也有不可忽视的变化。其中影响最大的有两件事情：一是《2010年国际贸易术语解释通则》的出台，二是《跟单信用证统一惯例第600号出版物》的问世。事实告诉我们，无论是理论研究还是实务操作，崭新的课题在等待着我们。

在瞬息万变的新形势下，本教材作再一次修改，不仅意义深远而且刻不容缓。在上海财经大学出版社的鼎力相助下，此愿望得以实现，在此深表感谢。

本次修订，本人除了在具体内容上作吐故纳新的更改外，在结构上也略作调整。例如，增加了“延伸读物”和“总复习操作题”。希望能为学生的深入研究和全面掌握提供帮助。

在修订本书的过程中，本人深入了解了国内外经济形势，也从一些国内外权威网站获取了大量宝贵的资料。它们是：www.mocom.gov.cn，www.customs.gov.cn，www.cigcid.com，www.wto.org，www.europa.eu，www.usitc.gov，www.hktdc.com等，在此一并深表感谢。

修订本教材既是出于教师的责任感，同时也是一次学习机会。但由于知识所限，书中定存有许多不妥之处，望广大读者、同仁给予批评指正。

孙丽云

2014年5月

编写说明

本书是为适应高等院校财经类非外贸专业学生和广大实务人员学习国际贸易知识的需要而编写的。

《国际贸易》一书分理论篇和实务篇两个部分。理论篇以国际贸易理论、国际贸易政策、国际贸易宏观协调和国际贸易发展动态、政策演变作为对象，从宏观角度论述国际间商品劳务交换运动的发展规律和发展动向；实务篇则从实务的角度论述国际间商品劳务交换的操作过程，以国际贸易传统的商品进出口交易磋商、定约、履约这一基本程序为主线，贯穿应遵循的国际惯例和法规，介绍国际贸易实务操作原则和方法。

与外贸类专业用书相比，本书覆盖了专业外贸其他若干课程的内容，涉及面较广。每章之后均列有复习思考题，便于学生把握重点，加深对教材内容的吸收消化，并提高分析问题和解决问题的能力。

本书理论篇(第一章至第十一章)由孙丽云编写，实务篇(第十二章至第二十一章)由王立群编写。上海财经大学许心礼教授对书稿进行总审，并提出了许多宝贵意见，在此表示深深的感谢。

限于作者水平，书中缺点和不足之处，敬请读者批评指正。

编者

1995 年 11 月

目　录

实 务 篇

理　论　篇

第一章

导　论

何谓国际贸易？国际贸易是怎样产生和发展的？国际贸易课程主要研究什么？这些问题往往是学生在接触一门新学科之际容易产生和希望得到解答的。本章的任务就是要回答这些问题。

第一节　国际贸易的含义和分类

一、国际贸易和对外贸易

国际贸易(International Trade)是指国际间的商品和劳务的买卖。国际贸易课程主要是研究国际贸易的产生、发展和贸易利益，揭示其中特点与运动规律的学科。国际贸易的产生与发展必须以国家的存在为前提。因为这种交换活动发生在世界范围内，又称世界贸易(World Trade)，它是世界各国(或地区)对外出口贸易的总和。

对外贸易(Foreign Trade)是指一个国家(或地区)与别国(或地区)间的商品和劳务的买卖。

国际贸易和对外贸易是总体与局部的关系。当我们从全世界范围来看这种交换活动时，可称它为国际贸易或世界贸易；当我们从一个国家出发来看时，它与其他国家(地区)之间的商品或劳务的交换活动就是该国的对外贸易。一些海岛国家或地区，如英国、日本、中国台湾等，常把对外贸易称为海外贸易(Oversea Trade)。

二、对外贸易和国内贸易

对外贸易和国内贸易(Foreign Trade & Domestic Trade)是任何国家发展国民经济必不可少的重要手段。从本质上讲，对外贸易和国内贸易都是商品和劳务的交换，商品都是从生产者向消费者转移。通过交换，商品的价值和使用价值得以体现，经营者获取经济利益和利润的目的得以实现。但是对外贸易与国内贸易又存在着明显的区别：

(1)从事对外贸易的难度大于国内贸易。由于各国在语言、风俗习惯、宗教信仰、法律法规等方面均存在着很大差异，使交易接洽、市场调研和履行合同都增加了难度。

(2)对外贸易的业务程序多于国内贸易。由于各国在货币、度量衡制度、商业习惯、海关制度、外汇兑换等方面存在的差异，使对外贸易实务的程序比国内贸易要繁琐复杂得多。

(3)对外贸易的风险大于国内贸易。由于买卖双方分属两个不同的国家或地区，货物一般要经过长途运送才能从生产国转移至消费国，贸易双方因此要承受比国内贸易多得多的风险，这些风险可能产生于多方面，诸如资信、汇率、定价、运输、外贸政策与措施，等等。

由此可见，从事对外贸易活动，并非易事。就个人而言，要搞好对外贸易工作，必须具备一系列条件。其中最基本的，就是要有良好的职业道德、较系统的经济理论和国际商法知识、能掌握市场信息以及实际操作能力。就公司或企业而言，获取最新商业情报的能力、充裕的资金和完善的机构设置以及科学的管理方法是不可缺少的。

三、以不同标准对国际贸易的分类

国际贸易内容广泛，性质复杂，可以从以下不同角度进行分类：

(一)有形贸易和无形贸易

按商品的形态，可分为有形贸易和无形贸易。

1. 有形贸易

有形贸易(Tangible Trade)是指贸易双方所进行交易的商品是有形的、看得见的。有形贸易又称为有形商品贸易(Tangible Goods Trade)。被列入国际贸易中的有形商品种类繁多。

为了便于统计，联合国秘书处于1950年出版了《国际贸易标准分类》(Standard International Trade Classification, SITC)。标准共分10个门类、50个大类、150个中类和570个细类，作为各国际机构做贸易统计报告和对世界贸易进行系统分析的共同基础。

SITC采用经济分类标准，即按原料、半制品、制成品分类并反映商品的产业部门来源和加工程度。该标准目录使用5位数字表示，第1位数字表示类，前两位数字表示章，前3位数字表示组，前4位数字表示分组。自20世纪50年代出版后几经修订，2006年联合国公布了第4次修订版。

《国际贸易标准分类》把国际贸易商品依次分为10大类(section)、63章(division)、233组(group)、78个分组(sab-group)和1 924个项目(item)。

目前，此分类标准已被世界上绝大多数国家采用。我国自1981年起实行了新的商品分类标准，其制定方法以SITC为基础，并结合我国外贸商品的实际情况略作改变。即我国商品统计目录编号采用6位数，第1位数为类，第2位数为章，第3位数为组，第4位数为分组，第5位数为项目，第6位数为子目。

2. 无形贸易

无形贸易(Intangible Trade)也称无形商品贸易，是指无实物形态的贸易，如运输、保险、金融、国际旅游、技术转让、劳务输出入等。无形贸易是在有形贸易的基础上形成与发展的，并对有形贸易的发展产生巨大影响，两者相辅相成，又存在着明显区别：有形商品的进出口额表现在海关的贸易统计表上，是国际收支的主要构成部分。而无形贸易通常不显示在海关的贸易统计表上，但它是国际收支的一部分。主要包括：(1)与商品进出口有关的一切从属费用的收支，如运输费、保险费、商品加工费、装卸费等；(2)与商品进出口无关的其他收支，如国际旅游费用、外交人员费用、侨民汇款、使用专利特许权的费用、国外投资汇回的股息和红利、公司或个人在国外服务的收入，等等。

（二）现汇贸易和易货贸易

按贸易方式的不同，可分为现汇贸易和易货贸易。

1. 现汇贸易

现汇贸易（Spot Exchange Trade）又称自由结汇贸易，是指在国际买卖中，以货币作为偿付工具的贸易方式。对买卖双方而言，它具有各自独立的单项贸易特点，非常方便，是国际贸易中使用最多、最普遍的贸易方式。被用作偿付的货币必须可自由兑换，如美元、英镑、欧元、日元和港元等。

2. 易货贸易

易货贸易（Barter Trade）又称换货贸易，是指一国（或地区）与另一国（或地区）间货物互换的贸易方式。采用此种方式能帮助一些外汇紧缺的国家克服支付困难。此种贸易方式的特点是：进口与出口相结合，双方均有进有出，互换货物，可以一种对一种、一种对多种或多种对多种，尽量做到互换的总额持平，不用外汇。

易货贸易是人类贸易史上形成与发展最早的一种贸易方式。随着货币的出现，曾一度沉寂。自 20 世纪中叶以来，随着关贸总协定向世界贸易组织演进、全球经济一体化的发展以及信息高速公路的四通八达和现代信息的普及，现代易货贸易已呈现出欣欣向荣的局面。

（三）双边贸易和多边贸易

按贸易收支平衡范围，可分为双边贸易和多边贸易。

1. 双边贸易

双边贸易（Bilateral Trade）是指发生在两国（或地区）间的贸易，其基本特点是：双方保持贸易收支平衡。即贸易支付在双边基础上进行，各自以向对方的出口来支付从对方的进口，不用以向对方的出口来支付从其他国家的进口。这种情况较多被实行于外汇管制国家。进入 21 世纪以来，为应对新形势的挑战，美国、日本等贸易大国不断修正自己的自由贸易战略，加大了自由贸易协定谈判而且侧重“双边”谈判。

2. 多边贸易

多边贸易（Multilateral Trade）是指三个或三个以上国家（或地区）作为一个整体，相互间发生贸易并保持贸易收支平衡。即在贸易往来中，每个国家都可以用对某些国家的出超支付对另一些国家的入超，以实现整体的平衡。若在三国（或地区）间发生的多边贸易，则称三角贸易。例如，两国进行贸易磋商时，由于商品不适合而无法在两国间达成进出口平衡，而外汇支付上又存在一定困难无法达成协议，于是就把磋商范围扩大到由第三国介入，在三国间互相搭配商品，实现贸易平衡，解决外汇支付上的困难。它的基础是多边贸易协定。

（四）有证贸易和无证贸易

按贸易过程中是否使用单证等商业文件，可分为有证贸易和无证贸易。

1. 有证贸易

有证贸易（Documentary Trade）是指在国际买卖中，通过单证等商业文件的交接进行结算支付的一种贸易方式。在国际贸易中常见的结算单据有汇票、发票（包括商业发票、领事发票、海关发票）、提单（或运单）、装箱单、重量单、产地证明书、卫生证明书（包括动植物检疫证明书）、品质证明书、保险单，等等。由于买卖双方相距遥远，大多不容易做到“现钱现货”买卖，单据在交易过程中就成了履行双方权利和义务的重要依据。

2. 无证贸易

无证贸易(Electronic Data Interchange,EDI)方式即电子数据交换,是一种将贸易、运输、保险、海关、银行等部门的电子计算机联网,对商务信息按国际统一标准进行格式化处理,并把这些数据通过计算机网络,相互交换和自动处理,在不使用纸单证的情况下完成询价、订单、托运、投保、报关、结算等业务手续的一种使用现代化通信管理方式的新型贸易。EDI已被全世界普遍接受,因为它有如下特点:(1)EDI使用电子方法传递信息和处理数据,提高了工作效率。(2)EDI采用统一的标准编制数据信息,确保了数据的准确度。(3)EDI是计算机应用程序之间的连接,促使实务运作规范化。(4)EDI系统采用加密防伪手段以保证信息的真实性。

(五)直接贸易和间接贸易

按贸易是否有第三者参加,可分为直接贸易和间接贸易。

1. 直接贸易

直接贸易(Direct Trade)是指商品直接从生产国销往消费国,不通过第三个国家而进行的贸易。

2. 间接贸易

间接贸易(Indirect Trade)是指商品生产国与消费国通过第三国进行商品买卖的行为。间接贸易按照第三国是否拥有所有权,又可以分为过境贸易(Transit Trade)与转口贸易(Entrepot Trade)。过境贸易是指甲国经过丙国国境向乙国运送商品,货物所有权不属于丙国居民,对丙国来说,就属于过境贸易。过境贸易数额不列入过境国家的海关统计中。转口贸易是指甲国经过丙国向乙国出口商品,甲国与乙国不直接发生贸易联系,而是由丙国分别与甲国和乙国进行交易,对丙国来说,就属于转口贸易。转口贸易数额列入转口国家的贸易统计中。

四、国际贸易中若干常用名词

(一)出口与进口

出口与进口(Export & Import)是指因外销或外购而运出或运入国境的商品和劳务的活动,它们是一国对外贸易的两个组成部分。外国商品进口以后未经加工制造又出口,称为复出口(Reexport);若本国的商品输往国外,未经加工又输入国内,则称复进口(Reimport)。若一国在一定时期(如半年或1年)内,某一商品既有出口又有进口,但出口数量大于进口数量,其差额即为净出口(Net Export);反之,如果出口数量小于进口数量,其差额即为净进口(Net Import)。

(二)总对外贸易与专门贸易

许多资本主义国家划分进出口是以国境为标准,凡进入国境的商品一律列为进口,凡离开国境的商品一律列为出口。前者叫总进口,后者叫总出口。总进口额加总出口额就是一国的总对外贸易(General Trade)额。采用此种划分标准的有美国、日本、英国、加拿大、澳大利亚等。

还有许多资本主义国家以关境为标准划分进出口。当外国商品进入国境后,暂时存放在保税仓库,尚未进入关境,一律不列为进口;只有从外国进入关境的商品以及从保税仓库提出,才列为进口,即为专门进口。对于从国内运出关境的本国产品以及进口后未经加工又运出关境的商品,则列为出口,即为专门出口。专门进口额加专门出口额即为专门贸易(Special

Trade)额。目前,采用这种划分办法的国家主要有德国、意大利、瑞士等。

(三)贸易差额与国际收支

贸易差额(Balance of Trade)是指一国在一定时期(如1年或半年)内出口值与进口值之间的差额。如出口值大于进口值称为出超,又称为贸易顺差;如进口值大于出口值称为入超,又称为贸易逆差。贸易顺差表明这一国家贸易收入大于支出,贸易逆差表明一国从事贸易收入的钱少于支出的钱。

贸易差额是衡量一个国家对外贸易状况的重要标志之一。在一般情况下,贸易顺差反映一个国家的商品在世界市场的竞争中处于优势,在对外贸易收支中处于有利地位。贸易逆差反映一个国家在对外贸易收支中处于不利地位,在世界市场上的商品竞争中处于劣势。

国际收支(Balance of Payment)是指一国在一定时期(通常为1年)内对外国的全部经济交易所引起的收支总额对比。收入大于支出,称为国际收支顺差(或黑字);支出大于收入,称为国际收支逆差(或赤字);收支相等,称为国际收支平衡。国际收支集中反映在国际收支平衡表中,能从一个侧面反映一国的经济实力以及对外经济活动状况。

(四)进口替代与出口导向

进口替代(Import Substitution)属于一种经济发展战略,是指一个国家发展本国生产的工业品(即国产品)来替代原先依靠进口的工业品。发展国产化生产,首先要从国外进口技术设备和原材料,开发替代进口国的产品生产,其进程一般由轻工业品的进口替代转向重化工业品的进口替代。进口替代的立足点放在国内生产和消费上,以便节省外汇,建立本国工业体系。实行进口替代一般须配有保护贸易政策,以利于国内幼稚工业的发展。但这样做,工业化进程的时间要长一些,工业竞争力也要差一些。

出口导向(Export Leading)是指一个国家发展本国生产的工业品出口,以便替代原先初级产品的出口,如棉布替代棉花出口、石油制品替代原油出口。出口导向也是一种经济发展战略。出口导向包括初级产品加工后出口、轻纺工业品出口、重化工业品出口的不同出口导向阶段。出口导向的立足点放在本国产品对国际市场的占有上。因此,实施出口导向战略必须建立在一定的工业基础和国际竞争力上。

由此可见,进口替代与出口导向是一国走工业化道路利用外贸发展的两种不同战略,两者有一定的联系。根据拉丁美洲和亚洲一些工业化国家及半工业化国家的发展历史和经验教训,两种战略必须根据不同国家的国情和国际经济环境作具体分析设计。

(五)国际贸易商品结构

国际贸易商品结构(Line up of International Trade Commodities)是指各类商品在各国(地区)进出口贸易或世界贸易中所占的比例;进出口商品结构是指一国对外贸易中各商品组成部分在贸易总体中的地位、性质以及相互之间的比例关系。在国际贸易中,通常把进出口商品分为两大类:一类为初级产品,即没有经过或很少经过加工的农、林、牧、渔、矿产品;另一类为工业制成品,即经过机器完成加工的产品。工业制成品可分为劳动密集型产品(Labor-intensive Product)、资本密集型产品(Capital-intensive Product)和技术密集型产品(Technology-intensive Product)。产品成本中劳动力含量高的称为劳动密集型产品,资本含量高的称为资本密集型产品,技术含量高的称为技术密集型产品。

(六)国际贸易地理方向

国际贸易地理方向(International Trade by Regions)是指各洲、各国(地区)在国际贸易中所占的地位,即各洲、各国(地区)参加国际商品流通的水平。

对一个国家而言，对外贸易地理方向是指该国进出口贸易总值的国别和地区分布，表明该国同世界各国的经济贸易联系程度。

根据海关信息网2013年9月透露，2013年8月我国出口主要国别(地区)总值为1 906.1亿美元。其中：美国328.6亿美元，我国香港301.2亿美元，日本120.7亿美元，韩国88.1亿美元，德国63.2亿美元，荷兰49.1亿美元，英国49.1亿美元，俄罗斯联邦45.8亿美元，印度43亿美元，越南42.5亿美元。

(七)对外贸易依存度

对外贸易依存度(Ratio of Dependence on Foreign Trade)是指一国进出口总额与其国内生产总值或国民生产总值之比，又称对外贸易系数。对外贸易依存度是衡量一国国民经济对对外贸易的依赖程度的重要指标。

伴随着经济的全球化，对外贸易在各国经济中的比重都在增加。据WTO和IMF的数据测算，1960年全球外贸依存度为25.4%，1970年为27.9%，1990年升至38.7%，2000年升至41.7%，2003年已接近45%。中国作为转型中的发展中大国，对外贸易依存度也逐年提高。2002年突破50%，2005年已经高达63%，2006年更是达到67%的高点，此后受国内经济转型、内外需结构调整以及国际金融危机的影响，从2007年开始对外贸易依存度逐步回落。2012年中国外贸依存度重回50%以下，为47%，较上年下降3.1个百分点；其中出口依存度为24.9%，进口依存度为22.1%，较上年均有回落。目前，美国、日本、巴西三国的外贸依存度约为30%，相比之下，中国47%的外贸依存度仍处较高水平。

(八)国际贸易值和国际贸易量

1. 贸易值

贸易值(Trade Value)又称贸易额，是用货币表示的反映贸易规模的指标，各国一般都用本国货币表示。为了便于国际比较，许多国家同时又通行用美元计算。贸易额通常分为对外贸易额与国际贸易额两种。对外贸易额是指一个国家在一定时期(如1年)出口贸易额和进口贸易额之和。由于从世界范围来看，一国的出口就是另一国的进口，为了避免重复计算，一般是把各国的出口额相加，来表示国际贸易的规模大小。所以，“国际贸易额”这个概念，专指世界各国出口贸易额的总和。

2. 贸易量

贸易量(Quantum of Trade)是以数量、重量、面积、体积等计量单位表示的反映贸易规模的指标。以货币所表示的对外贸易值经常受到价格变动的影响，而对外贸易量能剔除价格变动的影响，更能对不同时期的贸易状况直接进行比较。方法是以一定时期的贸易量指数同各个时期的贸易量指数相比较，就可以得出比较准确的能反映贸易实际规模变动的数据。

计算方法：

进出口贸易量=进出口贸易额/进出口价格指数

例1：某国2012年全年进口达1 280亿美元，全年出口达1 400亿美元。根据资料反映，与2000年相比，2012年该国进口产品平均价格上涨3%，出口则下降了5%。我们设2000年为基年(即上述的一定时期)，其进出口价格指数均为100。那么，该国2012年的进口价格指数为103，出口价格指数为95。计算如下：

1 280/103%=1 242.72

1 400/95=1 473.68

剔除价格变动因素后的价格：进口额减少了，出口额增加了。

第二节 国际贸易的产生与发展

一、国际贸易的产生

国际贸易是在一定的历史条件下产生和发展起来的。国际贸易的产生，必须具备以下两个条件：一是国家的形成，二是有可供交换的剩余产品。因此，从根本上说，社会生产力的发展和社会分工的扩大，是国际贸易产生和发展的基础。

追溯到原始社会初期，人类处于自然分工状态，生产力极度低下，人们依靠共同劳动获取的生产资料十分有限，除了供人们食用以外几乎没有剩余，当时缺乏可交换的产品，私有制还未形成，没有阶级，没有国家，也就不存在跨越国界的国际贸易。

人类社会在第一次社会大分工后，畜牧业从农业生产中分离了出来，推动了原始社会生产力的发展。第二次社会大分工后，产生了手工业，促进了为交换而进行的商品生产。第三次社会大分工后，商人出现了，商品生产和商品交换获得发展，阶级和国家相继形成。于是，在原始社会末期有了超越国界的商品交换，他们将自己较便利地生产出来的剩余商品，去同其他国家换取自己不能生产或不能满足需求的商品，这就是初始的国际贸易。

二、国际贸易的发展

（一）奴隶社会时期的国际贸易

大约在6 000多年以前，古代埃及率先进入奴隶制社会，随后印度、中国、古希腊和古罗马也先后形成了奴隶制。随着超越国界的交换频繁发生，国际贸易有了发展。但是，奴隶社会是以奴隶主占有生产资料和奴隶劳动为基础的社会。在奴隶制社会中，自然经济占统治地位，生产的目的主要是为了消费，而商品生产在整个生产中所占比例甚微，进入流通领域的商品数量则更少，范围也极受限制。当时，进行贸易的商品主要是供奴隶主和王室享乐的一些奢侈品以及奴隶。主要的贸易国家有欧洲的腓尼基、古希腊和古罗马。我国在夏商时代已进入奴隶社会，但进行对外贸易的商品十分有限，区域也较狭窄，主要集中在黄河流域各国间。

但是，尽管如此，有限的国际贸易对商品经济的发展还是起了一定的推动作用，尤其促进了手工业的发展。

（二）封建社会时期的国际贸易

中世纪，欧洲国家普遍实行封建制度，国际贸易有了较大发展。在欧洲封建社会的早期阶段，是地主阶级统治下的佃农制度，基本行政区域是庄园。庄园基本是自给自足经济，加之交通不便，又恐强盗掠夺，国际贸易活动很少，除了盐、酒之类必需品交易外就是买卖奴隶。到封建社会中期，商品生产取得了一定进展，加之基督教在西欧已十分盛行，教会有至高无上的权力，当时教会通过促进国际贸易的发展来获取和维护自身利益。公元 11 世纪以后，随着意大利北部和波罗的海沿海岸城市的兴起，国际贸易的范围从地中海东部扩大到了地中海、北海、波罗的海和黑海沿岸。封建社会后期，随着城市的兴起和城市手工业的发展，城际之间、国际之间的贸易有了进一步的发展，交易品已从香料和奢侈品扩展到呢绒、葡萄酒、羊毛和金属制品等。

中国经历了2 000多年的封建社会时期，在公元前 2 世纪的西汉，就开辟了从新疆经中亚通往中东和欧洲的“丝绸之路”，中国的丝、茶、瓷器通过“丝绸之路”输往欧洲。当时的中国丝绸等价黄金。明朝郑和七次率领船队下西洋,扩大了海上贸易。通过对外贸易,把“四大发明”传播了出去,也把欧亚各国的物产输入到了中国。

然而,在封建制度下,自然经济占统治地位,社会分工不发达,商品生产只是在有限的范围内发生作用,因此,国际贸易对经济发展的作用还不大。

(三)资本主义时期的国际贸易

国际贸易的发展与资本主义生产方式的建立和发展紧密相联。

马克思曾经指出:“对外贸易的扩大,虽然在资本主义生产方式的幼年时期是这种生产方式的基础,但在资本主义生产方式的发展中,由于这种生产方式的内在必然性,由于这种生产方式要求不断扩大市场,它成为这种方式本身的产物。”马克思这一科学论断,揭示了国际贸易与资本主义生产方式之间的本质联系。与封建制度不同,资本主义制度在本质上具有扩张性。资本的无限扩张决定它必须以大规模生产为前提,同时也必须以大规模的销售为前提。在资本主义形成以前,国际贸易为资本主义生产方式的产生提供了必要的劳动力、资本和市场,帮助完成了资本的原始积累,是其基础。在资本主义生产方式确立后,由资本主义制度的本质所决定,国际贸易成了这种生产方式的产物,这在近代表现得尤为突出。

19 世纪 70 年代到 19 世纪末 20 世纪初,资本主义由自由竞争向垄断过渡。在这一时期,欧洲和美国发生了第二次工业革命,人们称之为“钢和电的革命”,为工业提供了新材料和新的能源。全世界铁路长度由 1870 年的 21 万公里增至 1913 年的 110.4 万公里,商船吨位由 1870 年的1 680万吨增至 1910 年的3 460万吨,一般船舶航速从每小时 14 海里提高到 24 海里,运费则降低一半以上。从 19 世纪 60 年代起,资本主义国家的资本输出急剧增加,1862 年海外投资总额为 20 亿美元,1913 年增至 440 亿美元。这些客观条件的变化大大促进了国际贸易的发展,参与世界商品交换的国家越来越多,世界各国在经济上的相互依赖日趋加强。从国际贸易的地理格局看,该时期内一个明显的变化是英国在世界贸易中的比重和地位在下降,其他西欧国家、北美、非洲、拉丁美洲在世界贸易中所占比重在增长,这表明国际贸易的地理格局在扩大。

该时期内,中国备受帝国主义侵略,对外贸易中半殖民地、半封建性质进一步加深。甲午战争后,中国对外贸易已逐步为帝国主义所控制。此时,中国已沦为帝国主义的商品销售市场、原料产地和投资场所。

两次世界大战之间(1914~1938 年),由于欧洲各交战国的国内经济遭受严重破坏,加之 1920~1921 年的经济危机使得日本、英国、美国工业生产大受影响,在财政困难与经济危机的重压下,资本主义阵营爆发了空前的通货膨胀,引起各国汇率的紊乱,破坏了正常的贸易秩序。1929~1933 年,爆发了整个资本主义世界经济大危机,国际贸易的发展几乎停滞了。25 年间世界贸易量的年均增长率仅为 0.7%,世界贸易值反而减少了 32%。

两次世界大战期间,中国的进出口贸易绝大部分受帝国主义的控制,1919 年英国、美国、日本一起控制了中国 84.6%的进口贸易和 76.18%的出口贸易,1936 年对中国贸易享有控制权的国家又增加了德国、法国。从此,中国的对外贸易受多国控制。

(四)当代国际贸易新发展

第三次科技革命给战后的经济带来了生机。第二次世界大战结束以后,国际贸易发生了如下变化:

1. 国际贸易功能多元化

战后相对和平的国际环境给国际贸易的平衡发展提供了良好的条件。50 多年的经验证明，国际贸易的发展不仅推动了世界经济的迅速增长，更为各国在增强综合国力、提高科技水平、扩张军事力量诸多方面均显示出其独特的功能。

2. 国际贸易商品结构高档化、智能化和软性化

在国际贸易的演进中，世界经济迅速繁荣起来，其结果必然刺激参与国际交往的商品向更高层次发展以满足消费水平的提高。据统计，1996～2003年，全球商品出口大幅增长，而信息和通信技术商品出口增加了100%。2003年，信息和通信技术产品出口额达1 100亿美元，占全球商品出口的15%。国际信息和通信技术商品交易超过国际农业纺织和成衣交易量的总和。

3. 货物、技术、服务贸易"三足鼎立"

第二次世界大战后，随着资本主义国家科技的迅速提高和资本的大量过剩，国际贸易中无形贸易的发展速度也获得了相应的增长。发展中国家参与国际分工国家的数量增多以及自由贸易主义倾向的日趋加强，也为技术贸易和服务贸易跨国界的发展提供了便利，使得两者与货物贸易形成"三足鼎立"的局面。

4. 贸易集团化趋势加强

为了促进世界贸易的增长，几十年来，世界各国通过多边贸易谈判，签署双边自由贸易协定，建立区域性的自由贸易区、关税同盟及自主的单边措施等各种形式以求逐步实行贸易自由化，其结果使得贸易集团化趋势不断强化。目前，全球有各种不同类型的自贸区1 200多个。自20世纪70年代以来，全球自贸区已逐渐从传统上比较单一的转口、出口贸易，开始朝着兼具仓储、加工、物流、商品展示、金融、科技开发等多功能的产业集群方向发展。

5. 跨国公司已成为国际贸易主力军，市场竞争向综合化、全方位方向发展

跨国公司控制着当代国际贸易的主要流向和基本内容。20世纪90年代以来，与跨国公司投资相关的国际贸易占世界货物贸易的60%、服务贸易的70%和技术贸易的80%。

6. 国际保护主义更加隐蔽化、管理化

随着世界贸易的发展，被动的关税贸易壁垒已逐步被取消，一些发达国家为保护自身的利益，纷纷提高一系列其他方面的要求，这便形成了非关税壁垒。20世纪90年代兴起的是世界技术贸易壁垒和绿色贸易壁垒，其保护手段更加隐蔽。同时，一些发达国家还通过"ISO 9000"、"EC标志"等管理手段来加强其实行保护的效果。

7. 贸易手段规范化

1986年，关税与贸易总协定(GATT)发动了规模空前的乌拉圭回合谈判，其结果使贸易自由化延伸至长期受高保护的农产品和纺织品等行业，并超越纯货物贸易范围，扩大到了服务贸易和知识产权等领域。如今，世界贸易组织的法律制度成为世界各国共同遵守的规则，在世界贸易组织的协调管理下，贸易手段日趋规范化。

8. 交易方式电子化

信息技术的高速发展已经成为当今世界促进生产力发展的最主要的因素。电子商务的兴起主要取决于互联网在全世界的高速发展，从电话、电报到电子邮件以及20多年前开始的EDI，都可以说是电子商务的初级形式。而发展到今天，人们已经提出了包括一系列贸易活动在内的完整的电子商务的概念。电子商务促进了国际贸易的迅速发展。电子商务突出的是社会在互联网环境下的商业化应用，是把买家、卖家、厂商、银行和合作伙伴与社会管理服务机构在互联网、企业内部网和企业外部网结合起来的综合应用，涉及社会、经济、法律和政策等各个方面。

(五)当今国际贸易新发展

进入21世纪后,在经济全球化和高新技术的推动下,国际贸易一路顺畅地进入"快车道"。特别是2004年,业绩非常惊人。但随后的金融危机致使世界经济出现了第二次世界大战以来从未有过的负增长,国际贸易也经历了70年来最大的跌幅。

2009年年底,世界经济缓慢复苏,国际贸易也随即抬头。踏入2010年,国际贸易又步入稳步增长期。此时的国际贸易呈现出如下特点:第一,尽管受经济复苏中不稳定因素影响,但国际贸易还是表现出了上升的发展趋势。据WTO公布的统计数据显示,2010年世界商品贸易额全年的增幅达最高达25%。第二,美、欧、日三大经济体的对外贸易均增长迅速。据不完全统计,美国2010年1～10月出口增长15.1%,进口增长19.3%;欧盟分别增长22%和23%;日本增长28%和18.1%。第三,"金砖四国"依然是国际贸易增长的主力军。2010年WTO对前三季度的统计显示,俄罗斯、印度、巴西和中国的进出口额分别增长了35.4%、35.4%、37.6%和37.9%。

2010年以来,贸易环境有进一步走向自由化的发展趋势。据WTO统计,截至2010年6月,世界范围内已签署的FDA(双边或多边贸易协定)已有187个,其中2000年以后签署的占50%。而且亚太地区的FDA正在向无税化发展。例如,自2010年1月起,ASTAN＋1的FTA均已进入了实施阶段。东盟(ASTAN)原加盟国间的99%的商品实行了无税化。ASEAN与中国的FTA,ASEAN与澳大利亚的FTA、新西兰的FTA,以及ASEAN与印度的FTA也于2010年1月起生效。通过FTA的实施,亚太地区的关税不断得到削减,区域内贸易比例不断上升,亚太地区经济一体化快速发展,对世界经济发展有积极的推动作用。

根据世界贸易组织2012年的统计数据,美国仍是全球第一大货物贸易国。凭借其科技实力,美国是世界高科技最重要的出口国,也是世界上最大的农业出口国。但是,由于美国的全球化程度高、对外依存度强,加上跨国公司内部贸易频繁,致使美国贸易逆差不断扩大。在2010年以来的美国贸易逆差统计中,主要集中在中国、墨西哥、日本等国家。根据美国商务部2013年2月公布的统计,2012年贸易逆差为5 404亿美元,下降3.5%。尽管逆差有减弱,但美国经济发展的特点以及在世界经济发展中的角色决定了它的贸易逆差将是无法改变的事实。

2013年5月23日,联合国发布了《世界经济形势与展望》。报告中明确表示,尽管全球总体经济形势有所改善,但其下行风险和不确定性依然存在。其主要原因是世界经济仍然面临欧元区债务危机、美国"财政悬崖"和部分发展中国家"硬着陆"。同时,发达国家不断采取量化宽松货币措施等,致使经济增长不会有明显起色,不同地区和国家之间的经济增长差距显著。

事实证明,世界经济发展特征严重制约国际贸易的发展。然而,近50年来的历史事实又强有力地证明,国际贸易是推动世界经济发展的主力军。世界各国每年平均有近1/4的GDP不经过国际贸易就无法实现。可以预计,随着世界贸易组织全球贸易自由化合作的继续向前推进,世界各地区经济一体化合作将会再上一个台阶,各地区实现地区商品、资本、劳务的自由流通是指日可待的。

复习思考题

一、名词解释

复出口　　复进口　　过境贸易　　转口贸易　　对外贸易依存度

二、问答题

1. 试述国际贸易的含义与特点。
2. 试述国际贸易的分类。
3. 为什么要研究货品的贸易量?
4. 什么是国际贸易? 推动国际贸易发展的动力是什么?

延伸读物:

我国香港成功发展离岸贸易

香港贸易发展局研究总监关家明曾说:“香港总体发展最关键的一条不是政府的资助或者是推动有多大,而是企业是否能跟着市场的需求去转变经营和产品。”

成立于1966年的香港贸易发展局,见证了香港自由贸易港发展的起起落落。研究总监关家明在接受《第一财经日报》记者专访时称,香港已经从转口贸易转型至离岸贸易阶段。他们通过一项研究表明,香港的离岸贸易在经贸业绩中所占比重已由1988年的18.6%增至2012年的65%。

所谓离岸贸易,通俗地说,好比是一个母公司在其他地区或国家开办子公司,将异地生产的货物卖到第三国乃至全球。香港特区政府统计处数据显示,自2006年起,香港每年的离岸贸易货值都高于转口货值,2011年离岸贸易货值估计达4.5万亿港元,相当于同期香港转口贸易货值的1.4倍。从2002年至2011年,离岸贸易货值增加超过200%,远高于同期香港转口货值130%的增幅。

香港是一个自由港,而且是贸易和金融两方面的自由。例如,航运船只可以自由进出、货物基本上没有关税、没有资本管制、港币的发行流通基本没有外汇管制等。

回顾历史,从最开始的渔港到如今,香港的经济形态也曾不断发生着变化。

20世纪50年代后,内地工业方面的资本来到香港,曾使香港步入工业化,转口贸易转型为出口贸易;而20世纪七八十年代,内地吸引外资的优惠政策和两地劳动力成本的差异,吸引许多香港厂商投资内地,很多工厂又一步步搬到内地特别是珠三角去。此时,香港经历了从本地的制造业出口到转口贸易的一次转型。

到20世纪末,香港的工业迁移已经基本完成,香港被界定为走向“空洞化了”。但是,此时经济转型又在进行,离岸贸易悄悄露出水面。

从表面上看,香港1 000平方千米的土地上好像什么都没有了,没有工厂也没有运输。实质上,转型让香港腾出很多资源、土地、人力去发展一些新的其他行业,特别是服务业,现在香港90%以上都是服务业。

从贸易流程来看,离岸贸易活动一般是进出口贸易环节的最后一段,这和牵扯较多工序的转口贸易相比,毛利率比较低。如果一个产品,从原材料到生产、成品和运输都在一个工厂里面进行,假设涉及10个工序,每个工序附加1元钱的话,加起来毛利是10元钱。而现在供应链全球化,企业把工序分割在不同地方做,效率提高了,分工更精致,而且量也相对更大,总体效益是增加的。

就香港而言,虽然不是将全部工序都放在香港,但现在放出去的是增长值相对较低的部分,留下来或者继续发展出来的是一些增长值相对高的部分,是能发挥其比较优势的。同样的工作人数,以前分在一些高低不平的工序里工作,现在就集中在一些高端的工序,经济效益明显提高。随着内地移民的增加,香港的人口每年增长,但是人均产值还是在不断增加。

随着珠三角外经贸的发展,深圳港运输总量超过香港已是必然趋势。香港如果还去搞货柜转运的话,竞争力应该不会比深圳高,因为香港的地域和人力都有限,运输业发展空间相当有限,如果硬要将这些行业留下来,只会成为负担,所以应把那些其他人可以做得更好的地方让别人做,香港做一些有优势的新型行业,相互之间还可以互利发展。

资料来源:《第一财经日报》,2013年8月1日。

思考:出口贸易、转口贸易和离岸贸易的区别有哪些?

第二章

国际贸易基本理论

国际分工是国际贸易的基础。国际分工形成与发展的过程,也是指世界市场形成与发展的过程。在世界市场上通行的是以国际价值(国际生产价格)为基础的国际价格。本章主要阐明国际分工、世界市场与国际价值、国际价格等基本历史与理论。

第一节　国际分工

一、国际分工及其形成与发展

国际分工(International Division of Labour),是指世界各国之间的劳动分工,也是指世界各国之间生产的专业化分工。它是社会生产和社会分工发展到一定阶段的结果,是一国内部的社会分工超越国界向纵深和广阔方向发展的产物。它的发展主要取决于两方面的条件:一是社会经济条件,包括各国科学技术和生产力发展水平、国内市场规模、人口的多寡和社会经济结构;二是自然条件,包括资源、气候、土地等。其中起决定作用的是社会经济条件。追溯国际分工的形成,不难发现其历史的悠久。

国际分工的形成与发展过程,可分为以下四个阶段:

(一)国际分工的萌芽阶段

从奴隶社会国家的产生,到资本主义生产方式确立以前的这段漫长的历史阶段,由于自然经济占统治地位,生产力水平低下,各国之间经济交往较少,加之交通不便,国际分工尚处于初始的萌芽阶段。15 世纪末至 16 世纪上半期的地理大发现,对近代国际分工的萌芽起了促进作用。当时的西欧殖民主义者用暴力和超经济的强制手段掠夺国外资源,为本国生产和扩大生产提供原料,形成了宗主国与殖民地之间的国际分工的初级形式。

(二)国际分工的形成阶段

18 世纪从英国开始的产业革命大大促进了生产力的发展,直接导致了资本主义生产方式的确立,并使国际分工真正具有了世界意义。此时的国际分工建立在机器大工业的基础之上,大规模的生产和销售使殖民主义者增强了对国外市场和原材料的需求,商品输出成为资本主义经济的主要特征；殖民主义者对殖民地进行进一步争夺和开发，使宗主国与殖民地之间的垂直分工进一步发展为工业国和农业国的分工，造成殖民地经济更加依附于宗主国。

（三）国际分工的发展阶段

19 世纪末到 20 世纪初，资本主义社会出现了第二次产业革命，垄断代替了自由竞争。资本输出成为垄断资本主义控制和掠夺他国的重要手段，也是其主要的经济特征。宗主国与殖民地之间的分工、工业产品生产国和初级产品（农产品、矿产品）生产国之间的分工日益加强，同时，发达资本主义国家之间的水平分工开始得到发展，有些国家在某些工业部门上显示出自己的优势，它们在各个工业部门之间进行分工，形成一种彼此依赖的国际分工格局。

（四）国际分工的深化阶段

第二次世界大战后，随着一系列社会主义国家的出现和广大发展中国家的独立和实现工业化，加之科学技术的进步和跨国公司的迅速发展，国际分工进一步深化。具体表现为：(1)战后科学技术的进步，改变了战前的国际分工格局，使工业国与工业国间的分工处于主导地位，而且各国间工业部门内部分工呈逐步增强趋势。(2)战后一些发展中国家努力发展民族工业，建立自己的工业体系，成功实现了工业化，如韩国、新加坡等，使得传统的垂直国际分工开始削弱，一些发展中国家争取到和发达国家平等的国际分工地位。但从总体看，还有很多发展中国家没有完成工业化过程。(3)20 世纪 70 年代以后，贸易保护主义又有抬头之势，兴起了许多区域性贸易经济组织，区域性的国际分工发展迅速，世界政治经济力量发生重新组合。

根据不同的划分标准，可将国际分工分成不同的类型。主要有以下几种：

(1)以生产要素投入的相对密度来划分，国际分工可分为劳动密集型、资本密集型、土地密集型、资源密集型和技术密集型。第二次世界大战后的科技革命和跨国公司的经营活动，使某些工业产品的生产从发达国家向发展中国家转移，出现了高、精、尖工业和一般工业的分工，资本技术密集型产品和劳动密集型产品的分工。

(2)以各国在参加国际分工时所处的地位来划分，国际分工可分为垂直型、水平型和混合型。垂直型分工是指农矿业初级产品和工业制成品的分工，这是一种经济发展水平不同国家之间的分工。水平型分工是指发达国家之间在工业品生产上进行的生产专业化和协作的分工，大多为经济发展水平大体相同的国家之间的分工，如发达国家之间的分工。混合型分工则实行以上两种分工兼而有之的做法，如跨国公司的分工。

(3)以国际分工发展的深度由浅到深来划分，国际分工可分为产业之间、产业内部、部门之间、部门内部以及生产工艺和零部件的国际分工。这是分工和协作呈现多样化的一种表现，其具体表现在形式多样化上，如国际间的“三来一补”、劳务合作、技术转让、国际租赁等。

二、影响国际分工发展的因素

影响国际分工发展的最基本因素是社会经济条件和自然条件。

（一）社会生产力是推进国际分工发展的决定性因素

马克思曾指出：“由于机器和蒸汽的应用，分工的规模已使大工业脱离了本国基地，完全依赖于世界市场、国际交换和国际分工。”这段话充分说明生产力因素对于国际分工所起的作用。迄今为止出现的三次科技革命，都深刻地改变了社会生产，使社会分工和国际分工随之发生变革。尤其是战后第三次科技革命极大地推进了生产力的发展，形成了生产国际化，国际分工的形式不断发生变化，其深度与广度不断获得拓展。第二次世界大战后，国际分工的形式日趋多样化，除了传统的国际贸易以外，还有合资企业、合作经营、“三来一补”、国际分包、跨国公司、跨国银行、国际租赁等。参与国际分工的国家越来越多，参与的程度也越来越深，从部门间分工已深入到产品内部分工及工序与工艺的分工。从一国范围来看，各国生产力水平决定其在国际分工中的地位。发达国家生产力水平高，至今国际分工仍以其为主导地位；而发展中国家生产力水平低，在国际分工中不得不处于从属地位。各国生产力水平高低也决定其参与国际分工的产品结构。随着近几年的经济发展，我国已于20世纪90年代初完成了由主要出口初级产品向主要出口制成品的转变。

（二）自然条件和社会条件是影响国际分工发展的重要因素

自然条件和社会条件是一国经济活动的基础。自然条件包括地理环境、气候、资源、国土面积大小等。社会条件是指国内市场的容量、居民习俗、劳动力素质、民族文化素养、政府的外贸政策等。两者均会对国际分工产生重要影响。自然条件和社会条件对一国参与国际分工是提供便利还是产生障碍，取决于该国的生产力发展水平。科学技术先进、生产力发展迅速，可变参与国际分工的可能性为现实性。若生产力发展水平低，则受自然条件、社会条件控制成分就大；从参与国际分工的国际贸易商品结构来看，初级产品受其制约程度较大，工业制成品尤其是技术含量高的工业制成品受其制约程度就小。

（三）跨国公司的发展是促进当代国际分工发展的重要力量

跨国公司是资本主义企业发展到垄断阶段的产物，它将企业内部有计划、有组织的分工随着资本的输出而扩展到世界范围。由于跨国公司资本的输出具体表现为发达资本主义国家之间的互相投资，因此产生的国际分工主要是水平分工。反映到国际贸易上，就是发达资本主义国家之间的制成品贸易发展迅速，并成为当前国际贸易的主要部分。

跨国公司通常将生产环节分散到不同的国家，并通过公司的内部交易等控制活动，把各国的生产活动联系在一起，从而获取高额利润，这样，各国间的分工就反映了跨国公司垂直一体化体系的内部分工。

三、当代国际分工的新发展

国际分工是国际贸易作用的基本核心，也是国际贸易不断扩展的动因，更是世界经济不断取得飞速发展的根源。然而，由于进入21世纪的跨国公司对全球投资的扩张已经到了一个绝对的高度，其产品、技术、人力资源等方面在遍布全球的分、子公司之间跨国界的流动也已到了随心所欲的地步，在它的影响下，国际分工发生了传统概念无法解释的变化。归纳起来，表现为以下特征：

（一）分工以价值链为核心而展开

当代国际分工实际上包含着不同产业之间，相同产业不同产品之间和相同产品内不同工序、不同增值环节之间等多个层次的分工。如果说古典国际分工的边界是产业的话，当代国际分工的边界则更在于价值链，价值链上的国际分工成为国际分工深化的崭新结果。价值链是指设计、制造、分销、服务等一系列相互关联的增值活动。价值链分工的基础是生产活动和其他功能性活动更加专业化的细分，从而导致从最终产品的分工向价值增值全过程的分工转移。传统要素密集度决定国际分工地位的理论依然适用，但是要素的含义已经大大拓宽。在经济全球化的背景下，自然资源和劳动力等传统要素的作用趋于减弱，而技术、信息、人才和创新机制等知识要素的作用趋于增强，并且这些要素具有高度的国际流动性。更为重要的是，价值链各环节所需要素的比重不一。因而，分工可以是传统所定义的劳动要素密集型产业、资本要素密集型产业和技术要素密集型产业之间的分工，也可以是同一产业同一产品的价值链上具有劳动要素密集、资本要素密集、技术要素密集或其他要素密集性质的各个环节之间的分工。

(二)分工主体多元性

分工主体的多元性是当代国际分工的又一表现。古典贸易理论主要揭示了国家间产业分工,并进行相互贸易,以提高收益的依据,其对应的环境是以国家为主体的国际分工。直到20世纪末,对国际分工格局的理论论述仍然是以发达国家间的水平分工和发达国家与发展中国家间的垂直分工为基本特征,表现为:发达国家间大量进行产业内贸易,而发达国家与发展中国家间大量进行产业间贸易;发达国家专业化于资本密集型、技术密集型产业,而发展中国家专业化于劳动密集型、资源密集型产业。

在今天,传统分工的国别边界已明显弱化,是企业(特别是跨国公司)而不是国家成为分工的主体。分工关系从国家与国家之间转变为企业与企业之间,而这些企业中的相当部分是受制于同一个控制体系或有固定合同联系的分包商,而非外部世界市场。其核心表现是大型跨国公司日益倾向于更加狭隘的专业化,而将越来越多的功能分包给分布在全世界的独立的公司;大型跨国公司日益倾向于更加集中在知识密集、非有形的功能如产品设计、研究和开发、管理服务及营销和品牌管理等增值环节,而将更多的生产性环节分包给世界各地的合同制造商,甚至完全退出生产。

(三)分工突破空间概念

分工实现方式的多样性是当代国际分工的另一种表现。国际分工的传统含义是指各国生产者通过世界市场建立起的劳动联系,世界市场是传统分工实现的必由之路,通过世界市场上的国际交换实现国与国之间的生产联系或分工关系成为必然的途径。但是,作为与世界经济相对应的企业形式,跨国公司的大发展使得市场以外的制度安排得到了更为深刻的发展,国际交换的内涵大大丰富。传统上被定义为超越国民经济的交换原来只是发生在不同国家、不同企业、不同产品之间,但现在也可以发生在同一国家(跨国公司设在同一国家的不同分支机构之间)、同一企业(跨国公司内部)、同一产品(不同生产环节)内。于是,国际间的生产联系并不一定通过外部市场建立,国际分工的实现方式从单纯依赖外部市场上的国际贸易实现分工,转向外部市场与内部市场并存的多元格局。在内部市场上,国际分工既可能通过股权投资方式进行,也可能通过非股权式的分包方式进行。选择何种方式更多由产业特征或企业战略决定,而不是由传统上所谓的各国生产者的行为决定。

第二节 世界市场

一、世界市场的形成与发展

世界市场(World Market),是指在国际范围内进行商品交换的场所,它是由国际分工联系起来的各个国家(或地区)商品流通的总和,各国市场是世界市场的组成部分。

世界市场形成与发展的过程也是国际分工和国际贸易形成与发展的过程。世界市场的形成,可追溯到奴隶社会。早在奴隶社会,自从国家形成后,便有了世界市场的萌芽。但是,由于受自给自足的自然经济的约束,直至封建社会瓦解,世界市场始终未获壮大。低水平的社会生产力形成极具局限性的国际分工,国际贸易商品主要是一些农产品,另外还有一些手工艺品和土特产。当时的世界市场,含有较多成分的地区性或区域性,因此,我们只能称它为萌芽状态。

封建社会瓦解以后,商品生产受资本主义机器大工业的推动,发展迅速。地理大发现又使商品交换在更大范围内拓展市场成为可能。在资本主义资本原始积累时期，基本形成世界市场。

自由竞争时期资本主义不断向世界拓展市场的需求，使国际贸易迅速增长，世界市场进一步扩大。

随着资本主义社会由自由竞争向垄断过渡，形成了统一的、无所不包的世界市场。此时，国际贸易的多元化发展和国际收支平衡多边化的推行，已充分表明世界市场的成熟以及对国际贸易所产生的作用。

二、当代世界市场发展的基本趋势

随着世界经济的发展，当代世界市场所体现的基本特征可概括如下：

（一）世界市场逐渐扩大

1. 进入世界市场的国家增多

社会化大生产的发展，已冲破一个国家和一个地区的局限，要求在世界范围内寻求生产要素的最佳配置，开拓更广阔的销售市场。当前，不但各发达国家为了争夺市场而在全球范围内角逐，发展中国家为了自己的生存和发展，也把发展外向型经济视为带动本国经济起飞的基本条件，这使得进入世界市场的各类国家增多。

2. 高新技术产业扩大了国际贸易的内涵

随着高新技术产业的迅速发展和经济全球化的不断深入，世界产业结构正在发生深刻的变化。发达国家为了抢占全球经济的制高点，在强化高新技术产业竞争优势的同时，通过国际生产网络的扩张推动了全球产业结构的调整；发展中国家也利用这个难得的历史机遇承接国际产业转移，推动产业结构升级。近年来，在以信息产业等为核心的高新技术产业的推动下，世界范围内产业结构的重心正在向信息产业和知识产业偏移，并逐渐建立起了以知识为核心的各产业之间的新关联关系。发达国家制造业在国民经济中的比重不断下降，产业链的高附加值环节已成为制造业发展的重点，而发展中国家积极承接国际产业转移，正努力推动产业结构升级。一些跨国公司开始将它们的高收入、高附加值职业通过外包方式转移到海外去。这些工作包括集成电路的设计、工程、样本制作、测试、咨询、医学诊断、统计分析、汽车和航空设计，以及制药和纳米技术研究等。在研究和开发中，由研究开发人员工资率差别所引致的新一轮国际化也开始兴起，涉及的产业主要包括新兴产业如微电子、生物技术、医药、化学和软件产业等。

3. 服务贸易越来越多地被从传统的有形贸易中分离出来

自 20 世纪 60 年代以来，国际服务贸易开始加速发展，越来越多的服务贸易从传统的有形贸易中分离出来成为独立的新兴行业。80 年代以来，服务贸易增长更是异军突起，1980～2005 年全球服务贸易出口总额增长 5.7 倍，达24 147亿美元。发达国家的服务业产值占 GDP 的比重已经超过 70%，发展中国家的比重也达到了 52%。1980～2010 年全球服务贸易从 7 702亿美元增加到72 037亿美元，期间增长了 9 倍多。服务贸易总额占世界贸易总额的比重从 1980 年的 15.72%上升到 2010 年的 47.87%。毫无疑问，发展服务贸易已是在世界市场中争夺强国地位的重要途径。

（二）世界市场日趋复杂

第二次世界大战后社会生产力的迅速提高，使世界市场由卖方市场演变成买方市场。随着竞争的加剧，垄断同时也在加强。我们同时可以看到世界市场的复杂性，具体表现为：

1. 自由贸易政策和保护贸易政策并存

当资本主义国家的国民经济迅速发展时，推行自由贸易政策有利于向外扩张并获取更多贸易利益；当资本主义国家经济滞胀时，采取保护贸易政策有利于恢复国民经济发展。但是，日趋深化的国际分工已使各国经济相互紧密地连在一起，错综复杂的经济关系使世界市场上形成两种贸易政策并存的局面。

2. 全球性和区域性并存

社会化大生产和跨国公司的形成与发展，使世界经济朝着日趋全球化的方向发展。任何国家、任何商品都可以在世界市场上进行交易，体现出世界市场的全球性和无歧视性。但是，战后悄然兴起的区域经济又把世界市场分割成无数板块。内外有别的区域经济又使世界市场变小，具有排斥性和歧视性。其表现手法有两种：一种是国家之间形成集团化，如欧洲经济共同体、美加自由贸易区；另一种是企业跨国结成集团，通过建立跨国公司的环球经营体系，形成内外有别的贸易原则。

3. 商品过剩与商品不足并存

由于自然条件和社会条件的差异，加之各国科技发展水平的不同，各国进行国际交换的商品在质和量上均存在一定差异。这种情况在世界市场上的表现即为劳动密集型的初级产品多于技术密集型产品。从世界总供给与总需求状况来分析，前者基本表现为供大于求。市场剩余越多，垄断性越差，再经营难度越大，一些发展中国家均能生产的某些初级产品和劳动密集型产品，更是如此。由于产品同类，生产结构相似，出口市场相同，竞争十分激烈，而获利又少，一些技术密集型产品一般表现为技术含量越高，其受垄断性越强，又往往在产业结构互补国家间交易，竞争少，获利却高。

（三）世界市场日趋统一

冷战结束以来，世界经济基本在和平的气氛中发展，整个世界正展现其日趋统一的新面貌。

1. 区域经济一体化

战后，随着区域经济贸易集团的形成，世界市场趋于区域化，然而，区域性世界市场内部却趋向一体化。其中，欧洲经济共同体（1994 年 1 月 1 日后更名为“欧盟”）的经济一体化是一个极好的例子。从 1992 年开始，欧共体对内取消关税，实行统一农产品价格；对外实行统一关税，实行共同农业政策；建立关税同盟，形成统一市场；建立欧洲货币体系，实行货币一体化；在对外经济政策和外交政策上，采取共同立场和一致行动。欧洲经济共同体的统一大市场必将影响世界其他经济贸易一体化组织的形成。

2. 东、西方经济体制在接轨

伴随着政治、军事关系的缓和，前苏东国家长期游离于国际经济组织之外、与国际经济制度法规相脱节的状况迅速改观。独联体各国和东欧各国无一例外地接受了市场经济体制，承认了世界贸易组织、世界银行、国际货币基金组织的权利、义务与章程，中、东欧各国大多还成为欧洲联盟的联系成员国。与此同时，前苏东各国还先后接受了西方国家政府的大笔贷款，得到了它们减缓外债负担的承诺，同西方建立起数以万计的合资企业。即使在亚洲，越南、蒙古、老挝等社会主义国家，也实行灵活的经济政策，同美、英、法等大国结束了对立状态，建立起比较密切的经贸合作关系。我国社会主义市场经济体制的建立，使我国经济参与国际竞争的能力不断增强。这表明，不同社会制度已不再是国际间经济合作的重大障碍。

3. 电子商务正促使世界经贸活动连成一片

电子商务作为现代服务业中的重要产业，有“朝阳产业、绿色产业”之称，具有“三高”、“三新"的特点。"三高"即高人力资本含量、高技术含量和高附加价值,"三新"是指新技术、新业态、新方式。人流、物流、资金流、信息流"四流合一"是对电子商务核心价值链的概括。电子商务产业具有市场全球化、交易连续化、成本低廉化、资源集约化等优势。综观全球电子商务市场,各地区发展并不平衡,呈现出美国、欧盟、亚洲"三足鼎立"的局面。美国是世界最早发展电子商务的国家,同时也是电子商务发展最为成熟的国家,一直引领全球电子商务的发展,是全球电子商务的成熟发达地区。欧盟电子商务的发展起步较美国晚,但发展速度快,成为全球电子商务较为领先的地区。亚洲作为电子商务发展的"新秀",市场潜力较大,但是近年的发展速度和所占份额并不随着市场经济体制进一步完善,推进经济增长方式转变和结构调整的力度同比加大,所以,发展电子商务的需求将会更加强劲。电子商务将被广泛应用于生产、流通、消费等各领域和社会生活的各个层面,这将促使全社会电子商务的应用意识不断增强,有关电子商务的政策、法律、法规将不断出台,电子商务发展的政策法律环境将不断完善。同时,也促使物流、信用、电子支付等电子商务支撑体系建设更全面地展开,从而使得电子商务发展的内在动力持续增强。

三、世界市场中的新成员

世界市场是一个广泛的概念,它可以按不同的标准划分成不同的类型。若以参加国的经济发展水平为标准,可划分为发达资本主义国家市场、发展中国家市场;若以参加国的地理分布为标准,可划分为北美市场、西欧市场、亚洲市场、中东市场、拉美市场等;以生产要素密集程度划分,又可划分为国际劳动密集型产品市场、资本密集型产品市场、技术密集型产品市场等。世界市场又是一个动态的概念,随着经济的发展,旧的市场不断淘汰,新的市场不断涌现。当人类社会已从工业经济走向知识经济时代时,我们发现市场正在不断更新,其中有四种市场正在崛起并已展现出迅猛发展的态势。

(一)能源市场

一直以来,中东地区被公认为是世界的"油库"。巨大的石油藏量和产量在全球能源市场占有举足轻重的地位,对世界能源价格变化具有重要影响。

但是,随着页岩油气、油砂油等非常规化石能源资源开发的加速,世界能源格局在今后10～20年间或将发生重大变化,南、北美洲国家在世界能源供应中的地位将逐渐上升,世界能源市场的供需方将呈现更加多元化的局面。其中,最大的赢家要数美国。得益于页岩油气技术革命的成功,美国本土的油气产量正在快速提升。根据国际能源署(IEA)的预测,最快到2017年,美国的石油产量将超过沙特,排名世界第一。根据美国的预测,到2020年,美国将成为天然气净出口国,到2030年左右将成为石油净出口国。

同处北美大陆的加拿大,油砂矿藏十分丰富,占世界可开采量的80%左右。随着油砂油开发技术的进步,今后20年加拿大的石油产量将以每年2.4%的速度增加。

不仅如此,中美和南美洲国家的油气产量也有望继续提升。墨西哥、阿根廷和巴西都拥有巨量的页岩油气矿藏,开发潜力巨大。巴西的海洋石油开采正取得长足进步,预计该国石油产量每年将保持4.9%的增速,到2030年将成为世界第六大产油国。南美洲传统的石油强国委内瑞拉仍保持着旺盛的生产能力。

总之,受益于资源蕴藏丰富的天然优势以及开采技术的发展进步,美洲地区将逐渐成为世界油气生产的另一个中心,并大有超过中东地区的势头。这种能源市场供需格局的变化对于未来世界经济的发展将会带来巨大影响。

(二)智能市场

始于20世纪50年代的信息化革命实践告诉我们，互联网仅是人类信息化过程中的一个阶段，未来互联网很有可能会消失，取而代之的是智慧网。例如，虚拟三维屏幕的出现，使人们不用依赖于物理屏幕就能获取信息。人们完全可借助虚拟屏幕随时随地传播交流各种多媒体信息，不用天天面对电脑屏幕，互联网的商业模式将彻底变革。人们进入了更高层次的智能市场。云计算被认为是继大型计算机、个人电脑、互联网之后的第四次IT产业革命。所谓云计算，是指通过网络按需获取IT资源的生产方式，而云存储是指通过网络按需存取海量数据资源的IT服务。在智能市场中，云计算是重要的，所以云计算产业将迅速发展起来。全球已经有100多个国家推出了国家宽带战略，很多国家已将宽带列为和水、电、气、公路一样重要的公共基础设施。据联合国相关研究表明，宽带的部署是当前全球经济增长和持续复苏的最重要的驱动力之一，也是未来数十年中最关键的经济驱动力。宽带是未来信息社会经济发展的主要基础设施和战略资源，日本、韩国更是将宽带视为“立国之本”，美国、英国、新加坡、澳大利亚的宽带战略正开展得如火如荼。

美国著名作家尼古拉斯·卡尔在《IT不再重要》中告诉我们，我们今天所需的一切计算机软、硬件在云计算时代都不再存在于生活中，它们只存在于云计算中心，我们只要按需付费购买即可。如此说并非否定IT业，未来的IT将愈发处于重要地位，每个人都需要海量的存储空间、高速运算处理能力，现有的个人IT设备已无法满足对海量信息的处理需求，只能借助云计算中心的超级计算机来完成。在未来云计算时代，每个人都有一个专属数据中心，由大型云计算中心做技术支撑，人们所需的电子设备只需要能便捷接收和输入信息即可。

由此可见，云计算时代控制信息命脉的首先是电信运营商，当前全球十大市值科技公司中有5家是电信运营商。关于信息网络的建设，美国极具先见之明。20年前，克林顿政府启动“信息高速公路”计划，预计用20年时间，耗资2 000亿～4 000亿美元，建造全国信息基础设施，从而推动计算机技术和通信技术的飞速发展。“信息高速公路”计划实施至今将近20年，今天美国IT产业称霸全球，为美国经济社会的发展做出了巨大贡献。

回顾IT业发展史，不难发现，一切IT产业的本质都可以归结为让信息流通更具效率。信息载体已经从笨重、简单的手机、PC、数码产品向更轻薄的智能手机、平板电脑和液晶电视演进，体现了向高级化、智能化、便携化、多样化演进的特征。在云计算时代，甚至只需要一块便携屏幕即可实现信息的广泛交流。苹果(iPhone)是一个极其成功的例子，在手机出货量中只占8.8%的比例，但却获得了全球手机行业73%的利润。给它带来如此丰厚利润的正是它给手机市场带来的颠覆性的革命。

(三)绿色市场

据联合国电台2013年5月15日报道，联合国环境规划署最近发布的一份名为《绿色经济和贸易——趋势、挑战和机遇》的报告称，过去20年，世界贸易的不断增长拉动了全球经济增长，并促进了发展中国家在减少贫困方面取得长足的进步。但与此同时，贸易量的增大也给自然资源带来了巨大压力，导致温室气体排放量增加，还加剧了许多其他环境问题。在经济“绿色化”的潮流中，“绿化”世界市场将是实现可持续发展的一个重要步骤，而发展中国家在这方面将大有作为。

报告分析了农业、渔业、林业、制造业、可持续能源和旅游业六个产业的绿化前景，指出在现行的国际贸易模式中，发展中国家尤其是最不发达国家，其出口产品严重依赖自然资源和原材料。发展中国家要实现长期和可持续的经济增长，必须使经济多元化，并使自己获益于全球市场对绿色产品和服务不断增长的需求。

在加工制造业方面，许多制造商正在改进企业运作，以便在不断绿化的全球供应链中站稳脚跟。从1999年到2009年，全球获得ISO14001环境管理认证的企业增长了15倍。

在国际旅游业方面，2012年国际游客人数达到了10亿人，发展中国家在国际旅游市场上的份额已从1980年的30%增长到了2011年的47%。旅游业中增长最快的是生态游，而发展中国家在这方面具有相当的竞争力。

（四）垃圾市场

垃圾是人类日常生活和生产中产生的固体废弃物，由于排出量大、成分复杂多样，如不能及时处理或处理不当，就会污染环境，对人类的生存与健康造成严重威胁。同时，垃圾又被认为是最具开发潜力的、永不枯竭的"城市矿藏"，是"放错地方的资源"。这既是对垃圾认识的深入和深化，也是城市发展的必然要求。

在世界垃圾市场上，挪威可称得上是个领军人物。近日，美国《纽约时报》评论了该国，称"挪威首都奥斯陆目前面临垃圾匮乏问题，因其垃圾处理产业十分发达，除英国、爱尔兰、瑞典外，还将考虑从美国进口垃圾"引起普遍关注。挪威作为石油、天然气生产与出口大国，同时拥有丰沛的煤炭储量和应用广泛的水力发电系统，却与其他北欧国家展开"垃圾争夺战"，这是因为挪威政府始终重视对可再生资源的开发利用，力求逐步降低对化石能源的依赖程度，并且拥有完备的垃圾循环利用体系和较成熟的垃圾处理技术，能够有效实现由垃圾到能源的"变废为宝"。

对于工业生产及矿产开采等活动中产生的危险废物，能够再利用的，回收利用；技术手段无法回收利用的，通过化学或物理方法进行无害化处理后进行填埋，或输出到具备相应技术能力的欧洲国家进行妥善处理。2011年挪威危险废物总量为130万公吨，其中30%得以回收利用，其余70%进行预处理后予以填埋或出口到国外。

挪威对垃圾进出口有着严格的限制和要求。总体而言，出口量远远大于进口量。挪威的垃圾出口需要经过挪威气候与污染防治机构(Climate and Pollution Agency)批准，将本国不具备优势技术或难以处理的垃圾输往拥有特定技术或能更加高效地处理特定垃圾的欧洲国家，主要是临近的瑞典、芬兰、丹麦等国，而将垃圾出口至不具备相应处理技术和能力的发展中国家，则被视为违法行为。2011年，挪威垃圾出口总量为170万吨，比上年增加70万吨。出口增加受到国际市场上垃圾行情、处理成本和技术等因素的共同影响。此外，挪威于2009年颁布法案，禁止填埋可生物降解的垃圾，也在一定程度上刺激了垃圾出口的增长。进口方面，挪威2011年进口垃圾48万吨，比2010年减少4万吨，但几乎为2009年的2倍。进口价格大致在100～200美元/吨。进口的垃圾主要用于冬季供暖和发电。因此，从进口垃圾种类上看，主要为热值较高的可燃性垃圾，并且需要经过预先分类和包装处理。2012～2013年冬季，EGE自英国进口6万吨垃圾用于区域供暖，预计2014年冬季还将进口8万吨，这是因为英国垃圾具有较高的质量和洁净度。据预测，伴随着垃圾处理厂数量和规模的扩大，未来几年，挪威还将进口更多垃圾用于供暖和发电。

第三节　国际价值与国际价格

一、国际价值的形成

商品是有价值的。商品的价值在一国内由该国生产该商品的社会必要劳动量决定。这是商品的国民价值。但是，同一商品在不同国家所凝聚的社会必要劳动量各异，从而构成不同的国民价值。

国际商品交换的原则同样是等价交换，但不同国家间的商品交换必须使用统一的价值尺度。于是，便形成了国际价值。商品国际价值是在商品国别价值（国民价值）的基础上形成的，商品国际价值的尺度是世界劳动的平均单位。

“世界劳动的平均单位”是马克思给予的称谓。他说：“在一个国家内，只有超过国民平均水平的强度，才会改变单纯以劳动的持续时间来计量的价值尺度。在以各个国家作为组成部分的世界市场上，情形就不同了。国家不同，劳动的中等强度也就不同；有的国家高些，有的国家低些。于是各国的平均数形成一个阶梯，它的计量单位是世界劳动的平均单位。”[①]由这个世界劳动的平均单位计量的国际价值，是各国社会必要劳动量加权平均的结果。

参与或者有可能参与世界平均劳动时间计量的国民价值条件使该商品进入世界市场，是动态的、经常变化的。因此，在各参与国国民价值基础上产生的某商品的国际价值也具有动态的、变化的性质。具体地说，各参加国的劳动生产率的变化、劳动强度的变化以及参加国的贸易量变化均会使国际价值量发生变化。

二、国际市场价格

（一）国际市场价格的基础

国际市场价格是指在一定条件下，在世界市场上形成的市场价格。它是某种商品在世界市场上买卖的价格依据，商品的国际价格是其国际价值的货币表现。国民价值转化为国别生产价格后，国际价值也相应转化为国际生产价格，成为国际市场价格波动的基础。国际生产价格是各国加权平均的生产价格，其变动归根结底仍取决于国际商品价值的变动。

国际市场价格的波动，是价值规律在国际范围作用的形式和结果。在市场完全竞争条件下，国际市场供求关系的变化从以下几个方面引起国际市场价格的变动：(1)市场供给扩大，需求不变，因生产过剩，卖方竞相出售，商品价格趋跌；(2)市场供给减少，需求不变，为取得供需平衡，价格趋涨；(3)市场供给不变，需求扩大时，价格趋涨；(4)市场供给不变，需求萎缩时，价格趋跌；(5)市场供给扩大，需求下降时，价格急剧下跌；(6)市场供给减少，需求扩大时，价格上涨较快。

除供求关系以外，通货膨胀、经济周期、各国政府采取的政策措施等均会引起国际市场价格的变化。

（二）国际市场价格的种类

国际市场价格（World Market Prices）按不同的标准，可划分为不同的类别。如今对国际贸易影响较大的有以下几种：

(1)区域性经济贸易集团内的价格。第二次世界大战后，在整个世界范围内成立了许多区域性经济贸易集团，如欧盟、北美自由贸易区等。这些集团对内实行优惠政策，对外则采取协调一致的贸易政策，尤其是关税方面，在此基础上便形成了内外有别的价格。如欧盟实行统一的农产品价格，统一价格收购，并统一对农产品实行补贴。

(2)国际商品协定下的协定价格。订立国际协定的目的在于稳定价格，主要是通过缓冲存货基金买入、卖出有关商品而实现的。因此，国际商品协定下的协定价格是一种受控制的价

---

① 《国际价值与国际价格：劳动价值论的解释》，《经济经纬》，2006 年第 6 期。

格，对国际贸易供需变化产生很大影响力。

(3)调拨价格。指跨国公司根据其战略目标决定的，为了达到调节利润、转移资金、控制市场和逃避税收等目的，在母公司与子公司、子公司与子公司之间销售商品和服务时采用的内部价格。

(4)实际成交价。指买卖双方直接成交的价格。它有可能是在如商品交易所、拍卖行等地点形成的“自由市场”价格，也有可能是在某种垄断力量控制下形成的。由于目前世界上垄断日益加强，后者的比例正逐步上升。

(5)外贸统计价。是一种利用外贸统计价格计算的价格。其计算方法是将某个时期的出口(进口)价值除以出口(进口)数量得出某个国家某种商品的出口(进口)平均价格或单价。

三、价值规律在国际贸易中的作用

(一)对国际分工和资源配置的调节作用

关于价值规律对国际分工的调节作用，我们可以从马克思创立的国际价值科学理论中寻找答案。马克思指出，国际市场上的商品均具有国内价值和国际价值的两重性，即同一种商品具有国内价值和国际价值两种尺度。马克思指出，在这两种不同的价值尺度之间存在着比较差异，这是价值规律在国内、国际不同市场范围发生作用的结果。

由于商品的国内价值和国际价值存在“比较差异”，因此，从理论上考察，在正常的贸易条件下，国际交换的双方都有可能获取利益。马克思又指出，即使经济技术比较落后，劳动生产率比较低的国家在国际交换中，它们“所付出的实物形态的物化劳动多于它所得到的，但是，它由此得到的商品比它自己所能生产的更便宜”，从而节约社会劳动，获取经济利益。通过价值规律的作用，调节生产资源在国际间的流动和重组，从而调节国际分工，有利于资源的优化配置。

马克思的这一科学理论是社会主义国家参加国际分工和国际贸易的重要理论依据。

(二)对提高劳动生产率和灵活贸易方式的促进作用

进行国际买卖的商品是否能获得满意价，与其国别价值与国际价值的“比较差异”大小有关。商品国别价值较低，按国际价值出售便可获得比国内出售更多的利益；反之，获利就小。而国别价值高低与劳动生产率有关。因此，参加国际贸易的国家为了获得较多利益，并在竞争中获胜，都千方百计提高劳动生产率，降低成本，研制新产品，改进贸易方式和运用灵活贸易方式。随着加工贸易、补偿贸易、对等贸易、国际招标、国际租赁等新的贸易方式的不断涌现以及合资经营、合作生产、国际劳务合作等新形式的出现，国际贸易和世界经济得到了很大的发展。

(三)对各国经济发展不平衡性的加剧作用

在历史形成的不利于发展中国家的国际分工格局中，价值规律的两极分化作用在促进世界劳动生产率提高的同时，也加剧了资本主义各国经济发展的不平衡，拉大了发达国家同发展中国家经济发展的差距。

(四)对资本主义国家调整对外贸易政策的重要作用

价值规律在资本主义国家制定和调整外贸政策中，起着不可低估的作用。一国是采用自由贸易政策还是保护贸易政策，除政治因素外，在经济上主要依据价值规律的要求，考虑本国商品在国际市场上的竞争能力。而竞争能力又与劳动生产率的高低相关。劳动生产率高，在国际市场上的竞争力就强；反之则弱。

四、国际贸易中的不等价交换

(一)国际贸易中不等价交换的产生原因

国际贸易中的等价交换是指按相等的国际价值进行交换。资本主义国家内，在进入垄断前或垄断尚未控制的领域内，价值规律和利润规律的作用，使得商品的交换一般建立在等价交换的基础上。

而在国际贸易中，发达国家以高于国际价值的价格出售本国商品，而发展中国家以低于国际价值的价格出售本国商品，通过这种不等价交换，发达国家无偿占有发展中国家更多的物化劳动。这种现象一时无法克服。就世界范围来讲，不可能按价值规律分配世界各国的劳动，这就是说，在一国内部，价值规律可以起到劳动分配机制的作用；但是在世界市场上，就不存在一个按各国国民经济的需要，在世界范围内重新分配社会劳动的机制。更因为市场的不完全竞争是国际贸易中的主要表现，所以，在国际贸易中会存在不等价交换。

(二)国际贸易中不等价交换的根源

在国际贸易中，按照生产商品的国际社会必要劳动量而进行的交换，双方获得物化劳动量是相等的，故是等价交换，不等价交换即是不等值交换，即以低于或高于国际价值的交换。即使出现不等价交换，对双方来说，总价格与总价值仍然一致，价值自身和剩余价值自身的界限仍然照旧不变。

不等价交换，过去是殖民主义的产物，第二次世界大战后则主要是政治上和经济上的原因。政治上，帝国主义国家通过军事暴力、“军援”、“经援”，强迫占领国或受援国一方面以低于国际市场价格出售产品，另一方面又以高于国际市场价格购买自己国家的产品。经济上，帝国主义国家通过垄断来进行不等价交换，其方法有：(1)垄断发展中国家进出口贸易商品的价格，不断扩大工业制成品与初级产品之间的价格的剪刀差；(2)垄断发展中国家进口物资的批零价格和出口物资的收购价格，实行中间剥削；(3)垄断发展中国家的航运、保险等。

(三)国际贸易不等价交换的计算

在计算不等价交换时，一般把进出口比价即贸易条件作为衡量不等价交换的一个重要指标。贸易条件(Terms of Trade，TOT)是指一定时期内一国出口1单位商品可以交换多少单位外国进口商品的比例，通常用该时期内出口价格指数与进口指数之比来表示，其公式为：

$$TOT=\frac{\text{出口价格指数}}{\text{进口价格指数}}=\frac{P_X}{P_M}$$

式中：P_X——出口价格指数；

P_M——进口价格指数。

如果 $TOT>1$，该国贸易条件好转，出口越多，交换越有利。

如果 $TOT=1$，贸易条件不变。

如果 $TOT<1$，贸易条件恶化，出口越多，从商品交换来看越不利，贸易条件甚至可以恶化到出口增长越多，收入反而减少的地步。

例1：假定某国净贸易条件以1950年为基期是100，1980年时出口价格指数下降5%，为95；进口价格指数上升10%，为1.10，那么这个国家1980年的净贸易条件为：

$N=(95/110)\times100=86.36$

这表明该国在1950年到1980年间，净贸易条件从1950年的100下降到了1980年的86.36，1980年与1950年相比，贸易条件恶化了13.64。

当然，贸易条件的变化并不能反映不等价交换的全部。要确切知道一个内部等价交换的变化趋势，还必须对诸多问题进行综合分析才能确定，其中包括有关用以交换的商品价值的相对变化、外贸和保险的价格变化等。

复习思考题

一、名词解释

世界市场　　国际价值　　贸易条件

二、问答题

1. 什么叫国际分工？国际分工的发展对国际贸易产生哪些影响？对国际分工发展产生影响的基本因素有哪些？

2. 当代世界市场的发展呈现出哪些基本特征？

3. 谈谈对国际价值、国际市场价格和国际生产价格的理解以及三者间的联系。

4. 为什么在国际市场上会有不等价交换的可能性？

5. 促成不等价交换形成的方法有哪些？

延伸读物：

西方再工业化战略和中国制造

10 年前的金融危机仍在影响着国际市场的需求，也直接影响着中国工业品出口。据统计，2012 年 1 月，中国出口额同比下降 0.5%，是近年来出现的首次负增长。同时，发达国家纷纷提出“再工业化战略”，试图实现从“产业空心化”到“再工业化”的回归。

发达国家回归制造业对中国企业的影响可谓“雪上加霜”：发达经济体有可能通过在新兴产业领域的率先突破巩固其固有竞争优势，进一步巩固其在全球产业竞争中的主导地位；发达国家不仅在高端领域抢占优势地位，还要在中端领域夺回被包括中国在内的新兴经济体占据的市场份额。

面临如此严峻挑战，中国制造业如何实现战略突破？参加博鳌亚洲论坛的一些中外企业家和专家，在制造模式、创新、人才和走向世界等方面提出了解决方案。

制造模式

2011 年日本“3·11”地震后，全球很多供应链出现问题，使很多工业面临供应链和价值链中断的威胁。因此，法国施耐德电气集团董事会主席赵国华认为不能回到旧的制造业模式当中去，需要用一套新的制造业发展模式来应对新的发展，需要设计一套更加现代、更加新型的供应链体系和制造业体系。

日本财团法人代表福川伸次表示，新的制造模式应该融合艺术和科技，也就是说要把文化的因素融合到优质的产品中。“我相信，把文化和产业进行结合，可以为制造业打开一个新局面。”

三星电子执行顾问李润雨提出要重视人才密集、潜力巨大的亚洲市场。对亚洲制造业来说，需要联合开发、共同投资是一个必由之路。充分利用亚洲的优势和本地巨大的市场，在能源、生物、医药、纳米技术、新材料、智能电网、云计算、下一代网络等领域打造新的业务模式，引领世界。

德勤全球副首席执行官 Brian De 认为，中国制造业应在发展过程中进行不断的升级，以迎接一系列挑战。现在，中国应该更多地参与到设计、包装以及市场的过程当中。而且，随着中国在制造业当中进行升级，毫无疑问中国需要建立全球的联系，包括全球的供应链和配送链。

国务院国有资产监督管理委员会副主任邵宁表示，“中国制造的低成本时代很可能会逐渐失去。要及早把我们企业竞争力的基础从低成本的基础上转到技术或者品牌的基础上，重塑自己的竞争基础。”

创新

与具有竞争力的新制造模式相适应，企业需要进行相应的创新——从产品创意到管理流程的创新，从技术综合到集成创新，从绿色创新到生活方式的创新。

中国航空工业集团总经理林左鸣认为，真正要下功夫恐怕还是在创意上下功夫。“我觉得苹果的创意是非常出色的。我们是搞航空的，苹果 iPad 甚至可以操控航模。不管欧美也好，亚洲也好，要害在创意。”

赵国华表示，把创新能力运用于实现整个供应链流程再造和供应链创新。他还认为，改变未来世界的关键技术是多种技术的综合，不同技术的融合创造不同的可能性。“根据我们的经验，如果来自不同国家文化的团队在一起合作的时候，他们的效果是最好的。也就是说把那些来自不同背景的天才放在一起，思想的冲击、碰撞可以带来非常好的火花和创新。”

三一重工副董事长何真临认为在集成创新方面，中国人的智慧是世界任何一个国家无法超越的。三一恰好是在这个中国擅长的领域，集成创新的领域。“这是符合我们中国文化秉性的，国外文化是一种深入下去分解的文化，造就了他们在原创上的优势，但是中国人聪明的就是可以整合世界上最具优势的资源为我所用。”

福川伸次则指出，由于日元升值、对环保的高要求，使得日本制造业受到伤害。“现在我们在创新方面要追求绿色的创新，这是最大的挑战，其次是追求生活方式的创新。”

人才

今年 2 月，中国远洋运输(集团)总公司3 000米深海钻井平台获得国家科技进步一等奖。此次共有十个大奖，其中制造业就一个，授予了中远这家服务型公司。

中远的这个深海钻井平台，可以在没有“腿”的情况下，长期浮在3 000米深海处的固定位置，把管子深入3 000米海底。为什么能够做到？“因为我吸引了全世界制造这个海洋工程的最顶级的 40 个专家到中远，你得到高工资，但是这个专利是我的，这个世界空白是我中远的专利。”董事长魏家福说。

根据美国学者的研究结果，当今世界已然进入三场宏大技术革命的前夜：第一，大数据时代；第二，智能制造时代；第三，无线网络通信的革命时代。“三大时代”标志着世界进入一个崭新的发展阶段，既有风险，也有机遇。

魏家福认为，中国制造业必须瞄准这三大革命，加强人才培养，用市场化机制吸引全世界精英到中国来。“如果人才跟不上，怎么搞云计算、智能制造、全球的无线革命？”

魏家福表示，不能用传统的心态来对待吸引人才的问题。“比如中国的传统制造业，由于你的技术还处于过时状态，你的人员素质还处于传统状态，你没有吸收现代高科技人才进来，你是不可能产生新技术的。而要吸收高技术人才就要付上市场化的薪酬，你的老技术人员拒绝接受新人才，你的新技术就不可能传播。”

Brian De 认为，当提到制造能力的时候，过去导致成功的一些因素现在也许变得不是那么重要。“今天，中国需要更多地关注人才竞争，需要更多地关注教育，也许是要关注人才的国际经历，而不仅仅是国内的经历。”

走向世界

三一重工和格力电器开展全球化是中国制造业快步走向世界的缩影。前者在年初收购了全球混凝土机械巨头德国普茨迈斯特公司；后者继去年在美国成立了分公司，计划今年在美国建立工厂。

董明珠表示，自改革开放以来，中国制造业从过去简单的贴牌加工到今天有自己的技术，这个转变就标志着中国制造业以一种创造性而非附庸性的方式走向世界。“我们作为一个制造业企业，应该可以创造出改变别人生活的产品。这是一种新的追求，而不是一个简单的利益最大化的追求。我们要把整个国际化需求作为自己企业的追求去促进企业的发展，这样才能有利于企业自身的竞争力。”

在何真临看来，中国制造业要走向世界其实有一个历程，首先要借助世界变平之后的机会，进行优势资源的共享。“三一是站在世界‘巨人’的肩膀上，成就了中国在工程机械上国内的第一品牌。结合我们中国人集成创新优势，我们就很快地由于站在‘巨人’的肩膀上而站在世界的巅峰。”

Brian De 则指出，中国企业正在成为全球化的公司，制定全球的战略，需要注意其中的协调性或者一致性，包括贸易政策的一致性和其他方面的一致性以及如何进入各自市场的一致性。“我觉得这是一个强有力的趋势。”

资料来源：明语：西方再工业化下的中国制造战略，世界经理人网站，http://www.ceconline.com/strategy/ma/8800063949/01/，2012 年 5 月 7 日。

思考：结合实例，谈谈你对国际分工内涵的理解。

第三章

自由贸易理论及其新发展

本章将自由贸易理论划分为以下三部分进行阐述：

第一，古典学派的自由贸易理论。这一部分主要介绍绝对成本论、比较成本论和相互需求理论。亚当·斯密是古典学派自由贸易理论的奠基人，他的理论观点对国际贸易发展产生巨大影响。大卫·李嘉图同意亚当·斯密的理论观点，并对亚当的理论作了更进一步的研究，提出了比较成本论。穆勒的相互需求理论弥补了比较成本论的不足，他使古典学派的自由贸易理论形成了较为完善的体系。

第二，现代学派的自由贸易理论。现代学派的自由贸易理论从不同角度对国际贸易利益问题进行了评述。其中最著名的有赫—俄理论和里昂惕夫反论。赫—俄理论从各国生产资源的配置各异出发，论述了通过国际贸易会增加世界产品总量，以及各国因此也获利的观点。里昂惕夫在对上述观点深信不疑的情况下，运用"投入—产出"法对贸易实践作论证，却得出了完全相反的结论，结果引发了更为广泛深入的理论研究。

第三，战后自由贸易理论。第二次世界大战后，自由贸易理论有了突破性的发展：一是里昂惕夫之谜引出了新要素贸易理论，主要包括人力资本理论和技术进展理论。新要素贸易理论对俄林理论作了修改和补充，使其更趋完善；二是在战后国际贸易新形势下产生了一批符合时代需求的新国际贸易理论，这些理论不仅能对国际贸易新发展作充分解释，而且极大地丰富了现代国际贸易理论。本章主要介绍技术差距理论、规模经济贸易理论、偏好相似理论、产品生命周期理论、产业内贸易理论、市场内部化理论和"两缺口"理论。

第一节　古典学派的自由贸易理论

一、绝对成本理论

绝对成本理论(Absolute Cost Theory)于18世纪下半叶由英国著名经济学家亚当·斯密(Adam Smith，1723～1790)提出。他在1776年出版的经济学巨著《国富论》中批判了重商主义，提出了绝对成本理论和提倡自由贸易的思想。

绝对成本理论(或称绝对利益论,Absolute Advantage Theory)是指从生产成本的绝对差别出发,认为一国生产商品的成本比别国的生产成本绝对低,即具有了绝对利益的优势,该商品就可以出口;反之就该进口。

(一)对重商主义的批判

斯密在该书中用了大量篇幅对重商主义的经济观点进行批判,他赞同通过对外贸易使国家致富的观点,但是他反对通过外贸手段大量积聚金银的做法。他认为这样做是愚蠢的,指出外贸不是为了获取金银或是货币,而是在于用货币购买本国所需要的产品,因为金银(或货币)与商品相比,商品会比金银(货币)更具价值,商品除了用来交换货币以外,还有许多其他用途,而货币除了购买商品以外,便不能用于其他用途。因此,一国真正的财富不是钱币(金银),而是商品和劳务。对此,他形象地指出:金银货币只是流通的"轮子","轮子"能把谷物由农村运往城市,但"轮子"本身并不能生产"谷子"。

亚当·斯密对重商主义主张贸易顺差也持反对态度。因为如果一国长期保持贸易顺差,让大量金银流入,在国内商品量不增加或相对减少的情况下,必然会引起国内商品价格的上涨,而国内商品价格的上涨,很快会影响本国货与外国货的竞争力对比,出超最终将难以保持。

重商主义认为,在对外贸易中,为了加强国家对外的力量,必须实行政府管制。斯密认为这是完全不必要的。国家政府应该对经济放任自由,让人们在自由的天地里相互进行商品交换。因为每个人出于利己的本能,都会为自己的利益去活动,在各人追求自己利益的过程中,社会同时获利。因为在国际市场上往往能买到比较便宜的商品,国内也就无需再自己生产,这样的结果必然是交换促进分工,分工又会促进交换。

(二)绝对成本理论的提出

斯密的绝对成本理论是他主张自由贸易理论的依据。他认为分工可以大大提高劳动生产率,其原因有以下三点:(1)分工使劳动专门化,提高了工人的熟练程度;(2)分工可以省却工人从一种工作转换到另一种工作的时间,免除因转换工序或工作而造成的损失;(3)分工可以使工人因专门从事某项操作而容易改进工具和发明机器,从而使一个人能够完成许多人才能做的工作。斯密以针的制造为例进行说明。针的制造共有 18 道工序,在没有分工的情况下,一个粗工每天最多只能制造 20 枚,甚至连 1 枚也造不出来;如分工生产,每人每天能生产4 800 枚。劳动率的提高显然是分工的结果。至于该如何分工,他指出,"如果一件东西在购买时所花费的代价比家里生产所花费的小,就永远不会想在家里生产,这是每一个精明的家长都知道的格言。裁缝不想制作他自己的鞋子,而向鞋匠购买……如果外国能以比我们自己制造还便宜的商品供应给我们,我们最好就用我们有利地使自己的产业生产出来的物品的一部分来向他们购买。"他清楚地说明了国际分工和贸易的原因是两国生产成本和效率的差异。分工的原则应当是,人们各自集中生产具有优势的产品,然后用自己的产品来交换其他所需商品,从而自己生产一切物品得到更多的利益。我们可以清楚地看到,按照分工原则来生产必然能够大大提高劳动生产率。

当这种分工原则跨越国界时,就成为国际分工的原则。他进一步认为,两国间生产同样商品存在成本差异,是建立在一个国家所拥有的自然优势或获得性优势的基础上。自然优势就是超越人力所拥有的关于气候、土壤(包括肥沃程度与矿产蕴藏量)和其他相对固定的自然状态的优势。一个国家在生产某些特定产品时所具有的自然优势有时是非常巨大的,以至于其他国家无法和它竞争。如苏格兰可以利用温室种植葡萄,并酿造出同法国一样好的葡萄酒,但是由于苏格兰缺乏种植葡萄酒原料的优良自然条件,其成本是法国的 30 倍。获得性优势是劳动者在后天因生产活动的积累而具备的生产某种产品的特有传统工艺、技能等优势，它也是不同国家生产同样产品产生成本差异进而发生国际分工的原因。

下面我们用一定投入量的不同产量来说明绝对成本理论。

假设英国能比世界其他国家（包括美国）生产出更多的小麦，美国则能生产出更多的布。

英国每单位投入量能生产 50 单位小麦或 25 单位布，或介于其间的小麦和布的任何产量组合[用生产可能性线表示，见图3－1(a)]。

美国每单位投入量能生产 40 单位小麦或 100 单位布，或介于其间的小麦和布的任何产量组合[用生产可能性线表示，见图3－1(b)]。

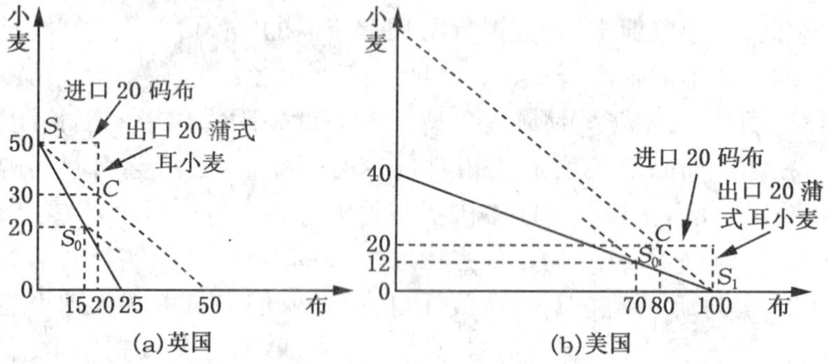

注：图中数字为单位投入量的产量。

图 3－1　绝对利益和贸易利益

如果没有贸易，每个国家都只能消费本国生产的产品。本例中，因为不知道各国的需求偏好，所以无法确定。现假定英国和美国均在 S_0 生产和消费。

在无贸易时，这两个国家的小麦和布的价格各不相同。从生产可能性线的斜率的倒数可得出价格比率。在英国，每单位小麦等于 0.5 单位布，或每单位布等于 2 单位小麦。同样可知，美国的比价是 2.5 单位布等于 1 单位小麦或 0.4 单位小麦等于 1 单位布。

当运输费用很低（如小到可以忽略不计）时，英国的小麦生产者就会发现 1 单位小麦在美国可以换到比国内更多的布，同样，美国的布生产者也发现将布运到英国销售会得到更多的小麦。由此展开了英国和美国之间的小麦和布的国际贸易。

如果我们假定小麦和布之间的交换比例是 1∶1，交换后英国、美国的消费点分别是各自的 C 点。而英国小麦生产者和美国的布生产者将发现他们完全分工分别生产小麦和布，再将产品相互交换可获得最大的利益，于是他们分工后分别在各自的 S_1 点生产。

在表 3－1 中，通过贸易前生产与消费组合 S_0 点和贸易后消费组合 C 点的比较，可清楚地看到绝对成本理论下的贸易利益。

表 3－1　　绝对成本理论下的贸易利益

	英国		美国	
贸易前生产与消费组合（S_0 点）	20 小麦	15 布	12 小麦	70 布
贸易后生产组合（S_1 点）	50 小麦	0 布	0 小麦	100 布
贸易后消费组合（C 点）	30 小麦	20 布	20 小麦	80 布

二、比较成本理论

根据绝对成本理论的基本观点，我们可进一步设想：如果一国连一种生产成本绝对低的产品也没有，它还能不能参加国际分工和贸易？如果参加了会不会有利益？这是绝对成本理论所没有解决的问题，李嘉图对此问题作了回答。

李嘉图指出，某一国并不拥有任何绝对优势，只要在不进行贸易时，各国之间的价格比例有所不同，每个国家都会有一种比较优势，都能通过贸易获得比较利益。所谓比较优势，就是更大的绝对优势和更小的绝对劣势。就是说，在各种产品的生产上都占有绝对优势的国家，应集中资源生产优势相对更大的产品，而在各种产品的生产上都只居绝对劣势的国家，应集中资源生产劣势更小的产品，即“两优相权取其重，两劣相权取其轻”之理。

李嘉图在阐明他的比较成本理论(Comparative Cost Theory)时，对复杂的经济情况作了一些简化：(1)只考虑两个国家、两种产品；(2)以两国间的真实劳动成本差异为基础，并假定所有劳动都是同质的；(3)劳动生产率不变；(4)包括劳动在内的生产要素都是充分就业的；(5)世界市场是完全竞争市场；(6)贸易方式是物物交换。

李嘉图以酒和毛呢为例来阐述他的理论，如表 3—2 所示。

表 3—2　　比较成本优势

分工之前	毛呢	酒
英国	100	120
葡萄牙	90	80
分工之后	毛呢	酒
英国	220(可产 220/100=2.2 单位毛呢)	—
葡萄牙	—	170(可产 170/80=2.125 单位酒)

注：表中数字为生产单位产量的劳动人/年数。

从表 3—2 中我们可以看出，葡萄牙在生产酒和毛呢上均占有绝对优势，英国则皆处于绝对劣势。若按斯密的绝对成本理论，则分工不能产生，但按李嘉图的比较成本理论，由于葡萄牙两者皆优，而酒的相对成本是 80/100(=0.8∶1)，比毛呢的相对成本 90/100(=0.9∶1)更低，所以应该分工生产酒，并用以向英国交换毛呢；而英国虽然两者皆劣，但毛呢的相对成本是 100/90(=1.1∶1)，比酒的相对成本 120/80(=1.5∶1)低，所以应该分工生产毛呢，并用以向葡萄牙交换酒。

要考察贸易对双方的利益，首先要确定一个双方都能接受的交换比例。假如 1∶1 是双方都能接受的，而且实行完全的国际分工，即葡萄牙完全生产酒而放弃生产毛呢，英国则只生产毛呢而不生产酒。于是，葡萄牙分工后生产 2.125 单位酒，1 单位换回 1 单位毛呢，还剩下 1.125 单位酒，消费组合为 1 单位毛呢和 1.125 单位酒，优于分工前；英国分工后可生产 2.2 单位毛呢，用 1 单位换回 1 单位酒，还剩 1.2 单位毛呢，消费组合为 1 单位酒和 1.2 单位毛呢，也优于分工前(不考虑运费)。

我们同样可以用曲线图来说明，如图 3—2(a)、图 3—2(b)所示。

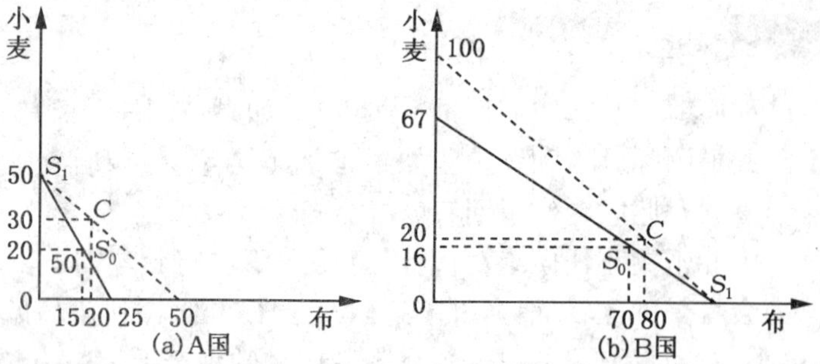

注:图中数字为单位投入量的产量。

图 3—2 比较利益和贸易利益

在无贸易时,两国只能在生产可能线实线内消费,如A国和B国均在S_0点生产和消费,按比较成本理论,只要两国国内比价不同,仍可分工和贸易并获利。A国两者皆处于劣势,但小麦劣势较小(50/60),布的劣势较大(25/100),应"两劣取其轻"而选小麦生产与出口;同理,B国应选优势更大的布来生产和出口。如交换比例是1∶1,两国实行完全的国际分工,A国和B国分别在各自的C点消费,如表3—3所示。

表3—3 比较成本理论下的贸易利益

	A国		B国	
贸易前的生产和消费组合(S_0点)	20小麦	15布	16小麦	76布
贸易后生产组合(S_1点)	50小麦	0布	0小麦	100布
贸易后消费组合(C点)	30小麦	20布	20小麦	80布

比较C点和S_0点,可以明显地看到比较成本理论下的贸易利益。

比较成本理论强调两国间贸易前价格比例不同是十分重要的,因为仅仅是价格不同不一定能引起贸易,一个必要的条件是某两种商品的国际市场上的交换比例与国内不同。表3—4是一个双方价格不同但不能引起贸易的例子。

表3—4 不产生贸易的成本差别

	甲国	乙国
产品X	1	2
产品Y	2	4

注:表中数字为生产单位产量的劳动人/年数。

在表3—4中,甲、乙两国生产两种产品的成本或价格有差别,但比价完全一样,不可能产生贸易。因为没有一个国家具有比较优势,两国生产产品的成本比例都是1∶2,交换比例都是2∶1,两种产品在国内市场和国外市场的交换比例一样。

由此可见,简单地将比较成本理解为产品价格的不同是不正确的,真正能引起国际贸易是由于价格比例的不同。

第二节 现代学派的自由贸易理论

一、赫—俄理论

赫—俄理论(H-O Theory)是现代资产阶级国际贸易理论之一。该理论凝聚了两位经济学家的研究成果。

1919 年,瑞典经济学家埃利·赫克歇尔(Eli Heckscher,1879～1952)发表了一篇论文——《对外贸易对国民收入之影响》。在这篇著名的论文中,他认为,两国之间产生比较成本差异必须有两个前提条件:(1)两国的要素禀赋不一样;(2)不同产品生产过程中所使用的要素比例不一样。在这两个条件成立的情况下,两国间才会发生贸易往来。

赫克歇尔的学生贝蒂尔·俄林(Bertil Ohlin,1890～1982)于 1933 年发表了《区间贸易和国际贸易》的著作。书中许多理论观点均以赫克歇尔的论点为基础,因而得名为“赫—俄”理论。

赫—俄理论的基本理论逻辑框架如图 3—3 所示。

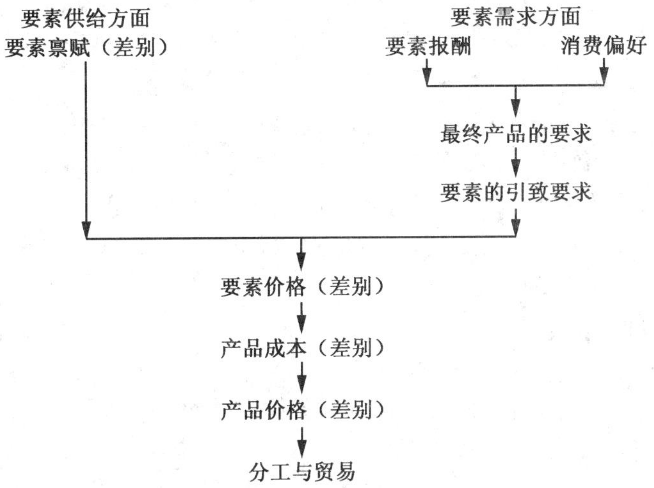

图 3—3 赫—俄理论的逻辑框架

俄林认为,国际贸易是在地区(国家)之间展开的,而地区(国家)的划分标准是生产要素禀赋情况。所谓生产要素禀赋,是指生产要素在一个地区(国家)中的天然供给情况。俄林所说的生产要素是指劳动、资本、土地(耕地与自然资源)三大类,而每一种生产要素又可以细分。赫—俄理论关于国际贸易理论的基本内容主要由两部分组成:一是关于贸易的基础或原因——生产要素供给比例理论,二是贸易带来的结果——要素价格均等化理论。

(一)赫—俄理论的假设条件

俄林在提出他的国际贸易理论前,作了如下假设:

(1)在各个域际内或各个国家内部,生产要素是能自由转移的,但在各域际间或各国间,它们是不能自由转移的。

(2)贸易是在自由竞争条件下进行的。

(3)假定生产要素是完全可以分割的,单位生产成本不随生产的增减而变化,因而没有规模经济利益。

(4)假定两国的技术水平是一样的,生产函数是相同的。

(二)生产要素供给比例理论

该理论主要表达了四个观点:

(1)要素供给比例不同是主要决定要素价格比例不同的因素。即在各国要素需求一定的情况下,各国的要素禀赋不同,导致要素的价格不同。一些供给丰富的生产要素价格便宜,稀缺的生产要素价格昂贵。由此得出,要素价格比例不同是由要素供给比例不同决定的。

(2)生产要素的价格比例不同决定各国商品价格比例不同。所谓要素价格,是指劳动、资本、土地等生产要素的价格或报酬,如土地的地租、劳动的工资、资本的利息等。而要素价格比例是指生产要素用本国货币表示的单位价格比例。关于生产要素的价格比例决定各国商品价格比例,俄林作了如下解释:先假定一国在生产不同产品上所使用的要素投入比例不同,但各国在生产相同产品上所使用的要素投入比例则是完全相同的,即各国生产相同产品的生产函数是相同的,而商品价格等于生产要素乘以生产函数,所以要素价格比例决定商品价格比例。

(3)各国商品价格比例不同是国际贸易产生的必要条件。俄林又指出,并非价格比例不同的商品之间一定产生国际贸易,是否会产生国际贸易还取决于双方是否存在比较成本优势。如A、B两种商品在美国和日本两国内价格之比是1∶2和3∶6,价格比例相同,此时不存在比较优势,于是不会产生国际贸易。国际贸易产生的另一个条件是两种商品在各自国内的价格比例必须是不同的。

(4)商品价格的国际绝对差异是国际贸易产生的直接原因。商品价格的国际绝对差异是同种商品用同种货币在不同国家的价格差异。商品价格低的国家向商品价格高的国家出口,并从国外进口价格低于本国生产的商品。贸易双方都能因此交换而获利,得到比自己生产更多的商品。

通过分析,俄林进一步指出,一个国家生产和出口生产要素供给丰富的产品有比较优势,而生产本国稀缺生产要素的产品,则不利于出口。最后,俄林得出:一国出口的应是本国丰富生产要素所生产的商品,进口的应是本国稀缺要素所生产的商品。

(三)要素价格均等化理论

要素价格均等化理论进一步论述了两国在发生贸易之后,两国之间的资源禀赋将会发生怎样的变化。

俄林认为,两地间的商品移动可以被理解为生产要素的移动,生产要素的移动也可代替为商品的移动,或者一种移动可以引起另一种移动。所以,各种要素的价格将因商品和生产要素的这种移动的进一步发展或因其中一种遇到较小阻力而趋于均等化。

例如,印度劳动力相对丰富,生产劳动密集型产品;英国资本相对丰富,生产资本密集型产品。如果英国与印度发生贸易后印度输入资本密集型产品,英国输入劳动密集型产品,随着贸易量的增大,印度劳动力越来越多地被用来生产劳动密集型产品以供出口,而英国越来越多的资本被用来生产资本密集型产品以供出口。不断的贸易往来后,英国的劳动力稀缺问题渐趋解决,印度对资本需求也逐渐得到满足,此时两国的资源禀赋情况发生了变化,即英国不再稀缺劳动力,印度不再稀缺资本。同时,随着英国的资本日趋向印度转移和印度的劳动力日趋向英国转移,价格也在不断发生变化。本来劳动密集型产品在印度价低、在英国价高,随着贸易量的增大,印度国内会因劳动密集型产品的减少而涨价,英国则因该类产品的增加而价格不断降低，最终价格会在两国间日趋相等。英国的资本密集型产品价格也会发生同样情况。

二、里昂惕夫反论

里昂惕夫反论（Leontief Paradox）的全称为“里昂惕夫稀少生产要素论之谜”，简称“里昂惕夫之谜”，由美国哈佛大学行政管理学经济学教授里昂惕夫（W. W. Leontief，1906～1999）提出。他因提出“投入—产出”分析理论获1973年诺贝尔经济学奖。

（一）“里昂惕夫之谜”的提出

如前所述，赫—俄理论认为，一个国家出口的应是密集使用本国丰富的生产要素生产的产品，进口的应是密集使用本国稀少的生产要素的产品。里昂惕夫对此论点深信不疑。他认为按照此理论的推断，美国在国际贸易中应体现出其出口资本密集型产品、进口劳动密集型产品的特点。可是，当他在运用投入—产出法分析美国的外贸结构时，却得出与此完全相反的结论，即美国出口的是劳动密集型产品，进口的却是资本密集型产品，这使他大为震惊。

里昂惕夫于1953年运用其投入—产出法，调查了美国200家企业，并着重对外贸统计数字进行了分析，对1947年美国生产每百万美元出口商品和每百万美元进口替代品所需资本和劳动数量进行了计算，其计算结果如表3—5所示。

表3—5　**1947年美国每100万美元产品的要素投入量**

生产要素	出口产品	与进口竞争的产品
资本（美元）	2 550 780	3 091 339
劳动力（人/年）	182	170
资本/劳动力	14 015	18 184

由表3—5可知，1947年，美国出口每100万美元的商品，用资本2 550 780美元，用工182人，每人每年耗资14 015美元。与此同时，生产每100万美元的竞争商品，用资本3 091 339美元，用工170人，每人每年耗资18 184美元。由此可知，在1947年，用平均每人每年耗资表示的进口竞争商品的资本/劳动力（18 184）和出口商品的资本/劳动力（14 015）之比为1.3∶1。这就是说，美国进口的是资本密集型商品，而出口的则是劳动密集型商品。这个验证结果完全出乎里昂惕夫本人的预料，因为这个结论与赫—俄理论的结论大相径庭。

1956年，里昂惕夫利用投入—产出法和美国1951年的统计资料，对美国贸易结构进行了第二次验证。验证结果以《生产要素比例和美国贸易结构：进一步的理论和检验分析》为题，于同年发表。在该文中，里昂惕夫验证了1951年美国贸易统计资料，得到的进口竞争商品的资本/劳动（13 726）和出口商品的资本/劳动（12 977）之比为1∶1.06，这与1953年的结论基本相同。

（二）对“里昂惕夫之谜”的解释

“里昂惕夫之谜”引起了世界各国经济学家的极大震惊和兴趣，由此产生了许多围绕“反论”的国际贸易理论。这些理论总括起来有三种不同的观点：一种理论认为赫—俄理论是不完整的；另一种理论认为里昂惕夫的论证不成熟；还有一种理论认为“里昂惕夫之谜”并不存在，即里昂惕夫的结论与赫—俄理论其实并不矛盾。

里昂惕夫为了解释这个谜，只能改变美国是资本丰裕国的前提。他提出，美国与其他国家相比，也许实际上劳动力是丰裕的，因为他推测美国工人的效率比外国工人高得多，他们每人提供的劳动量为外国工人的3倍。他认为,这可能是由于美国企业家的能力强和有良好的工业组织、工人所受的教育和培训较好以及进取精神较强所产生的结果。这一推测为后来人力技能等理论的产生提供了线索。

1. 关于赫—俄理论的缺陷

有些经济学家认为赫—俄理论并不完整,其理论中存在两处严重缺陷:一是商品生产过程中所含要素密集固定不变是错误的。随着科学技术的进步、产业结构的变化,商品生产的要素密集型是会发生变化的。另外,一种商品即便是在同一时期在不同国家,由于经济发展和自然条件的不同,其要素密集性也是不同的。二是认为赫—俄理论忽略了需求因素。需求会改变资源禀赋所造成的倾向性。例如,美国不是世界主要大米生产国,却是世界主要大米出口国之一,这是因为国内大米需求少的缘故。

2. 关于里昂惕夫计算的失误

有些经济学家认为,矛盾所在是里昂惕夫计算失误所致。他们认为,里昂惕夫在计算时只考虑两个生产要素是具有相当局限性的,从全局考虑则应包括自然资源。如果美国非常依赖几种自然资源产品的进口(这些资源是美国所稀缺的),而这些产品又是资本密集型产品,那么美国的对外贸易格局必然是进口美国所稀缺资源生产的资本密集型产品。如果扣除这部分影响,资本密集型产品的进口就会小于资本密集型产品的出口。

3. 非矛盾论

许多西方经济学家认为资本包括有形与无形两个部分。无形资本就是人力资本。因此,西方经济学家凯能(Kennen)认为,在计算资本密度时,必须把人力资本的价值加在有形资本的价值上,这样"里昂惕夫之谜"就不存在了。

里昂惕夫本人也认为,美国工人的劳动生产率大约是其他国家的3倍,运用同样数量的资本,美国工人的劳动产出率是别国工人的3倍,那么计算美国的进口替代品必须乘以3,这样,"里昂惕夫之谜"也就不存在了。

第三节　战后自由贸易理论的发展

一、新要素贸易理论

(一)新要素贸易理论的形成

为解释"里昂惕夫之谜",经济理论界人士纷纷讨论与研究,里昂惕夫自己对劳动生产率的解释确实为解开此谜提供了一条很好的理由,同时也为新要素贸易理论(New Factor Endowment Theory)的提出做了一个很好的开端。

新要素贸易理论认为,在考虑国际贸易中商品的比较优势时,除去传统分析的资本、劳动和自然资源三要素以外,其他要素在国际贸易中也起着重要的作用。新要素贸易学说基本上沿用新古典学派的要素分析法,强调的是生产要素的供给对贸易国利益的影响,所不同的是该理论赋予生产要素新的内涵,突破了原先的局限。新要素贸易理论主要包括人力资本理论、人力技能理论和技术进展理论(技术差距理论),其他还有信息要素、研究与开发要素等。这类理论可以说是俄林理论的进一步扩展,而不是一个独立的理论,因为它们不过是把人力技能和技术进展作为一个新的生产要素引进到俄林的理论结构中去而已。

(二)人力资本与人力技能理论的内容

人力资本是指体现在劳动者身上的、以劳动者数量和质量表示的资本。凯能认为应该把人力资本与有形资本同等看待,将人力资本量化的方法是把熟练劳动者收入高于非熟练劳动者的部分资本化。通过这种方法计算出来的人力资本与物质资本相加,作为美国出口和与进口竞争产品的资本/劳动力比率的分子,经过处理,里昂惕夫反论就不存在了。也就是说,把人力资本看成是总资本的一部分来解释里昂惕夫反论。

人力技能是指人的劳动技术熟练程度。美国经济学家基辛(D. B. Kessing)根据美国 1960 年的人口普查资料,对人口结构进行了研究。他将美国企业从业人员按技术熟练程度由高到低分为 8 个等级。把前 7 个等级的人员看成熟练劳动者,第 8 级为非熟练劳动者,一共是两大类。然后他将这种技术程度的分类应用到包括美国在内的 14 个国家的进出口产品生产所需的劳动力统计分析上。通过比较,他发现美国出口产品所使用的熟练劳动力的比例是 14 国中最高的,进口产品使用的熟练劳动力的比例在 14 国中最低。这表明美国出口的是技能密集程度最高的产品。这样看来,里昂惕夫反论也就不存在了。

现在,人力技能越来越被看成人力资本,并把它同物质资本一样看待。物质资本是通过储蓄和投资形成的,一旦形成以后,它能再生产并不断增值。劳动技能也是对教育和培训投资的结果,技术熟练的劳动者可以不断地取得比人家高的收入,据此,劳动技能被视为人力资本。

(三)技术差距理论

技术和人力资本一样,能够改变土地、劳动和资本再生产的相对比例关系。人力资本能提高劳动生产率,而技术却能够提高土地、劳动和资本三者的生产率,或者提高三者作为一个整体的全部要素生产率。人力资本是过去对教育和培训事业进行投资的结果,而技术是过去对研究和发展事业进行投资的结果。因此,技术和人力资本一样,可以看成是一种独立的生产要素,同样可以用来补充俄林的要素禀赋理论。

以前,经济学家总是把技术变革描述为整个生产函数的一种变换,而不把它看成是一种生产要素本身。其实,使商品生产更便宜或更好的一种新技术等于是生产要素供给量的扩大。

技术进展或技术革新一般有两种方式:一种是发展新的、更节约的方式生产现有产品,另一种是创造发明全新的产品和改进已有的产品。在前一种方式下,技术进展提高了要素生产率;在后一种方式下,获得新技术的国家能够出口新产品。技术差距理论认为,各个国家技术革新的进展情况很不一致,技术革新领先的国家就可能享有出口技术密集型产品的比较优势。技术领先的国家发明出一种新产品或新的生产流程时,由于国外尚未掌握这项技术,因而产生了国际间的技术差距(Technology Gap)。但是,其他国家迟早会掌握这种新技术,从而消灭这种差距。

下面结合图 3—4 作进一步的分析。

首先分成需求时滞(a)和模仿时滞(b)两个分时区:需求时滞是指从技术创新国新产品问世,到进口国开始需求该产品的时间差距;模仿时滞是指从技术创新国新产品问世,再到进口国仿制生产,进口变为 0 的时间差距。模仿时滞又可分为反应时滞(c)和掌握时滞(d)两个阶段,前者从新产品问世到进口国仿制开始,后者从仿制开始到进口变为 0、仿制生产充分满足国内的需求并转向出口为止。反应时滞的长短决定于规模经济、关税、运输成本、市场大小和收入水平等因素。需求时滞与模仿时滞的差距导致了国际贸易的可能性。较早的创新者将产品出口到需求时滞小于反应时滞的国家,其贸易利益较大。

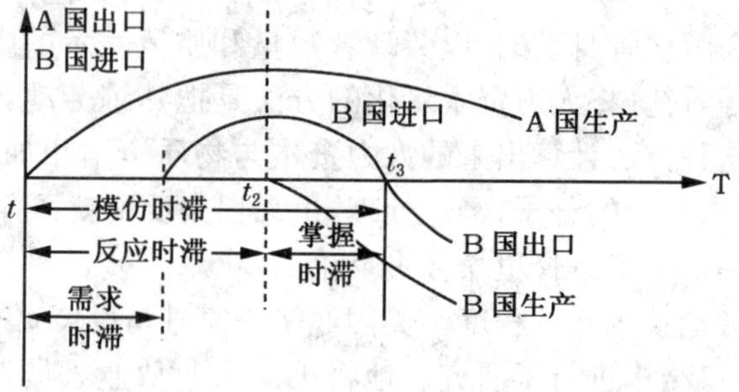

图 3—4 技术差距理论图示

二、国际贸易新理论

新要素贸易理论作为对俄林理论的修改和补充，强调了科学技术和劳动生产率在国际贸易中的重要性。这些修改和补充本意上是想解释里昂惕夫之谜，但是其中没有任何理论能够给人以满意的回答。尤其是第二次世界大战后国际贸易格局发生了重要的变化，有些现象用俄林的理论无法解释。于是，一些经济学家受里昂惕夫之谜的启发，在国际贸易研究中另辟蹊径，提出了一些新的国际贸易学说，丰富了现代国际贸易理论。这些理论既是对传统理论的反思，又是对新形势下某些新现象的解答。在这些新理论中，影响较大的有以下几种：

(一)"规模经济"理论

"规模经济"理论(Economic of Scale Theory)的提出，旨在解释水平分工发生的原因，即经济发展水平大体相同的国家之间的分工。传统的比较利益和要素禀赋模型都是建立在边际成本不变或边际成本递增基础上的。而事实上，很多工业制造业的生产成本是随着生产规模的扩大而递减的，换句话说，规模经济在一些行业(如机械、电子工业)中非常突出。这是因为生产规模的扩大，生产期延长，机器设备闲置减少及利用率提高，劳动者的技术及熟练程度提高，从而导致单位产品的成本降低。

在规模经济条件下，即使没有比较优势，一国也会加入水平分工，这种分工就是发达国家之间工业品的"双向贸易"。现以美国、日本为例，两国都是资本充裕的国家，在国际分工中均以生产资本密集型的工业品而具有比较优势。但是，倘若在同一行业中分别生产不同类型的产品，然后进行双向贸易，则会获得更多的利益。就拿生产汽车为例，由于两国的生产技术和资源配置相仿，生产汽车的成本类似。在两国发生贸易以前，各国分别要生产各种类型的汽车以满足国内市场的需求。但是，由于各自市场狭小，各类汽车生产的成本价格都很高。如果两国允许贸易，分别生产其中一部分类型的汽车供两国市场需求，市场扩大了，产品的生产量也相应扩大，因此而产生的规模经济会使成本下降，其结果必然导致资源更有效的利用和两国消费量的增加。

由于工业产品的多样化，任何一国都不必独立地生产每一行业中的全部产品，从而使水平分工成为必然。但这种发生在发达国家间的"双向贸易"并非出于对比较优势的考虑，而是以规模经济为基础的。

(二)偏好相似理论

1961 年，瑞典经济学家林德尔(S. B. Linder)针对工业国之间的贸易格局，出版了《贸易和转移支付》一书，提出了偏好相似理论(Preference Similarity Theory)。林德尔改变了传统的分析方法，从需求方面探讨了国际贸易产生的原因。其基本内容包括以下几个方面：

1. 产品出口是建立在国内需求基础之上的

(1)国内需求是企业家决定生产的动因。企业家首先是根据他所熟悉的国内需求进行生产的，而不会生产他认为没有国内市场的产品。只有在生产规模扩大到一定程度，以至于感到国内市场容量不够并导致利润下降时，企业家才会考虑国外市场。因此，出口只是市场的延伸，而不是市场的开端。

(2)国内需求是刺激新产品发明的主要因素。一种新产品的发明必须存在一定的环境，只有在周围环境中出现某种需要解决的问题时，发明家才会为之发明新产品。所以，开发出来的新产品都是在国内市场有需求的产品，其生产首先是满足国内需求，然后才逐渐向国外市场扩张。

(3)国内需求更有利于新产品的研制和改良。企业家身在国内市场，更容易了解国内市场需求及其变化，市场调查、信息交流比在国外市场进行得更快、更省。所以，国内市场有利于产品的研制和改进，产品的发明和生产才具有更大的比较优势。

2. 产品流向、贸易量取决于两国需求偏好的程度

林德尔指出，两个国家需求偏好越相似(对工业品的需求)，则它们之间此类工业品的贸易可能性越大。一旦产生贸易，则需求偏好相似的两国的贸易量要大于需求偏好有较大差别的两国的贸易量。如果两个国家需求结构完全一样，一个国家所有可能进口的货物也是另一个国家可能进口的货物。

3. 一国的需求偏好取决于该国的平均收入水平

林德尔认为，两个国家的平均收入水平越接近，其需求结构越相似。

就消费品来说，不同收入水平国家的需求结构存在明显的差异。收入水平低的国家需要的主要是基本生活必需品，而收入水平高的国家不仅需要生活必需品，还需要耐用消费品。随着收入水平的提高，各国的需求结构都会发生变化，但只要两个国家在收入水平上存在差别，其需求结构就会不同，它们之间的贸易量就不会太大。同时也要看到各个国家的收入分配状况，在收入不均的低收入国家中的高收入阶层与高收入国家中的低收入阶层甚至高收入阶层的需求结构相类似。因此，两国需求偏好的重叠使得两国间的贸易成为可能。

就资本货物来说，收入水平与需求结构之间虽然没有直接的联系，但有间接的联系。收入水平高的国家资本存量多，而收入水平低的国家资本存量少。收入水平的多少决定着一国对新资本品需求的质量构成。资本丰富的国家需要更高级、更先进的设备，而资本稀缺的国家则需要较简单、较低级的设备。当然，有些发展中国家在致力于工业化的过程中有时也需要较先进的设备，但这在资本品总需求中的比重不大。

总之，林德尔认为，两个国家的平均收入水平越接近，其需求结构就越相似，从而对双方的贸易发展就越有利，而收入水平的差异所形成的需求结构的差别是国际贸易的潜在障碍。

(三)产品生命周期理论

美国营销学家弗农(R. Vernon)经过研究，于1966年提出了产品生命周期理论(Product Life Cycle Theory)。

他将贸易国分成三类：(1)出口新产品的工业高度发达的国家，如美国等；(2)较小的工业发达国家，如大多数欧洲国家；(3)某些发展中国家。他把产品划分为新产品、成熟产品和标准产品三个发展阶段。

按照产品生命周期理论，新产品创新国都有一个划分为四个阶段的产品生命周期。

第一个阶段是创新国新产品出口垄断时期。创新国一般是最发达的工业国,如美国。由于有较多的科研和发展费用的投入,又有较高收入支持的市场,因此能不断推出新产品。当这些新产品发展并生产出来以后,创新国(美国)享有了出口垄断优势。在这一阶段,创新企业靠近产品的潜在市场,能很快地了解消费者的要求,改进产品设计,使新产品成为更加适合消费需要的产品。此外,设计一经改变就要求原材料等方面的供应者能根据要求迅速供应物资。由于新产品的设计和设计的改进要求靠近市场和供应者,因此新产品必然在创新国本土生产。这时成本问题对于厂商来说不是最重要的,因为没有其他的竞争者。新产品一旦制造出来,创新国厂商就垄断了这种产品的世界市场。国外的富有者和在外国的侨民开始购买这种产品,出口量慢慢地不断增加。

第二阶段为外国生产者模仿生产时期。创新国新产品在国外打开销路、扩大市场以后,吸引了其他发达国家或此等发达国家的大量消费者。潜在的市场为这些发达国家的厂商提供了开始生产这种产品的前提条件。它们不需要向创新国进口货物那样支付国际间的运费和缴纳关税,也不需要向创新国那样花费大量的科技发展费用,在这些方面的成本要比创新国厂商的小。因此,它们的产品价格有可能比创新国进口货的价格低。根据这些情况,这些发达国家的厂商,最大的可能是西欧国家的厂商,最终决定开始在自己国内生产这种产品,于是这种产品的生命周期进入第二阶段。开始这种产品生产的西欧厂商在某些情况下往往就是创新国美国公司的子公司。它们知道如果它们不生产这种产品,东道国的公司也会进行生产。东道国的厂商在本国生产新产品的成本虽然能够和创新国进口货相竞争,但在第三国市场上,就不一定能和创新国进口货相竞争。这些厂商除了和创新国厂商一样要支付国际间的运费和关税外,由于这些厂商刚开始生产,规模较小,而创新国美国厂商则因国内市场广阔,获得了大规模生产的经济效益,成本比较低,竞争能力较强。因此在第二阶段,创新国虽然对这些国家出口有所降低,但对其他绝大多数市场的出口仍可继续。结果是创新国出口增长率减慢。例如,20世纪60年代初期,当西欧制造商开始生产家庭洗碗机时,美国出口增长就降低了。

第三阶段是创新国以外的国家的产品参加出口市场的竞争。西欧等其他国家的厂商产量增加和生产经验积累以后,成本也随着降低,开始获得美国原来就获得的大规模生产的经济效益。此外,这些国家的工资水平也比美国的低。因此,它们的产品开始在一些第三国市场上和创新国美国货相竞争(在这些市场上,这些国家的商品和美国货负担同样的运费和关税),并且逐渐替代了美国货而占领了这些市场。这时美国国内市场由于关税的保护作用,仍然由美国厂商垄断着。

第四阶段是外国生产者的产品打入创新国市场时期。西欧等其他国家的厂商由于这种新产品的国内市场的扩大,有条件进行大批量生产,加上工资水平较低,厂房设备较新,使得成本降低的程度在弥补了向美国出口所需的运费和关税外,还能在美国国内和美国货竞争。这时,第四阶段就开始了。如果这些厂商认为,在自己本国市场上的售价可以保证足够的利润量,它们就会利用剩余的生产能力,生产该种商品,向创新国市场削价倾销。在这个最后的阶段,创新国出口减少到几乎没有了,只供应国外很少量的特殊需要。至此,这个产品从创新国垄断整个出口市场开始,到该种产品的进口量占据相当大的创新国市场而终止。

这个周期在其他国家还在继续,西欧国家可能处于第二阶段或第三阶段上,此时,这种产品可称之为“成熟”产品;最后,发展中国家也生产这种产品,那么这种产品已经达到“标准化”了。这种新产品在各个生产国之间进出口的消长现象好像海涛似的一浪接着一浪,如图3—5所示。

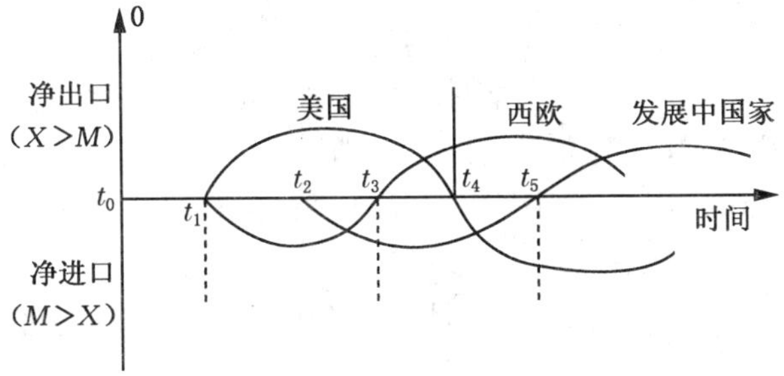

图 3—5　新产品生命周期在各类国家的表现

图中横坐标表示时间的推移，纵坐标表示产品净出口状况，横线以下为净进口。创新国革新和生产开始于 t_0，t_1 为贸易开始时，美国出口，较有购买能力的西欧和日本先进口。然后到 t_2 其他国家也进口，西欧和日本至 t_3 已开始成为净出口国，这时，产品是“成熟”的。美国则于 t_4 成为净进口国，到 t_5 其他国家也终于成为净出口国，产品“标准化”了。至此，产品在整个世界的生命进入了最后阶段。

产品生命周期用以解释工业制成品的动态变化具有一定现实意义，但作为贸易理论还需进一步严密和充实。

(四)产业内贸易理论

产业内贸易(Intra-industry Trade)是指具有相同或相似生产要素禀赋的国家间开展的贸易。产业内贸易的产品一般具有消费上的可替代性以及生产中要素投入的类似性。产业内贸易尤其是指两国以上在某些相当具体的工业部门内进行相互贸易，即两国相互出口和进口属于同一部门或类别的制成品。例如，美国和西欧一些国家既是机动车辆的出口国，也是进口国；既出口酒类饮料和食品，也进口酒类饮料和食品。

美国经济学家格鲁贝尔(Herbert Grubel)对其产生原因作了解释。它将同一种产业的产品分为同一产品(同质产品)和差别产品(异质产品)。同一产品在价格、品质、效用上都是相同的。对于同一产品的贸易，首先，消费者是基于运费之类的考虑，希望能就近获得供应，于是就会发生就近进口或出口。其次，由于一些产品的季节性特点和各国生产季节的差异，会导致一国对这类产品既进口又出口，如蔬菜、水果。此外，转口贸易的开展也会发生类似的情况。

差别产品是指不能完全相互替代的产品，它们的差异可能表现在商标、牌号、款式、性能、质量、用途、售前售后服务等方面。其中，商标、牌号、款式等不同为水平性差异，质量、用途、售前售后服务等不同为垂直性差异。这些差异是形成产业内贸易的基础。差别产品贸易的规模和价格取决于供求两方面的因素。决定需求的因素是消费者的收入水平和偏好，其中，收入水平的差异引起垂直性产品的需求变化，消费者偏好的不同引起水平性产品的需求变化。决定供给的因素则是厂商的规模经济和垄断利润。传统的比较成本理论和要素禀赋理论都是建立在边际成本不变或边际成本递增的基础上的。而事实上，许多产品随着生产规模的扩大、设备利用率的提高、劳动者技术和熟练程度的增强，其单位成本会下降，从而产生规模经济优势。这些享有规模经济的国家或企业能通过贸易获得利益。

(五)市场内部化理论和“两缺口”理论

1. 市场内部化理论

市场内部化理论的代表人物是英国里丁大学学者巴克莱、卡森和加拿大学者拉格曼。

拉格曼在其1981年出版的《跨国公司的内幕》一书中对市场内部化作了概括。市场内部化是指将市场建立在公司内部的过程中，以内部市场取代原来固定的外部市场，公司内部的调拨价格起着润滑内部市场的作用，使它能像固定的外部市场同样有效地发挥作用。

到20世纪70年代中期止，西方发达国家的跨国公司普遍得到极大的发展，跨国公司成了国际分工的主要组织形式。这个客观事实使巴克莱和卡森陷入沉思，为什么国际分工要通过跨国公司这个组织形式，而不是通过世界市场来实现呢？巴克莱和卡森从分析这一现象入手，研究了世界市场和跨国公司。他们以市场是不完全竞争的市场为假设条件，对其作出新的解释，建立了内部化理论。

内部化理论承认市场的不完全性，但将其原因归结为市场机制的内在缺陷，从中间产品(特别是知识产品)的性质和市场机制的矛盾来论述内部化的必要性，内部化的目标是消除外部市场的不完全。市场内部化、市场失效、交易成本是内部化理论的三个重要基本概念。

巴克莱和卡森认为，不完全竞争并非由规模经济、独占行为和贸易保护主义和政府干预所致，而是由于某些市场失效导致企业市场交易成本增加。所谓市场失效，是指由于市场不完全，以致企业在让渡其中间产品时难以保障其权益，也不能通过市场来合理配置其资源，以保证企业最大经济效益的情形。其中，中间产品不仅包括半加工的原材料和零部件，更主要的是指知识产品，即专利、专用技术、商标、商誉、管理技能和市场信息等。卡森认为"信息"一词可用来统称知识产品，并且强调，所有权的交换是外部交易成本高的主要原因，因为其涉及双方的经济利益。要使这些中间产品实现其专用权价值，会因为不完全竞争而遇到困难。例如，信息在外部市场转让时极易扩散，使信息所有者失去垄断优势，这是市场失效的典型，也是促使跨国公司进行交易内部化的重要原因。

交易成本，是指企业为克服外部市场的交易障碍而付出的代价。巴克莱和卡森认为，能对企业交易成本产生影响的因素主要有四个方面：(1)行业因素。这里主要指产品的特征、市场结构、规模经济等。(2)国家因素。指东道国对跨国公司行为产生影响的诸多政策措施。(3)地区因素。包括地理位置、社会心理、文化环境等差异所引起的交易成本变化。(4)企业因素。主要包括企业的组织机构、管理经验、控制和协调能力等。

内部化理论认为，战后生产力的发展和科学技术的进步使得现代企业投资、经营的内容与范围均获极大改变。为了适应竞争日趋激烈的客观环境，企业日益重视研究与发展、销售、劳动者培训和金融资产管理等，中间产品的流动是连接这些活动的纽带，其中，知识资产的流动更具决定性意义。为了给中间产品流动制造一个良好的环境，避免市场不完全所可能带来的不利，将市场内部化，即将不同的经营活动置于统一的所有权之下，是企业生存与发展的必然选择。

内部化理论的出现标志着西方国际直接投资研究的重要转折。它为跨国公司参与国际经济协作方式的选择提供了依据，同时成为解释战后跨国公司增长速度、发展阶段和盈利变动等问题的理论依据。该理论未涉足跨国公司投资区域分布研究，是其缺陷之一。

2."两缺口"理论

"两缺口"理论由美国经济学家钱纳利(H. B. Chenery)和斯特劳特(A. M. Strout)提出，该理论对发展中国家利用外国资金来弥补国内资金短缺作了解释。他们的理论观点在西方经济学界具有较大影响力。著名经济学家刘易斯在1983年美国经济学会第96届年会上发表演讲中指出："发展经济学家在20世纪50年代和60年代创作的新模型给人的印象是十分深刻的。"他在这次演讲中列举了14项新理论，其中第一项就是"两缺口"理论。

根据凯恩斯宏观经济理论，要使国民收入达到均衡，总需求必须等于总供给，以方程式表达即为：

$$C+I+X=C+S+M$$

等式左边为总需求，其中，C 为总消费，I 为总投资，X 为出口总值。等式右边为总供给，S 为总储蓄，M 为进口总值。

将等式整理后得：

$$I-S=M-X$$

等式左边为投资与储蓄之差额，即为储蓄缺口；等式右边为进口与出口之差额，即为外汇缺口。如等式成立，则表明国内储蓄与外汇支出平衡。但是不平衡表现为经常性的，因此，需要政府的宏观调控，这就是“两缺口”理论的基本内容。

在一定时期内，一国的储蓄缺口应与外汇缺口相等。如果投资大于储蓄，则说明国内出现储蓄缺口，该缺口需要由外汇缺口来平衡(即政府鼓励进口，使其大于出口)。如果国内储蓄缺口大于外汇缺口，政府就必须实施减少投资、增加储蓄的政策；如果外汇缺口大于储蓄缺口，政府就必须实施减少进口、扩大出口的政策。

“两缺口”理论假定储蓄缺口、外汇缺口为两个各自独立运动的变量，两者之间不存在任何替代关系。这一假定与实际不相符合，但是“两缺口”理论对发展中国家利用外资有积极作用。

该理论表明，在一定时期内，一国的两个缺口中只有一个处于主导地位。当一国储蓄缺口处于主导地位时，表明该国实现充分就业，但没有有效利用其外汇收入。该国虽然有进口生产资料所需的外汇，但却缺乏必要的国内配套生产资源，外汇有可能用于进口奢侈消费品，因此，储蓄缺口占主导地位的国家一般不需要引进外资。而对于大多数发展中国家来讲，劳动力充裕、资源丰富、出口能力弱、缺乏进口所需外汇，即表现为外汇缺口占主导地位，因此，可以通过增加外国投资来增大储蓄缺口使等式两边平衡。此理论也为发达资本主义国家积极发展对外投资、在发展中国家建立跨国公司提供了理论依据。

复习思考题

一、名词解释

绝对成本理论　　比较成本理论　　里昂惕夫之谜

二、问答题

1. 绝对成本理论由谁提出？该理论的基本观点是什么？谈谈对该理论的认识。
2. 李嘉图的比较优势理论对国际分工产生了什么影响？该理论的明显不足是什么？
3. 现代学派的自由贸易理论与古典学派的自由贸易理论相比，有什么联系与区别？
4. 新要素理论的实质是什么？对国际贸易发展有何积极意义？
5. 国际贸易新理论形成的原因是什么？主要有哪些理论？分别对推动国际贸易发展产生哪些积极作用？

延伸读物：

当“中国制造”遇上“印度制造”

全球制造业的发展重点在大规模转向新兴市场，中国和印度等新兴国家正在成为这次制造业格局变化的引导者和受益者。

作为世界上增长最快的经济体，中国和印度常常被归为一体，当做一个单一的经济势力。创造“中印经济”,就是强调这两个市场的联合经济影响力。中国和印度的人口占世界人口的近40%,煤炭、铁矿、钢铁及其他主要资源的消费量占世界消费量的50%以上。然而,中国和印度的经济模式有着天壤之别,因此它们可能是一道谜题中两个互补的方面。

印度制造业复苏的骚动

当中国制造业掀起全球投资淘金热时,宝马、通用汽车和英特尔等跨国公司与许多来自韩国、意大利等国不为人知的企业一道在印度泰米尔纳德邦州购置地产。马德拉斯港市郊的地皮在20年前的价格为每英亩1 000美元,或每公顷2 500美元,现在的价格是那时的65倍。

马德拉斯市郊经济特区马辛德拉世界城首席运营官B·G·麦农说:“紧挨着中国的第二大制造国就是印度,国际企业看好印度,否则不会来此购买资产。”宝马等公司已经从他手中买走大片房产。

没人知道这场复苏创造了多少就业机会。但印度政府发布的数据表明,单是汽车及相关产业雇佣的员工就超过1 000万人,这一数字大于20世纪90年代印度全国的工人总数。

印度制造业之所以开始崛起,是因为跨国企业寻求中国以外的替代投资地。作为亚洲的制造业中心,印度拥有几大优势。首先是国内的钢铁、铝和水泥行业生产成本相对较低。此外,印度制造业的生产质量和工程技术有了很大提高。而专业人才短缺造成中国工人工资上扬,导致中国制造成本上升,抵消中国相对印度的一大主要优势:世界一流的基础设施。

国际著名的制造业分析公司Manufacturing Insights亚太区制造业研究总监Buck Se说:“我们发现跨国制造企业对印度的兴趣越来越浓厚。这是因为如果他们只有中国这么一个低成本基地,风险会不小。”

当然,要说印度能取代中国成为亚洲的制造中心似乎还为时过早。印度基础设施建设依然很薄弱,尤其是港口、运输设施和电力供应。

但当前,印度正在为提高国家竞争力而努力,其中重要一点就是发展制造业。目前占印度GDP一半以上是服务业,但服务业造就的只是一批精英富豪。印度决策者已经认识到,仅仅发展IT产业是不够的,必须学习中国发展制造业,创造更多就业机会,吸纳更多劳动力,才能让更多人享受到经济增长的好处。

印度制造业已经看到了“光亮”——人才优势。未来劳动力的持续充足供应、设计创新能力的突出表现,以及基础设施等“瓶颈”的逐步消除、外资的涌入,越来越有利于印度制造业绝地突围。汽车零件、精细化工、电气电子、生化制药等行业也在通过独特的产品设计、工艺创新来降低成本,吸引国际公司的进入。

与中国的劳动密集型、资本密集型的制造业发展模式不同,印度正在走一条面向高端的知识密集型制造业崛起之路,充分发挥高科技行业的“溢出效应”。

“印度制造”真能挑战“中国制造”?

未来10年中,世界制造业中心仍将维持在亚太地区。东欧正在迅速赶上,但尚未达到能与之竞争的地步,俄罗斯和拉美的风险和变数较多,优势不明显,基本不能与亚太并提。

中国对美欧的贸易顺差巨大,令美欧贸易保护主义抬头,对华反倾销措施不断,贸易壁垒有增无减,这些都是“中国制造”面临的难题。

随着“中国制造”遭遇挫折,人们开始把注意力转向另一个正在崛起的亚洲大国——印度。

印度能取代中国成为亚洲的另一个制造中心吗?

印度有潜力挑战中国世界制造业中心的地位,因为印度拥有和中国相近的条件、潜力巨大的消费市场、丰富而廉价的劳动力,有庞大的农业劳动力要向第二和第三产业转移,需要大力发展制造业。两国都处于高速发展阶段,因而印度也期望能成为世界制造中心。

“印度中国工商会”副会长拉马昌德拉博士对记者说,制造业是工业化非常重要的部分,可以说没有强大的制造业,就没有工业化。工业化必须有基础,基础需要积累和不断改善。基础不仅仅包括大型的钢铁厂、化工厂,还必须有方便发达的公路、铁路和航空网等基础设施。此外,还要拥有大量熟练勤奋的技工。

印度有一些制造业,面不小,但没有厚度,与其他国家包括中国的工业化基础相比,还是非常落后的。“印度制造”目前主要还是以生产低端商品为主。拉马昌德拉认为印度工业化的软件问题还没有解决,如市政管理、开放市场等。

拉马昌德拉表示,印度目前还是资源输出国,而非制造业出口国。5年内,印度不可能建立像中国那么多大规模的制造工厂。“中国制造”出口量比“印度制造”多十倍，“中国制造”在国际市场占的份额也比“印度制造”多很多，从这些可以判断，在国际市场上，印度在短期内是不可能挑战中国的。

中国在基础设施上占有很大优势。中国的交通更为发达，这样就大大减低了运输成本。这也是中国产品更为便宜的一个原因。印度商人迪帕克·阿罗拉跟中国做了26年生意，主要从事机械业务，他每年都去中国参加广州交易会，对中国和印度的制造业有着最直观的感受。“制造业需要积累，需要良好的基础设施，需要熟练的技工。中国的实际劳动力成本也比印度低。还有非常重要的一点，中国的物流费用比印度低很多，而且是世界上最快的。”

“我每年到广州订货，都看到很多新产品，尤其是机械和电子类产品，更新换代很快，外形美观，质量好，还便宜。我是印度人，了解印度，印度制造业要在5年内挑战中国只有一条路，就是把中国的产品都写上‘印度制造’。”

中印制造业不是“非此即彼”

不过，中印制造之间并非简单的“非此即彼”替代关系。“中印竞争”论盛行多年，中印贸易却由于互补的实质驱动，悄无声息地连年高速增长。如今“竞争”之风吹到制造业，依然不能改变两国制造业发展模式、侧重领域、针对目标的重大区别与互补，未来两国经济合作的前景仍然美好。

印度著名战略问题专家纳拉帕特对记者表示，中国和印度既是合作伙伴，也是竞争对手。在商业领域，两个国家都在寻求同样的市场资源和科学技术。在制造业方面，印度需要同中国展开竞争，以便能够创造更多的蓝领工作岗位，而不仅仅是白领工作。在软件开发和服务业方面，中国也需要追赶甚至试图反超印度，以便加强制造业的创新基础能力，并努力为国内数千万受教育人口提供工作岗位。

拉马昌德拉则认为，中印两国合作的互利应该会更多。中国正在调整产业结构，发展高端产品，肯定会放弃不少低端和中端产品的制造，印度在这两个方面与世界其他国家相比有优势，两国可以合作。另外，中印两国是邻国，交通运输方便，物流快，合作对双方都有利。

中国和印度在全球经济中应起着互补作用。正是由于它们的区别才使得两国作为一个联合力量如此强大。中印经济体现在仍然是世界上最大的制成品与服务出口商。中国生产制成品，印度提供服务。它们共同满足工业化世界的各种外包要求，或是对其构成竞争威胁。

正如印度科技部长访华时所述，中印两国经济拥有非常巨大的互补性和合作潜能。长于制造业的中国“世界工厂”和长于服务业的印度“世界办公室”，为中印加强经贸合作提供了广阔的舞台。世界银行的研究表明，中国和印度的国民经济结构在第二和第三产业的构成方面有很大的区别，其中第二产业方面中国和印度之比是50.9∶26.9，中国在制造业方面非常突出，印度几乎只是中国的一半；而第三产业方面中印之比是33.2∶48.2，这表现在印度的软件产业以及为之配套的服务业比中国有明显的优势。中国的优势产业在制造业和硬件方面，印度在服务业和软件方面，两国在国际市场上的比较优势有着非常强的互补性。

资料来源：世界经理人论坛，www.ceconlinebbs.com，2012年8月2日。

思考：传统的比较优势理论能解释中印之间劳动力优势的同质性和互补性吗？发展趋势会如何？依据该理论，作出预测。

第四章

保护贸易理论及其当代新发展

根据保护贸易理论的产生和演变过程,本章分成四部分论述:

第一,重商主义理论。重商主义是资本主义生产方式准备时期的贸易理论依据。限制进口和鼓励出口是该理论的基本观点,它为当时的资本原始积累作出了积极的贡献。

第二,汉密尔顿和李斯特的保护贸易学说。资本主义生产方式形成以后,生产力迅速发展,随着各资本主义国家经济的发展,市场竞争随即形成。但资本主义国家在工业化进程中的发展不均衡使弱国对竞争惧怕,汉密尔顿和李斯特的保护贸易理论维护了工业发展较落后国家的利益。

第三,凯恩斯的超保护贸易理论。该理论产生于资本主义自由竞争向垄断过渡时期。他的理论观点有利于帝国主义的向外扩张与侵略,是维护国家垄断组织利益的。但他的对外贸易乘数理论对推进国际贸易还是具有积极作用的。

第四,当代保护贸易理论的新发展。

第一节 重商主义

一、重商主义学说产生的时代背景

重商主义(Mercantilism)是社会出现分工和国家产生以后,经长期外贸实践,于 15 世纪初步形成的经济思想和政策体系。它代表了 15 世纪至 17 世纪欧洲资本原始积累时期的商业资产阶级的利益。这个时期,正是封建社会趋于瓦解,资本主义生产方式的准备时期。

15 世纪新大陆的发现,使商业活动的范围迅速扩大。新航线的开辟使欧洲商业资产阶级对美洲、亚洲殖民地的掠夺成为可能,大量金银流入,使商品货币关系急剧发展。社会财富由土地向金银货币方面转移,金银货币成为全社会所追求的对象。首先是商人、高利贷者和工场手工业主追求货币,在他们看来,货币可以产生利润;封建地主阶级则需要货币购买高档消费品;在货币地租代替实物地租以后,农民需要用货币缴纳地租、贡赋和购买生活用品;封建王室更需要货币,用以维持宫廷生活和庞大的官僚机构、军队开支。总之,在货币支配全社会经济生活的条件下，拜金主义成了社会风尚。这种社会经济的剧烈变化反映到社会上层建筑上来，在经济思想和政策措施方面便表现为重商主义的兴起。

二、重商主义的基本理论

（一）重商主义的基本理论观点

重商主义可分为早期重商主义和晚期重商主义。无论是早期重商主义还是晚期重商主义，都有以下共识：

（1）一国的金银等贵金属的拥有量是其富裕与否的标志。重商主义认为，世界的资源是有限的，各国商人、制造业主和航运业主在扩大业务时，迟早会为利益多少发生冲突。为使本国商人和制造业主在争夺中获胜，国家必须要保持强大，而使国家保持强大，唯有大量积累财富。

（2）金银是财富的唯一形态。重商主义认为，财富和货币是完全统一的，财富就是金银，是衡量国家富裕程度的唯一尺度。

（3）对外贸易是财富的源泉。重商主义认为，剩余价值只能在流通领域中产生，只有商业尤其是对外贸易才能增加一国金银的储备。

（4）“顺差”是积累财富的唯一途径。在国内商业与对外贸易关系上，认为国内商品生产应当服从于对外贸易的需要，在对外贸易中应坚持“多卖少买”，为达到这一目的，政府应该对经济进行管制，阻止金银外流。

（二）早期重商主义

早期重商主义又称“重金主义”，盛行于15～16世纪中叶。早期重商主义的观点主要有两点：

（1）把货币与商品绝对地对立起来，要求在对外贸易中绝对地多卖少买，使金银流入国内。在这一思想的影响下，这一时期的许多欧洲国家采取了行政和法律措施，严格禁止金银出口和奢侈品进口，并设立管理机构，规定外国商人必须将其出口售货的货款用于购买当地的商品，而本国外贸商人则必须将其出口收入换回金银。

（2）孤立地对待货币运动，千方百计要把出口得到的货币保存在国内并把它窖藏起来。用种种直接强制的手段控制货币的国际流通以达到积累财富，这种理论和政策又被称作“货币差额论”。

马克思把这种认识称为“货币主义”。正如恩格斯所描绘：“就像守财奴一样，双手把持着自己的钱袋，用嫉妒和猜疑的目光打量着自己的邻居。他们不择手段地骗取那些和本国通商的民族的现钱，并把得来的金钱牢牢地保持在关税线以内。”

早期重商主义的代表人物是英国的威廉·斯塔福（William Stafford，1554～1612），他在其代表作《对我国同胞的某些控诉的评述》中感叹道：“外国商人从我们手中廉价地购买羊毛，再将羊毛织品高价卖给我们，以此从我们手中赚得的货币就此离开我们，一去不复返了。”另外，英国国王爱德华七世也曾是一位重商主义的国王，他曾于1478年立法把私运金银出境定为大罪。

从历史背景角度看，早期重商主义流行的时代正值英国“圈地运动”的高潮。“圈地运动”使农民失去土地，使原谷物种植地变为牧羊地，同时由于“新大陆”的发现，大批贵金属从“新大陆”国家流入欧洲，铸币大量改铸，商品价格普遍上涨。威廉·斯塔福在他的书中阐述了入超对英国的危害，认为进口商品是有害的，特别是进口本国能生产的商品。英国输出羊毛、输入羊毛织品就是一个典型的例子。这说明英国的早期重商主义者已经提出了发展本国资本主义经济的要求。

(三)晚期重商主义

晚期重商主义产生于16世纪下半叶。当时工场手工业已开始产生,信贷事业开始发展,这一切使得重商主义已经开始用资本家的眼光来看货币。正如恩格斯所说:"他们开始明白,一动不动地放在钱柜里的资本是死的,而流通中的资本却会不断增殖。……人们开始把自己的金币当作'诱鸟'放出去,以便把别人的金币引回来。"

晚期重商主义的理论核心是贸易差额论,其主要观点有三个:

(1)在货币与商品的关系上,与"货币差额论"为中心的早期重商主义不同,认为货币与商品具有统一性,"有了商品的人是不可能会缺钱的"。他们已不再简单地看待财富,而是着重分析以金银货币形态出现的作为商业资本用的财富了。他们的眼光要比早期重商主义远得多。

(2)在对待货币运动的态度上,不主张将货币窖藏起来。因为他们懂得,货币放着不用,是不会产生新货币的,只有作为资本投入流通,才能获取更多的货币。

(3)应当用贸易差额来确定一国的财富和国力,主张把货币当作"诱鸟"放出去,以吸引更多的货币返回。认为如果货币输出能导致大量的贸易盈余,这种输出就不应受阻碍,即认为在对外贸易中,不一定要对每一个国家或每一笔贸易都是顺差,只要对外贸易总额保持顺差,就足能保持更多货币的流入,国家就会富强。

这一时期理论的代表人物是英国的托马斯·孟(Thomas Mun,1571～1641),他的代表作是《英国得自对外贸易的财富》。在书中,他指出:"对外贸易是我们增加财富的通常手段,在这一点上,我们必须遵守一个原则,即每年卖给外国人的东西要比我们消费他们的多。"该理论被称为"贸易差额论"。托马斯·孟为其理论举例如下:

假如一国有布、锡、铅、铁、鱼类和其他产品的充分供应,除此之外每年还有220万英镑的剩余产品输往国外,靠这笔出口每年可以从海外买到并输入200万英镑的国内没有的货物,就可以保证每年有20万镑的财富增加,而且大部分是以现金的形式带回国内。

晚期重商主义还认识到,为了实现"多卖",保持贸易顺差,只有保护本国的幼稚工业,使之在保护政策的扶持下逐渐成熟,才能使本国产品在世界市场上有竞争力,保持出口优势。为此,各国都制定了鼓励本国工业发展的政策。譬如,一些国家高薪聘请外国工匠,禁止国内的技术工人外流和机器设备输出,向工场手工业者提供优惠贷款等。此外,为了降低工业生产成本,一些国家采取低工资政策;为了发展制造业和加工业,鼓励原料和半成品输入;为了提高产品质量,制定工业管理条例,加强质量管理。在这个意义上,马克思又称晚期重商主义为"重工主义"。

三、对重商主义的评价

马克思认为重商主义是对资本主义生产方式的"最早的理论探讨",是资产阶级政治经济学的第一个学派。

重商主义所处的时期,正是欧洲由封建社会向资本主义社会过渡的时期,重商主义理论对当时欧洲各国外贸政策的制定起了指导作用,同时为资本主义准备时期的原始积累作了积极的贡献。

但是,重商主义存在明显的不足:一是理论不成体系,二是对财富与金钱的错误理解导致其对国际贸易的理解错误，三是只考虑流通领域而忽略生产领域。

第二节 汉密尔顿和李斯特的保护贸易学说

一、近代保护贸易理论产生的背景

近代的保护贸易理论是从19世纪出现的。18世纪中叶英国的产业革命使英国成了“世界工厂”，随着国际分工和国际贸易的扩大，相继进入资本主义的国家，在经济上都获得了不同程度的发展。19世纪初，美国的农业、工业，德国的纺织、采矿、冶金、机械制造业等都有所发展，但与当时的英国相比，美国、德国的工业还较幼稚，生产力发展还较落后，尤其是畅销于世的英国廉价工业品给美国、德国的工业带来很大冲击。这就客观上要求美国、德国在对外贸易上实行保护政策，以扶植国内工业发展和完善工业体系。

美国的汉密尔顿（Alexander Hamilton，1757～1804）和德国的李斯特（Friedrich List，1789～1846）正是在这种条件下，代表美国、德国工业资产阶级经济利益，提出了保护贸易理论，他们是保护贸易理论的主要代表人物。

二、亚历山大·汉密尔顿的保护贸易理论

亚历山大·汉密尔顿是美国独立运动时期的政治家、经济学家，美国独立后的首任财政部长。1776年7月4日，美利坚合众国宣告独立，当时幅员仅有东部13个州。1783年英国被迫签订《巴黎和约》，承认美国独立。独立以后，美国在经济上仍严重依赖英国，传统的贸易往来使美国南方的种植园业得以发展，但是美国北方工业的发展却困难重重。在此情况下，汉密尔顿代表北方工业资产阶级利益，推出了主张保护贸易的理论观点。1791年12月在他的《关于制造业的报告》中明确地表达了他的思想观点。他认为，为使美国经济自立，要重视发展工业。在汉密尔顿看来，发展工业可以起到如下作用：(1)促进使用机器；(2)促进社会分工；(3)增加社会就业；(4)人尽其才，鼓励进取；(5)吸收外国移民；(6)保证农产品销路。他认为保护一个国内市场远远胜过占领一个国外市场，为了防止外来竞争、加速制造业的发展，政府必须在市场和劳动力方面给予保障。但处在一国工业化的早期阶段，新的幼稚工业生产效率不高，很难与当时的英国工业品进行竞争，必须用关税壁垒进行保护，以扶持年幼工业的成长。这是最早的保护论据。

汉密尔顿的保护贸易主张对于美国工业制造业的发展有较大的影响。美国1789年通过的第一个关税法案，税率只有5%～15%，不足以保护自己的工业，使当时刚发展起来的幼稚工业受到挫折。19世纪初，美国开始工业革命，为抵御英国工业品的竞争、扶植国内工业的发展，美国不断提高关税，1816年关税率为7.5%～30%，1824年平均税率提高到40%，1825年又提高到45%。保护关税使美国工业得以避免外国竞争而顺利发展，使美国经济很快赶上了英国。19世纪80年代，美国的工业产值跃居世界首位，1900年美国在世界对外贸易总额中仅次于英国，占第二位。

汉密尔顿主张必须加强国家对经济的干预，用关税壁垒实现保护新兴工业的目的。他具体主张：第一，向私营工业发放政府贷款；第二，以高额关税保护国内新兴工业；第三，为必需品工业发放津贴，给各类工业发放奖励金；第四，建立联邦检查制度，保证和提高制造品质量；第五，限制改良机器的输出。

三、李斯特的保护贸易理论

(一)保护贸易理论的形成

李斯特是德国历史学派经济学家,德国都平根(Tubingen)大学教授。李斯特所处的时代是英国、法国工业相对十分发达,而德国资本主义发展极为不顺利的时代。一方面,英国迅速发展的工业给德国市场带来大量廉价商品,使国内市场受外来品严重冲击;另一方面,德国国内高额和复杂的关税严重阻碍了本国商品的流通和国内统一市场的形成。面对这两方面的不利情形,新兴的工业资产阶级迫切要求摆脱外国自由贸易的威胁,扫除发展资本主义道路的各种障碍。在这个历史条件下,李斯特积极参与了取消国内各邦之间关税和建立统一关税的活动,1825 年移居美国后,受汉密尔顿保护贸易思想影响极大,遂回国后宣传其思想观点并于 1841 年出版了他的主要代表作《政治经济学的国民体系》。李斯特的保护贸易理论对德国和世界各国影响较大,他的保护贸易理论尤其是保护幼稚工业理论不仅具有历史意义,而且具有一定的现实意义。

(二)基本内容

李斯特的保护贸易理论包括两大方面内容:一是他对古典学派国际贸易理论的批评,二是他提出的保护贸易政策(政策部分将在以后章节叙述)。

李斯特对古典学派国际贸易理论的主要批评内容如下:

1. 反对不加区别的自由竞争,主张一定条件下的保护制度

李斯特认为,按照比较成本理论形成的国际分工,是一种不考虑各国性质和各自特有利益的世界主义经济学,不利于各国参与自由竞争。古典学派认为,只要实行自由贸易,便可形成合理的国际分工。李斯特认为,古典学派的这种观点是错误的,它忽视了各国历史和经济上的特点。李斯特认为,各国经济发展一般要经历五个时代,即渔猎时代、畜牧时代(为第一时期)、农业时代(为第二时期)、农工时代、农工商时代(为第三时期)。他指出,处在不同时期应实行不同的对外贸易政策。倘若处在第一时期,可实行自由贸易政策,处于第二时期应采取保护贸易政策,当进入第三时期时又可实行自由贸易政策。

2. 反对自由放任,主张国家对经济的干预

李斯特批判古典学派的"自由放任",他认为,要想发展生产力,必须借助国家的力量。他形象地做比喻:"固然,经验告诉我们,风力会把种子从这个地方带到那个地方,因此荒芜原野会变成稠密森林;但是要培养森林,因此就静等着风力作用,让它在若干世纪的过程中完成这样的转变,世上岂有这样愚蠢的办法?如果一个植林者选择树木,主动栽培,在几十年内达到同样的目的,这不算是一个可取的办法吗?历史告诉我们,有许多国家,就是由于采取了那个植林者的办法,成功实现了它们的目的。"

李斯特又以英国作为实例,进一步证明其理论的正确。他指出英国工商业能取得如此大发展,完全是因为当初政府的扶植。德国正处于类似英国发展初期的状况,就应实行在国家干预下的保护贸易政策。而且他更指出,应该保护工业品,不能保护农产品,因为当时德国农业产品未达到过剩程度,发展工业需要农业原料。即使保护幼稚工业,也应有条件,"任何工业如以 40%～60%之原始保护尚不能建立,又以 20%～30%之继续保护尚不能继续维持时,一般可假定,其工业制造能力之基本条件,并不具备"。保护也应有期限,他主张以 30 年为最高期限。

3. 反对"比较成本说"，主张发展生产力

对于这一点，李嘉图的观点是，在别的国家中生产费用较低的商品，不需要在本国生产，因为花钱向别的国家购买更为合算和有利。李斯特认为这种观点是错误的，实际上"财富的生产力比之财富本身，不晓得要重要多少倍"。因为，有了生产力的发展就有了财富，向别的国家购买廉价的商品，表面上看起来是要合算一些，但是这样做的结果是，德国工业的生产力就不能获得发展，德国将处于落后和从属于外国的地位。如果德国采取保护关税的政策，起初会使工业品的价格提高，但经过一定时期，生产力发展了，商品生产费用就会降下来，商品价格甚至会跌落到国外进口商品的价格以下。他还指出："保护关税如果使价值有所牺牲的话，它却使生产力有了增长，足以抵偿损失而且有余，由此使国家不但在物质财富的量上获得无限增进，而且一旦发生战争，可以保护工业的特有地位。工业独立以及由此而来的国内发展，使国家获得了力量，可以顺利经营国外贸易，可以扩张航运事业，由此文化可以提高，国内制度可以改进，对外力量可以加强。"李斯特的这些观点对德国当时的经济发展产生了很大影响。在保护政策扶植下，经过 1843 年、1846 年两次提高关税，德国经济确实在短期内有了迅速的发展，终于赶上了英国、法国等。

4. 发展本国工业，但不排斥有利可图的国际分工

李斯特指出："一个国家没有工业，只经营农业，就等于一个人在物质生产中少了一只膀子。……一个国家只用农产品向国外交换工业品，就等于一个人有一只膀子，还有一只膀子是借助于外人的。借助于外人的那只膀子也许很有用，但总不及自己有两只膀子的好，因为外人之心是难以捉摸的。国家自己有了工业，食物和原料就可以尽量按照工业的需要来生产；如果依存于国外工业，那就要受到牵制，只能按照外国自己不想生产，而不得不向另一国家采购的那个限度来生产剩余产品。"

但他同时指出，尽量利用本国资源的同时，也应利用国际分工，并指出，有些产品由于自然条件的限制，不宜在国内生产；如果依照国际分工原则（就是说，通过对外贸易）向国外采购时，质量既好，价格也低，对于这类物品要想采用国内分工原则，试图由本国来供应，那就是件愚不可及的事。

5. 保护贸易的具体原则和措施

我们把有潜在发展优势的尚未成熟的工业叫做幼稚工业。在对英国古典经济学家作了一些批评后，李斯特提出了保护贸易的具体原则和措施。第一，保护贸易的目的是为了促进和保护国内民族工业生产力的发展。第二，保护贸易的手段是禁止进口和高额进口关税。第三，保护的对象主要是那些对国家经济有重要意义的并且具有潜在发展优势的幼稚工业。第四，保护的限制条件是保护贸易的实施必须加以限制。被保护者必须是这样一些产业，即面临其他国家强有力的竞争而又无法相抗衡的新兴工业，否则将不予保护。保护时间也不宜太长，最长为 30 年。也就是说，保护贸易不是保护落后和低效率。第五，保护的程度应视不同的情况给予不同程度的保护。有些国内急需发展的产品，用高税率禁止或大量限制同类产品的进口，而对于那些比较贵重和精细、国内生产又比较困难的和比较易于引起走私的物品，税率应适当低一些。

李斯特所得出的许多具体结论，也给当今发展中国家如何在不合理的国际经济秩序中发展自己提供了很有益的借鉴。

第三节 超保护贸易理论

一、凯恩斯超保护贸易理论产生的历史背景

凯恩斯(John M. Keyens,1883～1946)是20世纪英国最著名的经济学家,他是凯恩斯主义的创始人,也是超保护贸易理论(Super-protection Theory)的代表人物。凯恩斯是颇具实干家才能的经济学家,他早年在皇家学院当过教员,任过财务主管,并历任过英国内阁财政经济顾问委员会主席。1944年,他率领英国代表团参加了在美国布雷顿森林城召开的国际货币金融会议。凯恩斯著作甚丰,其中影响最大的著作是1936年出版的《就业、利息和货币通论》。在资本主义1929～1933年大危机以前,凯恩斯是一个自由贸易论者,当时,他否认保护贸易政策会有利于国内的经济繁荣与就业。

20世纪30年代的大危机,使资本主义国家陷入长期萧条中,市场问题非常尖锐,国外市场的争夺日益激烈。面对这一局面,资本主义国家过去所实行的自由放任政策显得无能为力,正因为如此,资本主义国家开始运用政权力量直接干预对外经济活动,力求通过人为措施,扩大出口、限制进口,以缓和国内危机,保护在国外市场的竞争能力。同时,资产阶级也迫切需要某种理论为其政策措施提供理论依据。在这种情况下,凯恩斯改变了立场,开始批评自己以前师承(他是马歇尔的学生)而且拿来推行的自由放任学说,认为该理论缺乏充分的理论基础。

凯恩斯对资本主义的失业和危机问题作了如下分析:

他认为总收入取决于总就业量,总就业量取决于有效需求,危机和失业是由“有效需求”不足引起的。有效需求取决于消费支出和投资支出,消费支出取决于总收入的大小和消费倾向的高低,而人们心理上的边际消费倾向存在递减的趋势,因而这决定了消费支出不足;投资支出取决于利息率的高低和资本边际效率的大小,而人们心理上的偏好和心理上对资产未来收益的预期递减导致了投资不足。在资本主义自发调节作用的条件下,由于“三大基本心理因素”的作用,资本主义经常是处于总需求价格小于充分就业的总供给价格的水平,失业和危机是不可避免的。那么,如何有效制止危机和失业等问题呢?凯恩斯指出,只要社会能提供足以保证“充分就业”水平的“有效需求”量,危机可以避免,失业问题也就迎刃而解。实现上述目的的最好办法,是国家积极干预经济生活,制定一系列的政策来刺激“有效需求”。

凯恩斯对资本主义的失业和危机作了分析,其框架如图4－1所示。

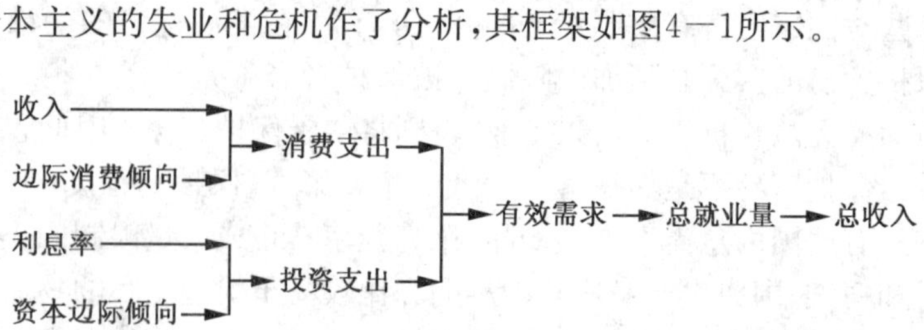

图4－1 凯恩斯对资本主义的失业和危机的分析框架

二、超保护贸易理论的基本内容

(一)对古典自由贸易理论的批评

自1929年经济危机以后,失业问题日趋严重。面对严重的失业问题,凯恩斯感到自由贸易理论"充分就业"的前提已不存在,指导经济发展需要一种新的贸易对策。他认为古典学派的贸易理论在当时已失去使用的价值,因为这种理论与社会现实已严重不符,如何解决社会上严重失业问题?他的观点如上所述,在此不作重复。

此外,他又对传统的国际贸易在分析中只用"国际收支自动调节说"来说明贸易顺差、逆差的最终均衡过程持反对态度。他批评传统理论忽略了在调节过程中,对一国国民收入和就业问题所带来的影响。他认为,应当认真分析贸易顺差、逆差对国民收入的影响。

凯恩斯认为,贸易顺差有益而逆差有害。顺差可为一国带来黄金,扩大支付手段,降低利率,刺激物价上涨,扩大投资,从而有利于缓和国内危机和增加就业。而贸易逆差则会造成黄金外流,物价下降,导致国内经济趋于萧条,失业人数增加。所以,他认为,"贸易逆差,可能很快就会产生顽固的经济衰颓"。因此,凯恩斯极力鼓吹贸易顺差,反对逆差,积极主张国家干预活动,采取各种手段和保护措施,减少进口,扩大出口,造成对外贸易顺差,促进国内经济发展。

(二)凯恩斯的对外贸易乘数理论

对外贸易乘数理论是凯恩斯的"乘数理论"(Theory of Multiplier)在对外贸易方面的应用。

凯恩斯把乘数理论应用到对外贸易方面,进一步论证了对外贸易与国内就业以及与国民收入的关系,即当本国投资生产的商品出口时,从国外得到了货币收入,首先会使出口商品的产业部门收入增加,消费也随之增加,对生产资料和生活资料的需求也相应增加,从而也必然会引起其他产业部门生产的增长、就业的增加、收入的增加。如此连锁反应,反复进行下去,收入的增加量将为出口增加量的若干倍。国家就可以从贸易顺差中解决国内的经济危机和失业问题。而商品服务进口时,使本国货币外流,造成收入下降,消费也随之减少,跟储蓄一样成为国民收入中的漏洞,造成投资、生产的不景气。所以,只有当贸易出现顺差时,对外贸易才能使一国的就业量和国民收入量增加。这是凯恩斯的对外贸易乘数理论的基本内容。

三、对凯恩斯超保护贸易理论的评述

凯恩斯超保护贸易理论与传统的保护贸易理论是有区别的,其中最本质的区别是保护对象的不同。传统的保护贸易政策保护的对象是国内幼稚工业,而超保护贸易理论保护的是高度发展的资本主义工业,保护其在国际竞争中的垄断地位,从而维护资产阶级利益。

凯恩斯的超保护贸易理论,客观上对发达资本主义国家的对外贸易和国际贸易的发展均起到了十分重要的促进作用。尤其是对外贸易乘数理论,在一定程度上反映了对外贸易与国民经济发展之间的内在规律性。

凯恩斯超保护贸易理论有两点明显的不足:

(1)缺乏对时间因素的考虑。一次新投资所引起的连锁反应往往需要较长一段时间才能消失,到那时才能算出乘数的绝对值。而凯恩斯在运用乘数理论作短期均衡分析时,忽略了这个问题。

(2)忽视外贸溢漏问题。如新投资引起的收入增加,若用于购买进口货便不能产生连锁反应了。大量存货的存在也会影响新投资发生的连锁反应。

第四节 当代保护贸易理论的新发展

一、保护就业论

保护就业论即为保护国内的生产和就业。20世纪80年代以来，西方经济不景气，失业率上升，一些发达资本主义国家的头面人物把原因归结为发展中国家对市场的瓜分，纷纷主张以限制进口来保障本国工业的生产和就业。该理论成为80年代以来贸易保护主义重新抬头的重要理论依据。

保护就业论建立在凯恩斯主义的经济学说上，凯恩斯的对外贸易乘数理论是保护就业论的基础。根据外贸乘数理论得出：增加出口、减少进口→增加有效需求→增加国民生产和就业水平。

他们相信，通过限制进口、扩大出口的贸易保护政策，可以提高整个国家的就业水平。

保护就业论，从理论上说，对增加就业有积极作用，但这一理论忽略了一个十分现实的问题：怎样才能做到限制进口又不损害出口呢？

美国经济学家戴维·塔在1989年给该国联邦贸易委员会的报告中，对美国三大行业贸易保护的结果作了分析。根据他的估计，美国对其纺织品、汽车、钢铁行业实行进口限额的结果并没有提高整个就业水平，对钢铁工业的保护还造成钢铁价格上升、汽车生产成本上升、汽车工业的就业人数下降，而由此带来的各种直接的或间接的损失高达209亿美元。

二、改善国际收支论

改善国际收支论的观点是维护贸易入超国家利益的，贸易入超在国际收支平衡表上反映为赤字。改善国际收支论认为，实行贸易保护可以减少进口，增加一国外汇储备。其理论基础可追溯到重商主义。

以国际收支方面的理由作为贸易保护的依据，在发展中国家较为普遍。分析其原因，主要是发展中国家的大多数产品缺乏竞争力和资金贫乏。除此以外，在出口能力强的亚洲国家也普遍存在该思想，如日本等，究其原因是这些地区与其固有的文化风俗有一定联系。

改善国际收支论通过贸易保护手段在一段时期内会改善一国的贸易状况，但因此而引来的贸易"报复"也是不可避免的。

近年来，亚洲国家外贸普遍出超。在与美国的贸易中，日本出超最多，中国大陆第二，其他如中国台湾、香港特别行政区，新加坡，韩国都有出超。美国因此而与以上诸国(地区)产生的贸易摩擦也越来越多。例如，美国与日本间的摩擦此起彼伏，从未停息过；中国的最惠国待遇每年都出现麻烦，以及美国动辄对中国采取的"制裁"，均能说明通过贸易保护来改善国际收支在实践中会带来许多困难。

此外，应避免对出超持追求的态度，尤其是通过外贸手段达到出超和外汇储备。因为它必定是付出昂贵代价的结果，而且出超越多并不表示一国的福利水平越高。

三、保护公平竞争论

凡是由政府通过某些政策直接或间接地帮助企业在国外市场上竞争，并造成对国外同类企业的伤害，即被看成是不公平竞争，如出口补贴、低价倾销等。补贴是指国家政府给予某种商品的出口商一定金额的补贴或在财政上给予一定的优惠，以此弥补为争夺市场低价出售的损失。倾销是指出口商在已控制国内市场的条件下，以低于国内市场价格甚至低于生产成本的价格向国外市场销售，其目的是以低价击败国外同类产品并占领国外市场。

保护公平竞争论以公平竞争作为理由来保护贸易的发展。持该理论的主要国家是美国，进行贸易保护的主要手段包括反补贴税、反倾销税或其他惩罚性关税、进口限额、贸易制裁等。

美国不仅在理论上觉得自己理直气壮，还从法律上对不公平贸易行为作出的报复给予明文规定。早在 1897 年，美国就通过了“反补贴关税法”。1930 年的“关税法案”又对反补贴作了更为详细的规定，并在 1979 年和 1984 年两次作了进一步的修改。1916 年通过了“反倾销法”。1974 年通过了贸易法案中的“301 条款”，对采取措施对付任何外国不公平贸易行为作了明确规定。1988 年对贸易法案中的“301 条款”又作了特别规定，旨在以更强有力的态度和报复行为对待被它视为持有不公平竞争行为的国家（其中尤其是发展中国家）。

保护公平竞争论在理论上可能有助于公平竞争，促进自由贸易，但在实践中不一定能达到预期效果。其原因是：(1)“反不公平竞争”往往被用来作为反对进口的借口，使其成了实行保护贸易的武器；(2)以公平竞争为理由实施保护会激起对方国的反指控与反报复，有可能造成双方更大的损失。

复习思考题

一、名词解释

重商主义　　对外贸易乘数论

二、问答题

1. 早期重商主义与晚期重商主义有什么不同？
2. 汉密尔顿推行保护贸易的目的是什么？
3. 李斯特保护贸易理论具有什么特点？
4. 凯恩斯超保护贸易理论的实质是什么？它是在怎样的时代背景中提出的？
5. 为什么说凯恩斯的对外贸易乘数理论具有积极意义？

延伸读物：

全球贸易保护“严防”中国

近年来，由于全球经济环境持续低迷，各国均在为提升经济费尽心机。在各种应对措施中，不时掺杂一些不和谐的声音——贸易保护主义。而中国在日益成长为世界贸易大国的过程中，则成为遭受贸易救济措施最严重的国家之一。值得注意的是，除了欧美等发达经济体外，越来越多的新兴发展中国家也加入对华实施贸易保护措施的国家之列。欧美更是不断使出新招。

一、欧盟对华贸易战打“新牌”

数据显示，欧盟委员会目前正在进行的 30 个反倾销、反补贴（双反）调查中，有 19 个涉及中国。

近年来，尤其是 2012 年，欧盟对华贸易调查的力度大幅加重。欧盟委员会针对中国光伏产品发起了“欧盟史上最大的贸易调查”。据中国驻欧盟使团估算，光伏案以及欧盟可能发起的对华电信产品的“双反”调查等的涉案金额将占双边贸易总额的近 10%。欧债危机爆发以来，欧盟对外贸易战略呈现新特点，即利用贸易政策逼迫新兴经济体更加开放市场，以保护欧洲企业，尤其是中高端产业的竞争优势。根据欧盟委员会新近发布的贸易保护工具“现代化”提案，该委员会将有权自行立案，无需事先有来自欧盟企业的申请。而 5 月 15 日，欧盟委员会宣布原则上决定对中国电信产品展开“双反”调查就属于此种类型。据说，未来欧盟对华贸易保护手段的使用将更频繁，涉案金额将更大，且将更多使用“双反”调查；欧盟对华贸易保护手段的打击对象正在从具体产品到整个行业，且更多地指向较为高端的战略性产业。

二、美国对华贸易保护呈升势

今年以来，美国对华贸易保护措施已涉及工用、民用多类产品。其中一个值得关注的迹象是美国对华贸易保护的打击对象已从此前的劳动密集型产业扩展到新能源和高科技产业。

除传统的贸易救济措施外，今年以来美国对华贸易保护措施还出现两大新趋势：一个是以威胁国家安全为由阻止某些中国产品进入美国，阻止中国企业在美投资；二是在知识产权保护方面加大敲打中国的力度。

虽然美国宣称倡导自由贸易，但近来却打着“国家安全”的旗号，行贸易保护主义之实，企图将某些中国产品和产业挤出美国市场。2013 年 3 月，美国总统奥巴马签署一项法案，其中就包括限制联邦政府机构购买中国信息技术产品的条款。出于对中国企业的不信任，美国官员已决定采取措施确保中国产品不会成为美国电信基础设施的关键部分。而在知识产权保护方面，美国政府一方面加大使用“337 调查”的频率，另一方面频繁炒作网络安全，为出台更加全面的保护措施造势。美国白宫 2013 年 2 月发布《减少美国商业机密盗窃战略》报告，暗示中国将是美国今后防范和打击窃取商业机密行为的重点对象；美国贸易代表办公室 5 月发布报告，又将中国列入这方面的重点观察名单。

三、新兴经济体频举贸易保护伞

随着新兴市场国家与我国贸易规模逐渐扩大，它们正成为对华贸易保护阵营的重要组成部分。以俄罗斯为例，该国与中国贸易摩擦不断增多，其贸易保护主义主要集中在钢材领域。2008 年 3 月，俄罗斯工贸部决定对来自中国的彩涂板发起反倾销调查。该案涉案金额 2.47 亿美元，成为当时俄罗斯对华发起的金额最大的贸易救济案。此后，俄罗斯工贸部又建议对从中国进口的钢管征收 29.4%的惩罚性关税。

“全球贸易预警”组织 3 月公布的报告称，近一年来阿根廷出台的贸易保护措施数量高居全球首位。而近年来，中国是阿根廷贸易保护主义的重要受害国。该国采取的保护措施主要包括征收反倾销税、实施非自动进口许可证制度以及为进口商品设置报关参考价格等。

伴随着双边贸易额的增长，埃及对华的贸易摩擦也日渐增多。据中国驻埃及大使馆经济商务参赞处介绍，埃及对我国发起贸易保护措施所涉及的行业主要为轻工业、化工业和机电产业。埃及对华贸易保护措施的一个突出特点是涉案金额逐渐增大。此外，案件申诉方多为埃及垄断企业。

根据世界贸易组织的报告，1995～2010 年，印度共启动 637 起反倾销调查，其中涉及中国的案件数居首位。印度对华发动贸易救济措施涉及的产品主要是化工产品、塑料、橡胶及其制品，反倾销是主要措施，呈现出的特点是涉案行业集中，并有由下游低端产品向上游产品蔓延之势。近年来，印度一直不放心中国制造的电信设备，“封杀”不断，早在去年就把华为拉入黑名单。最近的一起贸易救济案也与中兴、华为有关。印度情报局以未经测试的外国通信设备可能存在网络安全风险为由，要求对华为和中兴在该国销售的手机进行检测。

资料来源：中国行业研究网，http://www.chinairn.com，2013 年 5 月 17 日。

思考：对外贸易与各国经济的联系以及国际贸易与国际经济的联系是什么？

第五章

国际贸易政策

国际贸易政策是各国对外贸易政策的总称。对外贸易政策是一个国家的经济政策与对外政策的重要组成部分，是国际分工加深、经济全球化发展过程中，一国调整国际收支、保持经济稳定与发展的重要手段。本章在概述了国际贸易政策的特征和类型后，分别介绍资本主义国家贸易政策的演变过程与发展中国家贸易政策的发展。

第一节　国际贸易政策概述

一、对外贸易政策的实质与特征

对外贸易政策是一个国家的经济政策与对外政策的重要组成部分。一国对外贸易政策由下述内容构成：(1)对外贸易的基本方针政策。其中包括对外贸易战略、出口总政策和进口总政策。(2)进出口商品政策。它是根据对外贸易的基本方针政策和本国经济结构、国内市场供求状况而分别制定的政策。(3)对外贸易的地区和国别政策。它是在对外贸易基本方针政策的指导下，根据与不同地区和国家的政治、经济关系，而分别制定的对外贸易政策。

对外贸易政策就其实质而言，它既反映着经济基础和当权阶级的利益和需要，同时又维护和促进着经济的发展。对外贸易政策是一国在一定时期内，在进出口贸易活动中，为实现某一政策目标，所制定的准则和所采取的手段。各国制定对外贸易政策的目的一般包括这些内容：(1)保护本国国内市场；(2)扩大本国产品的国外市场；(3)促进本国产业结构的改善；(4)积累资金；(5)维护本国的对外政治关系。

对外贸易政策具有一些自身的特征：(1)对外贸易政策的制定和执行受诸多因素制约。这些因素既包括经济方面的、社会政治方面的，也包括来自国内的，以及来自国外的。(2)对外贸易政策是外交政策的先行官。外贸与外交两政策是紧密相连的，两者相互服务，相互促进。但在很多情况下往往是外贸政策为建立外交政策打通道路。(3)贸易政策以贸易理论为依据。国际贸易理论是各国结合客观环境，考虑制定什么样的贸易政策的指南，依据贸易理论制定的适合时宜的贸易政策是推动经济发展的催化剂。(4)对外贸易政策是国家整个经济政策的组成部分，它的存在是为国家总政策服务的。对外贸易政策在国家经济总政策中的重要地位不能替代其对总政策的从属关系，外贸政策必须服从总政策。

二、对外贸易政策的制定与执行

对外贸易政策在一国经济总政策中的地位和它与总政策的关系，构成了它在制定之前必须作如下因素的考虑：从国内因素来看，要考虑到本国的经济结构、物价水平和就业状况，本国产品在国际市场上的竞争能力，以及在国际市场具有竞争优势的诸方面；从国外的因素来看，要注重考虑本国与别国在经济、投资方面的合作情况，本国与他国的政治关系，以及本国在世界经济、贸易制度中的权利与义务。除此以外不能忽略各国政府领导人的经济思想及贸易理论倾向等，因为这方面因素对外贸政策的制定有重要制约作用。

对外贸易政策的制定与修改任务一般由各个国家的立法机构承担。一些发达资本主义国家的最高立法机关在制定和修改对外贸易政策以及有关规章制度以前，均要向大垄断集团征询意见。这些大垄断集团的各种建议和意见是立法机关作重点考虑的内容。最高立法机关制定、修改并向外颁布的对外贸易各项政策，一般包括一国较长时期内对外贸易政策的总方针和基本原则，还包括一些重要措施以及给予行政机构的特定权限。

各国的对外贸易政策主要通过海关以及国家设立的其他各种机构来执行。另外，国家通过设立各种机构，负责对进出口的监管。除此以外，国家政府出面参与各种国际贸易、关税等国际机构与组织，进行国际贸易、关税方面的协调和谈判。

三、对外贸易政策的基本类型

对外贸易政策是在国际贸易的产生与发展中逐渐形成并发生演变的，它反映着一国在一定时期的经济发展战略和一国在一定时期的国际竞争力。对外贸易政策一般可归纳为如下几种类型：

(一)自由贸易政策

自由贸易政策以自由贸易理论为基础，其基本内容是：政府取消对进出口贸易的限制和障碍，取消对本国贸易商的各种特权和优待，使商品自由地进出口、自由地在国内外市场上竞争。

(二)保护贸易政策

保护贸易政策以保护贸易理论为基础，其基本内容是：政府采取各种措施限制或减少外来品进入国内市场，采取各种优惠措施鼓励本国产品对国内外市场的占有。

(三)超保护贸易政策

超保护贸易政策的理论基础是凯恩斯的外贸乘数内容，其基本内容是：政府积极采取各种措施保护在国内高度发展的产业，使其垄断优势不断巩固与发展，不断加强对国际市场的扩张与占有。

第二节　资本主义国家外贸政策的演变过程

对外贸易政策是一个国家经济政策的重要组成部分，尤其是在资本主义国家经济政策中占据举足轻重的重要地位。作为政府推动国家经济发展和对外实行经济政策的重要工具，外贸政策在不同时期均有其不同的倾向性，在资本主义形成与发展过程中，其内涵不断地发生着变化。

一、重商主义时期的贸易政策

重商主义最早出现于意大利，后来扩散到西班牙、葡萄牙和荷兰，最后在英国、法国、德国和俄国产生影响。在重商主义思想影响下的对外贸易政策具有严重的保护主义色彩。在实行重商主义保护贸易政策的过程中，各国的着重点不同，如法国重商主义主要表现在工场手工业；在西班牙和葡萄牙是殖民地贸易；在荷兰是航海和中间贸易；在英国则除了上述各项外，还把农业也包括进去。而各国在推行中具体规定也有变化，一般表现如下：

早期的重商主义保护贸易政策规定：(1)严禁金银外流，凡输出金银币或金银块必将受严惩甚至被处死。(2)积极吸收金银，规定外国人来本国进行贸易时，必须将其销售货物所得货款用于购买本国商品，不许外商携带货币或金银外出。(3)国家垄断全部货币贸易。

晚期的重商主义保护贸易政策在沿用早期政策的同时，作了部分修改。其政策主要表现为奖出限入。该政策的主要内容是：(1)对本国某些商品出口，给予津贴。(2)减低或免除出口关税，或退回进口原料时征收的关税，鼓励输入原料，加工后再出口。(3)设立独占经营的殖民地贸易公司，在殖民地经营独占贸易，使殖民地成为本国制成品的市场。(4)国家用现金奖励在国外市场上出售本国产品的商人，但对重要原料的出口则加以限制。限入政策的主要内容是对国外商品尤其是一些奢侈品采取禁止入内的政策。(5)对有些允许进口的商品则征收高额税收，使其在国内缺乏竞争力。(6)允许以低价向殖民地购买原料，但必须运回国内加工成制成品后再向殖民地或其他国家以高价出售。

二、资本主义自由竞争时期的贸易政策

18 世纪中期开始的机器工业革命，为资本主义生产方式的确立奠定了物质基础。率先完成工业化的资本主义国家，为了取得廉价的进口原料和扩大其竞争能力产品的海外市场，为了占统治地位的工业资产阶级的利益，开始了逐步放宽贸易壁垒并要求贸易伙伴开放市场的贸易自由化运动。19 世纪初，英国、法国和美国在国内政治、经济领域的统一已经完成，但是在其他地方，特别是在欧洲大陆上，封建割据、经济上不统一的现象仍然普遍存在。因此，该阶段自由贸易政策和保护贸易政策并存。这种情况给各国的经济进步和世界经济的发展造成了严重的障碍。1834 年德意志关税同盟的组成和 1861 年意大利的统一是自由贸易运动和世界经济发展过程中的一个重要的里程碑。在它们之后，许多其他的欧洲国家和海外国家也走上了同样的道路。在 19 世纪 70 年代，欧洲的贸易自由化达到最高峰，但是采取全面自由贸易政策的国家只有英国和荷兰。

英国贸易自由化的实践表现在以下几个方面：(1)废除谷物法和航海法并取消特权公司；(2)关税税率逐步减低，纳税商品数目减少；(3)改变对殖民地的贸易政策；(4)与外国签订贸易条约，改善贸易关系。

三、资本主义国家进入垄断时期后的贸易政策

19 世纪末，主要资本主义国家开始从自由竞争进入到垄断时期，此时，经济实力强大的帝国主义国家纷纷实行代表垄断资产阶级利益的侵略性保护贸易政策。其主要原因如下：首先，工业国家经济的迅速发展，使世界市场的竞争加剧了，一些竞争力较弱的国家的工业部门要求提高保护关税水平。其次，1873 年开始的经济危机及以后的长期萧条，使这些工业国家的工业品销路发生严重问题，因此，垄断资产阶级纷纷要求采取保护主义措施。再次，西欧国家的

贵族地主已感觉到美洲的小麦和俄国的裸麦的竞争压力，而德国的俾斯麦政府则为了增加税收、充裕国库，也相继提高关税。

这一时期，英国仍然实行自由贸易政策。一方面因为英国的垄断组织形成较晚，另一方面也是因为伦敦是世界贸易和金融的中心，英国还拥有广大的殖民地，所以保持自由贸易政策较为有利。虽然在此期间受各种各样的冲击，英国的政策也有或此或彼的改变，但其自由贸易政策的基调一直维持到 20 世纪经济大危机时期。

两次世界大战期间，资本主义国家的垄断资本的力量有了增强，市场问题更为尖锐，帝国主义争夺市场特别是重新瓜分市场的矛盾和冲突越来越激烈。特别是 1929～1933 年的世界经济大萧条，导致侵略性的保护贸易政策发展到空前的规模，形成了第二次保护主义浪潮。此间，主要资本主义国家都提高了关税，保护国内市场并进而夺取国外市场。甚至英国也最终在 1931 年放弃了自由贸易，转而实行全面的侵略性保护关税政策。

发达国家在这一时期所采取的保护贸易政策与其在自由竞争时期的贸易政策有着本质的差别。它保护的并不是国内的幼稚工业，而是国内高度发达的或开始衰落的垄断工业；不是培养自由竞争的能力，而是巩固和加强对国内外市场的垄断；不是防御性的限制进口，而是在垄断国内市场的基础上对国外市场进行进攻性的扩张；不是保护一般性的资产阶级，而是保护大垄断资产阶级；保护政策的措施不仅有关税，还有其他各种各样奖出限入的措施。这些措施成为帝国主义国家垄断资本、垄断国内市场、争夺世界市场和世界霸权的重要手段。

四、第二次世界大战以后的贸易政策

第二次世界大战后，世界政治与经济发生了深刻的变化。在发达资本主义国家的对外贸易政策中，先后出现了两种主要倾向：从 20 世纪 50 年代至 70 年代初，主要是贸易自由化倾向；从 70 年代中期至 90 年代，贸易保护主义重新抬头。这两种互相对立的倾向，在一定条件下，又互相结合和转化。战争期间和战后初期，西欧、日本等国家继续实行超保护贸易政策，严格限制商品进口。但是，随着资本主义世界经济的恢复和迅速发展，发达资本主义国家都在不同程度上放宽了进口限制。战后的第三次科学技术革命促进了生产国际化和国际分工的深化，进一步强化了自由贸易的必要性。特别是在第二次世界大战中发了横财的美国已一跃成为世界第一强国，各国实行贸易保护政策不符合美国的利益。在美国的倡导和推动下，以削减关税和其他贸易壁垒、消除贸易中的歧视待遇、促进世界贸易的自由化为宗旨的关税及贸易总协定(GATT)在 1947 年签署，标志着战后贸易自由化浪潮的开始。关税及贸易总协定的临时适用对发达资本主义国家的对外贸易政策的贸易自由化倾向起了重要的促进作用。这种倾向到 70 年代初达到了一个高峰。这一时期发达资本主义国家贸易政策的自由化倾向主要表现在以下几个方面：

(一)关税的大幅度削减

首先，GATT 成员国范围内大幅度地降低关税。GATT 从 1947 年成立到 70 年代初，共举行了六次多边贸易谈判。1947 年通过关税减让谈判，达成占资本主义国家进口值 54%的商品平均关税下降 35%的协议。以后历届谈判都取得不同程度的关税减让成果。其次，欧洲经济共同体对内取消关税，对外通过谈判达成关税减让的协议，导致关税的大幅度下降。再次，通过普遍优惠制度的实施，发达资本主义国家对来自发展中国家或地区的制成品和半制成品的进口给予普遍的、非歧视的和非互惠的关税优惠。

（二）非关税壁垒的降低或撤销

第二次世界大战结束初期，发达资本主义国家对许多商品进口实行严格的进口限制，采取进口许可证和外汇管制等措施以限制商品进口。随着经济的恢复和发展，这些国家都在不同程度上放宽进口数量限制，扩大进口自由化，增加自由进口的商品，放宽或取消外汇管制，实行货币自由兑换，促进贸易自由化的发展。到20世纪60年代初，经济合作与发展组织成员国之间的数量限制已取消了90％。日本也逐步放宽进口数量限制，提高进口自由化比率。1959年日本进口自由化比率为37％，1961年为44％，到1973年已达93％，受数量限制的进口商品项目从1967年的124种降至1978年的81种。

战后贸易自由化的发展是不平衡、不稳定的，并根据不同垄断集团的需要和对外政策的变化，在不同程度上与贸易保护措施相结合。所以这时期的贸易自由化是一种有选择性的贸易自由化，它表现为以下几个特点：(1)工业制成品的贸易自由化超过农产品的贸易自由化；(2)机器设备的贸易自由化超过工业消费品的贸易自由化；(3)区域经济集团内部的贸易自由化超过集团对外的贸易自由化；(4)发达资本主义国家之间的贸易自由化超过它们对发展中国家的贸易自由化。

五、20世纪70年代以后的贸易政策

20世纪70年代初期开始的世界性通货膨胀一度促进了发达资本主义国家贸易自由化的发展，但70年代中期到90年代初的三次较为严重的经济衰退又使战后开始的贸易自由化倾向趋于停顿。1974～1975年战后最严重的世界性经济危机给西方国家的经济发展蒙上了一层阴影，经济发展严重停滞，通货膨胀日益加深，失业率居高不下，国内市场规模相对缩小，国际市场竞争空间激烈，终于导致了压抑已久的贸易保护主义力量的爆发。美国是这次贸易保护主义浪潮的掀起者。在世界经济不平衡发展规律作用下，美国的霸权地位受到了日本和西欧国家的威胁；在愈发激烈的国际竞争中，美国在许多方面的优势开始削弱甚至消失，国际收支状况严重恶化。为了维护其世界经济的霸主地位，美国终于在70年代中期率先采取保护贸易政策，因而掀起了全球性的保护贸易浪潮。这次贸易保护主义浪潮不同于以往的贸易保护主义，它是以各种名目繁多的非关税壁垒的设置为特征的，故通常称为新贸易保护主义，以区别于以关税壁垒为主的传统的贸易保护主义。其特征表现如下：

（一）限制进口措施的重点从关税壁垒转向非关税壁垒

第二次世界大战后，经过GATT多轮关税减让谈判，发达资本主义国家的关税有了大幅度下降，但这并没有缓和发达资本主义国家之间争夺市场的矛盾。特别是在世界性的经济危机冲击下，发达资本主义国家竞相采取非关税措施，构筑非关税壁垒，限制商品进口，以抵消由于关税下降所造成的不利影响。

（二）奖出限入的重点从限制进口转向鼓励进口

第二次世界大战后，随着贸易自由化的发展和国际分工的加深，发达国家对国外市场的依赖性日益加强，争夺国外市场的斗争日益加剧，特别是70年代中期以后，贸易战愈演愈烈。为了帮助本国垄断资本在贸易战中战胜国外对手，争夺国内外市场，各国政府仅仅加强非关税措施，不但难以满足本国垄断资本对外扩张的需要，而且往往受到其他国家的谴责和报复。于是，发达国家纷纷把奖出限入措施的重点从限制进口转向鼓励出口，从经济上、组织上和精神上加强鼓励出口的措施，促进商品输出。

（三）贸易保护从国家壁垒转向区域性壁垒

经济贸易的区域化、集团化的发展，使发达国家注重运用整体力量与外界对抗。例如，欧洲共同体在20世纪90年代又与欧洲自由联盟合作，形成了包括欧洲15个国家在内的欧洲联盟，增强了与外界对抗的能力。在GATT第八轮谈判即“乌拉圭回合”中，欧盟就农产品贸易及补贴问题与美国展开了激烈的争论，成为谈判迟迟不能顺利结束的主要原因之一。美国也在90年代致力于建立包括美国、加拿大、墨西哥在内的北美自由贸易区。

六、20世纪90年代以来的贸易政策

20世纪90年代以来对国际贸易产生重要影响的是战略性贸易政策。战略性贸易政策是一种具有保护主义性质的贸易政策。其特点是：政府把对外贸易推举到战略高度，并使其与产业形成紧密依存关系，用关税、出口补贴等奖出限入的手段，对现有或潜在的“战略性”产业实行政策倾斜，使其取得或不断增加在国内外市场的竞争优势，并不断对国内其他产业形成良性渗透，最终达到增加本国福利和综合国力的目的。

战略性贸易政策形成于20世纪70年代以后。从理论上讲，该政策的产生是因为人们对市场经济的本质有了清楚的认识。具体表现为：(1)对市场结构中垄断竞争与寡头垄断的普遍接受，即承认市场是不完全竞争的市场。(2)对外部经济有了较全面的理解，即承认市场失灵是客观存在的。同时认为，既然市场经济中存在市场经济自身无法克服的障碍，影响人类资源的有效配置，那么，利用政府的职权进行干预就显得十分顺理成章了。因为，实行战略性贸易政策的政府有选择地对某些产业予以支持，其结果是：一方面改善了产业运行的经济环境，增强了国际竞争力；另一方面可以利用外部经济效应将先进性扩展到国民经济的各领域，最终既增加了福利，又提高了综合国力，这是利用市场机制无法达到的。

美国是目前实施战略性贸易政策最得力的国家。早在20世纪80年代初，美国政府就已将其积极倡导的“自由贸易”向“公平贸易”转化。在转移中，政府表现出对某些产业的强调已能十分清楚地证实其实施战略性贸易政策的端倪。90年代后，美国政府明确表明运用贸易政策解决其国内外诸多经济问题的态度，进一步证实了美国政府全面实行战略性贸易政策的决心。美国运用的具体实施策略是：提出高技术战略和政策，并把建立“信息高速公路”放在突出地位，目的是提高本国主导产业尤其是信息产业及其他高技术产业的国际竞争力。具体措施是：(1)扩大以半导体、电脑、通信、环保、咨询软件及服务业为代表的高科技产业和知识密集型产业的出口；(2)放松反托拉斯法，允许大公司之间兼并合作，以达到技术优势的增强和规模经济效益的提高；(3)提供贸易融资与贸易咨询等帮助，以鼓励高新技术产业扩大出口。

虽然进入21世纪以来，美国经济经历了过山车般的跌宕起伏，但美国是世界贸易的主要推动者(Major Player)的地位不变，进口和出口量在世界贸易中均位居前列，对世界贸易发展的积极贡献不可否认。同时，美国也是国际贸易规则制定的积极参与者，对WTO规则的诞生和发展起到了重要作用。美国整体经济实力强大，绝大多数国内产业和服务业在国际贸易中有较强的竞争力，是国际贸易中的最大获益者之一，因此，在大多数领域，美国是自由贸易的倡导者和推行者，但在若干劳动密集型产业，如钢铁、纺织等，美国相对不具有竞争优势，在这些领域，美国采取了一系列过度的保护主义措施，在农业等领域还实施了若干政府支持措施，这些措施是否有利世贸发展，是有待商榷的。

欧盟是世界上最大的贸易实体，在国际贸易中的地位显赫。自2005年以来，年进出口量高达世界贸易总额的20%。近年来，由于严重的债务危机，欧盟的共同贸易政策(Common

Commercial Policy)出现了一些重要的变化。首先,欧盟内部的贸易保护主义有所抬头。近年来,欧盟对来自新兴市场特别是来自中国的廉价进口商品采取了严厉的贸易保护措施。反倾销、反补贴、泛吸收调查和诉讼已是经常被用来保护其夕阳产业和市场的重要武器。其次,在WTO多哈回合的谈判中,欧盟和美国在农业问题上的强硬态度是谈判不顺的主要原因。有专家对近年来欧盟贸易政策的动向作如下判断:(1)贸易保护主义将继续影响欧盟的共同外贸政策。(2)多哈回合的中止,将严重影响欧盟多边贸易自由化发展。

第二次世界大战以来,日本所实施的贸易政策很明显地展示了其保护的成分。战后日本的贸易对象长期倾向美国,美国对日的特殊政策使得日本有可能利用保护贸易政策,达到利用外贸提高重化工业国际竞争力的目标。直至20世纪70年代中期,日本政府积极推行战略贸易政策。具体而言,通过优惠的政策措施扶持具有规模经济效益的出口产品和实现重化工业化发展。80年代,为了应对知识经济的挑战,日本的战略性贸易政策开始向高级化发展转化。具体表现是:强调国际产业合理分工,利润公平分配,减少贸易摩擦,同时强调要鼓励竞争。进入21世纪后,日本加强了与周边发展中国家的经贸联系。例如,2002年1月,日本与新加坡正式签署了两国间的自由贸易协定。此外,日本同韩国、墨西哥等国均有发展两国经贸的合作。总之,抓住特殊的机遇,利用保护贸易政策,日本在这几十年中保持了稳定增长的经济态势。

第三节　发展中国家外贸政策的发展

发展中国家发展对外贸易的目的是为了发展本国经济。从发展中国家的经济基础来看,严重缺乏竞争力,为了巩固政权与发展经济,积极参与国际竞争,发展中国家纷纷走上发展工业的道路,并且配以适合的经济发展战略。发展中国家的对外贸易政策形成于经济发展战略之上,故带有十分强烈的"战略"色彩。

一、初级外向型外贸政策

初级外向型外贸政策是一种通过扩大初级产品的出口促进经济发展的贸易政策。一些工业发展处于初级阶段的发展中国家,由于自然资源的有利条件,历史上曾是发达国家的原料产地。为了实现工业化的经济模式,这些发展中国家往往扩大具有相对优势的自然资源产品的出口,以赢得的外汇换回工业生产所需的技术设备。而另一方面,处于20世纪六七十年代的西方工业国家正以扩大生产规模来谋求工业的发展,具体表现在对矿物原料和农业原料的需求不断地增加。于是,大量的外国资本流入矿产资源丰富的发展中国家,从事矿产开采;或是流入自然气候条件优越的国家发展种植业,然后将生产的工农业原料输入到国内进行加工。所以,外国资本的流入为发展中国家初级产品扩大出口提供了条件。初级产品出口的扩大,使这些发展中国家财政收入和外汇收入增加,扩大了进口能力,促进了国内需求的全面增长,也使相应的服务业或辅助性的部门得到了发展,为实现工业化的目标提供了一定的基础条件。

但是,初级外向型外贸政策是发展中国家在特定条件下不得不采取的贸易政策,这种政策的有效性受到许多条件的限制,它的局限性和弊端在实践中日益明显。首先,国际市场初级产品的需求和价格极不稳定。初级产品的需求和价格受世界经济周期性波动的影响很大,这就使发展中国家的贸易收支和财政收入极不稳定;初级产品的贸易条件又日趋恶化,使发展中国家难以实现经济的稳定增长。其次,实施该政策,工业品的需求依赖于进口满足,把初级产品生产可能带来的一系列工业加工过程输出到国外，从而不利于本国工业的发展。另外，为扩大初级产品出口发展起来的生产部门或地区，成为发达国家跨国公司剥削落后国家的领地。因此，实施该政策在一段时期内很难从不稳定性、单一性和依赖性的畸形经济中走出来。

由于发展中国家缺乏资金、技术，为了扩大出口，创造条件提供优惠吸引外资和技术流入，利用外资开发资源产品，是实现初级外向型贸易战略的重要政策措施。为了避免初级产品出口的不稳定性，还采取了相应的政策组合，包括国家垄断初级产品的购销和出口，实行伸缩性的汇率制度、滑动的出口税，建立国际商品协定和产品多样化等。

二、进口替代型贸易政策

鉴于世界贸易中初级产品出口的不利情况，第二次世界大战后许多发展中国家在20世纪50年代末期开始实行进口替代发展战略，在此基础上形成的贸易政策便是进口替代型贸易政策。进口替代型外贸政策是指一些发展中国家的政府有意识地利用国家的政策手段，在限制一些产品进口的同时，发展这些产品的国内生产，用国内产品满足本国市场的需求，逐步扩大本国的工业基础，促进国民经济发展，减少对国外的依赖。简言之，是用国产品替代进口品的工业化过程。进口替代基本上是一种内向型的经济发展战略，其用国产品代替进口品的过程被认为在制造业中与工业化近乎于同一意义，是现代后起的发展中国家经济发展的必经阶段。

进口替代有积极和消极或相对和绝对之分。积极的或相对的进口替代，在其替代的初期并不排斥进口，而是对进口品实行分批、分阶段替代，从耐用消费品的替代逐步扩展到机械设备等资本物的替代，并且以进口技术设备为替代目标服务；消极的或绝对的进口替代则排斥进口，其经济的内向性特征更加强烈。

实行进口替代政策，主要是为了克服初级外向型政策的缺陷，解决经济发展中面临的难题，促进工业化和经济发展。进口替代以进口限制为条件，使国内市场受到保护，对缩短工业化进程起到了重要的作用。它推动了本国发展多样化经济，改变了单一的生产结构和经济结构，发展了制造业，提高了国内生产能力。同时国内制造业的发展扩大了就业，增加了收入，又能起到节约外汇的效应。进口替代政策的实施，有助于减少对外依赖，从而能够缓和他国经济危机与世界市场价格波动对本国经济的影响。

进口替代政策实质上是一种贸易保护政策，或者说是立足于国内需求的内向型发展战略。一般来说，内向型政策通常具有以下特征：追求计划型工业化，如设立国营企业等，加强行政干预，忽视价格机制等经济手段；实行进口限制，但忽视出口；削弱对外贸易等对外经济联系和外部经济的国内波及。实施进口替代战略的国家在实行鼓励国外直接投资的同时，运用数量限制和本币币值高估相配合的贸易保护政策，其措施包括进口数量限制、本币币值高估和复汇率制、高额关税和替代产业的贴补等。

但是，进口替代在发挥其政策优势的同时，在实施中也遇到了许多困难，反映出这一贸易政策所存在的内在缺陷。进口替代保护政策往往会使生产者缺乏竞争意识，导致生产的低效率，并且替代产业的扩张从最适宜的部门逐渐转向越来越不适宜的部门，获得利益的机会和利益的程度递减，甚至可能出现负效益。进口替代战略还会受国内市场规模的约束，使产业的发展难以形成经济规模。而且许多国家在实行进口替代的初期，虽然消费品进口减少了，但发展替代产业所需的机械设备、原料和零部件等的进口扩大使外汇的支出在一段时期反而大幅度增加。

三、出口导向型贸易政策

出口导向型贸易政策建立在出口导向型的经济发展战略基础之上，并往往以进口替代战略实施成功为条件。出口导向型战略旨在通过建立面向国外市场为主的加工工业，增强本国产品在国际市场的竞争能力，以出口带动整个国民经济的繁荣。简言之，即以发展制成品出口带动工业化的发展。由于初级产品出口的不利情况，第二次世界大战后，特别是60年代末70年代初，许多发展中国家从初级外向过渡到制成品出口的次级外向，并顺利运用该战略取得了成功，促进了工业化的发展。

出口导向型外贸政策以及该政策体系下的国民经济，具有以下特征：(1)在对外贸易中更强调出口的作用；(2)在政策上对出口部门给予明确的扶持；(3)为了支持出口，进口限制较为松动；(4)出口在国民经济中占有较高比重，并对经济增长有明显的带动作用。

由于实施出口导向型贸易政策对国际市场的依赖性较强，它存在一定的风险。首先是市场风险。国际市场的波动会迅速传递到国内，影响国民经济的稳定发展。其次是承受金融风险：一是来自于本币贬值引发的国内通货膨胀，二是由于引进资金可能产生的对外债务的增加导致的债务危机。战后中南美洲国家曾经历了这一痛苦阶段。

以上三种不同类型的外贸政策，从不同的角度促进了本国的工业化的发展。这三种贸易战略既有各自的特点，相互之间又存在着继承性、连续性和交叉性的统一的一面。到20世纪80年代和90年代，发展中国家的外贸政策已表现出其内涵的复杂性，即已能反映当权者在制定贸易政策的过程中已不再孤立地运用某一战略，而是根据不同时期、不同地区、不同产业的特殊性，采取以一种战略为主、综合运用的策略，使对外贸易政策成为促进国民经济持续稳定的发展、增强综合国力的重要手段。

复习思考题

一、名词解释

进口替代　　出口导向

二、问答题

1. 对外贸易政策的实质是什么？有哪些特征？
2. 对外贸易政策有哪几种类型？各具有哪些特点？
3. 发达国家贸易政策的演进分哪几个阶段？各有什么特点？
4. 发展中国家贸易政策的基础和目标各是什么？
5. 发展中国家贸易政策有哪些共同的特征？

延伸读物：

美欧企图改变贸易格局

美国与欧盟于2013年2月13日发表启动《跨大西洋贸易与投资伙伴协议》(TTIP)谈判的共同声明。双方计划在2013年6月底前展开正式的TTIP谈判，目标是两年内建立有史以来最大规模的自由贸易区。谈判启动后，双方将首先聚焦削减贸易壁垒，然后谋求统一有关产品技术、公共安全和行业标准等方面的监管机制。据悉，欧盟将重点与美国就汽车的安全标准统一问题进行谈判。美国则更希望就牛肉等农牧产品出口进行谈判。目前，美国与欧盟的平均关税约为4%，但部分产品的关税远高于此，如欧盟的汽车关税达10%，美国食品类关税普遍高于平均关税。欧盟委员会主席巴罗佐在布鲁塞尔表示，这个协定可能为美国和欧盟创造数百万计的工作，“为世界上最重要的两大经济体带来巨大转机”。

实际上，“跨大西洋贸易和投资伙伴关系”最初是欧洲的想法，在欧洲提出 20 年后，缘于经济衰退的困扰、经济增长乏力和失业率高企等诸多因素，促使美国和欧盟对此重新审视。过去几年，全球两大经济体开始认真地展开自由贸易协定的非正式磋商。时隔 20 多年后，TTIP 谈判所囊括的经济体占全球约一半以上的产出，商品和服务贸易额近 1 万亿美元，美国和欧盟的贸易额度占世界贸易的 1/3，两者相加占全球出口总量的 25%、进口总量的 32%。大西洋两岸同时看中了贸易协定会带来的经济效益，以及数以百万的就业机会。

美国商会预计，如果美欧达成自由贸易协定，双方的经济增速可提高 1.5 个百分点。德国马歇尔基金会估算，消除贸易壁垒可能会使欧盟 GDP 增加1 900亿欧元，美国 GDP 增加1 000亿欧元。

尽管美欧财政政策面临着进一步收缩，欧洲经济复苏乏力，美国失业率依然居高不下，但德国马歇尔基金贸易专家布鲁斯·斯托克斯对《财经》(博客，微博)记者说，这样不利的经济形势不能作为低估 TTIP 经济红利的理由。计算机模型显示，TTIP 会使美国的 GDP 增加 1.33%，就算是日本加入了 TPP，TTIP 所带来的效益还是要比 TPP 高出好几倍。瑞士圣加仑大学国际贸易和经济发展学教授西蒙·艾弗奈特更注重具体的商业利益。他对《财经》记者说，美欧自贸区的达成，会在制造业和农业上产生商业利益，也会促进投资自由化，使包括服务业在内的跨大西洋的标准和认证变得规范化。

然而，由于美欧在农产品补贴、高科技保护等领域存有分歧，很多贸易专家对美欧自贸区谈判的前景谨慎乐观，“谈判历程注定漫长且崎岖”。目前，美国和欧盟之间的货物贸易关税在 5%～7%，甚至更低。美欧自由贸易协定谈判的重点如果是要打破剩余关税及其他贸易壁垒，艾弗奈特认为谈判就会无可避免地触及那些敏感领域。

这些部门在过去几十年中都十分强势，降低关税意味着失业和政治反作用，制造业就是其中一个，这些领域的谈判空间不大。

对美国来说，化工制品和纺织品是由于政治原因而一直保持高关税的商品。不过，斯托克斯认为，虽然支持征收高关税者会用其政治影响力使谈判变得艰难，但一方面，美国商会希望所有的关税全部都去除；另一方面，随着时间的流逝，高关税的经济价值对于那些特殊利益集团已然下降。

由此，乐观者认为，在 TTIP 谈判中，这些特殊利益集团也许会用消除高关税的代价来提换取条件，但考虑到美国经济从 TTIP 所获取的压倒性利益，反抗声音会被湮没。大部分关税也会在 TTIP 谈判中被清除。

在大西洋的另一边，欧盟则对汽车等商品施加高关税。如果想一想在韩国和欧洲联盟自由贸易协定的谈判过程中欧盟汽车制造业所显示的敌意，就几乎可以预见 TTIP 也逃不过一场恶战。

当然，美国和欧盟最严重的分歧主要在农业、转基因食品等方面。无论是美国还是欧盟，两者过去都没显示出要彻底进行农业改革的兴趣，现在这种状况似乎也不会有多大改观。

欧盟共同的农业政策对区域内的农产品进行保护，在不久前达成的欧盟预算协议中，今后七年的共同农业政策支出达3 700亿欧元，限制了欧盟在农业贸易自由化方面做出让步的可能性。尤其是乳制品，这是大西洋两岸都立场鲜明地表明会特殊保护的商品；牛肉则不同，欧盟处于守势，美国处于攻势；转基因作物在欧盟被明令禁止，而在美国的农业组成中，转基因作物却正变得日益重要。真正的谈判突破口可能要靠非关税壁垒，主要在工业产品标准和监管规定方面，包括制药领域、化工产品甚至是汽车业的规范协调和相互认可上，毕竟这里面掺杂了更少的情感因素，也更有选择性，因而相对更容易。

有专家表示担心，随着双边贸易谈判和区域间贸易的激增，全球交易体系更加碎片化，变成几个大的区块，多边机制相反，变得更加无人问津，WTO 也在滑向边缘化，而 TTIP 似乎正在扮演最后一根稻草的角色。

美国同时在 TPP 和 TTIP 两条战线作战，希望借此确定一个新的贸易框架。在其跨太平洋伙伴关系协定谈判中，美国的对手是包括秘鲁、新加坡、越南、墨西哥和加拿大在内的 10 个国家；在跨大西洋贸易与投资伙伴协定谈判中，美国的对手是包括德国、英国和法国等在内的欧盟 27 国。

从欧盟的角度看，美国体量较大，有成熟的监管体系，尽管政治考量一直在起作用，但总体上美国还是个有吸引力的自贸协定伙伴——尤其在涉及知识产权和国际投资等方面。很多经济学家更是预测美国经济将强劲复苏，美国在谈判中可能会占据主动。

在天平的另一边，欧洲经济复苏举步维艰，税收的增加和公共支出的削减又加重了欧洲经济的衰退，使欧盟更急切也更焦虑。

不过,欧洲并非一盘棋。德国货币政策已被频繁使用,财政政策也因为债务问题而没有多少施展空间,据德国方面的估算,如达成跨大西洋自由贸易区协议,可以令美国实现2.2%的GDP增长,欧盟整体GDP增长1.7%,德国GDP增长1.6%。从出口的角度看,德国对美国的出口额只占其总出口额的7%,对亚洲的出口额则高达25%。显然德国方面想要一个全面彻底的自贸协定。

法国和南欧国家则更纠结,它们一方面陷入衰退,更有意愿借助自贸协定来助推增长;另一方面,它们又想保护自己的农业。法国被指为协议获得成功的最大障碍,仅从措辞上就可以看出来:法国财长表态说,法国会保持开放的心态但是也不放松警惕。而且法国一直坚持用法国的"文化例外"论来保护法语视听产品,人们对此印象深刻。

天平的两端不尽在同一水平线上,同时,谈判的双方棋逢对手——都在过去与较小的经济体谈判时处于强势,这使得两强相遇不会一帆风顺。

在美欧自贸区谈判的前台,是欧盟27国与美国的较量,核心则是美、德、英、法等几个"巨人"的博弈,但是在后台,还有日本和中国在施加无形的影响力。

有专家指出,美欧自贸区的谈判是唤醒日本的铃声,也向中国发出了信号:欧美绕开中国,要建起一个30万亿美元的市场和跨大西洋技术标准和监管规范。这一方面有利于中国的出口和投资,另一方面,中国必须面对一个与自身不同的标准和规范,并且要接受它,反过来,这使欧美能更有效地应对中国的崛起。

对于中国这样的贸易大国,一个高标准的自贸区的崛起,有望加速"走出去"的中国企业调整结构,提升竞争力。不过,由于贸易流通板块的变迁,一些依赖传统贸易链生存的中国产业和企业也将面临着被边缘化的风险。面对区域贸易波折多变,中国需要重新审视未来的贸易策略。

资料来源:《财经》,2013年第7期。

思考:结合当前形势,谈谈贸易政策的地位、作用和演变。

第六章

关税措施

关税措施是一国执行对外贸易政策的重要手段,具有强制性、无偿性和预定性。关税征收的对象是进出口货物,执行者是海关。关税名目繁多,可按不同标准进行类型划分。海关税则是海关计征关税的重要依据,通关手续是出口商或进口商在进行商品出口或进口前必须向海关申报并接受海关监督与检查的过程。

第一节　关税概述

一、关税的含义

关税(Customs Duty or Tariff),是进出口商品经过一国关境时,由政府所设置的海关向进出口商征收的税收。

早在欧洲古希腊、雅典时代就有征收关税之事。英国是最早实行统一的国境关税的国家。英国资产阶级革命在1640年取得胜利后,便建立了这种国境关税制。法国在1660年开始废除内地关税,到1791年才完成。比利时、荷兰,受法国的影响也设立统一的国境关税。随后世界各国普遍采用,实行至今。

二、关税的特征

(一)强制性、无偿性和预定性

关税作为国家税收的一种,是国家凭借政治权力取得财政收入的方法之一,也是管理社会经济和国民生活的一种手段,它具有强制性、无偿性和预定性的特征。

强制性,是指国家通过法律形式规定,由代表国家的管理部门强制执行。

无偿性,是指国家将其征缴的税款全部作为国家财政收入,不付给纳税人任何补偿,也不再偿还。

预定性,是指国家对税收项目、种类、对象、税率及征收方法等内容均作出明确具体的规定,这些内容在一定时期内相对固定,不能随意改动。

(二)关税征收的对象是进出口货物

不管货主是谁,也不管该货物售后是否获利,凡进出国境或关境均需纳税。当然,所付税款由进出口商先行垫付,最后转嫁给消费者,由进出口货物的实际使用人或消费者来承担。就此而言,关税属于一种间接税。

(三)关税的执行者是海关

海关是设在关境上的国家行政管理机构,它是本国有关进出口政策、法令和规章的重要执行者。其任务是根据本国的法律政策,对进出口商品进行管理、征收关税、查禁走私、临时保管通关货物和统计进出口商品等。海关还有权对不符合国家规定的进出口货物不予放行、罚款直至没收或销毁。

关境(Customs Frontier),又称税境或关境域,是海关所管辖和执行海关法令规章和征收关税的区域。一般来说,关境和国境是一致的。但有些国家在国境内设有自由港、自由贸易区和出口加工区等经济特区,这些地区不属于关境范围之内。这时关境小于国境。当几个国家结成关税同盟时,组成一个共同关境实施统一的关税法令和对外税则,彼此之间货物进出国境不征收关税。这时,关境大于其成员国的各自国境。

进出口货物在缴纳关税放行后,要在国内流通和消费,还应和国内产品一样,按照国家的税法缴纳国内税费。这些国内税费一般在进口时由海关代征,但不属于关税。

三、关税的经济效应

关税的征收会引起进口商品国际价格和国内价格的变动,从而影响到出口国和进口国在生产、贸易和消费等方面的调整,引起收入的再分配。

(一)局部均衡福利分析

1. 封闭经济均衡

如图 6－1 所示,某国某商品无对外贸易时国内市场均衡,P_E 为均衡价格,Q_E 为均衡数量。AEP_E 称为消费者剩余(Consumer Surplus),即消费者愿意支付与实际支付的差额。BEP_E 称为生产者剩余(Producer Surplus),即生产者实际收入与实际支出的差额。AEB 称为社会剩余(Society Surplus),即生产者剩余与消费者剩余的和。

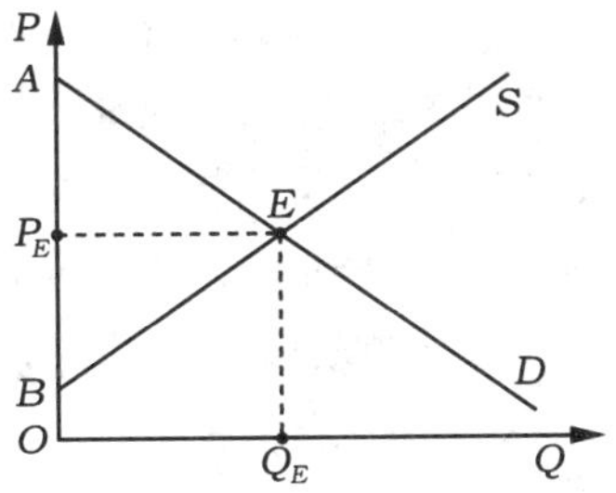

图 6－1　封闭经济均衡

2. 自由贸易均衡

如图 6－2(a)所示,本国国内食品 F 的供求均衡在点 E,均衡价格为 P_E。如图6－2(b)所示,外国国内供求均衡在 E^*,均衡价格为 P_E^*,显然 $P_E > P_E^*$,开展自由贸易必然是本国进口商品 F,而外国出口 F^*。图 6－2(c)表示,在两国组成的世界 F 市场上,超额供给线 ES 与超额需求线 ED 均衡时的世界均衡价格为 P_F,此时,本国进口 F 数量为 MN 单位,外国出口数

量为 M^*N^* 单位，有 $MN=M^*N^*=KE_W$。社会福利变化为：本国社会剩余增加 EMN，外国社会剩余增加 $M^*N^*E^*$，世界福利增加 AE_WB。说明自由贸易要比闭关自守好。

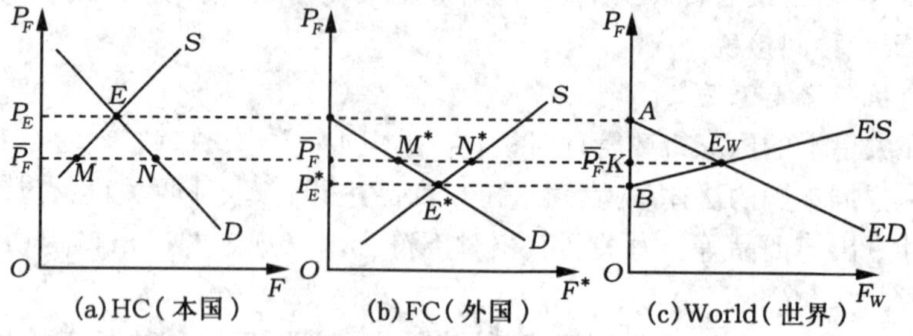

图 6—2　自由贸易均衡

（二）小国征收进口关税

假设小国为世界市场价格的接受者，征收进口关税不改变世界市场价格。如图 6—3 所示，食品 F 的世界市场价格为 P_F，本国对食品有超额需求，自由贸易时进口 Q_1Q_2 单位。现在本国对 F 进口征收关税，国内价格上升到 P_{t1}，$P_{t1}P_F$ 可以看成是从量税，或 $\frac{P_{t1}P_F}{OP_F}$ 可以看成是从价税，被称为非禁止性关税（Non-prohibitive Tariff）。进口减少到 Q_3Q_4，若征收进口关税使价格上升到 P_{t2} 及其以上，进口减少到零，则称 P_FP_{t2} 为禁止性关税（Prohibitive Tariff）。

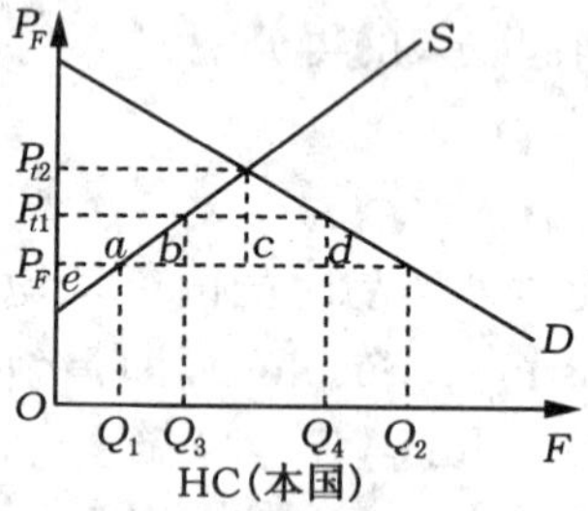

图 6—3　小国征收进口关税

我们来看非禁止性关税对本国福利的影响。

（1）生产保护效应。征收关税使进口产品价格提高的同时，也提高了国内与进口品相竞争的产品的价格，这使得国内生产从 OQ_1 上升到 OQ_3，生产者剩余增加面积 a。从保护国内工业的程度上看，一国的进口关税水平越高，对国内工业的保护程度越高。但是，要深入了解对某种产品的实际保护程度（有效保护率）还需要仔细分析。严格地说，对一项工业的产品征收关税，受到保护的不仅是国内生产该产品的企业。因为从投入—产出的角度来看，对某种产品的保护或征收关税，实际上保护了构成这种产品生产条件和各生产过程的诸多行业。

（2）消费效应。征收关税使价格从 P_F 上升到 P_{t1}，消费需求从 OQ_2 减少到 OQ_4，消费者剩余减少面积 $(a+b+c+d)$。进口量从 Q_1Q_2 减少到 Q_3Q_4，由于小国不影响国际价格及贸易条件，因此小国的价格效应和贸易条件效应不变。

（3）财政效应。征收关税增加了国家财政收入面积 c。

综合考虑各种效应，本国社会总福利损失面积 $(b+d)$，其中 b 可以看成是保护的生产成本，即资源的非最优配置损失的代价；d 可以看成是保护的消费成本，即扭曲消费的代价。合起来是社会总体的保护成本，即小国征收关税必然带来一定的社会福利损失。但是由于各社会集团利益不同，即存在关税的收入再分配效应，关税使消费者的收入进行再分配，生产者剩余的增加部分面积 a 是消费者剩余减少所转移的收入再分配，政府财政收入面积 c 也是由消费者剩余减少所转移的，这一收入最后如何分配应视政府如何使用而定。总之，关税将有利于生产者和政府，而不利于消费者。

（三）大国征收进口关税

假设大国为非世界市场价格的接受者，即它的进出口量的变动会影响世界市场的价格。如图 6－4 所示，两国自由贸易均衡时食品世界市场价格为 P_f，本国对进口 F 征收关税，国内价格上升到 P_t。由于进口减少，世界市场对 F 需求减少，价格下跌，均衡时世界市场价格为 P_w，P_wP_t 可以看成本国的从量税，或 P_wP_t/OP_w 可看成从价税。本国征收关税的福利分析，与自由贸易（价格 P_f）相比较，消费者剩余减少（$a+b+c_1+d$），生产者剩余增加 a，政府关税收入增加（c_1+c_2），社会总福利变动为 $c_2-(b+d)$，面积 c_2 是从国外生产者转移而来的。图 6－4(c)中，外国由于出口减少，从 $Q_1^*Q_2^*$ 减少到 $Q_3^*Q_4^*$，社会福利减少 c^*，一部分转移为 c_2。对本国而言，若 $c_2>(b+d)$，反而增加福利。大国征收关税，由于存在价格效应，一方面提高国内价格使关税收入 c_1 从国内消费者转移而来，另一方面降低国际价格使关税收入 c_2 从国外生产者转移而来。贸易条件效应显然是本国贸易条件改善而外国贸易条件恶化。因此，对大国而言，征收关税有可能增加福利，比自由贸易好。

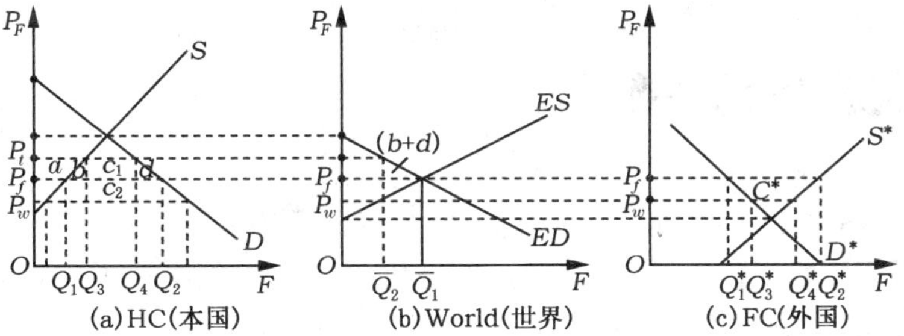

图 6－4　大国征收进口关税

（四）关税对进出口双方的总体影响

本节对关税效应的分析一直局限于进口国本身，现在把分析的范围扩大到作为一个总体的进出口双方。图 6－5 把进出口国放在同一个坐标体系上。右图表示进口国的情况，左图表示出口国的情况。进口国如果是一个大国，征收关税 t 之后，出口国被迫把出口价格从 P_w 降低到 P^*。这表明，出口国为了使自己出口商品在进口国的售价不至于因为关税而变得太贵，而在出口价格上作了减让。面积（6＋7＋8＋9）则表示，出口价格的减少使出口国生产者剩余减少。面积 6 表示，如果出口国的出口价格与该商品国内销售价格并无差异，则国内消费者因价格降低而增加了的消费者剩余。出口国因对方征收关税而产生的净损失为面积（6＋7＋8＋9）－面积 6＝面积（7＋8＋9）。从前面的分析我们知道，进口国的净效益是右图代表政府关税收入的面积 5，同代表生产扭曲损失的面积 2 和代表消费扭曲损失的面积 4 之间的差额。由于进口国关税收入的一部分面积 5 就是出口国价格上的减让面积 8，故计算两国效益加总时，这两块面积因相互抵消可以忽略不计。这样，进出口双方的净效益就是左右两图以下各面积的加总：面积 1－面积(1＋2＋3＋4)＋面积 3＋面积 6－面积(6＋7＋9)＝－面积(2＋4＋7＋9)。可见，征收关税对作为一个整体的进出口双方只有净损失。由于进口国作为一个大国多少还能用面积 5 来弥补面积(2＋4)所代表的损失，而出口国的净损失如前所述是面积(7＋8＋9)，故出口国受到关税的损伤最大。

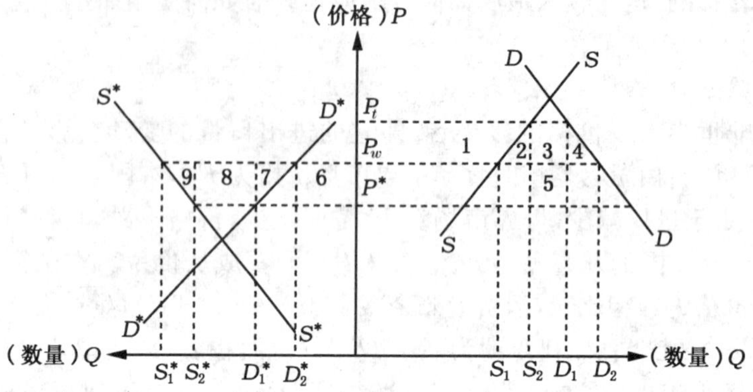

图 6－5 进口关税对进出口双方的影响

第二节 关税的种类

关税名目繁多，按不同标准进行划分，可分为如下几类：

一、按征税商品的流向划分

（一）进口税

进口税(Import Duty)是进口国家的海关在外国商品输入时，对本国进口商所征收的关税。进口税在外国货物直接进入关境或国境时征收，或者在外国货物从自由港、自由贸易区海关保税仓库等提出，运往进口国的国内市场销售时，由海关征收。

各国征收进口关税主要是为了制约外国商品流入，保护国内市场。通过对进口商品征收进口税，提高进口商品的价格，以此削弱进口商品的竞争力，从而相对提高了本国同类产品的竞争力，对于本国产品的生产和销售十分有利。

（二）出口税

出口税(Export Duty)是出口国家的海关在本国的商品输入国外时，对出口商征收的关税。目前许多国家一般都不征收出口税。因为征收这种税必然要提高本国出口商品的成本，削弱出口商品在国外市场上的竞争力，不利于扩大本国商品的出口。

第二次世界大战后，世界经济发展迅速。国际分工的深化，加大了各国间的联系程度，原料、初级产品的重要性日益明显，单纯抑制原料输出不仅会对世界经济产生不良影响，也会对本国经济发展不利。因此，许多国家如英国、德国、法国、日本、美国废除出口税，多数发展中国家也将出口税压缩到最小范围，只有少数发展中国家为了增加财政收入或者是为了保护本国生产所需资源而征收出口税。

（三）过境税

过境税(Transit Duty)又称通过税，是一国对通过本国国境或关境的外国货物所征收的关税。

过境税产生最早，曾在欧洲被普遍采用。从19世纪后半期开始，随着世界交通的迅速发展、国际间经贸往来的增加，过境税已逐渐被取消，特别是欧共体，在GATT形成后，过境税在许多国家已被签证费、单据印花税等取代。

二、按征税的目的划分

（一）财政关税

财政关税（Revenue Tariff）又称收入关税，是指以增加国家财政收入为目的而征收的关税。但征收财政关税的商品必须是国内无力生产而又是大量需要的，否则达不到增加财政收入的目的。

（二）保护关税

保护关税（Protective Tariff）是指以保护本国工业或农业发展为主要目的而征收的关税，保护关税的税率要高，越高越能达到保护的目的。有时税率高达100%以上，等于禁止进口，成了禁止关税。

保护关税又可分为工业保护关税和农业保护关税。工业保护关税是以保护国内工业发展所征收的关税，工业保护关税原以保护本国幼稚工业为其主要目的，一些经济较落后的国家，往往采用保护关税，以保护和促进本国幼稚工业的发展。到了帝国主义时期，帝国主义国家垄断资本为了垄断国内市场，往往对高度发展的垄断工业或处于衰退难以与国外竞争的垄断工业征收保护关税，这种关税称为超保护关税。农业保护关税是以保持国内农业发展为目的所征收的关税。

三、按征收关税的依据划分

（一）正税

正税又称正常关税。它是指根据颁布的税率而征收的关税。正税是相对附加税而言的。

（二）附加税

附加税一般是指进口附加税（Import Surtax），进口国除了对进口商品征收进口税以外，还根据某种目的再加征附加税。这种对进口商品征收正常进口税以外，额外再征收的关税就称为进口附加税。

进口附加税是限制商品进口的重要手段，在一些特殊时期可以发挥较大作用。

进口附加税中采用较多的有反补贴税和反倾销税。

1. 反补贴税

反补贴税（Anti-subsidy Duty）又称抵消税或补偿税，它是指对直接或间接接受出口补贴或资金的外国商品征收的一种进口附加税。反补贴税的税额一般按接受的实际补贴的金额征收，目的在于提高进口商品的市场价格，削弱其竞争力。

2. 反倾销税

反倾销税（Anti-dumping Duty）是对于实行商品倾销的进口货所征收的一种进口附加税。其目的在于抵制商品倾销，保护本国产品的国内市场。GATT第六条对倾销与反倾销税的规定主要有以下几点：(1)用倾销手段将一国产品以低于正常价格的办法挤入另一国贸易时，如因此对某一缔约国领土内已建立的某项工业造成重大损害或产生重大威胁，或者对某一国内工业的新建产生严重阻碍，这种倾销应该受到谴责。(2)缔约国为了抵消或防止倾销，可以对倾销的产品征收数量不超过这一产品的倾销差额的反倾销税。(3)"正常价格"是指相同产品在出口国用于国内消费时在正常情况下的可比价格。如果没有这种国内价格,则是相同产品在正常贸易情况下向第三国出口的最高可比价格,或产品原产国的生产成本加合理的推销费用和利润。(4)不得因抵消倾销或出口补贴,而同时对它既征收反倾销税又征收反补贴税。(5)为了稳定初级产品价格而建立的制度,即使它有时会使出口商品的售价低于相同产品在国内市场销售的可比价格,也不应认为造成了重大损害。

3. 差价税和报复关税

差价税和报复关税属于具有附加税性质的关税。

(1)差价税(Variable Levy)。差价税又称差额税。当本国生产的某种商品的国内价格高于进口同类商品的价格时,为了抵消进口商品的竞争优势,保护国内产品和国内市场,按国内商品价格与进口商品间的差额征收关税,就称为差价税。差价税的典型例子是欧盟对进口农畜产品的做法。欧盟为了保护其农畜产品免受非成员国低价农产品竞争,而对进口的农产品征收差价税。首先,在共同市场内部按生产效率最低而价格最高的内地中心市场的价格为准,制定统一的目标价格(Traget Price);然后,从目标价格中扣除从进境地到内地中心市场的运费、保险费、杂费和销售费后,得到门槛价格(Threshold Price),或称闸门价格;最后,若外国农产品抵达欧盟进境地的CIF(到岸价)低于门槛价格,则按其差额确定差价税率。实行差价税后,农产品的价格被抬至欧盟内部的最高价格,从而丧失了价格竞争优势,欧盟则借此有力地保护了其内部的农产品。

(2)报复关税(Retaliatory Tariff)。报复关税是当别国在关税上对本国商品或由本国船只运输的商品实施歧视待遇时,为报复别国而征收的较高税率的额外关税。一般在以下三种情况下采用报复关税:第一,他国对另一些国家给予较本国更加优惠的待遇时;第二,他国对本国货物或由本国船只运输的货物所征关税不合理时;第三,当贸易条约或协定期满,在续约或订新约时,他国提出不合理要求。当对方取消歧视待遇时,这种关税也随之取消。

四、按征税的优惠程度划分

(一)正常进口税

正常进口税可分为普通税和最惠国税。最惠国税是对与该国签订具有最惠国待遇原则的贸易协定的国家或地区进口的商品所征收的税。普通税是对与该国没有签订贸易协定的国家或地区进口的商品所征的税。

普通税税率一般比最惠国税率要高,例如,美国对银首饰的进口规定普通税率为110%,而最惠国税率则为27.5%。GATT成员国签订了双边贸易条约或协定的国家,彼此之间确认最惠国待遇原则,因而享受最惠国税率。

(二)特惠税

特惠税(Preferential Rate of Duty)又称优惠税。它是指某一国家对另一个国家或地区进口的商品给予低税或免税的特定优惠关税待遇。特惠税分为互惠和非互惠两种。

宗主国与殖民地附属国之间的特惠税,是殖民主义的产物。英国、法国、葡萄牙、荷兰、比利时、美国等与其殖民地附属国之间都实行过这种关税,目的在于保证宗主国商品在殖民地附属国市场上占优势。最有名的特惠税是英联邦特惠税(1932年英联邦国家在渥太华会议上确立)。它是英国确保获取廉价原料、食品和销售其工业品,垄断其殖民地附属国市场的有力工具。1973年1月英国正式加入西欧共同市场后,英国与其他英联邦国家之间的特惠税从1974

年1月起到1977年7月1日逐步取消。此后,实行西欧共同市场的共同对外关税。

1975年2月28日,非洲、加勒比海和太平洋地区46个发展中国家(简称非加太地区国家)和欧洲经济共同体9国在多哥首都洛美开会,签订贸易和经济协定,全称为《欧洲经济共同体——非洲、加勒比和太平洋地区(国家)洛美协定》,简称"洛美协定"或"洛美公约"。

1975年2月28日,第一个"洛美协定"在洛美签署。协定中明确表示,欧共体对来自非加太地区的这些国家的商品给予单方面的特惠待遇,有效期为5年。此后多次续订。第二个"洛美协定"于1979年10月31日在多哥续签。第三个"洛美协定"于1984年12月8日在多哥续签,参加签署该协定的非加太地区国家增至65个。

1998年9月30日,欧盟与非加太地区国家在布鲁塞尔就续签第五个"洛美协定"举行正式谈判,于2000年2月3日达成协议。协定有效期20年,其主要规定是:民主、人权、法制和良政为执行该协定的基本原则,欧盟有权中止向违反上述原则的国家提供援助;欧盟逐步取消对非加太地区国家提供单向贸易优惠政策,代之以向自由贸易过渡,双方最终建立自由贸易区,完成与世贸规则的接轨。第五个"洛美协定"于2002年正式生效,但除财政议定书外,大部分条款已于2000年5月31日在该协定正式签字后立即生效,第四个"洛美协定"亦随即终止。

(三)普遍优惠制

普遍优惠制(Generalized System of Preference)简称普惠制(G. S. P),是指发达国家承诺对来自发展中国家或地区的商品,特别是制成品和半制成品给予优惠的关税待遇。它是发展中国家在联合国贸易与发展会议上进行长期斗争之后,在1968年通过建立普惠制决定之后取得的。

普惠制的主要原则是:普遍的、非歧视的、非互惠的。其中"普遍的"是指发达国家对来自发展中国家或地区的制成品和半制成品应给予普遍的优惠待遇;"非歧视的"是指给惠国不得对受惠国带有歧视和例外;"非互惠的"是指这种优惠是单方面的,即发达国家给予发展中国家任何优惠待遇均不得以提出任何对等优惠条件作为交换。

普惠制的目的是:提高发展中国家或地区的外汇收入,加速发展这些国家或地区的经济。

至今世界上共有31个给惠国,实施17个给惠方案。即:欧洲联盟15个成员国(法国、联合王国、爱尔兰、德国、丹麦、意大利、比利时、荷兰、卢森堡、希腊、西班牙、葡萄牙、奥地利、瑞典和芬兰)共1个给惠方案;挪威、瑞士、日本、加拿大、美国、澳大利亚、新西兰、俄罗斯、白俄罗斯、乌克兰、哈萨克斯坦、捷克、斯洛伐克、匈牙利、波兰和保加利亚实施16个方案。希腊、西班牙、葡萄牙和保加利亚、波兰、匈牙利既是给惠国又是受惠国。受惠国是接受普惠制待遇的发展中国家(或地区),包括最不发达国家,如77国集团成员国、罗马尼亚、保加利亚、以色列、土耳其、中国、坦桑尼亚等。至今,世界上约有170多个受惠国家(或地区)。各给惠国都有各自的受惠国(或地区)名单,按发展中国家的经济发展状况及政治态度选择其受惠国。普惠制的基本原则(非歧视的)尚未全部实行。

根据联合国贸发会议的决定,普惠制的实施期限以10年为一个阶段。第一个阶段从1971年7月开始。每个阶段结束时,贸发会议优惠问题特别委员会都要对普惠制进行全面审议。自从欧洲经济共同体于1971年7月首先实施普惠制方案以后,其他给惠国在1971年7月至1976年1月1日之间都先后宣布实施各自的方案或按普惠制的原则修改原来的优惠方案。各个给惠方案有效期的计算,从该方案实施之日起往后顺延10年为一期。

欧盟于1971年建立普惠制,允许广大发展中国家的产品以低于正常关税的税率进入欧洲市场。据欧盟方面统计,欧盟普惠制的受益国和地区多达178个,近年来享受普惠制进口的商品每年超过500亿欧元,约占欧盟进口总额的40%。

欧盟的普惠制每10年调整一次。2004年10月,欧盟委员会推出了普惠制改革方案。2005年6月23日,欧盟25个成员国批准了普惠制改革方案,决定自2006年1月1日起实施新的普惠制。

根据新的改革方案,欧盟普惠制下的分类将由目前的5个减少为3个。新的分类包括一般普惠制、针对最不发达国家的特殊普惠制和旨在帮助竞争力微弱国家的附加普惠制。新的普惠制方案对"毕业条款"有了更为明确的规定。"毕业条款"是指一个国家的一种产品如果在欧盟的市场份额超过一定比例,就将失去普惠制待遇。根据新条款,普惠制受益国的任何一种产品如果在欧盟市场的份额超过15%,则将失去普惠制待遇,而纺织品和服装的"毕业门槛"则为12.5%。

五、按征税的一般方法或征税标准划分

(一)从量税

从量税(Specific Duty)是按照商品的重量、数量、容量、长度和面积等计量单位为标准计征的关税。从量税额的计算公式如下:

从量税额=商品数量×每单位从量税

各国征收从量税,大部分以商品的重量为单位来征收,但各国对应纳税的商品重量计算的方法各有不同。一般有按毛重计、按半毛重计和按净重计三种。

从量税在征税时与商品价格高低无关,因此,当商品跌价时,关税的保护作用增加,商品涨价时则不能起到保护作用。

(二)从价税

从价税(Advalorem Duty)是把进口商品的价格作为征税的基础。从价税额的计算公式如下:

从价税额=商品总值×从价税率

从价税额与商品价格有关,它与商品的价格涨落成正比关系。

在征收从价税中,较为复杂的问题是确定进口商品的完税价格。一般以成交价为完税价格,但世界各国采用标准并非统一,大体上有三种不同方式:(1)以成本加保险费和运费价格(CIF)作为征税价格标准;(2)以装运港船上交货价(FOB)为征税价格标准;(3)以法定价格作为征税价格标准。这些不同方式造成确定完税价格的复杂性。

(三)混合税

混合税(Mixed Duty)又称复合税。它是对某种进口商品,采用从量税和从价税同时征收的一种方法。混合税额的计算公式如下:

混合税额=从量税额+从价税额

混合税可分为两种:一种是以从量税为主,加征从价税。例如,美国对男式开司米羊绒衫(每磅价格在18美元以上者)征收混合税,每磅从量税征37.5%,加征从价税15.5%。另一种是以从价税为主,加征从量税。例如,日本对手表(每只价格在6 000日元以下)的进口,从价税率15%,加征每只150日元的从量税。

(四)选择税

选择税(Selectionary Tariff)是对于一种进口商品,同时定有从价税和从量税两种税率,但征税时选择其税额较高的一种征税。例如,日本对坯布的进口征收从价税率7.5%或每平方米2.6日元,征收其最高者。但有时,为了鼓励某种商品进口,也有选择其中税额低者征收。

六、按关税保护的程度和有效性划分

（一）名义关税

名义关税(Nominal Tariff)是指某种进口商品进入该国关境时，海关根据海关税则所征收的关税率。在其他条件相同和不变的条件下，名义关税率越高，对本国同类产品的保护程度也越高。

（二）有效关税

有效关税(Effective Tariff)是指对某类产品在生产过程中的净增值部分所征收的税，代表着关税对本国同类产品的真正有效的保护程度。例如，棉布的名义关税率为 30%，而纺织业的最终产品"增值"部分为 40%。其计算公式为：

$$E=\frac{T}{V}$$

其中：E——有效关税保护率；

T——进口的最终产品的名义关税率；

V——该业的最终产品的增值比率。

如果一个进口国由于本国原材料不足，而必须进口原材料进行加工制造成最终产品，在这种情况下，进口原材料的名义关税率高低及其在最终产品中所占的比重也影响着有效关税保护率，这可以用以下公式计算：

$$E=\frac{T-P^{t}}{1-P}$$

其中：E——有效关税保护率；

T——进口最终产品的名义关税率；

t——进口原材料的名义关税率；

P——原材料在最终产品中所占的比重。

根据上述公式计算，有效关税保护率将会出现以下变化：(1)当进口最终产品的名义关税率高于所用的进口原材料的名义关税率时，有效关税保护税率超过最终产品的名义关税率，即 $E>T$；(2)当进口最终产品的名义关税率等于所用进口原材料的名义关税率时，有效关税保护税率将等于最终产品的名义关税率，即 $E=T$；(3)当进口最终产品的名义关税率小于所用的进口原材料的名义关税率时，并且所用的原材料价值在最终产品中所占的比重很小时，有效关税保护率可能大大低于最终产品的名义关税率，即 $E<T$，甚至出现负有效关税保护率，即 $E<0$。

由此可见，有效关税保护率受到进口国最终产品的名义关税率、进口原材料的名义关税率和所用的原材料在最终产品中所占比重大小的影响。因此，各种进口商品的名义关税率虽然相同，但这些进口商品的有效关税保护率则有所不同。由于发达资本主义国家对进口商品普遍采用累进的关税结构，其结果使这些国家所制造的最新产品的有效关税保护率大大超过名义关税率，这实际上进一步起到了限制商品进口的作用。

第三节 海关税则和通关手续

一、海关税则

（一）海关税则的含义

海关税则(Customs Tariff)又称关税税则，它是一国对进出口商品计征关税的规章和对

进出口的应税和免税商品加以系统分类的一览表。它由海关征税的规章条例及说明和关税税率表两大类组成，其中关税税率表包括商品的分类目录和税率两部分。海关税则一般设有税则号列、商品名称、计税单位、税率等栏目。

第二次世界大战前，各国一般虽都有海关税则，但海关税则中内容安排各不相同，不仅给国际贸易带来诸多不便，而且容易产生矛盾。为此，一些国际组织和国际会议长期寻求统一的商品分类方法。

1952 年，欧洲关税同盟研究组拟订《关税税则商品分类公约》并设立了海关合作理事会。不久，《海关合作理事会税则目录》(Customs Co-operation Council Nomenclature)问世。因该税则目录在比利时的布鲁塞尔制定，故又称为《布鲁塞尔税则目录》(Brussels Tariff Nomenclature)。该目录以商品的自然属性和加工程度为依据进行分类，将全部商品分为 21 类、99 章、105 项税目号，前 5 类为农畜产品，后 16 类为工业制成品。税目一律用 4 位阿拉伯数字表示，前两位表示章次，后两位表示该章上某商品的税目号，中间用逗点隔开。除美国、加拿大等少数国家外，世界上绝大多数国家曾长期采用这一税则目录。

1970 年，联合国欧洲经济委员会向海关合作理事会建议成立一个研究小组，负责研究建立一套既可满足海关税则又可满足运输及制造业等要求的国际商品分类制度。1973 年，海关合作理事会成立了协调制度临时委员会，负责研究起草“协调制度”。1983 年，《商品名称及编码协调制度》(Harmonized Commodity Description and Coding System)和《商品名称及编码协调制度的国际公约》在海关合作理事会上通过，1988 年 1 月 1 日正式生效。截至 1990 年，缔约国已达 60 多个，所有的发达国都参加了该公约，另有 20 多个非缔约国使用协调制度(H. S)。中国已参加该公约，并于 1992 年 1 月 1 日起正式采用这一制度。

协调制度(H. S)是综合的、协调的、多种用途的国际商品分类目录。该制度下的国际贸易商品被分成 21 类、96 章、1 241项税目、5 019项子目，编码采用 6 位阿拉伯数字，前两位为章号，中间两位为税目，最后两位为子目。

(二)海关税则的种类

1. 根据税目所对应的税率栏目个数，税则可分为单式税则和复式税则

(1)单式税则(Single Tariff)，又称一栏税则，是指一个税目只有一个税率。它是一种无歧视性关税，对来自任何国家的商品，都以同等税率征税。目前，很少国家完全采用单式税则。

(2)复式税则(Complex Tariff)，又称多栏税则，是指税则中一个税目对应有两个或两个以上的税率，对不同国家或地区的商品，以不同的税率来征税，目的在于实行差别待遇和歧视政策，或为了保护本国的民族经济。复式税则的税率名目繁多，并且时有变化，但从总体上来说，一般有以下三种：

普通税率，一般对非建交国家采用，是最高税率，它比优惠税率要高出 1～5 倍，甚至高达 10 倍以上。现仅有个别国家对极少数国家的出口商品采用这种歧视性的税率。

最惠国税率，适用于签有最惠国待遇原则贸易协议的签约国。

普惠制税率，是指发达国家向发展中国家提供的优惠税率。这种税率是在最惠国税率的基础上进行减免，并且为非互惠的。

2. 按税则制定者不同，税则可分为自主税则和协定税则

(1)自主税则(Autonomous Tariff)，又称国定税则，是指一国政府自主地、单独地制定，并单方面有权加以变更的税则。它又可分为自主单式税则和自主复式税则。

(2)协定税则(Conventional Tariff)，是指一国与其他国家通过贸易谈判，以贸易条约或协

定形式而制定的税则。协定税则的税率要低于自主税则的税率。

二、通关手续

通关手续又称报关手续，是指出口商或进口商向海关申报出口或进口，接受海关的监督与检查，履行海关规定的手续。资本主义国家的通关手续相当繁杂，一般包括如下环节：

(1)报关注册登记。是指进出口商或其代理人向海关提出办理进出口货物手续的过程。进出口商首先向海关提出书面申请，经海关审查并办理注册登记手续后，便可办理报关手续。

(2)报关单证。进出口商或其代理人必须在货物进出口时填写报关单向海关申报，同时提供批准货物进出口的有关单据以便海关审查货物，确定关税的征收或减免事宜，并用于编制海关统计。

(3)进出口货物完税价格的审定。根据国际《估价准则》的一般规定，现在进出口货物的完税价格以成交价格为基础并规定了一些具体的处理办法。由于世界上绝大多数国家和地区均实行鼓励出口的政策，一般不对出口商品征收出口税，因此，就估价技术和方法而言，出口估价相对比进口估价简化、方便。

(4)进出口关税的计征。进出口货物的完税价格经过审定和确定后，接下来就是进行应征税款的计算。税款一经计算确定，海关即可作出具有强制性的征税决定，进出口商或其代理人必须按时履行，在规定期限内向海关缴纳。

(5)通关放行。进出口商结清税款后即办完通关手续，海关准予货物通关放行。

复习思考题

一、名词解释

关税　过境税　普遍优惠制　有效关税

二、问答题

1. 关税的特征和作用各有哪些？
2. 关税有哪些主要类型？
3. 什么是关税税则？它有哪些类型？
4. 通关手续有哪些环节？

延伸读物：

碳关税

2009 年 12 月，哥本哈根国际气候大会在丹麦首都哥本哈根召开，美国、法国等一些发达国家酝酿开征碳关税。在全球气候危机大背景下，各国拟实行碳税政策，在引发贸易争论的同时，也给国内出口企业敲响了警钟。

一、碳关税的含义

所谓“碳关税”(Carbon Tariff)，是指主权国家或地区对高耗能产品进口征收的二氧化碳排放特别关税。碳关税虽名为“关税”，但不一定是传统意义上的关税，还可能是国内税费、配额、许可证等。就本质而言，碳关税是为均衡各国减排成本，对特定国家进口产品采取的单边贸易限制措施。征收碳关税的基础可能是特定货物生产过程中排放的二氧化碳量，也可能是生产国排放的二氧化碳总量或做出的减排努力。征收“碳关税”，旨在防止对碳减排监管相对不力的国家抢占市场，也防止本国相关企业为保持竞争力，将高耗能产业向这些国家转移，造成“碳泄漏”(Carbon Leakage)。

在联合国气候变化谈判中，碳关税常被称为“边境碳调整”或“边境税调整”。2009年6月，世界贸易组织(WTO)和联合国环境署(UNEP)联合发布的《贸易与气候变化》报告，将边境税调整措施分为三类：一是排放交易制度的边境调整，如要求进口商在进口能源密集型产品时提供排放许可；二是国内碳税或能源税的边境调整，即对进口产品征收同类国产品承担的税负，或在本国产品出口时退还已经征收的国内税；三是其他调整措施，如对来自未采取气候措施的国家的进口产品征收反补贴税或反倾销税，抵消减排成本。

二、碳关税的特性

(一)形式上的合法性

实施碳关税的国家往往以其公开的立法加以规定，一些环境保护措施都以国际、国内的公开立法为依据。多数国家在制定、实行这类措施时，都倾向于援引关贸总协定(CArl'2)的“一般例外条款”作为其法律依据。该条款允许缔约方采用“为保障人们、动物、植物的生命或健康的措施”。这些条款使得实施绿色贸易拥有了法律上的依据，使绿色贸易在形式上合法。

(二)名义上的合理性

随着世界经济的发展、人民生活水平的提高，人们越来越关心身体健康，关注周边的生态环境，对环境污染越来越敏感，也对造成环境污染的产品产生强烈的反感。碳关税正是为了满足消费者的环保心理即绿色消费而产生的，并使得其具有名义上的合理性。

(三)执行上的强制性

发达国家的环保活动开展得比较早，并且已经形成了一系列的国际或国内的法律法规。因为是法律法规，所以碳关税一旦开征即具有强制性。

(四)涉及面的广泛性

除了造纸、钢铁、水泥、化肥以及玻璃制品业外，碳关税的涉及范围还包括了对一些工业品的安全、卫生、防污染等要求，所以其影响力就覆盖到所有这些行业的上游供应商甚至整个供应链，影响到化工、五金、包装等其他行业。

三、征收碳关税的目的

发达国家征收碳关税的主要目的有以下几点：

(一)提高本国竞争力，维护经济霸权，削弱发展中国家的出口竞争力

提出严格的碳排放标准，对拥有世界先进减排技术的发达国家不存在不可逾越的问题；像欧盟、日本等国反而能突显其明显优势，非常有利于其在节能环保领域和新能源领域抢占新兴产业和新兴技术的制高点，而对于像中国、印度、巴西等发展中国家，一时很难达到他们所制定的标准，从而其竞争力也就锐减。

(二)通过征收碳关税，维护其国家经济利益

征收碳关税不仅可以获得高额的财政收入，减少贸易赤字，同时，可以使该类产品的进口成本增加，达到维护本国同类产品的目的。

(三)转嫁环境治理责任和成本

美国至今没有签署《京都议定书》，日本在最近刚刚结束的坎昆联合国气候变化会议上表示2012年后将退出《京都议定书》。美、日等发达国家通过向发展中国家进行产业转移，转嫁环境污染较高产业应承担的减排成本，同时通过提高减排标准，迫使发展中国家向其购买先进减排技术，使发展中国家承担了减排成本和费用。

(四)碳关税的征收有利于美国在全球气候变化谈判中处于有利地位

目前针对2013年后全球减排目标和减排机制正在进行国际谈判，将决定后京都时代的全球主导权。征收碳关税不仅将改变美国过去在全球减排方面的消极做法和国际形象，增强其国际谈判筹码，而且很可能会以“碳关税”为由要求发展中国家对外承诺减排量。

资料来源：中国商务部网，公平贸易局，2013年10月15日。

思考：谈谈你对征收碳关税的看法。

第七章

非关税措施

非关税措施即关税以外的一些措施，包括非关税壁垒、鼓励出口的措施、特区措施以及出口管制措施。

非关税壁垒比关税更直接地限制商品进口，其种类繁多，形式多样，对国际贸易产生严重的阻碍作用。

鼓励出口的措施种类也很多，最常见的有出口信贷、出口信贷国家担保制等，是一国政府推行出口贸易的重要手段。

建立经济特区，有利于一国经济和对外贸易的发展。各国均根据不同条件发展适宜的特区。

出口管制，是发达资本主义国家对某些发展中国家实行贸易歧视政策的重要手段。其管制对象是商品，管制的形式可分单方面出口管制和多边出口管制两种。

第一节　非关税壁垒

一、非关税壁垒的含义与特点

非关税壁垒(Non-tariff Barrier)是指除关税以外的一切限制进口的各种措施。它名目繁多，举不胜举。与关税相比，非关税壁垒具有更多的限制效果，因为它具有如下特点：

(一)灵活而针对性强

对于瞬息万变的国际贸易形势，一国仅用关税来抵挡往往难以对付，因为关税税率的制定具有严肃性和延续性。如要调整和更改税率，必须通过较为繁琐的程序和手续。加之关税税率一经确定，就受到最惠国待遇条款的约束，从有协定的国家或地区进口商品就只能使用同样的税率，而不管其进口数量多少，对国内市场的冲击就很大。而非关税壁垒措施的制定通常要简单和容易得多，它属于政府主管部门的权限范围，可以根据国际贸易与国内生产、市场等情况，迅速采取措施，灵活而有针对性地限制乃至禁止外国某些商品的进口。

(二)能够直接而有效地限制进口

关税壁垒限制外国商品的进口是间接的,它是通过提高关税,来提高进口商品的成本和售价,削弱其价格竞争能力。因而它只是限制某些商品的进口,而不能禁止进口。因为在高关税的情况下,出口商接受各种补贴仍然能够维持出口,有些大的跨国公司甚至有能力赔本倾销以冲垮进口国的民族工业,然后垄断市场。而非关税壁垒往往预先定出进口数量,一旦超过限额就可以名正言顺地直接禁止进口,出口商即使白送,进口商也毫无办法接受,这是限制进口最有效的办法。

(三)非关税壁垒更具有隐蔽性和歧视性

以关税壁垒限制进口是通过提高关税税率,税率一旦确定就须公布于众,有时不但并未达到限制的作用,反遭对方国的报复。但是,一些非关税壁垒措施,往往是以复杂苛刻的技术标准、安全标准、卫生标准等拒外国商品于国门之外,还有的是通过加征国内税、变动汇率、预交进口押金等限制进口。这些非关税措施往往不公开,或者规定极为繁琐复杂的标准和手续,使出口商难以对付和适应。甚至一些国家往往针对某个国家采取更为严格、苛刻的非关税壁垒,从而更加强了非关税壁垒的隐蔽性、歧视性和差别性。

二、非关税壁垒的主要形式

(一)进口配额制

进口配额制(Import Quota System)是指一国政府在一定时期内(一般为 1 年),直接规定某些商品的进口数量或金额,超过规定的数量或金额,即禁止进口或征收惩罚性关税,以限制进口。进口配额制在实施中又可分为绝对配额和关税配额两类。

绝对配额(Absolute Quotas)是指在一定时期内,对某些商品的进口数量或金额规定一个最高限额,只要限额已满,就禁止进口。绝对配额又有全球和国别之分。

关税配额(Tariff Quotas)是指规定一个时期内的进口数量或金额,在规定的限额以内按正常的税率计征或减免税,对超过限额部分的进口商品仍允许进口,但须缴纳高额关税方可通过。

全球配额(Global Quotas)是指规定一定时期内的最高进口数量或金额,任何国家或地区的商品均可进口,额满为止。

国别配额(Country Quotas)是指规定一定时期内分配给若干国家或地区的最高进口数量或金额,每个国家和地区不得超过规定的限量或限额,也不得挪用其他国家和地区的配额,进口时须凭原产地证明书。

进口配额制最初是资本主义国家为限制外国商品进口而采用的,目前已成为贸易谈判时迫使对方让步的有力武器之一。至于发展中国家,绝大多数采用进口配额制,以限制外国工业品和高档消费品的输入,节省外汇,保护民族工业,促进民族经济发展。我国已于 1995 年 1 月 1 日起对粮、油、棉等七种大宗商品实行进口配额制。

(二)"自愿"出口配额制

"自愿"出口配额(Voluntary Export Quotas)又称"自动"限制出口、"自动"出口配额制,它是指出口国家或地区在进口国的要求或压力下,"自动"规定某一时期内(一般为 3~5 年)某些商品的出口配额,以限制某些商品的出口。在做法上有两种形式:

(1)非协定的"自动"出口配额。出口国单方面作出出口限额,不受国际协定的约束。国内出口商在国家有关机构的配额下进行出口贸易。

（2）协定的“自动”出口配额。进出口双方通过谈判签订“自限协定”（Self-restrict Agreement）或“有秩序销售协定”（Orderly Marketing Agreement）。出口国根据配额协定中的限额对出口商实行限制出口的具体措施。

（三）进口许可证制

进口许可证制（Import License System）是政府颁发的凭以进口的证书，进口许可证制即为国家政府规定商品进口必须领取许可证，没有许可证一律不准进口的制度。进口许可证可分如下两类：

1. 按有无定额分

（1）有定额的进口许可证，是指国家有关机构预先规定有关商品的进口配额，在配额的限度内，根据进口商的申请对于每笔进口货物发给进口商一定数量或金额的进口许可证。

（2）无定额的进口许可证，是指进口许可证不与进口配额相结合，国家有关政府机构也不预先公布进口配额，颁发有关商品的进口许可证，只是在个别考虑的基础上进行。此种进口许可证的限制作用更大。

2. 按进口管制的程度和特点分

（1）公开一般许可证（Open General Licence），也可称为公开进口许可证或一般许可证。这种许可证对进口的管制最松，其特点是没有国别和地区限制，凡列明属于公开一般进口许可证范围的商品，进口时只要填写公开一般许可证后，即获准进口。

（2）特种进口许可证（Special Licence），又称非自动进口许可证，进口商必须向政府有关当局提出申请，经逐笔审查批准后，才能进口。这种进口许可证对进口的管制最严，而且多数都指定进口国别或地区。为了区分以上两种许可证所进口的商品，有些国家往往定期分别公布有关商品项目并根据实际需要随时进行调整。

（3）公开个别许可证，它介于前两种之间，由进口国有关机构发给，其特点是政府可随时宣布其无效。

（四）外汇管制

外汇管制（Foreign Exchange Control）是一国政府通过法令对国际结算和外汇买卖实行限制来平衡国际收支和维持本国货币汇率的一种制度。

在外汇管制的国家，出口商必须把他们出口所得到的外汇按官方汇率卖给外汇管制机关，进口商也必须在外汇管制机关按官方汇价申请购买外汇，本国货币的携出入国境也受到严格限制。这样，国家的有关政府机构就可以通过确定官方汇价、集中外汇收入和控制外汇供应数量的办法来达到限制进口商品品种、数量和控制进口国别的目的。

国家对外汇实行管制主要包括如下三方面：

（1）数量性外汇管制。国家控制着全部外汇，进口商如欲进口外国商品，就必须向国家外汇管理部门申请外汇额度，经外汇管理部门批准之后方可获得外汇，支付进口货款。显然，国家控制着外汇的使用数量供应，能够隐蔽而有效地限制进口。

（2）成本性外汇管制。国家为增加进口商品的成本，往往实行复汇率。对于适当允许进口的商品使用普通汇率；对于鼓励进口的商品使用优惠汇率；对于严格限制进口的商品则使用惩治性汇率，即高价购买外汇，使进口商品成本增加，竞争力下降，从而达到限制其进口目的。

（3）综合外汇管制，即综合运用上述两种管制方式，使国家能更有效地控制外汇和商品进口。

（五）进出口国家垄断

进出口国家垄断(Foreign Trade Under State Monopoly)是指国家管理机关直接经营某些商品的进出口，或者把商品的进出口权给予某些垄断组织或专业外贸公司，以便限制某些商品的进出口。

进出口国家垄断在国际贸易中并非罕见，但是，绝大多数国家并非对全部的进出口商品均予垄断，而只是垄断几种有关国计民生的大宗、特殊商品。每个国家垄断进出口的情况不一，综合起来主要集中在烟酒、农产品和武器三类商品上。

烟酒是非生活必需品，但却是消费者众多、消费量很大的商品，国家对其垄断，既可以取得巨大的财政收入，又可将其进口控制在一定的数量以内。

农产品是敏感性商品，关系到国计民生，因此，许多国家垄断农产品的进出口。美国的农产品信贷公司，以高价收购国内的"剩余"农产品，然后低价向国外倾销，既维护了农场主的利益，又增加了出口，尤其是限制了外国农产品的进口。

武器直接关系到整个国防和社会的安定，几乎世界上所有的国家都由国家直接垄断武器的进出口，或委托一些大的跨国公司、国营公司来负责，以有效控制武器的进出口。

（六）歧视性政府采购政策

歧视性政府采购政策(Discrimination of Government Procurement Code)是指资本主义国家制定法令，规定政府机构在采购时要优先购买本国产品的做法。

美国是该措施的典型例子。美国从 1933 年开始实行，为增进其效果，在 1954 年和 1962 年两次修改"购买美国货法案"。其他许多国家也有类似情况，如英国、日本等均规定了购买本国商品的具体范围。

（七）各国国内税

许多资本主义国家广泛地采取国内税(Domestic Taxes)制度来限制进口。国内税通常不受贸易条约或多边协定限制。这是一种十分灵活又易于伪装的限制性措施。

在许多国家，有些商品的税率在国内货物与进口货物间差距极大，给进口商品的销售造成障碍。

（八）最低限价和禁止进口

有些国家采用所谓最低限价(Import Floor Price)的办法来限制进口。凡进口货价低于一国政府就该商品规定的最低限价，就须征收进口附加税或禁止进口(Import Prohibited)。

20 世纪 70 年代，美国为了抵制欧洲国家和日本的低价钢材、钢制品进口，在 1977 年对这些产品进口实行"启动价格制"，就属于进口最低限价制。

（九）进口押金制度

进口押金制度(Import Advanced Deposit System)规定，进口商在进口商品时，必须预先按进口金额的一定比例和规定的时间，在指定的银行无息存入一笔现金并冻结一定时期，相当于征收一定比例的进口附加税。这种做法通过增加进口商的资金负担从而限制商品进口。

（十）海关估价

商品关税的税额高低也取决于海关对该商品的估价，同一种商品，可以按不同的价格计征关税。选择较高一种价格作为完税价格，以提高应计关税税额，增加进口商的税负，削弱进口商品的竞争力，这就是海关估价(Customs Value)的限制作用。这方面的首选例子是美国，美国的海关对进口商品征税，是按进口商品的外国价值(进口货在出口国国内销售市场的批发价)或出口价值(进口货在来源国市场供出口用的售价)两者之中较高的一种进行，这实际上提高了应计关税税额。

（十一）复杂苛刻的技术标准

这类措施包括技术标准、卫生检疫规定、商品包装和标签规定等，又被称作技术性贸易壁垒（Technology Trade Barrier）。因该类措施内容复杂、变化多端，国外商品很难适应。所以该类措施已成为发达资本主义国家限制进口的主要手段之一。

技术性贸易壁垒具体包括如下内容：

（1）技术标准（Technology Standard）。主要适用于工业制成品。西方发达国家一般均对工业制成品定有极为严格、繁琐的技术标准，进口货物必须符合这些标准方准许进口。由于这些规定往往是针对某些国家而定的，故限制作用很大。

（2）卫生检疫规定（Health and Sanitary Regulation）。随着新贸易保护主义的抬头，发达资本主义国家为限制商品进口，广泛地利用卫生检疫的规定限制商品进口，被列入要求卫生检疫的商品越来越多，卫生检疫的规定越来越严。例如，日本、英国等对花生的规定为黄曲霉素不超过百万分之二十，日本对茶叶的农药残留量规定不得超过百万分之零点二至零点五。

（3）商品包装和标签的规定（Packing & Labelling Regulation）。许多资本主义国家对国内市场出售的商品均规定了种种包装和标签的规定。这些规定内容复杂，手续繁琐，给进口商品进入造成了困难，而且又增加了其包装成本，削弱了市场竞争能力。

三、非关税壁垒的发展

随着国际经济、社会、科技的不断发展，原有的非关税壁垒已不能发挥应有的效应，于是新非关税壁垒便应运而生。

（一）新贸易壁垒的含义

如果我们把关税、配额、许可证、反倾销和反补贴等关税壁垒和非关税壁垒称为传统贸易壁垒的话，则新产生的贸易壁垒可称为新贸易壁垒。新贸易壁垒指的是以技术壁垒为核心的包括环境壁垒和社会壁垒在内的所有阻碍国际商品自由流动的新型非关税壁垒。

新贸易壁垒与传统贸易壁垒的根本区别是：传统贸易壁垒主要是从商品的数量和价格实行限制，更多地体现在商品和商业的利益上，所采取的措施也大多是边境措施；而新贸易壁垒则往往着眼于商品数量和价格等商业利益以外的东西，更多地考虑商品对于人类的健康、安全以及环境的影响，体现的是社会利益和环境利益，采取的措施不仅是边境措施，而且还涉及国内政策和法规。

（二）新贸易壁垒的主要内容

1. 技术壁垒

技术壁垒是指一国以维护国家安全、保障人类健康、保护生态环境、防止欺诈行为及保证产品质量等为目的，而采取的一些技术性措施。它主要通过颁布法律、法令、条例、规定，建立技术标准、认证制度、卫生检验检疫制度等方式，对外国进口商品制定苛刻的技术、卫生检疫、商品包装和标签等标准，从而提高对进口产品的技术要求，最终达到限制其他国家（或地区）商品自由进入该国市场的目的。构成技术壁垒的实质内容包括：

（1）安全标准。它指的是那些以保护人类和国家安全为理由而采取的限制或禁止贸易的措施。主要发达国家都颁布了一系列有关安全的法规，如德国的《设备安全法》、《防爆器材法》，美国的《冷冻设备安全法》、《联邦烈性毒物法》、《消费产品安全法》和《控制放射性物质的健康与安全法》，日本的《劳动安全与健康法》、《氧气瓶生产检验法》等。

(2)卫生标准。它指的是以人类健康为理由对进口动植物及相关产品实施的卫生检验检疫标准以限制或禁止不合格产品进口的贸易措施。很多发达国家对食品的安全卫生指标不断提高,尤其对农药残留、放射性物质残留及重金属含量的要求日趋严格,使很多出口产品因达不到其卫生标准而被迫退出市场。

(3)包装标志。它是技术壁垒的重要组成部分,其主要是通过对包装和标志进行强制性的规定来达到限制或者禁止进口的目的。主要发达国家在包装标志制度上都有明确的法规和规定。美国对除新鲜肉类、家禽、鱼类和果菜以外的全部进口食品强制使用新的标签,食品中使用的食品添加剂必须在配料标志中如实标明经政府批准使用的专用名称。

(4)信息技术规定。它是指进口国利用在信息技术上的优势,对国际贸易的信息传递手段提出要求,从而造成贸易上的障碍。例如,电子数据交换(EDI)和近几年方兴未艾的电子商务对发展中国家将是一个新贸易壁垒。

2. 环境壁垒

1968 年 3 月,美国国际开发署署长 W. S. 高达在国际开发年会上发表了"绿色革命——成就与担忧"的演讲,首先提出了"绿色革命"的概念。在此后的几十年中,"绿色"成了少污染或无污染的代名词,绿色食品、绿色建筑、绿色纺织品等纷纷面世,并在全球逐渐形成了一股受到越来越多的人们推崇的"绿色浪潮"。这一浪潮与"三观"(世界发展观、消费观和医疗保健观)的变化密切相关而且融合在一起。世界发展观转向可持续发展和以人为本的发展;消费观转向对提高生活质量的要求;医疗保健观转向重视提高人体自身的免疫力和整体医疗保健。世界发展观、消费观和医疗保健观的变化反映了人类社会经济发展的基本趋势,它带来了人类对环境关注的潮流,给世界贸易带来新的机遇和挑战。

(1)环境技术标准。发达国家的科技水平较高,处于技术垄断地位。它们在保护环境名义下,通过立法手段,制定严格的强制性技术标准,限制国外商品进口。这些标准都是根据发达国家的生产和技术水平制定的,对于发达国家来说,是可以达到的;但对于发展中国家来说,却很难达到。

(2)多边环境协议。目前,国际上已经签订的多边环境协议有 200 多个,其中有将近 20 个含有贸易条款。特别是保护臭氧层的有关国际公约将禁止受控物质及其相关产品的国际贸易,这些受控物质大部分是基础化工原料,如制冷剂、烷烯炔化工产品,由于用途广泛,因此影响面非常大。随着多边环境协议执行力度的增强,其对贸易的影响也将越来越大。

(3)环境标志。环境标志是一种印刷或粘贴在产品或其包装上的图形标志。它表明该产品不但质量符合标准,而且在生产、使用、消费及处理过程中符合环保要求,对生态环境和人类健康均无损害。1978 年,德国率先推出"蓝色天使"计划,以一种画着蓝色天使的标签作为产品达到一定生态环境标准的标志。发达国家纷纷仿效,在加拿大称"环境选择",在日本称"生态标志"。美国于 1988 年开始实行环境标志制度,有 36 个州联合立法,在塑料制品、包装袋、容器上使用绿色标志,甚至还率先使用"再生标志",说明它可以重复回收、再生使用。欧共体于 1993 年 7 月正式推出欧洲环境标志。凡有此标志者,可在欧共体成员国自由通行,各国可自由申请。

(4)环境管理体系标准。ISO14000 是国际标准化组织在吸取发达国家多年环境管理经验的基础上,制定并颁布的环境管理体系标准,得到世界各国政府、企业界的普遍重视和积极响应。现在,国际上的采购商在要求有 ISO9000 质量证书的同时,还要看有无 ISO14000 环保证书,对于产品质量不相上下的企业,通常是优先挑选那些两证齐全者,因为这表明产品符合国际环保要求，有利于达成国际贸易订单。不言而喻，没有通过 ISO14000 认证的企业产品将在市场竞争中处于劣势。

(5)绿色补贴。为了保护环境和资源，有必要将环境和资源费用计算在成本之内，使环境和资源成本内在化。发达国家将严重污染环境的产业转移到发展中国家，以降低环境成本。发展中国家的环境成本却因此提高。更为严重的是，发展中国家的绝大部分企业本身无力承担治理环境污染的费用，政府为此有时给予一定的环境补贴。发达国家认为发展中国家的“补贴”违反了关贸总协定和世界贸易组织的规定，限制其产品进口。

3. 社会壁垒

社会壁垒指的是以劳动者的劳动环境和生存权利为借口所采取的贸易保护措施。社会壁垒由社会条款而来，社会条款并不是一个单独的法律文件，而是对国际公约中有关社会保障、劳动者待遇、劳工权利、劳动标准等方面规定的总称，也就是有关人的社会、经济、文化权利，它与公民权利和政治权利相辅相成。国际上对此问题的关注由来已久，相关的国际公约有 100 多个，包括《男女同工同酬公约》、《儿童权利公约》、《经济、社会与文化权利国际公约》等。国际劳工组织(ILO)及其制定的上百个国际公约，也详尽地规定了劳动者的权利和劳动标准的问题。为削弱发展中国家的企业由于降低劳动报酬、恶化工作条件所带来的产品低成本竞争优势，1993 年，在新德里召开的第 13 届世界职业安全卫生大会上，欧盟国家代表德国外长金克尔明确提出要把人权、环境保护和劳动条件纳入国际贸易范畴，对违反者以贸易制裁相威胁，促使其改善工人的经济和社会权利，这就是当时颇为轰动的“社会条款”事件。此后在北美和欧洲自由贸易区协议中也规定，只有采用同一劳动安全卫生标准的国家与地区才能参与贸易区的国际贸易活动。

目前，在社会壁垒方面颇为引人注目的标准是 SA8000，该标准从 ISO9000 系统演绎而来，用以规范企业员工职业健康管理。通过认证的公司会获得证书，并有权在公司介绍手册和公司信笺抬头处印上 SGS-ICS 认证标志和 CEPAA 标志。此外，它们还可得到 SA8000 证书的副本用于促销。欧洲在推行 SA8000 上走在前列，美国紧随其后，若出口到欧美市场，采用该标准更具紧迫性。欧美地区的采购商对新标准已相当熟悉。目前，全球的大采购集团非常青睐有 SA8000 认证的企业产品，这迫使很多企业投入巨大的人力、物力和财力去申请与维护这一认证体系，这无疑会大大增加成本，特别是发展中国家，劳工成本是其最大的比较优势，社会壁垒将大大削弱发展中国家在劳动力成本方面的比较优势。

第二节 鼓励出口的措施

现在，许多国家在限制国外商品进口的同时又积极鼓励本国商品出口。因此，国家政府在制定限制性措施的同时又推行一系列鼓励出口的措施，这些措施内容也较多，主要有如下几种：

一、出口信贷

出口信贷(Export Credit)是国家政府为扩大本国商品出口，通过银行向本国出口商或外国进口商提供贷款的一种做法。出口信贷可分为如下两类：

(一)短期、中期和长期贷款

按贷款时期长短，可分为短期、中期和长期贷款三种。

(1)短期贷款一般指贷款期限在 180 天以内,少数国家指在 1 年之内。

(2)中期贷款指贷款期限在 1～5 年之内。

(3)长期贷款指贷款期限为 5～10 年或更长。

(二)卖方信贷和买方信贷

按贷款对象,可分为卖方信贷和买方信贷。

(1)卖方信贷,是指出口方银行向出口商提供贷款。其主要原因是因为成交货物资金大、交货期长,进口商要求采用延期付款。为促成交易、扩大出口,由银行直接给予卖方一定资助以利其资金周转。

(2)买方信贷,是指出口方银行向国外进口商贷款以解决其资金困难。作为交换条件,银行限制进口商必须以此贷款购买债权国的商品。此条成立后,进口商只需以限期付款的方式向出口商缴纳占合同 15%～20%的定金,其余货款由银行向出口商作即期支付。进口商将按其与出口国银行所签借款合同的规定,将贷款及利息等还给供款银行。

买方信贷能使出口商较快收到货款,减少风险,而且使进口商对货价以外的费用比较清楚,便于其掌握讨价还价的分寸。

为通过出口信贷措施,扩大出口业务,许多国家都设立专业银行办理此项业务,如美国的“进出口银行”、日本的“输出入银行”和法国的“对外贸易银行”等均对大型的成交货物如成套设备、船舶等提供出口信贷。我国于 1993 年设立了国家进出口信贷银行。

二、出口信贷国家担保制

出口信贷国家担保制(Export Credit Guarantee System)是指由国家指派某些专门机构为那些向国外商人或银行提供信贷的银行作担保,当国外债务人因拒付等原因给银行造成经济损失时,即由该指派的国家机构出面承担风险,银行随即可从承担风险的机构处获如数补偿。

出口信贷担保是一般保险公司所承受不了的,为了扩大出口,只能由国家出面提供担保。出口信贷国家担保制的主要内容包括:

(一)担保的项目与金额

通常,商业保险公司不承保的出口风险项目,均可向担保机构进行投保,担保项目包括政治风险与经济风险两部分。担保金额一般为合同金额的 70%～80%,有时可达 100%。

(二)担保对象

担保对象主要有:(1)对出口厂商的担保。出口厂商输出商品时提供的短期信贷或中、长期信贷可向国家担保机构申请担保。有些国家的担保机构本身不向出口厂商提供出口信贷,但它可以为出口厂商取得出口信贷提供有利条件。(2)对银行的直接担保。银行所提供的出口信贷均可申请担保,这种担保是担保机构直接对供款银行承担的一种责任。有些国家为了鼓励出口信贷业务的开展和提供贷款安全保障,往往给银行更为优厚的待遇。(3)担保期限与费用。根据出口信贷期限,担保期限通常可分为短期与中、长期。短期信贷的担保时间为 6 个月左右。为简化手续,有些国家对短期信贷采用综合担保的方式,即出口厂商只要在 1 年内办理一次投保,就可承保在这期间对海外的一切短期信贷交易。一旦外国债务人拒付,即可得到补偿。中、长期信贷担保,采用逐笔审批的特殊担保,担保时间通常为 2～15 年。

担保的目的是为了扩大出口,所以所收担保费用一般不高,保险费率因担保项目、金额、期限与输往国外地区的不同而有高低。此外,各国的保险费率也有高低,如英国一般为0.25%～0.75%,德国为 1%～1.5%。

三、出口补贴

出口商品在生产、运输、买卖的过程中接受的来自政府或同业协会的直接或间接的补助、奖金，称为补贴。其中，向国内出口商提供的以支持其扩大出口的补贴，称为出口补贴(Export Subsides)；向国内出口商品生产者提供的以提高其增值性产品的生产和出口能力的补贴，称为国内补贴或生产补贴。

我们应该了解，一国对本国出口商品和出口商品生产者提供的补贴在国际贸易中可能产生以下三种不利影响：

第一，对进口国而言，其国内相关产业生产的产品将不得不与得到出口国政府补贴的占据不公平竞争优势的进口产品进行竞争，从而可能受到损害。

第二，对出口国而言，补贴国给予其生产者的国内补贴可能会削弱其他成员向该国出口产品的竞争力，这是因为与进口产品相比，国内产品可能因得到补贴而享有不公平的价格优势。

第三，就国际市场而言，一些成员国的出口可能受到影响，这是因为在第三国市场上，一些成员的商品竞争力在与得到出口补贴的成员的商品竞争时被削弱。

可见，出口补贴和生产补贴可能使得到财政补贴的产品在国际市场上享有不公平的竞争优势。因此，世界贸易组织对补贴作出了严格的规定。

四、商品倾销

商品倾销(Merchandise Dumping)是指出口商在已控制国内市场的条件下，为达到向外扩张，以低于国内市场价格甚至低于生产成本的价格向国外市场销售，其目的是以低价击败国外同类产品并占领国外市场。倾销的主要形式有三种：

(一)偶然性倾销

即为解决生产过剩而在国内市场无法容纳的过剩商品，暂时性地采用低价向外销售。

(二)掠夺性倾销

这种倾销的目的是为了能击败对手独占市场，故暂时性地实行低价销售，一旦目的达到，价格很快又上涨。

(三)长期性倾销

即长期的以低于国内市价在国外销售某商品，这种倾销有长期目标，但从经济利益来考虑，长期的亏本必须要有足够的经济承受力。资本主义国家的垄断组织一般在作倾销计划以前已作好弥补的打算，它们一般通过如下方法获取补偿：(1)在贸易壁垒的保护下，维持国内市场上的垄断高价；(2)由国家拨给贴补；(3)垄断组织在抢占国外市场后再提高价格。

五、外汇倾销

外汇倾销(Exchange Dumping)是指出口企业利用本国货币对外贬值的机会，进行商品倾销，争夺国外市场的一种特殊手段。由于一国货币贬值后，以外币表示的出口商品的价格就会降低，这样无疑就提高了出口商品的竞争能力，导致扩大商品出口的结果。同时又会引起从国外进口商品的价格上涨，进口商品的竞争力将会明显下降。

但是，利用外汇倾销必须在以下两个条件都具备的情况下才能奏效：(1)货币的贬值幅度要大于国内物价的上涨幅度；(2)其他国家和地区不同时实行同等程度的货币贬值或采取其他一些报复性措施。

货币贬值既可促进出口又能限制进口，是资本主义国家惯常使用的方法。但是该措施所起的扩大出口、限制进口作用不会一直有效，因为进口商品的价格上涨会引起国内同类商品的物价上涨，进口原料价格上涨也会引起一些出口商品价格的上涨。所以经过一段时间后，货币贬值带来的好处会逐渐消失。

第三节 经济特区措施

一、经济特区的含义

经济特区是指一个国家或地区在其关境以外划出一定范围，建立良好的交通运输、通信等基本设施和实行关税等方面的优惠政策，吸引外国企业从事贸易与出口加工工业等业务活动的区域。

二、经济特区的类型

建立经济特区，有利于经济和对外贸易的发展。因此，世界上有许多国家和地区均设有经济特区，但各国设置的特区在名目上或是规模上均有不同，较普遍的有如下几种：

（一）自由港或自由贸易区

自由港(Free Port)又称自由口岸，自由贸易区(Free Trade Zone)又称对外贸易区、自由区等。它们是设在关境以外，对进出口商品全部或大部分免征关税，并且允许在港内或区内的商品自由储存、展览和进行为贸易服务的简单加工(如重新包装、整理、分拣、贴商标等)等业务活动。

自由港或自由贸易区一般有两种类型：一种是把整个港口或设区所在的城市都划为自由港或自由贸易区，如我国香港、亚丁、新加坡等把整个城市都划为自由港。另一种是把港口或设区所在城市部分划为自由港或自由贸易区，如汉堡自由贸易区只是把汉堡市的一部分划为自由区。

许多国家对自由港或自由贸易区也有些限制，主要有以下规定：

(1)对关税方面的规定。对于准许进入自由港或自由贸易区的外国商品，可不需办理报关手续，免征关税。少数征收进口税的商品(如烟、酒等)，如果再出口，可退还进口税。但是，如果自由港或自由贸易区内的外国商品转运其国内市场销售，则须办理报关手续，缴纳进口税。

(2)对业务活动的规定。对于准许进入自由港或自由贸易区的外国商品，可进行如下业务活动：储存、展览、拆散、分类、分批、修理、重新包装、重贴标签、清洗、加工制造、销毁、与外国的原材料或所在国的原材料混合、再出口或向所在国内市场销售。但具体到各个国家或地区，有些规定也不尽相同。总的趋势是，许多国家都在放宽或废除这方面的规定，以促进本国经济和对外贸易的更快发展。

(3)对禁止和特别限制的规定。大多数国家或地区通常对武器、爆炸品、毒品和其他危险品以及国家专卖品如烟、酒、盐等禁止进口或凭特种进口许可证方可输入。有些国家对少数消费品的进口品征收高关税，有些国家(如意大利)对某些生产资料(如建材)在港内或区内的使用也征缴关税，有些国家(如西班牙)禁止在区内销售。

（二）出口加工区

1. 含义

出口加工区(Export Processing Zone)是一个国家或地区在其港口或机场附近的地方划定范围,在范围内建路、造房、提供免税等优惠措施,鼓励外国企业在该范围内进行投资设厂,生产以出口为主的制成品的加工区域。

出口加工区是在自由港、自由贸易区的基础上发展起来的。因此,它与自由港虽均为经济特区但仍有区别:自由港或自由贸易区以发展转口贸易为主,属贸易型经济特区;而出口加工区以发展出口加工业为主,属生产型经济特区。

2. 出口加工区的类型

(1)综合性出口加工区。即在区内可经营多种出口加工业。目前,世界上大多数出口加工区都属于这类。

(2)专业性出口加工区。即在区内只准经营某种特定的出口加工产品,并全部供出口。

3. 对外国企业在出口加工区内投资设厂的规定

若外国企业在出口加工区内投资设厂,可享受关税优惠、减免国内税、放松外汇管制、提供投资法律保障等。

同时对外国企业作如下限制:限制投资项目、投资须经审批、规定产品销售市场、对招工与工人工资的规定等。

(三)保税区

保税区(Bonded Area)又称保税仓库,是海关设置的或经海关批准注册,在海港、机场或其他地点设立的允许外国货物不办理进口手续就可以连续长时间储存的区域。在储存期间,进口商品可暂不缴纳进口税,如再出口,也不缴纳出口税。

运进区内的商品可进行储存、改装、分类、混合、展览、加工和制造等业务活动。因此,它起到类似自由港或自由贸易区的作用。一般的自由港或自由贸易区都设有保税仓库,并独立存在。有的国家还设有保税工场,专供外国货物加工之用。设立保税区的主要目的是为了发展转口贸易,增加有关各项费用收入,同时给予进出口商以经营上的便利。

一些国家设立的保税区,有的是国营的,有的是私营的。储存货物期限为 1 个月到 3 年不等,逾期即以放弃货物论,由海关拍卖,所得的款项除抵偿关税、仓租及其他杂费外,余款归还货主。

(四)科学园区

科学园区(Scientific Area)是一个国家或地区为了实现产业结构改造和促进高科技产业的发展而在本国境内划出的,以新兴工业产品的研究和开发、高科技产业的生产为主要内容的区域。

自 1951 年美国斯坦福大学创办世界第一个科学园区以来,经历了 40 多年的发展后,目前全世界已有 500 多个科学园区,而且兴建科学园区的国际潮流方兴未艾。作为高科技发展的一种新趋势,科学园区在一些发展中国家和地区也有不同程度的发展。例如,新加坡、中国等近 10 年来也在许多大城市设立了高科技开发区。在科学园区内,一般都提供相当优惠的条件,使投资者可以顺利地进行高科技产业的投资活动。但各国对设在科学园区内的科研机构和企业均有严格规定。

(五)自由边境区

自由边境区(Free Frontier)是指在本国边境地区,按照自由贸易区或出口加工区的优惠措施,吸引国外厂商投资,以开发边区经济为目的的自由区域。凡区内使用的机器设备、原材料和消费品,都可减免税进口。但商品从区内运入海关管辖区,则必须照章纳税。

自由边境区与出口加工区的主要区别是:在自由边境区内的出口商品加工后,大多是在区内使用,只有少数用于出口。其主要目的是利用外资开放边区经济,故有些国家对优惠待遇规定了期限。当这些边区生产力发展后,就逐渐取消某些商品的优惠待遇,直至废除自由边境区。

(六)过境区

过境区(Transit Zone)是沿海国家为了方便邻国的进出口货运,开辟一些新港、河港或国境城市作为货物过境区。过境区对过境货物简化海关手续,不征关税或只征小额的过境费用。过境货物可以在过境区作短期储存、重新包装,但不准加工。

第四节 出口管制方面的非关税措施

出口管制或称出口控制(Export Control)政策,是指出口国政府通过各种经济的和行政的办法和措施,对本国出口贸易实行管制行为的总称。世界经济发展的一般趋势和各国对贸易实行干预政策的基本点是鼓励出口和限制进口,并且政策的倾向越来越偏重于鼓励出口。但是,许多国家为了达到一定的政治、军事和经济目的,往往对某些产品,特别是战略物资和高技术产品的出口实行管制,以限制或禁止这类商品的出口。出口管制是一国对外贸易政策的组成部分,尤其是发达的资本主义国家往往运用出口管制作为其实行贸易歧视的重要手段。

一、出口管制政策的目的

(一)出口管制的政治目的

出口国为了干涉和控制进口国的政治经济局势,在外交活动中保持主动地位,遏制敌对国家或臆想中的敌对国家的经济发展,维护本国的政治利益和安全,通过出口控制手段,限制或禁止某些可能增加其他国家军事实力的物资,特别是战略物资和可用于军事的高技术产品的出口;或通过出口控制手段对进口国施加经济制裁压力,迫使其在政治上妥协就范。例如,西方发达国家,特别是美国及北约盟国的出口管制,主要就是针对社会主义国家的。在 20 世纪 90 年代以前,美国一向把禁止向苏联出售具有战略意义的技术和技术产品作为打击对方的重要措施。

(二)出口管制的经济目的

出口国为了保护国内稀缺资源或再生资源,维护国内市场的正常供应,促进国内有关产业部门或加工工业的发展,防止国内出现严重的通货膨胀,保护国际收支平衡,以及稳定国际市场商品价格,避免本国贸易条件的恶化等目的,需要对相关商品的出口进行适当的控制。

二、出口管制的对象

出口管制国家一般对以下几类商品实行管制:

(1)战略物资和先进技术。例如,美国、英国等国家,对武器、军事设备、飞机、军舰、先进的电子计算机及有关的资料等,必须得到政府机构的特别许可,方可出口。如美国对每秒至少可以运算 75 亿次的巨型计算机实施出口管制,直至 1995 年美国才称将放松对“超大型”计算机(每秒运算 100 亿次)的出口管制。

(2)国内生产所需的各种原材料、半成品及国内市场供应不足的某种商品。

复习思考题

一、名词解释

出口补贴　　技术性贸易壁垒　　保税区

二、问答题

1. 什么是非关税壁垒？它对国际贸易有哪些影响？
2. 非关税壁垒有哪些特点和主要类型？
3. 什么是出口信贷？它有哪些类型？
4. 鼓励性的非关税措施有哪些主要形式？
5. 出口管制有哪些形式和具体措施？

延伸读物：

近期若干国家的保护主义政策与措施

21世纪初的金融危机严重地打击了世界经济，各国的对应措施是十分积极的。这些年来，在各国刺激政策和国际协调行动下，当前世界经济出现积极变化。各国保护主义政策和措施的相继出台，使贸易竞争愈发激烈。

一、日本政府采用新规则限制香菇进口

我国商务部公平贸易局2010年1月7日透露，据《日本农业新闻》报道，日本农林水产省最近作出规定，要求日本有关农业团体必须提供并保留香菇种植的全过程生产记录。此举是为了限制从海外进口通过植菌方式生产的香菇。据报道，根据日本JAS法的规定，自国外进口采用植菌方式种植香菇的原木和菌床，再在日本培育一段时间后收获，可以判定香菇为日本产。此次农水省决定对此作进一步要求，即导入所谓"最长栽培地规则"，要求对经此方式生产的香菇植菌地、植菌期间、进口时间、经由产地和在该产地种植的时间等作书面记录，并保存此记录三年。据称，此举是应日本相关业界的要求做出的。

二、美国商务部加严反倾销调查规则

2013年8月2日，美国商务部公告正式修改反倾销调查中市场经济采购(MEP)规则。根据新规则，非市场经济国家应诉企业从市场经济国家采购原材料的比重只有在超过85%的情况下，美方才会接受其为最佳信息，用于计算所有该生产要素(FOP)的成本。如果购买比重未达到85%，美方将使用替代数据和市场经济采购价格的加权平均价格计算该投入的成本。修订于2013年9月1日生效，对该日期以后立案的原审和复审适用。

此前，美方规定如果市场经济国家的采购比重超过33%，即接受其为最佳信息，用于计算该项投入的全部成本。

三、日本自中国炸薯条中检出三聚氰胺

据日本厚生劳动省近日通报，2009年12月23日，神户检疫所自中国出口日本的炸薯条中检出三聚氰胺。这批炸薯条750盒、4.5吨，为山东一企业出口到日本。日本检疫所自其中检出1.1ppm三聚氰胺。据厂家提供的资料，这批薯条是由土豆切丝，油炸后加入奶油、盐等调味料。这是近期日本第二次自中国食品中检出三聚氰胺。

四、越南采取措施限制盐进口

越南工贸部近日发布2755号文件，要求国内各生产企业限制使用进口盐，优先使用国产盐。越方表示，将停止分配2010年余下的盐进口配额，并对已取得配额的企业加强监控，确保进口盐用于生产，而非黑市交易。另外，该部正考虑对进口盐类产品采取保障措施。

五、2010年美国337调查涉华案件数量达历史新高

2010年1月1日至12月31日，美国国际贸易委员会共发起58起337调查，其中有19起调查被诉方涉及中国企业，占调查总数的 1/3，成为美国贸委发起 337 调查总数及涉华案件总数的历史新高。这 19 起案件的特点是：均为专利侵权诉讼；涉案产品绝大部分为机电产品，特别是电子信息技术产品，如动态随机存储器、显示设备、半导体集成电路芯片、喷墨墨盒等；大部分案件涉及国外在华投资企业。

六、欧盟公布鞋履生态标志颁发准则

据媒体报道，欧盟 2009 年 7 月 28 日公布欧委会决议第 2009/563/EC 号，为欧盟的鞋履生态标志订立颁发准则，现时使用的准则，将于 2010 年 3 月 31 日后失效。准则要求鞋履不应包含任何电动或电子部件，供应商必须确保最终产品不含铬 VI，并提交 EN ISO 17075 测试报告以资佐证；产品组件或最终产品的物料不含有砷、镉及铅，禁止使用五氯苯酚及四氯苯酚，以及属于 22 种芳香胺名单内的染料；最终产品的包装纸板箱须使用百分之百循环再造物料，塑胶袋亦须含有至少 75%的循环再造物料，或者必须是生物降解或可腐化物质。

七、欧盟对华自行车反倾销、反补贴和反规避调查做出终裁

2013 年 6 月 6 日，欧委会发布反倾销、反补贴、反规避调查三项终裁结果，决定对中国自行车产品征收 0～48.5%的反倾销税，同时终止对该产品的反补贴调查，不征收反补贴税。根据反规避调查结果，欧委会决定对发运自印度尼西亚、马来西亚、斯里兰卡、突尼斯的自行车产品适用对华自行车反倾销税。

八、澳大利亚将开征碳排放税

2012 年 7 月 10 日，澳大利亚总理吉拉德宣布澳政府将从 2012 年 7 月 1 日起正式对 500 家从事煤矿、铁矿业的公司征收碳排放税，价格为每吨 23 澳元(约合 24.7 美元)，并逐年提高 2.5%直到 2015 年。此后，碳排放税政策将引入浮动税率，政府将控制每年发放的排放许可量并为碳税定价设定上限和下限。届时，碳排放企业可从国际碳市场购买排放许可。

九、欧洲碳排放大户可通过碳交易获数十亿欧元资金

近期，碳交易智库 Sandbag 发布报告指出，欧洲反对碳排放的大型制造企业实际上可通过碳交易获得数十亿欧元的额外资金。欧洲钢铁和水泥公司目前累计节约的碳指标共高达 2.4 亿吨，市值超过 40 亿欧元。其中，钢铁制造商安赛乐米塔尔排名第一，为 17 亿欧元；水泥制造集团拉法基集团位居第二。根据欧盟碳交易排放机制，能源和化工企业的碳排放必须控制在一定的配额范围内。而实际排放小于配额的企业，可将多余的配额出售给超排企业。报告指出，前 10 位排放大户中有 9 位通过国际市场购买便宜的碳指标，这样可以为其节省价格较高的在欧洲碳配额，一些企业甚至从海外竞争对手那里购买碳指标。

资料来源：中国商务部网站，贸易摩擦应对专题，http://gpj.mofcom.gov.cn/article/zt_mymcyd/，2014 年 3 月。

思考：分析各种贸易理论在实践中的运用及作为发展中国家的应对。

第八章

经济一体化和世界贸易组织

经济一体化(Economic Integration)是指两个或两个以上的国家或地区,为了维护共同的经济和政治利益,通过协调,缔结条约或协定,实施共同政策与措施,互惠互利,以便在经济上联结成一个单一的、排他性的经济实体甚至政治联合。经济一体化分为全球经济一体化与区域经济一体化。全球经济一体化是世界贸易组织(WTO)的努力目标,也是世界经济发展的总趋势。经济一体化目前主要表现为区域经济一体化,两者只是参与经济一体化的国家范围大小不同而已。

《关税与贸易协定》是一项多边贸易条约。长期以来,《关税与贸易总协定》根据既定的目标与原则,以多边贸易谈判达成协议的方法对其条款进行补充和修改。

1995 年诞生的世界贸易组织,以其崭新的面貌结束了关贸总协定长期以来一直处于准备经济组织的境遇,必将更有力地推动世界贸易自由化的进程。

中国在“复关”与“入世”谈判上走过了艰难、曲折的历程。在经历了 15 年的持续努力后,中国于 2001 年 12 月 11 日正式成为世界贸易组织的成员。

第一节　区域经济一体化概述

一、区域经济一体化的基本含义

世界经济一体化,是指经济生活国际化,即随着世界生产力的发展,特别是随着生产和资本国际化的迅猛发展,世界各国间的经济联系和相互依存关系日益增强,逐步形成有组织的、可协调的、能有效运转的国际经济关系,在一定意义上也就是建立国际经济新秩序的过程。

区域经济一体化(Regional Economic Integration)(或称区域经济集团化,Local Area Economic Group),是指同一地区的两个以上国家,在国际分工的基础上,逐步让渡部分甚至全部经济主权,采取共同的经济政策,一致对外,形成排他性的经济集团的过程。

世界经济区域一体化,是指在世界经济发展过程中,越来越多的区域性经济集团日益取代国家经济成为世界经济主体的状态及其形成过程。它是在世界范围内国际经济关系的重新调整和组合，表明国家经济加入世界经济运行的方式，日益从个体参与走向集团参与，它是由多个地区区域经济集团化的发展所构成的新的世界经济格局，即以各个区域经济集团为主体的世界经济的多极化。

区域经济集团化反映的是一定地区范围内的国际经济关系，世界经济区域集团化反映的是世界经济被分割成众多的区域经济集团的状态、过程，以及各经济集团之间的经济关系，它本质上是一种新的世界经济格局。世界经济一体化的过程是以世界经济区域集团的动态发展为其主要表现形式的，世界经济区域集团的形成与发展是实现世界经济一体化的重要途径。

二、区域经济一体化形成与发展的原因

1921 年，比利时与卢森堡结成的经济同盟是区域经济一体化的开端，此后虽有发展，但速度缓慢。直至第二次世界大战以后才获迅速发展，究其原因，主要有如下几点：

（一）新科技革命的结果

第二次世界大战后，新科技革命给社会生产力带来了大幅度的提高，国际分工也由此发生了急剧变化。在国际市场上有越来越多的商品、资本、劳动力、技术和信息加入了交换的行列，国际分工已从垂直型向水平型扩展，各国的依赖和联系已日趋加深。但是，战后各国普遍存在的关税与非关税壁垒却越来越严重地阻碍着国际间经济合作的发展，而生产力的发展和经济生活的国际化的客观要求，成了促使区域经济一体化发展的动力。

（二）国家垄断资本主义发展的必然趋势

第二次世界大战后，在发达资本主义国家，私人垄断资本进一步集中，垄断资本同国家政权的结合更加直接和密切。国家的经济职能大大加强，国家垄断资本主义有了高度的发展。但是，随着经济生活国际化的发展，任何国家专业化生产的扩大、原料能源的获取、销售市场的扩展以及资本的流动，都和国际经济活动息息相关。因此，如果只有本国的国内调节，而没有国际调节，经济调节的效果势必减弱。

资本主义从一产生就决定了其对世界市场的无限依赖，通过相互合作是使资本无限扩大的重要途径。而资本无限扩大的欲望又使各国在竞争中始终存在矛盾和摩擦，这些现象导致国家对经济的干预不可能局限于国内。经济生活国际化的日益加深和国家对经济的干预、调控能力的不断强化，使得国家对经济的调节必然从国内经济领域走向国际经济关系领域。国家垄断资本主义的发展，为一体化集团实行超国家的经济干预和调节，创造了有利条件。

（三）世界竞争格局变化的产物

不同形式的经济一体化组织和集团早在战后初期就已出现，影响最大的是 1949 年成立的经济互助委员会和 1958 年成立的欧洲经济共同体。但区域经济一体化在当时并没有成为世界经济的一种发展趋势和浪潮，国际贸易和货币金融领域多边体系（GATT 和国际货币基金组织）刚刚建立并正在发挥重要作用。在战后相当长的时期里，美国的经济实力在世界上占据绝对优势，美苏对抗争霸世界成为国际关系中的主要矛盾，西欧和日本在政治上依附于美国，而经互会和欧共体都具有强烈的政治目的，经济竞争对美国的威胁还未显露出来。

20 世纪 80 年代，世界竞争格局发生了深刻的变化，西欧和日本崛起，美国的经济地位相对削弱，美、日、欧在经济上形成势均力敌的局面；苏联的解体和东欧的崩溃，导致冷战的结束，军事对抗和竞争相对缓和，经济矛盾上升，出现了各国在综合国力方面竞争的局面。在此形势下，欧共体加快了市场一体化建设的步伐，集团的凝聚力进一步加强，使美国和日本受到威胁，美、日以及其他国家为了维护自身经济利益，急起直追，组建本地区的经贸集团，这就形成了

80 年代中期以来区域经济一体化的浪潮。

(四)增强对外抗衡实力的需要

一体化的经济联合,可以成为政治联合的基础。有的一体化联盟不仅可以成为一个经济集团,而且可以形成一个政治集团。因此,一些在国际经济政治斗争中所处地位相近的国家,就会在共同利益的基础上结成一体化集团,来维护他们共同的经济和政治利益。在与强大的外部势力(或势力集团)的竞争和斗争中,如果单凭单个国家的力量就必然显得势单力薄,自身的权益难以获得维护。

另外,战后殖民体系土崩瓦解,原来的殖民地、附属国纷纷取得政治上的独立,但经济上并未完全独立,旧的国家经济秩序并未改变,发展中国家经济落后,无法以薄弱的经济实力与原宗主国或发达国家抗衡,便萌发经济联合,以增强竞争力。

三、区域经济一体化的组织形式

(一)优惠贸易安排

优惠贸易安排(Preferential Trade Arrangement)是区域经济一体化中最低级和最松散的组织形式。成员国间通过贸易条约或协定,规定了在相互贸易中对全部或部分商品的关税优惠,而对来自非成员国的进口商品,各成员国则按照自己的关税政策实行不同的进口限制。例如,第二次世界大战前的"英联邦特惠制"及战后的"东南亚国家联盟"等,实行的就是这种经济一体化的组织形式。

(二)自由贸易区

自由贸易区(Free Trade Area)是指由签订有自由贸易协定的国家组成的贸易区。在此贸易区内,各成员国取消了它们之间商品贸易的所有关税壁垒,使得区域内各成员国的商品可以完全自由流动,但各成员国仍然保持各自的关税结构,按照各自的标准向非成员国征收关税。这也是一种松散的经济一体化形式。其基本特点在于使用关税措施突出了成员国与非成员国之间的差别待遇。自由贸易区又可分为工业自由贸易区与完全自由贸易区。前者只适用于工业品的自由流动而不包括农产品,如欧洲自由贸易联盟;后者则适用于所有商品自由流动,如北美自由贸易区。按有关北美自由贸易区的协议规定,从 1994 年 1 月 1 日起,15 年内取消所有商品的关税和数量限制,实现区内贸易完全自由化。

(三)关税同盟

关税同盟(Customs Union)是指成员国之间完全取消关税和其他非关税壁垒,并对非成员国实行统一的对外关税税率而缔结的同盟。在一体化的程度上,关税同盟比自由贸易区更进一步。它除了包括自由贸易区的基本内容外,最大的特点在于对同盟以外的国家建立起一个由各成员国同意的一套共同的关税和贸易限制制度,建立起统一对外关境。结盟的目的在于使参加国的商品在统一关税的市场上处于有利地位,排除非成员国的商品的竞争,它开始带有超国家的性质,是实现全面经济一体化的基础。历史上最早的一个关税同盟是北德意志关税同盟,欧共体的前身是比、荷、卢关税同盟。还有像中非关税与经济联盟、欧洲自由贸易联盟等都是以关税同盟为其重要内容的。

(四)共同市场

共同市场(Common Market)就是除了在共同市场成员国内完全废除关税与数量限制、建立对非成员国的共同关税外,成员国间的生产要素也可在成员国间自由移动。与前三种形式相比,共同市场在一体化进程上更进了一步,成员国之间可以自由流动的不仅是商品,而且扩大到劳动力、资本等生产要素。共同市场的最终目标是要实现完全的经济联盟。所以,共同市场需要各缔约国之间保持相对固定的外汇汇率,实施共同的农业政策,协调一致的税收制度、社会保险制度、环境保护制度和失业救济制度,共同发展生产要素市场。此外,还需要在交通运输、能源、渔业等方面实施一体化政策。

目前,共同市场的经济组织有许多,其中以欧洲共同市场最为典型。在欧洲共同市场中,欧洲经济共同体关税同盟是实现其经济一体化的重要基础和主要内容。同时,欧洲共同市场还建立了旨在推进欧洲经济和货币联盟的欧洲货币体系。此外,欧洲共同市场还在农业、运输、渔业、社会、价格、竞争、地区开发和研究及发展等方面,制定和实施了不同程度的共同政策。

(五)经济联盟

经济联盟(Economic Union)是指成员国之间除了商品与生产要素可以进行自由流动及建立对外共同关税之外,还要求成员国制定和执行某些共同的经济政策和社会政策,废除政策方面的差异,使各个方面的经济都统一协调地运行,形成一个庞大的超国家的经济实体。与前四者相比,经济联盟的主要特点在于建立了超国家的共同决策机构,各成员国将各自的经济主权转让给共同决策机构来行使,共同决策机构对所有的成员国行使主权。经济联盟要求成员国在经济、金融、财政等政策上完全统一化,实现关税、贸易、市场和货币的全面经济一体化。例如,欧共体于1992年通过《马斯特里赫特条约》,形成欧洲联盟,并决定于1999年前建立统一的中央银行和发行单一货币。这是目前区域经济一体化集团中发展得最高级的组织形式。

(六)完全经济一体化

完全经济一体化(Complete Economic Integration)是经济一体化的最高级组织形式。区域内各成员国在经济联盟的基础上,全面实行统一的经济和社会政策,建立统一的货币制度,使各个成员国在经济上形成单一的经济实体。目前,欧盟正在为实现这一目标而努力。

四、区域经济一体化的经济效应

区域经济一体化的经济效应有如下几方面:

(一)贸易创造效应

贸易创造效应(Trade Creation Effect)是指由于区域内实现贸易自由化创造了新的贸易机会而产生的生产利得和消费利得。关税同盟内部取消关税、实行自由贸易后,关税同盟国国内的高成本产品被同盟内其他成员国的低成本产品所替代,从成员国进口产品,从而创造出过去所不可能发生的新的贸易。

(二)贸易转移效应

贸易转移效应(Trade Diversion Effect)是指由于取消了成员国之间的关税,而对外实行统一的保护关税,使得关税同盟国把原来从同盟外非成员国低成本生产的产品进口,转换成从同盟国内成员国高成本生产的产品进口,从而发生贸易转移。

(三)规模经济效应

关税同盟成立以后,成员国之间进行专业化分工和协作,扩大了生产规模,进而降低了成本,提高了生产要素和设备的使用效率。

(四)投资刺激效应

关税同盟的专业化和规模生产,以及竞争力的增强和对技术进步的追求,刺激了投资的增加。投资的增加来源于两个方面:一个方面是成员国厂商增加投资,另一个方面是非成员国厂商对同盟国内增加投资。

(五)生产要素移动效应

关税同盟建立后,内部市场区域统一,生产要素的流动性得到提高。生产要素的投入地区从生产要素供给有余的地区,转向生产要素供给不足的地区。因此,生产要素得到更合理的配置,降低了生产要素闲置的可能性。

(六)市场结构效应

关税同盟使市场得到进一步的扩大,在自由贸易体制中,市场从垄断性向竞争性转化,在此过程中市场结构趋于完善。

(七)技术进步效应

在经济一体化的市场中,竞争日趋加强。为了在竞争中取胜,厂商必须努力不断开发新产品,资本需求因此而获得增加,企业的技术水平也不断获得提高。

如果以上各点有利的动态效应得以发生,则关税同盟建立后,成员国的国民经济必然可以获得迅速增长。

第二节 区域经济一体化的发展

一、区域经济一体化的特点

虽然从概念上来看,区域经济一体化和世界经济区域一体化之间存在区别,但从形成与发展过程来看,它们是相辅相成的。一个地区的区域经济一体化只是世界经济区域一体化中的一个构筑框架,但正是许多地区区域经济一体化的产生和发展,才构成了世界经济区域集团化的新格局。

20世纪80年代以来,随着世界政治经济格局的变化和资本国际化的发展,区域经济一体化正日趋广泛、深入,它促使世界经济区域一体化发生急剧变化。分析现阶段世界经济区域一体化的特点和发展趋势,有如下三方面表现:

(一)随着参与国家的增多,经济集团间的经济关系已成为当代国际经济关系的主体

现在,世界经济中已组建的多种类型的区域经济集团已达几十个,其中不仅有发生在发达国家间的,而且广大发展中国家也纷纷组建、巩固和发展区域经济集团。在非洲已有"西非共同体"(Economic Community of West African States)、"东非共同体"(East African Community)和"阿拉伯马格里布联盟"(Union of the Arab Maghreb)。1991年6月3日,非洲32个国家元首与政府首脑在尼日利亚首都阿布贾通过了《阿布贾条约》,宣布正式成立"非洲经济共同体"。在亚洲,尽管整个东亚地区的经济集团化困难重重,但东南亚、东北亚等次区域范围的经济合作进展迅速。特别是在中国和东盟诸国领导人的共同努力下,拥有19亿人口、GDP接近6万亿美元、世界最大的自由贸易区——中国—东盟自由贸易区最终于2010年1月1日得以成立。在中亚,"中亚区域经济合作组织"CAREC于1997年成立,截至2010年11月已有成员国10个,另有多边组织成员6个。在西亚地区,由海湾阿拉伯国家合作委员会6个成员国组成的海湾共同市场,已于2008年1月1日正式启动。在拉丁美洲,1991年3月26日,由阿根廷、巴西、乌拉圭和巴拉圭共同签署的《亚松森条约》为它们带来了南方共同市场(简称南共市)MERCOSUR。南共市是拉丁美洲最大的经济一体化组织,也是世界上第一个完全由发展中国家组成的共同市场,目前有成员国9个。自20世纪90年代以来区域经济集团的发展

趋势表明:世界经济区域集团化发展已势不可挡,集团之间的相互抗衡、相互竞争与相互合作,正在日益成为当代国际经济关系的重要组成部分,是世界经济发展的一大趋势。

(二)同一地区经济集团的重新组合使世界经济区域集团化向"洲域集团化"发展

20世纪下半叶以来,在经济全球化加快发展的背景下,欧盟、北美自由贸易区和东南亚联盟三大区域的合作发展趋势明显。区域经济集团日趋发展成为"洲域经济集团"。

20世纪50年代,法、意、联邦德国、荷、比、卢六国组建共同市场。1993年1月1日,在《马斯特里赫特条约》生效的基础上,欧共体开始向欧洲联盟过渡,这标志着欧共体从经济实体向经济政治实体过渡。1995年,奥地利、瑞典和芬兰加入,使欧盟成员国扩大到15个。欧盟成立后,经济快速发展,1995~2000年间经济增速达3%,人均国内生产总值由1997年的1.9万美元上升到1999年的2.06万美元。欧盟的经济总量从1993年的约6.7万亿美元增长到2002年的近10万亿美元。2003年4月16日,塞浦路斯、匈牙利、捷克、爱沙尼亚、拉脱维亚、立陶宛、马耳他、波兰、斯洛伐克和斯洛文尼亚10个中东欧国家入盟。2004年5月1日,这10个国家正式成为欧盟的成员国。这是欧盟历史上的第五次扩大,也是规模最大的一次扩大。2007年1月,罗马尼亚和保加利亚两国加入欧盟。2013年7月1日,克罗地亚正式成为欧盟的第28个成员国。一个经历了7次扩大、涵盖28个国家、总人口超过5亿的欧盟,是当今世界经济实力最强、一体化程度最高的国家联合体。

由美国、加拿大和墨西哥签署的《北美自由贸易区协议》分别由三国议会批准后,定于1994年1月1日起正式生效。北美自由贸易区是一个雄心勃勃的计划,它力图以自由贸易为理论基础,以自由贸易区的形式来实现贸易、投资等方面的全面自由化,进而带动整个北美地区的经济贸易发展。十多年来,北美自由贸易区的发展十分引人注目,因为它是第一个由一个发展中国家(墨西哥)与两个发达国家(美国和加拿大)所组成的非多边自由贸易协定,合作内容主要是自由贸易。目前,已发展成为囊括4.2亿人口和11.4万亿美元的国民生产总值、经济实力不亚于欧盟的当今世界上最大的自由贸易区。目前,中美、南美国家都表示希望参加这个自由贸易区,美国也有意将北美自由贸易区扩大到南美洲,形成一个"美洲自由贸易区"。按照建立美洲自由贸易区的设想,整个西半球将成为一个有13万亿或14万亿美元的大市场。

亚太经济合作组织(Asia-Pacific Economic Cooperation,APEC,简称亚太经合组织)是亚太地区最具影响的经济合作官方论坛。1989年11月5日至7日,澳大利亚、美国、加拿大、日本、韩国、新西兰和东盟6国在澳大利亚首都堪培拉举行亚太经济合作会议首届部长级会议,标志着亚太经济合作会议的成立。1993年6月改名为亚太经济合作组织。1991年11月,中国以主权国家身份,中华台北和香港(1997年7月1日起改为"中国香港")以地区经济体名义正式加入亚太经合组织。亚太经合组织共有21个成员。亚太经合组织是当前规模最大的多边区域经济集团化组织,APEC成员国的广泛性是世界上其他经济组织所少有的。

APEC的21个成员体,就地理位置来说,遍及北美、南美、东亚和大洋洲;就经济发展水平来说,既有发达的工业国家,又有发展中国家;就社会政治制度而言,既有资本主义国家,又有社会主义国家;就宗教信仰而言,既有基督教国家,又有佛教国家;就文化而言,既有西方文化,又有东方文化。成员的复杂多样性是APEC存在的基础,也是制定一切纲领所要优先考虑的前提。

2012年9月5日,APEC第24届部长级会议在俄罗斯符拉迪沃斯托克开幕。会议在很多方面都达成了共识,包括在贸易投资自由化、区域经济一体化、粮食安全合作、可靠的供应链的建立方面以及其他方面达成了大量共识。在本次会议上,与会各国一致通过了一份旨在降低环境保护类产品关税的《环境产品清单》。根据这份清单，亚太经合组织各国将在2015年前针对环境监测、垃圾焚烧、空气水源质量控制等54类环保设备产品的关税标准降到5%。在俄罗斯经济发展部长别洛乌索夫看来，这份清单的通过是本次会议最大的一个突破性成果，“我之所以把它称作是突破性的成果，那是因为世界贸易组织从2001年就开始讨论研究通过这一清单，但是10年来，各成员国都没有就这一清单达成一致。而亚太经合组织各经济体只用了一年时间就通过了这份俄罗斯提出的包含54种环保商品的清单。也就是说，我们为那些环保类产品实质性地打开了一个新的市场。”

由于历史、政治和经济等方面的诸多原因，非洲的经济集团化进程是慢了些。但是面临着沦为“第四世界”的巨大压力和其他地区经济集团化的严峻挑战，非洲各国正在加大马力。进入21世纪以后，非洲经济一体化进程明显加快，正在成为非洲振兴的依托力量。目前，非洲国家正在采取一些新的、实质性的措施来推动经济一体化进程的加快发展。非洲现有的10个区域经济一体化组织正在加紧实施《非洲经济共同体条约》，力争在21世纪30年代建成非洲统一大市场。

(三)经济区域一体化组建、发展的不平衡性将是当代世界经济发展不平衡的重要因素

经济区域一体化的发展处于明显的不平衡状态，从现有的区域经济集团及其发展历程来看，区域经济集团化的组织形式由低到高主要有4种，即自由贸易区、关税同盟、共同市场和完全的经济联盟(实现“区域经济一体化”)。显然，目前欧共体区域经济集团化的层次最高。1993年1月1日统一大市场开始运行后，欧共体正在进一步走向区域经济集团化的最高层次——完全的经济联盟，各国将让渡出全部经济主权，成为一个经济实体，其他地区的经济集团化大多处于自由贸易区和关税同盟的层次上。以美、加、墨自由贸易区为例，美、加、墨三方仅就相互间逐步减免关税、促进投资自由化等问题达成一致，相互间经济主权的让渡十分有限，目前仅处于经济集团化的最低层次；而在东亚地区，关于组建东亚经济集团的问题，目前还只限于构想，其能否实现还要看这一地区复杂的社会、政治、经济乃至军事等矛盾能否顺利缓解。另一方面，即使在同一地区，区域经济集团的发展也是不平衡的，有可能出现从低级形态向高级形态过渡(如欧共体)，也可能出现低级形态与高级形态并存(如欧共体与欧洲自由贸易联盟)，还有可能出现由高级形态向低级形态退步的现象(如欧共体与欧洲自由贸易联盟达成欧洲经济区协议)。所以，区域经济集团的组织形成并非一定由低级向高级过渡，于是就构成各区域集团的组建和发展的不平衡性。这种不平衡性将是当代世界经济不平衡发展的重要因素。

二、经济区域一体化对世界经济一体化的影响

经济区域一体化与世界经济一体化的发展过程是同步的，两者相辅相成。具体地说，它对世界经济一体化产生如下作用：

(一)区域经济集团内部经贸发展是世界经济一体化的动力

在各区域经济集团内部，由于贸易、投资等方面的障碍减少和消除，生产要素能够得到合理的配置和自由流动，从而增强了成员国间的经济交流与合作，促进了成员国的经济繁荣和经济生活的国际化发展。

更为重要的是，与战前的各类经济集团不同，在区域经济集团内部，各成员国间的相互依赖、相互影响是对称的，各国让渡经济主权的结果，不是造成对别国的依附，而是各国对经济主权的共同让渡、平等共享。尽管集团内一些主要国家的经济行为能够影响其他国家的经济运

行，但它们不能主宰其他国家的经济事务，它们对经济集团的"控制"是依靠自身经济实力，通过与其他国家平等互利的主权让渡，建立对称的依赖关系来实现的。这充分说明，区域经济集团的建立和发展，使一定区域范围内经济生活的国际化日趋深入。

（二）区域集团间因各自实力的调整而使交流、渗透不断获得加强

世界经济区域集团化是在生产力迅猛发展和国际分工日趋深化的基础上，在近年来世界政治经济格局变化的条件下，受到 20 世纪 80 年代以来世界经济形势恶化、世界市场不振等因素的刺激和推动，才得以迅速出现和发展的。从一定意义上讲，世界经济区域集团是世界经济不平衡发展的结果。它首先是"对抗"的产物，其次才是"合作"的产物。例如，欧共体是在其成员国共同对付"苏联威胁"的旗帜下成立的，其后又出于与美国抗衡的目的得到了进一步巩固和发展。再如，美国，正是在经济实力不断相对衰落的情况下，面临欧共体和日本咄咄逼人的经济攻势，才不得不一改过去坚决反对区域经济集团化之初衷，也加入到积极营造区域经济集团的行列。所以，集团对抗是当代世界经济发展中的一个重要特征。

但是，经济抗衡往往是通过竞争来达到目的的，而竞争又只能是国际经济交流中的竞争，它又必须要通过互利合作来实现。因而各经济集团之间的抗衡不只是矛盾、摩擦和斗争，而更多的是联系、交往、协调和合作。

（三）世界经济区域集团化正在日益向缩小和消除各国经济发展水平差距的方向发展，这是对世界经济一体化的极大促进

在战后相当长时期里，经济发展水平基本一致是组建区域经济集团的重要前提条件，欧共体就是这样建立的。虽然这样组建经济集团矛盾较小，容易迅速巩固和深入发展，但集团规模难以扩大。随着世界政治经济格局的转变，在生产力迅猛发展、生产和资本国际化趋势进一步增强的条件下，面临着日趋激烈的国际经济竞争和政治较量，欧、美、日等发达资本主义国家，开始把组建或试图组建区域经济集团的范围，逐步扩大到经济发展水平较为落后的西方国家和发展中国家。

从欧共体到欧盟，成员国从最初的 6 国扩展到目前的 28 国，集团内部经济实力的差距（如前所述）是明显的。但是，2010 年全球竞争力排名前 20 名中有一半是欧盟成员（瑞典排名第 2、德国第 5、芬兰第 7、荷兰第 8、丹麦第 9、英国第 12、法国第 15、奥地利第 18、比利时第 19、卢森堡第 20）又充分证明了欧盟整体的实力。欧盟集团的宗旨和 2012 年提出的"2020 发展战略"均能让人相信缩小和消除成员国间的经济发展差距是它不断巩固和壮大其实力的基本出发点。在美洲，继美、加自由贸易协定签署后，美、加、墨自由贸易区协定的达成，标志着区域经济集团的建设超越了发达国家与发展中国家经济发展水平差距较大的障碍，一种缩小、消除南北差距，加强南北经济交流与合作的新途径和新模式正在形成。在东亚地区，为了与欧共体和美、加、墨自由贸易区抗衡，日本正在努力营造自己的势力范围。日本开始着力于构筑各种次区域范围的经济合作组织或集团。其中，地处东北亚的环日本海地区和环黄、渤海地区的经济交流与合作，日益引起日本的重视。在这些地区，各国处于不同的国际分工层次，经济发展水平差异明显。有关国家正在积极努力，要在这两个地区建立多层次分工基础上的互补性的经济合作体制。

可见，随着世界经济区域集团化的发展，现阶段区域经济集团中相互依赖、相互补充关系的深化，并不是拉大了成员国之间的经济差距、扩大了相互间经济发展的不平衡，而是在日益缩小、消除相互间的差距和不平衡。当然，在此过程中，一些主要的发达国家在各自的经济集团中居主导地位，一些经济集团在很大程度上成为少数发达国家为自己营造的势力范围。但

是，这并不是世界经济区域集团本身的问题，而是旧的国际经济秩序在当代国际经济关系中继续存在的表现。就总体而言，世界经济区域集团化正在打破原有框架，向更深、更广的方向发展，这将有助于缩小世界各国间的经济差距，推动世界经济一体化走向更高的水平。

三、世界区域经济一体化发展的趋势

区域经济一体化发展过程中众多错综复杂的矛盾往往不期而遇，它们会改变区域经济一体化发展的轨迹，同样也会给世界经济一体化带来不可逆转的影响。

进入21世纪以来，区域经济一体化发展给世界经济发展带来的影响力是十分明显的。预计未来趋势，以下若干主要经济区域集团的现状和发展，将仍发挥不可替代的作用。

(一)欧盟

欧洲联盟(简称欧盟，英语：European Union，英文缩写：EU，法语：Union Européenne，法文缩写：UE，正式官方语言有24种，参见欧盟官方语言名称列表)，是根据1992年签署的《欧洲联盟条约》(也称《马斯特里赫特条约》)所建立的国际组织，现拥有28个会员国。规范欧盟的条约经过多次修订，目前欧盟的运作方式是依照《里斯本条约》。政治上所有成员国均为民主国家，经济上为世界上第一大经济实体(其中法国、意大利、英国、德国为八大工业国成员)，军事上绝大多数欧盟成员国为北大西洋公约成员。

欧盟是世界上最有力的国际组织。在贸易、农业、金融等方面趋近于一个统一的联邦国家，而在内政、国防、外交等其他方面则类似一个独立国家所组成的同盟。由于欧盟的政治体制与世界其他大规模的国际组织不同，因此应把它视作一个邦联。

欧盟的历史可追溯至1952年建立的欧洲煤钢共同体，当时只有6个成员国。1958年成立了欧洲经济共同体和欧洲原子能共同体，1967年统合在欧洲共同体之下，1993年又统合在欧洲联盟之下，欧盟已经渐渐地从贸易实体转变成经济和政治联盟。同时，欧共体和后来的欧盟在1971～2013年期间进行了七次扩大，成员国从6个增至28个。2012年10月12日，欧盟获颁诺贝尔和平奖。

根据《欧洲联盟条约》，欧盟共由三大支柱组成：

(1)欧洲共同体，其中包括关税同盟、单一市场、共同农业政策、共同渔业政策、单一货币、《申根条约》等诸多部分。

(2)共同外交与安全政策。

(3)刑事案件的警察合作与司法合作。

欧盟的主要机构有欧洲理事会(成员国家首脑组成)、欧盟理事会(成员国家部长组成的欧洲上议院)、欧盟委员会(欧洲政府)、欧洲议会(欧洲众议院)、欧洲法院、欧洲中央银行等。此外，欧洲原子能共同体也在欧洲共同体的管辖范围之内，但在法律上独立于欧盟的国际组织。

欧元是欧盟的官方货币，目前已经由28个成员国中的16个采纳为流通货币；《申根条约》取消了部分成员国之间的边境管制，目前已有22个欧盟成员国和3个非成员国实施。

目前，欧盟的主要议题是欧盟的扩大、落实《里斯本条约》、全球暖化问题、非欧元区成员国加入欧元区及主权债务危机。

欧盟在推进经济一体化方面曾取得巨大成就，成员国数量实现较大增长，内部贸易发展迅速，成为世界最大的经济体，但经济增长率不高。债务危机发生后，经济增速进一步降低。在危机倒逼之下，欧盟制定了新的经济发展目标，进行了政治体制改革，强化了金融监管，深化了经济治理，以稳定其经济地位。但由于主权债务危机、内部成员国发展不平衡等问题和矛盾突出，兼之其他主要发达经济体如美国、日本分别面临严重的财政悬崖和经济失速问题，新兴经济体增速也出现明显下降，大范围宽松政策的实施积累了较大风险，“欧洲 2020 战略”设定的目标实现难度较大，在未来较长时期内仍将呈现波动低速增长。

2012 年欧盟的经济总量达到 17.5 万亿美元，比美国高出 1.9 万亿美元。2000～2012 年间，欧盟经济平均增长率为 1.47%，比发达经济体低 0.29 个百分点，不到世界总体平均水平(3.67%)的一半，不及新兴经济体和发展中经济体(6.07%)的 1/4。总体来看，欧盟属于典型的高收入、低增长经济体。

欧盟也是世界最大的贸易经济体，进出口均居世界首位。2012 年，欧盟对其他经济体出口为 2.23 万亿美元，主要目的地为美国、中国和俄罗斯；欧盟从外部进口 2.37 万亿美元，主要来源国为中国、俄罗斯和美国。

“欧洲 2020 战略”体现了欧盟对未来发展的定位。该战略提出了三大核心目标：一是基于知识和创新的智能型增长，二是实现资源效率型、绿色低碳发展的可持续增长，三是更加关注经济、社会和地区聚合的包容性增长。

欧盟提出的目标带有较强的务实性，集中于解决危机中遇到的实际问题及长远发展民众所关心的问题。相对于美国、韩国和日本，欧盟研发投入力度较低，面临创新能力落后、竞争力弱化威胁，因此提出了加大研发投入力度目标。

欧盟的经济发展面临着有利条件与不利因素，在较长时期内，欧盟经济将呈现波动低速增长态势。

(二)北美自由贸易区

北美自由贸易区是一个以美国为核心的南北区域性经济组织，美国在北美自由贸易区内处于绝对的主导地位。美国不仅是北美自由贸易区的倡导者，而且是该自由贸易区的主导国，它在贸易区的运行中占据绝对的主导和支配地位。从贸易区内部的实力来看，美国占有 2/3 的人口和 90%的经济实力，加拿大则仅有 7%的人口和 8%的经济实力，墨西哥虽拥有近 26%的人口，但经济实力则不到 2 %。美、加、墨三国按工业化程度和发展水平分属三个不同的层次：美国属于第一个层次，加拿大属于第二个层次，两者均是发达的工业化国家；墨西哥则是第三个层次，为新兴的工业化国家。因此，无论从经济实力、工业化程度和发展水平等方面相比，美国都处于绝对的优势地位，对加拿大和墨西哥具有很强的制约力。

北美自由贸易区给美国在双边贸易、直接投资、技术转让及第三产业诸领域内提供控制和渗透加拿大和墨西哥的机会，从而在贸易区对内外事务上拥有了绝对的发言权。因此，从根本上说，北美自由贸易区的建立更多地体现出了美国的战略意图。但是，另一方面，北美自由贸易区又给加拿大和墨西哥提供了难得的进入美国市场的机会，对于促进这两个国家的经济发展具有非常重要的作用，三国联合起来在国际贸易中的地位也随之大为增强。因此，北美自由贸易区在很大程度上是双赢的选择和结果。北美自由贸易区的成功运作打破了这一传统理论认识。

如前所述，与欧洲联盟、南方共同市场等其他类型的经济一体化组织相比，北美自由贸易区最明显的特点在于其是典型的南北合作型、大国主导型的区域经济一体化组织。这表明，随着冷战的结束和世界政治、经济格局的演变，当代国际经济贸易已经发生重大转变，经济的区域一体化与多极化呈现出交织发展的态势。发展中国家在当代世界格局中的战略地位也已发生变化，即由过去美、苏两个超级大国政治上和军事上争夺的“中间地带”，转而成为发达国家争夺贸易、投资场所和经济势力范围的战略要地。这种多角色的转变，对于发达国家和发展中国家来说都具有不同寻常的意义，特别是为发展中国家与发达国家进行平等的经济合作提供了难得的机会。

在这个方面，北美自由贸易区为在经济发达国家与发展中国家间建立南北型的区域经济一体化组织提供了成功的范例。这表明，在当前的新形势下，南北关系应是一种双赢而不是零和的关系。由于南北区域经济集团化是发达国家与发展中国家在优势互补、共同发展的基础之上组建的超越经济发展水平甚至超越意识形态障碍的区域经济集团，这有助于突破美、欧等发达国家超越意识形态障碍，改变过去对"北美自由贸易区是一个以美国为核心的南北区域性经济组织，美国在北美自由贸易区内有着绝对的主导作用"的看法。

(三)亚太经济合作组织

亚太经济合作组织(Asia-Pacific Economic Cooperation，APEC，简称亚太经合组织)，是亚太地区重要的经济合作论坛，也是亚太地区最高级别的政府间经济合作机制，总部设在新加坡。它在推动区域贸易投资自由化、加强成员间经济技术合作等方面发挥了不可替代的作用。它是亚太区内各地区之间促进经济成长、合作、贸易、投资的论坛，始设于1989年，现有21个成员经济体。亚太经合组织是经济合作的论坛平台，其运作是通过非约束性的承诺与成员的自愿，强调开放对话及平等尊重各成员意见，不同于其他经由条约确立的政府间组织。

亚太经合组织诞生于全球冷战结束的年代。20世纪80年代末，随着冷战的结束，国际形势日趋缓和，经济全球化、贸易投资自由化和区域集团化的趋势逐渐成为潮流。同时，亚洲地区在世界经济中的比重也明显上升。在此背景下，1989年1月，澳大利亚总理霍克提议召开亚太地区部长级会议，讨论加强相互间经济合作问题。

1989年11月，澳大利亚、美国、日本、韩国、新西兰、加拿大及当时的东盟六国在澳大利亚首都堪培拉举行了亚太经合组织首届部长级会议，标志着这一组织正式成立。1991年11月，亚太经合组织第三届部长级会议在韩国首都汉城(现称首尔)举行，会议通过《汉城宣言》，正式确立了这一组织的宗旨和目标，即"为该地区人民的共同利益保持经济的增长与发展；促进成员间经济的相互依存；加强开放的多边贸易体制；减少区域贸易和投资壁垒"。

亚太经合组织(APEC)会议主会场位于上海市黄浦江东岸的浦东。亚太经合组织采取自主自愿、协商一致的合作原则，所作决定必须经各成员一致同意认可。亚太经合组织总人口达26亿，约占世界人口的40%；国内生产总值之和超过19万亿美元，约占世界的56%；贸易额约占世界总量的48%。这一组织在全球经济活动中具有举足轻重的地位。

自成立以来，亚太经合组织在推动区域和全球范围的贸易投资自由化和便利化、开展经济技术合作方面不断取得进展，为加强区域经济合作、促进亚太地区经济发展和共同繁荣作出了突出贡献。

自1998年亚洲爆发金融危机后，APEC进程直接受损，危机的受害者开始对贸易投资自由化采取慎重态度，在APEC内部，始于1997年的部门提前自由化在一定程度上超越了亚太地区的现实情况，难以按原有设想加以推进。经济技术合作得以保持发展势头，但因发达成员态度消极，要取得实质性进展仍需时日。1998年和1999年，APEC进入一个巩固、徘徊和再摸索的调整阶段。2000年，非正式领导人会议重申了应坚持茂物确定的贸易投资自由化目标，并加强人力、基础设施和市场等方面的能力建设活动。

加强地区经济合作建设一直是亚太经合组织的发展主线，而推动贸易投资自由化和区域经济一体化更是重中之重。亚太经合组织成立以来达成的最重要成果——茂物目标，即要求发达成员在2010年前、发展中成员在2020年前实现贸易和投资自由化。但自从2008

年爆发金融危机以来，贸易保护主义日渐抬头，目前很多发达成员在减少保护主义和贸易壁垒方面意愿不足。因此，在第20次领导人非正式会议上，各方在如何完成茂物目标方面采取扎扎实实的举措展开深入探讨，并在此基础上研究如何深化贸易投资，提升合作水平，扩大合作领域。

亚太经合组织(APEC)第二十次领导人非正式会议于2012年9月9日中午在符拉迪沃斯托克闭幕。会议发表《融合谋发展，创新促繁荣——亚太经合组织第二十次领导人非正式会议宣言》(简称《宣言》)，旨在为促进亚太地区繁荣、巩固其在全球经济中的引领地位指明道路。

这份《宣言》指出，世界经济仍面临下行风险，国际金融市场还不稳定，一些发达经济体的高赤字和高债务水平在很大程度上延缓了世界经济复苏进程。欧债危机也给亚太经济增长造成不良影响。在此条件下，亚太各经济体应致力于实现共同发展、巩固金融体系稳定和恢复信任。各经济体应通过合理扩大内需、创造新的就业机会、实施结构改革来推动快速增长。

《宣言》强调，积极的国际贸易、投资与经济一体化是保障强劲、持续而平衡增长的关键因素，亚太经合组织各经济体均有促进本地区贸易自由化、投资便利化、巩固多边贸易机制的义务。在2015年年底前，各方应避免为投资、货物和服务贸易增设新的壁垒，不实施新的出口限制措施，在各领域不实施包括刺激出口措施在内的违反世界贸易组织规则的举措。《宣言》还对印度尼西亚和中国将分别主办2013年和2014年亚太经合组织领导人非正式会议表示欢迎。

四、区域经济一体化的发展受世界经济走势的影响

根据最新发布的《2013年世界经济形势与展望》报告，世界经济增长在2012年明显下滑，增长幅度仅为2.2%，不仅低于2011年2.7%的增长率，更是远低于2010年4.0%的增长水平。

欧元区经济和债务危机在2012年持续恶化。整个欧洲经济的状况实际上是非常悲观的，同时显然拖累了世界其他国家的经济增长。美国虽然没有像欧洲那样陷入第二轮的经济衰退，但美国的经济增长仍然非常疲软，只有2%左右。此外，受发达国家经济低迷的影响，发展中国家的出口增长大幅度下降，其经济增长在2012年也明显下滑。欧洲债务危机恶化等风险因素造成了国际初级产品价格、流入发展中国家外资和这些国家汇率的大幅度波动，对发展中国家的增长和稳定产生负面影响。究其下滑的因素有外部需求不足、主要发达国家的进口不足造成的原因，同时也不断地暴露出这些发展中国家自身经济结构上面存在的一些问题。这些国家目前已经积极地采取了一些宏观经济政策，以及包括一些体制改革的措施。《2013年世界经济形势与展望》报告认为，这些政策和措施可能会起到一定作用，所以国际权威对新兴经济体国家的经济预测是这样的：今年发展中国家整体大概是4.7%，明年可能会上升到5.1%，但这种增长率与危机之前5、6年发展中国家平均增长7%水平来讲还是偏低的。”综上所述，世界经济在2013年将会继续复苏，但复苏的力度显然不足。

根据报告，2013年世界经济的前景取决于三大因素：第一，欧洲能否有效地阻止债务危机继续恶化，特别是能否保证西班牙不陷入债务危机；第二，美国能否防止财政悬崖，或较大幅度的财政紧缩；第三，包括中国在内的新兴经济体能否避免“硬着陆”。根据对这三大因素发展不同可能性的判断，联合国作出了两个不同的预测方案：基准预测方案和悲观预测方案。联合国的基准预测方案建立在这三大因素不会恶化的前提下，预计2013年全球总产出可以增长2.4%，这一增长率显然低于世界经济应有的潜在增长。联合国悲观预测方案建立在这三大因

素可能会严重恶化的前提下，预计世界经济在 2013 年将接近零增长。

第三节　关税与贸易总协定

一、关贸总协定的产生

关税及贸易总协定(General Agreement on Tariffs and Trade，GATT)简称关贸总协定，是一个政府间缔结的有关关税和贸易规则的多边国际协定。它的宗旨是通过削减关税和其他贸易壁垒，削除国际贸易中的差别待遇，促进国际贸易自由化，以充分利用世界资源，扩大商品的生产与流通。关贸总协定于 1947 年 10 月 30 日在日内瓦签订，并于 1948 年 1 月 1 日开始临时适用。应当注意的是，由于未能达到 GATT 规定的生效条件，作为多边国际协定的 GATT 从未正式生效，而是一直通过《临时适用议定书》的形式产生临时适用的效力。

当时在《关贸总协定》上签约的有 23 个国家，按英语字母排列的顺序为：澳大利亚、比利时、巴西、缅甸、加拿大、锡兰、智利、中国、古巴、捷克斯洛伐克、法国、印度、黎巴嫩、卢森堡、荷兰、新西兰、挪威、巴基斯坦、南罗得西亚、叙利亚、南非、英国以及美国。

二、关贸总协定的宗旨与原则

(一)关贸总协定的宗旨

虽然关贸总协定只是一个准国际性组织，但在国际上有“经济联合国”之称。尽管它与国际货币基金组织、世界银行三足鼎立调节世界经济、贸易和金融，但是其作用和影响都超过了国际货币基金组织和世界银行。它既是一整套关于关税和贸易措施的国际通行法规，又是进行多边贸易谈判和解决缔约方贸易争端的国际机构。

关贸总协定自建立起就明确了它的宗旨：缔约方在处理它们的贸易和经济事务关系时，应以提高生活水平、保证充分就业、保证实际收入和有效需求的巨大持续增长、扩大世界资源的充分利用以及发展商品生产与交换为目的。实现这一目的的办法是，通过达成互惠互利协议，导致大幅度削减关税和其他贸易障碍，取消国际贸易中的歧视待遇，为实现这一目的作出贡献。

(二)关贸总协定的基本原则

《关贸总协定》是 1947 年经各国代表谈判后达成的协议。文本条款的诸项原则在以后的 8 轮多边谈判中几经修改与补充，最后得以明确的原则。归纳起来有以下 10 个：

1. 非歧视原则

非歧视原则是总协定最基本的原则之一。该原则规定：一缔约方在实施某种限制或禁止措施时，不得对其他缔约方实施歧视待遇。这一原则表明，如果缔约方对另一方不采取对任何其他缔约方同样不适用的限制或禁止措施，即视为无歧视待遇；反之，如果缔约方根据公约或条约规定的某种理由，采用某种限制或禁止措施，而这种限制或禁止措施同样适用于其他所有缔约方时，也符合无歧视待遇原则。

无歧视待遇原则在总协定中，主要是通过最惠国待遇原则和国民待遇原则来实现的。

(1)最惠国待遇原则。《关贸总协定》要求在货物贸易中坚持多边无条件最惠国待遇原则。《关贸总协定》第 1 条第 1 款规定：“在对输出或输入、有关输出或输入及输出入货物的国际支付转账所征收的关税和费用方面，在征收上述关税和费用的方法方面，在输出输入的规章手续方面，以及在……事项方面，一缔约国对来自或运往其他国家的产品所给予的利益优待、特权或豁免,应当立即无条件地给予来自或运往所有其他缔约国的相同产品。”①

最惠国待遇条款是《关贸总协定》的核心条款,它对其他条款既有有机结合的一面,又有制约的作用。一方面要无条件地实施,另一方面要无歧视地实施,其目的是要确保所有出口商在所有国家的市场上,享有公平竞争和一视同仁的权利。

(2)国民待遇原则。《关贸总协定》中的国民待遇原则主要适用于货物贸易,即只适用于从外国进口的商品,而不涉及外国商人的其他商业行为。根据《关贸总协定》第三条规定,在征收国内税和有关国内销售、购买、运输、分配或使用的法令法规方面,对进口品和国产品应一视同仁。除征收关税以外,其他一切税费都应是一样的,不得对进口品实行歧视。

但是,如果是为了维护公共道德,为了保障人民或动植物的生命或是健康,缔约方可以对进口产品实施有别于本国产品的待遇。还有当国内某些原料物价低于国际市场价格时,为了保证国内加工业所需原料的供应稳定有序,可采取稳定的低价,并限制这些原料的出口。

2. 贸易自由化原则

所谓贸易自由化原则,从本质上来说,就是限制和取消一切妨碍和阻止国际间贸易开展与进行的障碍,包括法律、法规、政策和措施诸方面。关贸总协定的贸易自由化主要是通过关税减让原则、互惠原则以及一般取消数量限制原则来实现的。

自关贸总协定创建以来,贸易自由化原则一直被视为一个根本性的原则,并在以后的八轮谈判中,在与贸易保护主义的斗争中,不断得到加强和充实。

(1)关税减让原则。关税减让原则是执行非歧视原则、互惠原则和最惠国原则的载体。

《关贸总协定》中的关税减让有 4 种形式:①削减关税,并将削减后的税率水平加以约束;②约束现有的关税税率;③上限约束,即将关税约束在高于现行税率的某一特定水平,承诺即使提高税率也不超过该水平;④对免税待遇加以约束,即承诺税率保持为零。

(2)互惠原则。在国际贸易中,互惠是指两国相互给予对方的贸易优惠待遇。《关贸总协定》第 28 条附加关税谈判第 1 款规定:“缔约国认为,关税时常成为进行贸易的严重障碍;因此,在互惠互利的基础上进行谈判,以大幅度降低关税和进出口其他费用的一般水平,特别是降低那些使少量进口都受到阻碍的高关税,并在谈判中适当注意本协定的目的与缔约各国的不同需要。这对发展国际贸易是非常重要的。”②

(3)一般取消数量限制原则。《关贸总协定》第 11 条规定:“任何缔约方除征收捐税或其他费用以外,不得设立或维持配额、进出口许可证或其他措施以限制或禁止其他缔约方领土的产品的输入,或向其他缔约方领土输出或销售出口产品。”③但若有以下原因,可作为例外:①因保护国内农业生产和农业市场,对农、渔产品进口可实行数量限制;②为保障对外金融地位和国际收支平衡,在国际货币基金组织认可情况下,可对进口数量加以合法限制,不得实行歧视性数量限制;③发展中国家为了加快某一特定工业的建设,提高其人民的一般生活水平,可以采用政府援助形式的数量限制;④允许发展中国家在国际收支发生困难时,经国际货币基金组织认可后实行数量限制。

3. 透明度原则

《关贸总协定》中的透明度原则是指,缔约方政府公布同进出口贸易和服务有关的法律与规章。

---

① 汪尧田总编审:《乌拉圭回合多边贸易谈判成果》,复旦大学出版社 1995 年版,第 319 页。

② 汪尧田总编审:《乌拉圭回合多边贸易谈判成果》,复旦大学出版社 1995 年版,第 340 页。

③ 汪尧田总编审:《乌拉圭回合多边贸易谈判成果》,复旦大学出版社 1995 年版,第 326 页。

在这些法律规章公布以前不能实施，而且有义务接受其他缔约方对实施状况的检查、纠正与监督。

4. 对发展中国家和最不发达国家优惠待遇原则

关贸总协定，是以发达国家居于支配地位的国际组织，它们是主要受益者，而发展中国家则往往处于不利地位。这种局面导致发达国家和发展中国家间的经济实力和地位差距越来越悬殊，并因此而产生新的贸易障碍。为了能有效协调，《关贸总协定》在1964年对原文本作了一次重要补充，增加了第36条、第37条和第38条，作为第四部分。

5. 公正、平等处理贸易争端原则

《关贸总协定》有一整套争端解决机制，其规则和程序在实践中又进一步得到了发展与完善。

三、关贸总协定多边贸易谈判

长期以来，《关贸总协定》的条款是以多边贸易谈判所达成的协议方式进行补充和修改的。从1947年至今已举行了8次多边贸易谈判，现将1～8次谈判概况列表如表8—1所示。

表8—1 关贸总协定八轮谈判内容

届　次	谈判起讫时间	谈判地点	谈判议题	主要结果	参加方
1	1947年4月～1947年10月	日内瓦(Geneva)	关税减让	就45 000项商品达成关税减让，使发达国家54%的进口商品平均降低关税35%，GATT于1948年1月1日正式生效	23
2	1949年4月～1949年10月	安南栖(Annecy)	关税减让	就近5 000项商品达成新关税减让，使占应征税进口值5.6%的商品平均降低关税35%	33
3	1950年9月～1951年4月	托尔基(Torquay)	关税减让	就8 700项商品达成新关税减让，使占进口值11.7%的商品平均降低关税26%	39
4	1956年1月～1956年5月	日内瓦(Geneva)	关税减让	就近3 000项商品达成新关税减让，使占进口值16%的商品平均降低关税15%	28
5 狄龙回合	1960年9月～1962年7月	日内瓦(Geneva)	关税减让	就近4 400项商品达成新关税减让，使占进口值20%的商品平均降低关税20%	45
6 肯尼迪回合	1964年5月～1967年6月	日内瓦(Geneva)	(1)关税减让 (2)非关税壁垒问题	就近60 000项商品达成新关税减让，工业品进口关税下降35%。第一次使用线性减让关税方式，第一次涉及非关税壁垒，并制定了第一个反倾销协议，GATT文本增加了第四部分	53
7 东京回合	1973年9月～1979年4月	东京(Tokyo)	(1)关税减让 (2)非关税壁垒	以一揽子关税减让方式，就影响世界贸易额3 000亿美元的商品削减关税25%～33%。以瑞士公式替代线性减让。达成9个东京回合守则	99(含29个非缔约方)
8 乌拉圭回合	1986年9月～1993年12月	乌拉圭(Uruguay)	(1)货物贸易14个议题 (2)服务贸易	达成了包含近40个协议和决定的最后文件。决定建立用来取代关贸总协议的世界贸易组织	105↓124

从表8—1中所列内容可以清楚地看出，关贸总协定多边贸易谈判对国际贸易的发展和世界经济的增长带来了积极的作用。从第一轮到第七轮谈判的结果来看，已经取得了以下几方

面的成效：

(1)关税大幅削减，世界贸易大幅增长。据统计，经过前七轮多边贸易谈判，发达国家工业产品的平均进口关税已由20世纪40年代的40%下降到4.7%，发展中国家工业产品的平均进口关税水平已降至13%左右。世界贸易大幅增长，自关贸总协定诞生到乌拉圭回合发动，世界商品贸易量增长了10倍。

(2)加强了对非关税措施的约束。关贸总协定的实践证明，它不仅反对采用非关税措施，而且比较重视限制和解决非关税措施问题。在第六轮多边贸易谈判时，制定了第一个反倾销协议；在第七轮多边贸易谈判中，还把解决非关税措施问题作为谈判的重要议题之一，并达成了9个非关税措施的守则。

(3)发展中国家利益受到重视。《关贸总协定》增加第四部分内容和东京回合通过"授权条款"后，在法律上为发展中国家的经济发展、财政金融稳定和国际收支平衡作了安排，以非互惠为基础的贸易优惠，已成为关贸总协定体制不可分割的组成部分。

(4)缔约方不断增多。关贸总协定创建时，只有23个缔约方，到乌拉圭回合发动前，已发展到96个缔约方，它们的贸易占世界贸易总额的90%以上。

(5)促进了贸易自由化发展。根据这一基本原则，总协定建立了争端解决机制，40多年中成功地协调和解决了众多贸易争端；无条件的多边最惠国待遇原则，为经济制度不同和发展水平各异的国家在平等的基础上开展正常的经贸往来创造了条件；透明度原则的应用，有利于对缔约方贸易政策和措施进行有效监督，增进了解并维护了关贸总协定多边贸易体制的运作。

GATT的第八轮多边谈判即乌拉圭回合于1986年发起，当时提出的谈判议题由两部分组成。其中第一部分有14个议题，它们是：关税；非关税；热带产品；自然资源；纺织品与服装；农产品；关贸总协定条款；保障条款；多边贸易协议和安排；反补贴与反倾销措施；争端解决；与贸易有关的知识产权问题；与贸易有关的投资措施；关贸总协定的体制与作用。第二部分有一个议题，即服务贸易。

在乌拉圭回合中，先后有100个国家和地区参加了这新一轮的谈判，是GATT成立以后议题最多、范围最广、规模最大的一次多边谈判。整个谈判从1987年年初起至1993年年末结束，历时7年。

乌拉圭回合是谈判成功的。对谈判议题作了一揽子解决，并决定以世界贸易组织(World Trade Organization，WTO)替代GATT，结束了GATT几十年来"名不正，言不顺"的尴尬局面。

近半个世纪的实践证明，关贸总协定在国际贸易中具有极其重要的地位，是不可缺少的强大组织机构和法律机构，尤其是第八轮谈判——乌拉圭回合以后，世界贸易组织取代关贸总协定，不仅表现出"名正言顺"，更体现出"经济联合国"在世界舞台上的重要地位。

四、关贸总协定的作用

关贸总协定实施以后，即开始进行全球多边贸易谈判，40多年来，经过多次关税减让谈判，缔约国关税已有大幅度的削减，世界贸易已增长十几倍，其在国际贸易领域内所发挥的作用越来越大，主要表现在以下几个方面：

(1)总协定为各成员国规范了一套处理它们之间贸易关系的原则及规章。总协定通过签署大量协议，不断丰富、完善多边贸易体制的法律规范，对国际贸易进行全面的协调和管理。

(2)总协定为解决各成员国在相互的贸易关系中所产生的矛盾和纠纷提供了场所和规则。总协定为了解决各成员国在国际贸易关系中所产生的矛盾和争议，制订了一套调处各成员国争议的程序和方法。总协定虽然是一个临时协定，但由于其协调机制有较强的权威性，使大多数贸易纠纷得到了解决。

(3)总协定为成员国举行关税减让谈判提供了可能和方针。总协定为各国提供了进行关税减让谈判的场所。总协定自成立以来，进行过八个回合的多边贸易谈判，关税税率有了较大幅度的下降。发达国家的平均关税已从 1948 年的 36%降到 90 年代中期的 3.8%，发展中国家和地区同期降至 12.7%。这种大幅度地减让关税是国际贸易发展史上所未有的，对于推动国际贸易的发展起了很大作用，为实现贸易自由化创造了条件。

(4)总协定努力为发展中国家争取贸易优惠条件。关贸总协定成立后被长期称作“富人俱乐部”，因为它所倡导的各类自由贸易规则对发达国家更有利。但随着发展中国家成员国的增多和力量的增强，总协定不再是发达国家一手遮天的“讲坛”，已经增加了若干有利于发展中国家的条款，为发展中国家分享国际贸易利益起到了积极作用。

(5)总协定为各国提供经贸资料和培训经贸人才。关贸总协定与联合国合办的“国际贸易中心”，从各国搜集统计资料和其他资料，经过整理后再发给各成员国，并且举办各类培训班，积极为发展中国家培训经贸人才。

第四节　世界贸易组织

一、世界贸易组织的产生

世界贸易组织，简称世贸组织。1994 年 4 月 15 日，在摩洛哥的马拉喀什市举行的关贸总协定乌拉圭回合部长会议决定成立更具全球性的世界贸易组织，以取代成立于 1947 年的关贸总协定。世界贸易组织是当代最重要的国际经济组织之一，目前拥有 159 个成员国，成员国贸易总额达到全球的 97%，有“经济联合国”之称。

建立世贸组织的设想是在 1944 年 7 月举行的布雷顿森林会议上提出的，当时设想在成立世界银行和国际货币基金组织的同时，成立一个国际性贸易组织，从而使它们成为第二次世界大战后左右世界经济的“货币—金融—贸易”三位一体的机构。1947 年联合国贸易及就业会议签署的《哈瓦那宪章》同意成立世贸组织，后来由于美国的反对，世贸组织未能成立。同年，美国发起拟订了《关贸总协定》，作为推行贸易自由化的临时契约。1986 年关贸总协定乌拉圭回合谈判启动后，欧共体和加拿大于 1990 年分别正式提出成立世贸组织的议案，1994 年 4 月在摩洛哥马拉喀什举行的关贸总协定部长级会议才正式决定成立世贸组织。世贸组织是具有法人地位的国际组织，与关税与贸易总协定相比更具权威性。关贸总协定只适应于货物贸易，而世贸组织除适用于货物贸易外，还涵盖服务贸易等。目前，世贸组织与世界银行(WB)、国际货币基金组织(IMF)一起，并称为世界经济体制的“三大支柱”。

二、WTO 的法律框架

(一)目标、宗旨和基本原则

世贸组织的首要目标是帮助开展平稳、自由、公平的贸易。实现这些目标的途径包括管理世贸组织协定、处理贸易争端、监督各国贸易政策、为发展中国家提供技术援助和培训、与其他国际组织开展合作等。

世贸组织的宗旨是：在提高生活水平和保证充分就业的前提下，扩大货物和服务的生产与贸易，按照可持续发展的原则实现全球资源的最佳配置；努力确保发展中国家，尤其是最不发达国家在国际贸易增长中的份额与其经济需要相称；保护和维护环境。

世界贸易组织的基本原则是非歧视贸易原则，包括最惠国待遇和国民待遇条款；可预见的和不断扩大的市场准入程度，主要是对关税的规定；促进公平竞争，致力于建立开放、公平、无扭曲竞争的“自由贸易”环境和规则；鼓励发展与经济改革。

（二）机构与职能

世贸组织的基本职能有：

(1)管理和执行共同构成世贸组织的多边及诸边贸易协定；

(2)作为多边贸易谈判的讲坛；

(3)寻求解决贸易争端；

(4)监督各成员贸易政策，并与其他制定全球经济政策有关的国际机构进行合作。

依据上述职能，WTO形成了独立的具有法律效力的组织框架体系（见图8—1）。

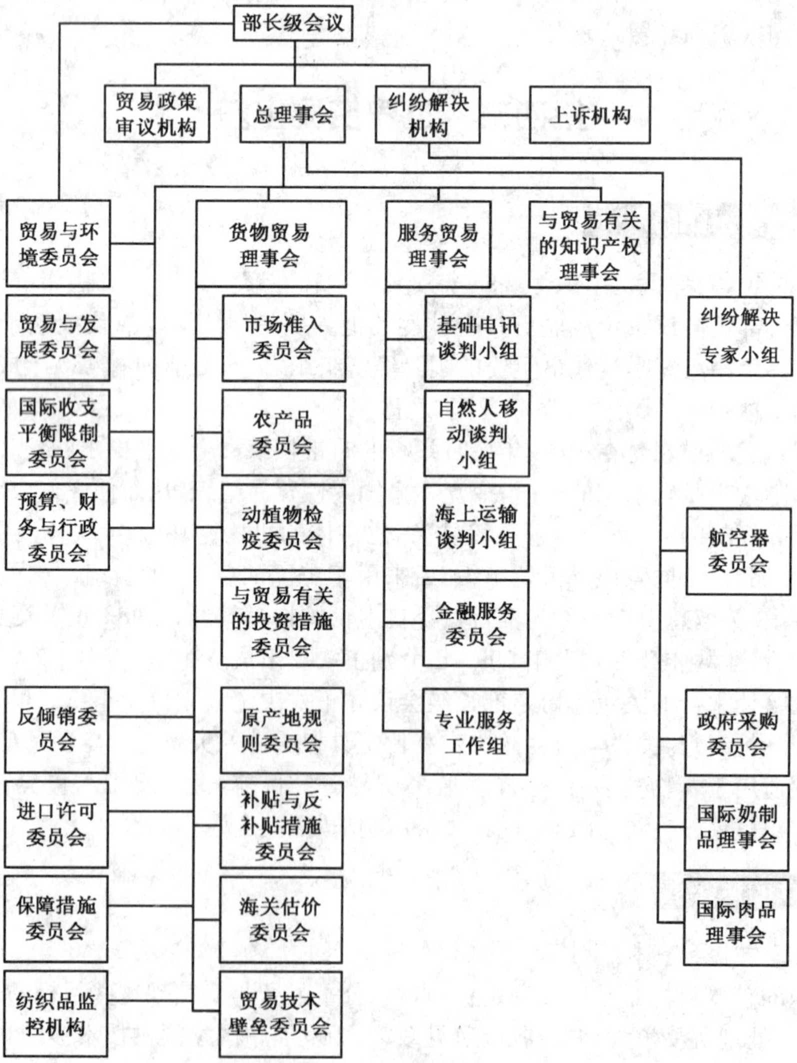

图8—1　世界贸易组织的结构

与关贸总协定相比，世贸组织的管辖范围除传统的和乌拉圭回合确定的货物贸易外，还包括长期游离于关贸总协定外的知识产权、投资措施和非货物贸易（服务贸易）等领域。

（三）标志和成员

1997年10月9日，世贸组织启用新的标志。该标志由六道向上弯曲的弧线组成，上三道和下三道分别为红、蓝、绿三种颜色。标志意味着充满活力的世贸组织在持久和有序地扩大世界贸易方面将发挥关键作用。六道弧线组成的球形表示世贸组织是不同成员组成的国际机构。标志久看有动感，象征世贸组织充满活力。标志的设计者是新加坡的杨淑女士，她的设计采用了中国传统书法的笔势，六道弧线带有毛笔书法起笔和收笔的韵味。

世贸组织成员资格有创始成员和新加入成员之分，创始成员必须是关贸总协定的缔约方，新成员必须由其决策机构——部长级会议以2/3多数票通过方可加入。1995年7月11日，世贸组织总理事会会议决定接纳中国为该组织的观察员，并于2001年11月加入该组织。截至2013年3月2日，随着塔吉克斯坦的加入，世贸组织现有成员159个。

世贸组织成员分四类：发达成员、发展中成员、转轨经济体成员和最不发达成员。

（四）部长级会议、总理事会和秘书处

部长级会议是世贸组织的最高决策权力机构，一般每两年举行一次会议，讨论和决定涉及世贸组织职能的所有重要问题，并采取行动。

部长级会议的主要职能是：任命世贸组织总干事并制定有关规则；确定总干事的权力、职责、任职条件和任期以及秘书处工作人员的职责及任职条件；对世贸组织协定和多边贸易协定做出解释；豁免某成员对世贸组织协定和其他多边贸易协定所承担的义务；审议其成员对世贸组织协定或多边贸易协定提出修改的动议；决定是否接纳申请加入世贸组织的国家或地区为世贸组织成员；决定世贸组织协定及多边贸易协定生效的日期等。

部长级会议下设总理事会和秘书处，负责世贸组织的日常会议和工作。

三、历届部长级会议

部长级会议是世贸组织的最高决策权力机构，由所有成员国主管外经贸的部长、副部长级官员或其全权代表组成，一般每两年举行一次会议，讨论和决定涉及世贸组织职能的所有重要问题，并采取行动。

第一次会议于1996年12月在新加坡举行。会议主要审议了世界贸易组织成立以来的工作及上一轮多边贸易谈判即“乌拉圭回合”协议的执行情况，并决定成立贸易与投资、贸易与竞争、政府采购透明度3个工作组，同时将贸易便利化纳入货物理事会的职责范围。会议最后通过了《新加坡宣言》。

第二次会议于1998年5月在瑞士日内瓦举行。会议主要讨论了已达成的贸易协议的执行情况、既定日程和未来谈判日程等问题以及第三次部长级会议举行的时间和地点。会议的主要目的是为第三次部长级会议启动新一轮多边贸易谈判做准备。

第三次会议于1999年11月30日至12月3日在美国西雅图举行。由于非政府组织的示威游行和干扰所产生的压力以及成员国在一系列重大问题上的意见分歧，会议未能启动拟议中的新一轮多边贸易谈判，最终以失败告终。

第四次会议于2001年11月在卡塔尔首都多哈举行。会议启动了被称为“多哈发展议程”即所谓“多哈回合”的新一轮多边贸易谈判。多哈回合涵盖大约20个议题。其中农业和非农产品市场准入被认为是最关键也是世贸组织成员分歧最集中的两个议题。这两个议题不解决，其他议题的谈判便无法取得进展。会议的另一个重要成果是批准中国加入世贸组织。

第五次会议于2003年9月在墨西哥坎昆举行。会议对世贸组织新一轮谈判进行了中期评估，同意接纳柬埔寨和尼泊尔两国为世贸组织正式成员，发表了《部长会议声明》。由于各方对《部长宣言草案》存在巨大分歧，大会未取得实质性成果，这是世贸组织成立8年来无果而终的第二次部长级会议。

第六次会议于2005年12月在中国香港举行。会议通过了《部长宣言》，规定发达成员和部分发展中成员2008年前向最不发达国家所有产品提供免关税、免配额的市场准入；发达成员2006年取消棉花的出口补贴，2013年年底前取消所有形式农产品的出口补贴。

第七次会议于2009年11月30日至12月2日在瑞士日内瓦举行。会议的主题是"世界贸易组织多边贸易体制和当前全球经济形势"，会议回顾了自2005年中国香港部长级会议以来，WTO各项工作包括多哈回合谈判的进展情况，同时讨论WTO对世界经济复苏和增长的贡献。

第八次会议于2011年12月15日至17日在瑞士日内瓦举行。会议将讨论的重点放在发展问题上，以认真务实的态度，研究对最不发达国家经济体进行贸易援助等具体问题。

第五节　中国加入世界贸易组织的历程

一、中国是关贸总协定的原始缔约国

1947年4月至10月间，当时的中国政府应邀参加了在日内瓦举行的第一轮多边关税减让谈判。同年10月30日，与其他18个参加方一起签署了《关税与贸易总协定》。次年3月，当时的中国政府又签署了联合国世界贸易与就业会议的最后文件，从而成为国际贸易组织临时委员会执委会成员之一。同年4月21日，按《临时适用议定书》第3条和第4条(2)款所定规程，当时的中国政府作为最后文件签字国之一签署了该协定书。5月21日，议定书签署后第30天，中国成为关贸总协定原始缔约国之一。

在第一轮谈判中，中国就188个税号的商品项目作了减让。1949年1月，当时的中国政府派员前往法国，参加了第二轮多边关税减让谈判，并与新加入谈判的6个国家举行了关税减让谈判。在第二轮谈判中，当时的中国政府在第一轮已作188个税号减让关税的基础上，又对66个税号的商品项目作了关税减让。

二、中国与关贸总协定的关系变迁

新中国成立后，国民党当局退居台湾，并于1950年非法退出了关贸总协定。由于当时特殊的国际环境和国内实行高度集中的计划经济体制与关贸总协定提出的以市场经济为基础的要求相差甚远，加之当时对国际经济关系格局和关贸总协定缺乏客观的认识，新中国政府未能及时承认关贸总协定。

直至1980年，中国政府才恢复与关贸总协定的接触。1980年8月，中国代表参加了国际贸易组织临时委员会执委会会议，并参加投票选举了阿瑟·邓克尔(Arthur Dunkel)为关贸总协定总干事。1980～1981年间，我国先后三次派代表参加了关税与贸易总协定举办的商业政策讲习班。1981年，中国政府作为列席代表参加了关贸总协定纺织品委员会主持的第三个国际纺织品贸易协议的谈判会议。

1982年11月，关贸总协定召开第38届缔约方大会，中国政府以不损害缔约国地位为前

提，被允许以观察员身份列席该次大会。在会议期间，与关贸总协定秘书处就中国恢复在关贸总协定缔约国席位等法律问题交换了意见。1984 年 1 月 18 日，中国政府正式签署第三个国际纺织品贸易协议，并成为关贸总协定纺织品委员会的正式会员。同年 11 月，中国政府申请并被批准列席关贸总协定理事会及其下属机构会议，并参加各项有关活动。

三、中国恢复关贸总协定的原则和过程

（一）原则

1986 年 7 月 11 日，中国政府向关贸总协定总干事阿瑟·邓克尔正式提出恢复在关贸总协定中合法地位的申请。申请中表达了我国政府希望复关的意愿，以及复关必须坚持的三项原则：(1)是恢复原始缔约国席位，而非重新加入；(2)以关税减让为承诺条件，而非承担具体进口增长义务；(3)享受发展中国家待遇。同时，中国政府提出三项要求：(1)按照关贸总协定原则，美国应给予中国享受多边的无条件的最惠国待遇；(2)根据关贸总协定第四部分和东京回合“授权条款”所确立的法律基础，中国应在缔约的发达国家中享受普惠制待遇；(3)依照关贸总协定有关规定，欧共体应取消对中国的歧视性限制。

（二）过程

中国于 1986 年 7 月正式提出复关申请后，即向世界表明了中国实行对外开放、对内搞活经济的政策。中国的经济改革进程将有助于扩大中国同各缔约方的经贸往来，中国复关将有助于关贸总协定宗旨的实现。

1986 年，中国成为乌拉圭回合的全面参加国之一，参加了新一轮多边贸易谈判。

1987 年 2 月 13 日，中国政府向关贸总协定正式递交了《中国对外贸易制度备忘录》。中国政府再次表明：中国决心把经济改革和对外开放政策作为一项基本国策继续执行下去，中国要求恢复在关贸总协定中的缔约国地位，就是执行改革开放政策的一个步骤。

1987 年 6 月，关贸总协定“中国的缔约方地位工作组”成立。工作组的责任是：审议中国的外贸制度，起草关于中国恢复缔约国地位的议定书，提供进行关税减让谈判的场所。

1987 年 11 月，中国向关贸总协定正式提交有关我国外贸制度的答疑稿。此后至 1989 年年底，关贸总协定中国问题工作组多次召开工作会议。1989 年 12 月 12 日，在中国问题工作组第 8 次会议上，中国代表重申中国政府的立场，并表示：中国早日恢复缔约国地位，全面参加多边贸易体制，必将促进中国经济体制改革的深化和对外开放的进一步扩大，扩大中国与其他国家和地区的经济和贸易联系。

1990～1992 年，经历了第 9 次、第 10 次工作组会议的讨论，基本结束了对中国贸易制度的审议，并开始进入有关中国议定书内容的实质性谈判阶段。

1992 年以后，虽然经过许多次谈判，但是由于某些发达国家对我国经济改革、外贸管理制度、经济政策方面的透明度等问题持有保留态度，由于它们认为对中国恢复席位问题还要作多方面的慎重考虑，直至乌拉圭回合圆满结束，中国复关的问题始终未能有一个明朗的结果。中国政府的复关要求在世界贸易组织建立之前未能如愿。

四、中国成功加入世界贸易组织

虽然随着关贸总协定被世界贸易组织所取代，中国的复关愿望已无法实现，但是中国政府要求加入世界贸易组织的态度还是依旧。中国对参加世界贸易组织的立场和态度不会因为时间的流逝而有所改变，并表示，要继续努力推进中国加入世界贸易组织谈判的顺利进行。中国

政府认为，进入世界贸易组织是中国自身改革开放的需要，中国加入世界贸易组织将更有利于中国经济的发展。具体理由有三点：

(1)WTO是制定世界经济规则的组织，中国实施的社会主义市场经济是法制经济，中国必须有一套市场经济的规则并与世界规则衔接起来。中国参加世贸组织就必须承诺遵守世界经济规则，为中国适应市场竞争创造了良好环境。

(2)WTO的功能是使世界更加开放。历史证明，闭关锁国是没有出路的，唯有开放才能使我国经济不断发展。

(3)WTO是协调成员国之间经济争端的组织。随着中国与世界各国贸易的增加，经济争端的出现是不可避免的。在双边经济实力、国际地位不平等的情况下，很难妥善解决，而多边谈判机制则较有利于各国争端的解决。

1992年后随着我国改革开放的进一步深入、国内经济的迅猛发展，我国入世进程有了突破性的进展：

WTO正式成立于同年6月3日，中国成为WTO观察员。7月11日，中国正式提出加入WTO的申请，同年11月，应中国政府邀请，中国复关工作组更名为中国入世工作组，中国复关谈判转为入世谈判。

1996年2月至1997年3月，中国同美、欧、日、加等国进行了又边磋商。1997年4月，WTO总干事鲁杰罗应邀访问中国，推动了中国的入世谈判。

1997年8月，中国入世双边谈判取得标志性成果，同新西兰、韩国就中国入世问题达成双边协议。1998年6月，美国总统克林顿对中国进行国事访问，表明中美已结束了政治与意识形态的对抗，寻求经贸领域的广泛合作。

1999年是中美在WTO历史上关键而又具有重大转折意义的一年。在经历了23轮中美双边复关(入世)磋商、27轮GATT/WTO中国工作组织接触以及双边经贸中的反复较量后，1999年11月15日，中美双方最终签署了《中美关于中国加入世界贸易组织的双边协议》，为中国加入WTO扫除了最大障碍，同时也为中国与其他主要贸易伙伴的谈判奠定了坚实的基础。

2001年9月13日，中国与墨西哥达成关于中国入世问题双边协议，标志着中国入世双边谈判的结束。

2001年9月17日，WTO中国入世工作组第十八次会议逐项通过了中国入世工作组报告书、货物贸易减让的草案和服务贸易减让表，并决定将这些文件提交WTO总理事会审议。

2001年11月10日，在卡塔尔首都多哈举行的WTO第四次部长级会议上，批准了中国加入WTO的议程，标志着中国漫长的复关/入世进程结束，中国代表团向WTO总干事穆尔提交了由中国国家主席江泽民签署的中国加入WTO的批准书。自提交之日30天后，即2001年12月11日，中国正式成为WTO的第143个成员。

根据中国加入WTO协议书，中国在加入WTO的8年中，WTO将连续性地每年均要对中国进行过渡期贸易政策审议。其间，WTO的货物贸易委员会、服务贸易委员会、与贸易有关的知识产权委员会等16个委员会分别在相关领域对相关贸易政策进行审议，并将报告提交总理事会。这是WTO对中国入世承诺的监督，也是中国走向世界的必然里程。与此同时，我们也享受着作为WTO成员(发展中国家)应该享受的权利。尤其是可以利用WTO机制抵制来自发达国家对我国贸易方面的不公。我国国内外经济环境将因此而大获改善，国际经济秩序将因我国的入世而加快改善的步伐。

复习思考题

一、名词解释

经济一体化　　欧盟　　最惠国待遇原则　　国民待遇原则

二、问答题

1. 区域经济一体化有哪些组织形式?
2. WTO与GATT有何区别与联系?
3. 为什么中国政府坚持要参加世贸组织?
4. 试分析世贸组织对世界经济发展的影响。

延伸读物:

多哈回合

多哈回合是指世界贸易组织成员之间的新一轮多边贸易谈判。2001年11月,在卡塔尔首都多哈举行的世贸组织第四次部长级会议启动了新一轮多边贸易谈判,又称"多哈发展议程",或简称"多哈回合"。

一、基本内容

多哈回合的宗旨是促进世贸组织成员削减贸易壁垒,通过更公平的贸易环境来促进全球特别是较贫穷国家的经济发展。谈判包括农业、非农产品市场准入、服务贸易、知识产权、规则谈判、争端解决、贸易与环境以及贸易与发展8个主要议题。多哈回合虽是多边谈判,但真正的谈判主角是美国、欧盟和由巴西、印度、中国等发展中国家组成的"20国协调组"。

农业谈判包括出口竞争、国内支持和市场准入三个方面;非农产品市场准入谈判主要涉及关税和非关税壁垒,其中关税部分包括削减和取消关税高峰、高关税和关税升级的谈判;服务贸易谈判涉及服务贸易评估、自主开放措施的奖励模式、《服务贸易总协定》规则、有关国内规章管理的多边纪律、最不发达国家特殊待遇模式及市场准入等;知识产权谈判包括公共健康、与贸易(包括假冒商品贸易在内)有关的知识产权与生物多样性公约关系、传统知识和民俗保护及地理标志保护等问题;规则谈判主要涉及反倾销、补贴与反补贴和区域贸易协定等有关现有协定条款的澄清和改善;争端解决谈判主要涉及对《关于争端解决规则与程序的谅解》的改进和澄清;贸易与环境问题谈判包括现有世贸组织规则与多边环境协定中特别贸易义务的关系、多边环境协定秘书处与世贸组织相关机构信息交流、减少并取消环境产品和服务的关税及非关税措施三个方面;贸易与发展问题主要包括对现有世贸组织协议特殊和差别待遇条款的审议和改进,以使其更加准确、更加有效和更加可操作。

二、发展进程

(一)回合一:新一轮全球多边贸易谈判启动

2001年11月发起的多哈回合谈判最初计划在2004年年底达成协议,并确定了8个谈判领域,分别是农业、非农产品市场准入、服务贸易、知识产权、规则谈判、争端解决、贸易与环境以及贸易与发展问题,是到目前为止目标最宏伟、参与方最多的一轮多边贸易谈判。

(二)回合二:世贸组织第五次部长级会议

2003年9月,在墨西哥坎昆举行的世界贸易组织第五次部长级会议上,由于各成员国无法达成共识,多哈回合谈判陷入僵局,不能按最初计划在2005年1月1日前结束。其中,农业问题成为分歧的核心。

(三)回合三:达成《多哈回合框架协议》

2004年8月,世贸组织总理事会议上达成《多哈回合框架协议》,同意将结束时间推迟到2006年年底。协议明确规定美国及欧盟逐步取消农产品出口补贴及降低进口关税,为全面达成协议跨出了重要一步。

(四)回合四:世贸组织第六次部长级会议开幕

2005年12月13日,本次重点是推进世贸多哈回合谈判,使之能够在2006年年底最后期限前结束。但是由于各方利益的冲突和矛盾,2006年7月27日,多哈回合谈判全面中止。

（五）回合五：谈判在多种不确定因素下再次恢复

2007年1月，谈判再次恢复，但依旧无果而终。这不禁让人们担心本次多哈回合谈判能否走出困境。甚至有分析人士认为，如果2008年年底前无法达成协议，多哈回合谈判将面临被长期搁置的风险。

（六）回合六：世贸组织部长级会议在日内瓦举行

2008年7月21日，来自35个主要世贸组织成员的贸易和农业部长在日内瓦聚会，试图在一周时间内就多哈回合谈判农业和非农产品市场准入问题取得突破。但几天来，谈判难以取得进展，原定一周的会期被迫延长。旨在寻求多哈回合谈判关键性突破的世界贸易组织小型部长会议在经过9天的讨价还价后，7月29日还是以失败告终。

（七）回合七：世贸组织第七届部长级会议

此次会议于2009年11月30日在瑞士日内瓦拉开序幕，这是继2005年香港会议之后世贸组织所有153个成员的最高贸易官员4年来首次聚首。历时8年的多哈回合谈判依然没有打破僵局，全球贸易因为经济危机出现了第二次世界大战以来最严重的萎缩；鉴于多哈回合谈判毫无起色，在避谈多哈回合的同时，这次的世贸组织部长级会议将重点放在了审视自身，会议的主题被选定为“世界贸易组织、多边贸易体系和当前全球经济形势”。

三、计划内容

“多哈回合”按计划应在2005年1月1日前结束。但因涉及各方利益的进退取舍，“多哈回合”启动以来，谈判进程一波三折。世贸组织自2004年7月16日公布“多哈回合”框架协议草案以后，各方贸易代表经过密集磋商和谈判终于达成框架协议，明确了“多哈回合”谈判结束的时间将推迟。

中国“入世”后，首先积极、全面参与了“多哈回合”谈判，并在大连举行小型部长会议，推动这一谈判的进程；其次，在“多哈回合”谈判的多个议题上，明确表达自己的立场和观点，还就个别议题提出了自己的提案；中国还与世贸成员协调立场，参加了农业谈判协调机构；中国商务部长及高层官员，参加了历次“多哈回合”谈判的小型部长会、高官会；在大连、香港先后举办小型部长会议和部长级会议，更是表明中国在努力为各成员国部长搭建一个讨论、协商、沟通的平台，以积极、建设性姿态参与和推动“多哈回合”谈判。

四、主要分歧

多哈回合谈判涵盖大约20个议题，其中农业和非农产品市场准入被认为是最关键也是世贸组织成员分歧最集中的两个议题。这两个议题不解决，其他议题的谈判便无法取得进展。

市场准入议题非常复杂，基本上归为三大方面：农业补贴、农产品关税和工业品关税。长期以来，世贸组织成员无法在农业补贴、农产品关税和工业品关税的削减幅度、削减公式和削减方法上达成一致。值得注意的是，虽然各方分歧非常复杂，但主要分歧还是发达成员和发展中成员之间的分歧，主要原因是发展水平不同，因此利益和需求也不同。美、欧等发达成员的主要目标是进一步打开发展中成员的工业品和服务市场，而发展中成员则希望美、欧降低农业补贴并开放农业市场。如何达成一项平衡的协议，使各方均得到好处而又尽量避免损失就成了谈判中的最大难题。

五、发展契机

在全球金融市场存在不确定性的情况下，多哈回合谈判如能最终达成协议，无疑将成为全球经济的“强心剂”。至于粮食危机，专家认为，粮食价格高涨，粮食生产者利润增加，这恰好为发达国家削减农业补贴提供了机会。此外，为了应对粮价上涨，粮食进口国纷纷降低了农产品进口关税。因此，粮食危机增强了WTO成员就农业问题达成协议的意愿。正如WTO总干事拉米所说，多哈回合谈判能够减少粮食贸易的扭曲，为化解粮食危机提供部分解决方案。

事实上，每一轮多边贸易谈判都为世界贸易提供了动力，贸易自由化已经为世界经济带来了巨大的利益。

六、未来预测

外界对多边贸易体制的未来发展有两种版本的预测：一种是WTO继续存在，继续斡旋各方，为多哈回合而努力。另一种，正如现任博鳌亚洲论坛秘书长的龙永图曾撰文指出的那样，若多哈回合谈判迟迟不能结束，各国虽不至于抛弃多边贸易体制，但肯定会产生失望情绪，转向双边自由贸易协定和区域自由贸易协定（FTA）。

资料来源：http://finance.sina.com.cn/focus/WTODohatalks/，2014年3月。

思考：从多哈回合分析世界形势。

第九章

与关贸总协定有关的多边贸易协议

在国际贸易的发展过程中,双边、多边贸易协定不断形成,以协调双边或多边贸易间的贸易利益问题。但是,随着国际分工的扩大和经济全球化的发展,经济生活中的新问题也不断出现,以至原来的协议根本无法在国际范围内通行,更无法解决具体的经济争端。为了使国际贸易健康、有序地发展,规范国际贸易的有关规则已是 GATT 义不容辞的责任。在乌拉圭回合中对有关问题进行了商议、达成一致意见后形成了统一文本,并对签字国形成约束力。现对若干协议简介如下。

第一节　有关货物检验、检疫方面的协议

一、《卫生与植物检疫措施协议》

《卫生与植物检疫措施协议》(以下简称《协议》)于 1993 年 12 月 7 日签署,它把长期游离于关贸总协定之外的农产品、食品贸易纳入了 GATT 规范。它是当今国际市场农产品和食品贸易中使用卫生和植物检疫措施的国际规范。

《协议》由导言、条款和附录三部分组成。

(一)导言

导言阐明了制定《协议》的目的,核心内容是:期望能进一步推进各缔约方使用在相关国际组织制定的国际标准、准则和建议基础上的卫生和植物检疫协调措施。

(二)条款

《协议》46 项条款的主要内容概括起来有以下几点:

(1)各缔约方有权采取为保护人类、动植物生命或健康所必需的卫生、检疫措施。但这些措施应以科学原理为基础,不得背离现行的科学依据和不构成对国际贸易的变相限制。

(2)为了在尽可能广泛的基础上协调各缔约方之间的卫生和检疫措施,《协议》鼓励各缔约方以目前存在着的相关国际组织及其制定的国际标准、国际指南和建议作为本国措施的依据。

(3)出口缔约方可向进口缔约方提出其本国的措施可以达到进口国的健康保护水平,若该

进口国接受,其他缔约方应予等同接受。但出口缔约方应给予进口缔约方检验、测试和实施其他相关程序的合理机会,并在实施以上程序的基础上进行协商,以达成双边或多边协定,正式确认其卫生和检疫措施的等同性。

(4)对卫生、检疫措施的风险估价及其适当保护水平的确定,包括适应地区条件,在《协议》条款的附录A中都作了原则规范和详细说明。

(5)《协议》还规定了采取卫生、检疫措施的透明度条件(在《协议》条款的附录B中作了原则规范和详细说明),包括对有关规定及其变化的公布、建立国家级的咨询点和通告程序。

(6)《协议》明确提出了发达国家进口缔约方应给予发展中国家出口缔约方提供特殊安排和优惠待遇,譬如提供相关的技术援助、给予一定的适应期限和免除承担相应的义务,等等。

(7)为提供一个对潜在的贸易影响进行协商和商讨的场所,并可与其他有关组织保持接触和对国家间的协调过程进行监督和管理,《协议》规定设立一个协调和管理性质的卫生和植物卫生措施委员会。

(8)《协议》还包括在卫生、检疫措施的控制、检查和认可程序方面的规定,并在附录C中作了详细的规范和说明。

(三)附录

本协议包括A、B、C、D四个附录文件以作补充说明。

二、《装船前检验协议》

(一)《装船前检验协议》的形成

装运前检验,国际贸易中通常称为PERSHIPMENT INSPECTION,简称PSI,是国际商品贸易中经常被采用的一种检验方式。主要是根据进口商在贸易合同条款中规定的要求,委托或授权(一般由合同行定或指定)独立的第三方检验机构,对进口商品在出口国领土上进行货物发运前的检验。

装运前检验在长期以来的国际贸易中已形成惯例,其基本内容一般是指检验机构对装运前货物质量、数量、包装、包括货物的监造和监视装载等的检查。它是买卖双方根据合同约定价格合理处理各方检验权益的一种方式。但是,自1965年1月15日扎伊尔政府为确保其本国的贸易和经济权益,第一次颁布法令,宣布对扎伊尔进口商品强制实施装运前检验(即实施所谓"全面进行监管计划")以后,不但装运前检验的基本内容有了扩充和发展,而且实施的方式也由买卖双方自由选择约定转为政府强制执行。由于其对发展中国家的进口方具有较强的自我保护作用和它的非贸易障碍壁垒性质,后来被越来越多的发展中国家所垂青。

GATT充分注意到这种"有很多发展中国家的合同方对装运前检验依赖较强"的现状,考虑到发展中国家应该能核实其进口商品的质量、数量或价格和在执行此项检验方案时减少不必要的延误或不平等待遇,以免发生贸易障碍和争端,在乌拉圭回合中经过多年谈判和磋商,形成一致意见后,达成了《装运前检验协议》(以下简称《协议》)。

(二)《装运前检验协议》的基本内容

《协议》共九条,除规范了《协议》的适用范围,争议的审核程序和执行《协议》的通告、检查、磋商和最终条款外,郑重规定了进出口国政府,特别是进口国政府使用装运前检验的义务和权利。其基本内容可概括为:

1.《协议》适用于在所有GATT缔约方领土内所进行的一切装运前检验活动。这类活动指的是对进口缔约方领土出口的商品质量、数量、价格(包括汇率和财政条件或关税税则分类)

进行核实。装运前检验机构是指受任一缔约方政府委托或授权执行装运前商品检验的任何机构。

2.《协议》规定进口缔约方政府有下列义务:

(1)应保持装运前检验活动遵守 GATT 的透明、无歧视原则和国民待遇原则,尊重和保护出口商的合法权益,维护贸易的公平、公正和自由性。

(2)保证进口方所采用的检验程序、标准应以贸易合同确定的要求和标准来进行。若合同无要求和无标准规定,则应按国际贸易惯例、国际标准检验,同时还应确保装运前检验活动在公开透明的状态下进行。

(3)进口缔约方政府还应确保向出口商及时提供所有其须遵守的检验要求和有关的法律、法规规定,包括必要的其他资料信息。

(4)有义务保护出口方的商业秘密和受委托检验机构在检验活动中获得出口商尚未公开的包括生产、技术数据、专利生产方法、内部核价、利润水平等的商业情报和信息,不得要求获取超出合理范围与检验活动无关的其他信息。

(5)进口缔约方政府有义务确保装运前检验活动避免不合理的延误,必须保证装运前检验机构在收到最后文件和完成出口商品的检验之后,在 5 个工作日内签发检验清洁报告书或提交不可议付报告的详细书面说明,并给出口商以机会来提交局面意见。如出口商有要求,应尽早在双方同意的日期安排重要检验。

(6)规定进口缔约方政府有义务建立一套处理出口商不满而投诉的程序,以便能合理、合法和规范地处理出口商提出的各种申诉。

3.《协议》规定进口缔约方政府(或进口商)有下列权利:

为防止次劣商品进口,预防欺诈行为和制止开立高价发票或低价发票等不正当贸易行为,进口缔约方有权在货物装运前进行质量、数量检验和对合同商品的价格审核。但应遵守《协议》下述规定:首先应尊重合同规定的标准和价格,若在检验中没有合同标准或证明合同约定价格不合理时,则检验依据应基于通行的国际标准和通行的出口价格,并且只能采用其有可靠比较基础的价格。在进行价格比较时,应考虑商业标准、销售数量、交货期和交货条件、价格上升条款、质量规格、特别设计、特别运输和包装要求、订货规格、现货销售、季节影响、知识产权费用等与交易有关的各种因素。在价格核实的任何阶段,出口商都有权就其价格问题加以说明;进口方同类产品的国内销售价格、生产成本和任意推定或虚拟的价格或价值都不能用于价格核实中的参照。

4. 出口方政府的义务是确保本国商检法律法规符合透明和无歧视原则,若有要求,应对进口方在装运前检验方面提供技术援助。

5.《协议》规定了用于解决在装运前检验中出现争议的程序。缔约各方应保证装运前检验机构与出口商共同解决争议,确保处理争议时有关各方的合法权益得到保护。争议应得到一个各方都能接受的圆满的处理结果。同时,还对处理争议的独立审核机构的建立提出了详细的方案。即该独立审查机构由代表检验机构的组织的代表和代表出口商的组织联合建立一个独立的 3 人专家小组组成(装运前检验机构提名 1 人,出口商提名 1 人,双方共同提名国家贸易专家 1 人)。3 人小组的决定由多数投票决定,并应在 8 个工作日内提交独立审议结果和向争议方通告。

6.《协议》的其他条款为执行装运前检验有关的通告、检查、磋商和最终条款。

第二节 关于贸易壁垒方面的协议

一、《贸易技术壁垒协议》

GATT《贸易技术壁垒协议》，又称《标准守则》(以下简称《协议》或《守则》)，是1974年4月在GATT东京回合中达成的关于国际贸易商品技术标准的制定、采纳和执行的国际协议，自1980年1月1日起正式实施。以后，在GATT第八轮漫长的乌拉圭回合多边贸易谈判中，又进一步修订了这个施行多年的《守则》，致使《守则》不仅面目一新，而且在一定程度上反映了当代国际标准化活动在商品贸易领域中的最新成果和最新进展。因为该新《守则》在国际贸易中重新建立和推行了一整套更加完善的、国际通行的产品技术标准与检验制度的规范和程序，其最具代表性的派生产物，就是近年来国际贸易中风行的ISO9000标准系列。

新《协议》的内容由序言和总则、技术法规和标准、符合技术法规和标准、情报和援助、磋商和争端解决、最后条款和附录六部分组成。

(一)序言和总则

序言阐述了制定本《协议》的宗旨。其核心内容是：确保各缔约方的技术法规和标准不会对国际贸易造成不必要的障碍；期望建立符合国际认证制度的国家认证体制，在世界范围内消除贸易技术壁垒；但不妨碍任何国家采取必要措施保证其出口产品的质量，或保护人类、动植物的安全与健康，保护环境或防止欺诈行为，但其措施不得构成对其他国家的不合理歧视，或对国际贸易变相限制的手段；鼓励国际标准和认证体系的发展，为加速国际贸易的发展作出贡献。

总则规定了《协议》的适用范围：本《协议》适用于一切产品(包括农产品和工业产品)，但不适用于政府采购的技术规格或各企业自己使用标准，也不适用于《卫生与植物检疫措施协议》附录A的卫生和植物检疫措施。

(二)技术法规和标准

本协议对缔约方制定技术法规和标准作了如下原则性的规定：

(1)对中央、地方政府及非政府机构制定、采纳和实施技术法规和标准时，均应实行GATT/WTO国民待遇和非歧视待遇原则，不应给国际贸易造成障碍。

(2)为了在尽可能广泛的基础上协调技术法规，各缔约方无论是已制定或是将要制定技术法规，都应通过适当的国际标准化组织，在制定产品的国际标准中尽力发挥作用。

(3)各缔约方保证有关的缔约方迅速得到所有已制定的技术法规出版或使用以便了解。

(4)各缔约方应在某一技术法规公布和生效之间留有一段适当的时间，以便出口国的生产者尤其是发展中国家的生产者有时间使其产品或生产方法适应进口国的要求。

(三)符合技术法规和标准

这部分规定如下：

1. 由中央、地方政府机构和非政府机构确定合格评定的程序以及由中央政府机构对合格评定的认可，均须以能确保《协议》各项规范得以实施为前提。

2. 为防止以建立技术标准认证程序为由故意构筑贸易壁垒，为此，“符合技术法规和标准”特别确立了以下行为规范：

(1)各缔约方应保证对所有不同来源的同一种产品适用相同的技术标准认证程序。并且，如果存在或即将形成国际标准化机构所制定的认证程序指南或建议的情况下，应将其作为本国认证程序的基础。

(2)为防止对进口商品进行技术标准认证时的拖延行为构成不必要的贸易障碍，《协议》规定各缔约方均应预先向各利益当事方公布每一项有关进口商品技术标准认证的处理期限。若有关的利益当事方有证据表明所公布的认证期限过长，即应缩短至合理期限。

(3)技术标准认证对资料的要求不得超越所必需的范围。对此，若有关的利益当事方有充分的理由表明认证机构所索取某项资料是不必要的，便可拒绝提供，并且认证机构不得因此而在认证过程中制造障碍。如果技术标准认证所必需的资料具有商业机密的性质，认证机构负有保密责任。

(4)技术标准认证对样品的选择和要求不得给申请认证者造成不必要的麻烦。对此，申请人可以据理抵制对认证检测样品的不适当选择或不合理的要求。

(5)技术标准认证收费应公平合理地对所有不同来源的同类产品一视同仁。

(6)为避免就同一批贸易中的商品进行重复认证，从而减少国际贸易中由此而可能造成的人力、物力浪费和不必要的延误，各缔约方应互相承认和接受国外技术认证机构的认证结果，条件是外国认证机构的认证程序(尽管可能与本国的有所不同)能够满足本国有关技术标准法规的要求。

(四)情报和援助

本协议对有关技术法规、标准和合格评定程序的情报，对其他缔约方的技术援助，尤其是对发展中国家缔约方的特殊援助优惠待遇作出了如下规定：

1. 透明度方面

(1)各国(地区)应设立一个中央政府机构，负责向世界贸易组织贸易技术壁垒委员会通知本方的技术标准制度执行情况和修订情况，由贸易技术壁垒委员会负责在各国(地区)间交流有关的情况和进行通告。

(2)各国(地区)应在各自的境内设立一个或一个以上的技术标准制度查询处，负责对外提供有关本方技术标准制度的法规文件和有关的查询。查询处一经设立，就应立即对外公布其联系方法。对外提供技术标准法规文件印刷品可收取适当的费用。但同一语种的法规文本对国内外需求者必须适用一个价格，即不得以高价向国外需求者提供，但可加计传递费用。各查询处在接到问讯要求后应积极就本方技术标准法规的解释作出答复，或就如何适应本方技术标准要求提出建议。

2. 对发展中国家的援助(特殊的差别优惠待遇)

(1)经请求，各缔约方应采取一些合理而又可行的措施，就以下问题向发展中缔约方提供咨询，并根据彼此同意的条件向发展中缔约方提供技术援助：拟定技术法规，建立国家标准化机构，提供达到技术法规要求的最好方法以及生产者通过评审机构评审的步骤，建立能履行国际或地区性评审系统的义务的机构和制定相应的规章制度，等等。

(2)发展中国家可根据其社会经济发展的特定情况制定和实施一些有别于国际标准的技术标准和认证程序，以适应其经济技术发展的特定阶段。

(3)各国(地区)在制定和实施技术标准制度时，应适当考虑相关发展中国家的出口贸易发展需要，即不应在技术标准方面以过分高的要求来限制发展中国家的有关产品出口。在对发展中国家出口有重大利益的产品确立技术标准时，更应注意这一点。

(4)国际标准化机构在就那些对发展中国家的出口贸易有着重大利益的产品制定国际标

准时，应尽可能使有关的国际标准与发展中国家的经济技术发展水平相适应。

(5)为确保发展中国家能够遵守本《协议》，经有关发展中国家请求，GATT 技术贸易壁垒委员会可以把本《协议》的义务全部或部分作为例外处理，并加以具体说明和时间限制。委员会尤其要考虑到最不发达国家的特殊问题，并定期审查本《协议》所规定的国际上给予发展中国家的特殊差别优惠待遇。

(五)磋商和争端解决

对各缔约方建立 GATT 贸易技术壁垒委员会和相互磋商解决争端等问题作出了如下行为规范：各缔约方应在本国贸易技术壁垒委员会的主持下，对任何会影响本《协议》执行的问题进行磋商；在某一缔约方认为另一缔约方没有按本《协议》取得令人满意的结果，并且其贸易利益受到极大影响的情况下，可执行《协议》规定的解决争端的程序，以取得争端的最终解决。

(六)最后条款和附录

最后条款就本《协议》的接受和加入、保留、评审、生效和修正等有关问题作出了具体规范。三个附录详细注释了本《协议》的一些特定术语及其定义，包括设立技术专家小组和关于标准的制定、采纳、实施的良好行为守则等。

二、《原产地规则协议》

原产地规则是各国为了确立贸易中的商品的原产地而制定的法律、规章和普遍实施的行政命令及措施。原产地规则在国际贸易中的地位日益重要，随着国际贸易的发展，研究探讨以至于统一原产地规则逐渐成为国际社会普遍关心和重视的问题。围绕着原产地规则问题，GATT 进行了长期的努力，并于 1993 年 12 月 15 日签署了乌拉圭回合最后文件，将《原产地规则协议》(以下简称《协议》)正式列入最后文件的附件。

《协议》由前言，定义与适用范围，关于实施原产地规则的规定，通知、审查和争端解决的程序安排，原产地规则的协调五部分和两个附录组成。

(一)前言

前言阐述了签订《协议》的目的及制定原产地规则的基本原则。

(1)目标：即进一步推动世界贸易的增长和自由化，强化 GATT 的作用，并增强 GATT 体系对发展变化中的国际经济环境的适应性。

(2)原则：制定原产地规则的基本原则是以一种公正、透明、可预知、稳定和无歧视的方式制定明确的可预知的原产地规则。为便利商品流通，原产地规则本身不应对贸易造成不必要的障碍，不能废弃或损害 GATT 各成员方在 GATT 下所享有的权益。

(二)定义与适用范围

定义与适用范围，明确了本《协议》所指的原产地规则是任何成员方为确定货物原产国而实施的法律、法规及普遍适用的行政命令。它包括所有非优惠性商业政策、措施的原产地规则，适用于实施最惠国待遇、反倾销和反补贴税、原产国标记和任何歧视性的数量限制或关税配额等时所采用的原产地规则，还包括为政府采购和贸易统计而使用的原产地规则。

这种非优惠性的原产地规则是相对于优惠性原产地规则而言的，在我国称为出口货物原产地规则。

(三)关于实施原产地规则的规定

在规则的规定中，分别对原产地规则协调工作计划完成之前(即过渡期间)和完成之后(即过渡期后)实施的规则作了规定。在过渡期间，各成员方发布各自的原产地规则时，应具体列明所采用的原产地标准。

如果采用“税目分类编号改变”标准，必须清楚地列明该规则所述的税则目录内的品目和子目；如果采用“从价百分比率”标准，必须列明计算这一百分比率的方法。

在制定“制作或加工工序”标准时，必须准确地列明能授予有关产品原产地资格的制作或加工工序。

过渡期后则应按照原产地规则协调工作计划执行的结果实施，建立协调、统一的原产地规则。某一特定产品的原产国应是完成该项产品所有生产、制造过程的国家，或者是，当该产品的生产、制造过程是在数国内完成时，那个对产品最后实现了实质性改变的国家。无论是在过渡期间还是在过渡期后，各成员方均应遵循国民待遇原则，“对进出口商品实施的原产地规则不应严于他们确定一件商品是否是本国产品时所采用的原产地规则”，“亦不应在其他成员方间实行歧视，不论有关商品的生产国别属性如何”。

尽管原产地规则与商业政策的措施或手段有联系，但各成员不得将原产地规则用作直接或间接地追求贸易目标的工具，以致“对国际贸易产生限制性、扭曲性或破坏性的影响”。

出口商、进口商或任何持有正当理由的人可要求有关成员方的当局对有关产品的原产地作出评定。此时，有关当局应在提请评定要求之日起的150天内尽快公布评定意见，评定意见的有效期一般为3年。

（四）通知、审查和争端解决的程序安排

“通知、审查和争端解决的程序安排”规定，由各成员代表组成原产地规则委员会，每年至少开会一次，审议和促进原产地规则协调工作计划的实施和运作，并将年度审议情况或修改建议报告货物贸易理事会。多边贸易组织秘书处行使原产地规则委员会秘书处的职责。同时，设立原产地规则技术委员会，具体承担原产地规则方面的技术性工作。海关合作理事会秘书处行使原产地规则技术委员会秘书处的职责。

规定自“建立多边贸易组织协议”生效之日起，各成员方应在90天内向多边贸易组织秘书处提交其现行的原产地规则以及在“建立多边贸易组织协议”生效前业已生效的普遍适用的办法和行政裁决。多边贸易组织秘书处应将收到的资料清单分发给各成员方。在过渡期内，成员方若欲对其原产地规则作重大修改或实施新的原产地规则，则应在修改或新原产地规则生效前至少60天发布通告，以便使有关各方了解其修改或实施新规则的意图。遇有协商和解决争端问题时，应按GATT(1994)第三十三条及《争端解决准则和程序谅解书》的规定办理。

（五）原地产规则的协调

协议规定，原产地规则协调工作计划应在“建立多边贸易组织协议”生效后尽早开始执行，并在开始执行之日起的3年内完成。

原产地规则技术委员会应按商品类别，对完全原产产品和不能授予产品原产地资格的细小程序的制作或加工制定详尽的定义。此工作应在收到原产地规则委员会有关要求后的3个月内完成。

原产地规则技术委员会还应就“实质性改变—税目分类编号改变”标准，按“协调编码制度”税则目录中的类、章逐个商品地阐明，每季度向原产地规则委员会提交其工作报告。此工作应在收到原产地规则委员会提出报告后1年零3个月内完成。

原产地规则技术委员会还应就“实质性改变——补充标准”，对于仅采用税目分类编号改变规则仍不能符合实质性改变要求的商品大类或特定种类的商品，阐明如何以一种补充的或专用的形式，包括从价百分比率要求和（或）制作、加工工序要求，确定某些特定商品的原产地规则。此工作按"协调编码"税则目录中的类、章逐个商品地进行，至少每季度向原产地规则委员会提交其工作结果报告，在收到原产地规则委员会提出的报告后的2年零3个月内完成。最后，由部长会议将协调工作计划的实施结果写成一项附录作为本协议的一个组成部分，并确定这一附录生效的时间框架。

（六）附录

《协议》的两个附录是：《原产地规则技术委员会》，规定了技术委员会的职责、工作要求和代表的产生等事项；《关于优惠性原产地规则的共同宣言》，说明优惠性原产地规则与非优惠性原产地规则截然不同，它是任何一个成员方用以确定货物是否有资格享受优惠待遇的法律、法规和普遍采用的行政命令。这种更优惠待遇是指根本契约或区域自治贸易体系的规定，货物可享受比最惠国待遇更为优惠的关税待遇（如普惠制待遇）。一般来说，这类优惠性原产地规则（如普惠制原产地规则）比上述一般原产地规则要严，但有关其制定、修改、发布、实施及其应遵循的原则的规定基本上与非优惠性原产地规则相同。

三、《纺织品与服装贸易协议》

长期游离于关贸总协定之外的世界纺织品贸易，在发展中国家的强烈要求下，终于被作为一项重要的议题纳入乌拉圭回合多边贸易谈判中，并于1994年4月15日达成了《纺织品与服装贸易协议》。

（一）从《多种纤维协定》到《纺织品与服装贸易协议》

《多种纤维协定》（以下简称《协定》）是进出口国家之间所签订的纺织品双边协定。自1974年1月1日起实施的第一个《多种纤维协定》以来，至1994年已构成了第四个协定的事实，并由临时性变成了长期性，其中成员国有54个。该《协定》的基本内容是：进口增长必须以进口国的生产者不受损害为原则，限制的范围开始只限于棉纺织品的20多个品种，但其后范围越来越广，至第四个《多种纤维协定》时，已扩大至棉、毛、人造纤维以及所有植物纤维、混纺植物纤维和丝混纺织产品。原不受限制的苎麻、亚麻混纺产品和服装也开始受到限制。只是各种纺织品的限额可以互换使用，并规定配额的年增长率控制在6%以内。《协定》虽规定纺织品进口配额应由进出口国双方协商确定，但同时又规定如双方不能达成协议，可由进口国单方确定配额；而发展中国家却不能因受到这些限制的影响而得到补偿，因而多年来出口纺织品的发展中国家和地区遭受了巨大的贸易损失。

在上述情况下，出口纺织品的发展中国家理所当然地反对《多种纤维协定》中的一些不公平规定，除了在历次《协定》中争取到一些有利条款外，最终争取到将纺织品贸易纳入乌拉圭回合的多边谈判议题中。

经过5年多的反复谈判，终于产生了《纺织品与服装贸易协议》，并于1995年1月1日正式生效。该协议的基本框架是以《多种纤维协定》为基础，在协议生效后用一个为期10年的过渡期逐步推进纺织品和服装与关贸总协定规则的一体化；同时，通过逐步提高配额的增长率来实现纺织品和服装贸易的自由化。

（二）《纺织品与服装贸易协议》的基本内容

《纺织品与服装贸易协议》（以下简称《协议》）共有9条条款和1个附录，其核心内容是：

1. 实现纺织品贸易与关贸总协定规则一体化的进程安排

自《协议》生效日起，应将附件中纺织品和服装所列产品范围的1990年总进口量的16%纳入1994年关贸总协定产品。这些产品应包括毛涤和纱、机织物、纺织制成品和服装四个组，剩下的产品分三个阶段取消限制比例：(1)在《协议》生效后的第 37 个月的第一天(1998 年 1 月 1 日)将附件内占 1990 年进口总量不少于 17%的产品纳入；(2)在《协议》生效后的第 85 个月的第一天(2002 年 1 月 1 日)将附件内占 1990 年总进口量不少于 18%的产品纳入；(3)在《协议》生效后的第 121 个月的第一天(2005 年 1 月 1 日)全部纳入 1994 年关贸总协定，届时将所有《协议》项下的限制全部取消。

2. 有关市场准入的增长率规定

增长率的提高分三个阶段，在《多种纤维协定》项下双边协定生效前的 12 个月的年增长率的基础上，规定每个阶段的年递增系数，两者之一即为一体化的增长率。三个阶段的年递增系数分别为：第一阶段：自《协议》生效日起至生效后的第 36 个月期间(1995 年 1 月 1 日至 1997 年 12 月 31 日)增长率应不低于逐年增加 16%；第二阶段：自《协议》生效后的第 37～84 个月期间(1998～2001 年)应按 25%的增长率增加；第三阶段：自《协议》生效后的第 85～120 个月期间(2002～2004 年)应按 27%的增长率增加。

3. 有关反舞弊的规定

各成员方应制定必要的法律规定和行政程序以处理由于转运、改道、谎报原产国或原产地、伪造文件等方式而规避对《协议》执行的行为。任何成员方在符合其国内法和法律程序的情况下，有权对上述规避行为如属可能应在 30 天内与有关对方举行协商，如不能达成双方都满意的解决办法，任何一方可将此事递交给纺织品监察局(TMB)，经调查证实确有舞弊行为，则进口成员方可不准其进口。但如货物已经进口，则可按真正的原产国实行调整处理。又如该货物涉及转运地成员方，则可对该转运地成员方实行限制。

4. 有关过渡期保障条款、保障措施应以国家为基础

当某一产品进入一成员方境内，其增加的数量对进口方国内生产的同类或直接竞争的产品构成严重危害或实际威胁，且证明这是由于该产品整个进口数量的增加，而不是由于其他诸如技术上的改变或消费者偏好变化等因素；同时也证明这一产品在市场份额以及进口价格和国内市场作了比较，确实构成进口方危急的局面，则有关成员方有权使用保障条款。不过，在使用过渡期保障时，对以下出口成员方的利益须特别考虑：(1)最不发达国家成员方；(2)纺织品和服装的出口总量小于其他成员方的，或其出口量仅占进口成员方该产品进口总量中的比例很小的；(3)生产羊毛产品的发展中国家成员方，其经济及其纺织和服装贸易是依靠毛纺部门的；(4)出口到其他成员方加工而又重新进口的纺织和服装产品，保障措施的期限最多 3 年，直至该产品从《协议》的范围内取消。

5. 有关时效的规定

在 WTO 正式成立后的第 121 个月的第一天(2005 年 1 月 1 日)，纺织品和服装部门应全部纳入 1994 年关贸总协定，原协定不再延长。

第三节　关于不公平竞争方面的协议

一、《反倾销协议》

1986 年 9 月开始的 GATT 第八轮多边贸易谈判，将修订反倾销守则列入了议题，并进行了广泛的讨论与统一。新的《反倾销协定》文本于 1994 年 4 月正式通过，并于 1995 年 1 月 1 日开始生效。

《反倾销协议》共分3个部分,由18条条文加上两个附录所组成,但主要内容是在第一部分和两个附录内。

(一)《反倾销协议》的实质性规定

首先,《反倾销协议》对倾销的概念作了明确的规定:"一项产品从一国出口到另一国,该产品的出口价格在通常贸易过程中,低于出口旨在用于本国消费时相同产品的可比价格,也即以低于其正常价值进入另一国的商业市场,则该产品将被认为是倾销。"

《反倾销协议》又规定:为明确某一进口商品是否存在着倾销,要将两种价格进行比较,即用被指控的倾销商品的出口价格与该商品在出口国国内市场的销售价格或该商品向第三国的出口价格,或该被指控商品的结构价格(即生产成本加上合理的管理费用、销售费用和其他费用以及利润),以及在特定情况下的替代国价格进行比较。进行比较的上述两种价格必须具有可比性。因此,在比较前,要对进行比较的两种价格作出必要的调整,以便能在同一商业环节和水平上进行公平比较。其结果,若前者高于或等于后者,则不存在倾销;反之,则存在倾销。

1. 出口价格的确定

出口价格是出口商将其商品出售给进口商的价格。关于在进出口商存在联合的条件下,进口商的销售价格低于由出口商开具的发票价格,也低于在出口国的国内价格时,是否构成倾销的问题,在《反倾销协议》中作了较明确的规定。即出口价格在正常贸易中是指在出口国消费的同类商品的价格,当不存在出口价格或者在有关当局看来,因为出口商与进口商或某个第三者之间存在着联营或某种补偿安排,从而导致这种出口价格不可靠时,则可以根据该出口商品首次转售给某个独立的买方的价格推定出口价格;或者该商品没有转售给一个独立的买方,或者是以商品进口时的价格转售,则可依据上述当局认为合理的价格予以确定。

2. 正常价值的确定

正常价值是确定进口商品是否存在倾销的两个基本要素之一,它是指出口国或原产地国在通常贸易过程中用于消费的同类商品实际已付或应付的可比价格。简而言之,是指出口国的国内价格。

(二)《反倾销协议》对产业损害的确定

确定进口国产业损害的存在是进口国对倾销的进口商品征收反倾销税的另一主要条件,它主要涉及进口国国内产业的认定、确定产业损害存在的标准、倾销与损害之间的因果关系等内容。

1. 进口国国内产业的认定

进口国的主管当局在确定损害的存在时,首先要认定进口国的国内产业。根据《反倾销协议》的规定,"国内产业"是指进口国国内生产相同或类似商品的生产者全体,或虽不构成全体,但包括其国内生产相同或类似商品产业的大部分生产者。然而,在生产商与出口商或进口商有关系,或者他们自己就是受指挥的倾销商品的进口商时,"国内产业"则可解释为它的生产商。

2. 确定产业损害存在的标准

这里所述产业损害的存在,按照《反倾销协议》的说明,是指被指控的进口商品对进口国生产相同或类似商品的产业造成实质性(或重大的)损害。实质性损害威胁或严重阻碍了进口国这类产业的建立。《反倾销协议》对什么是实质性损害并未明确下定义。

3. 倾销与损害之间的因果关系

按照《反倾销协议》的规定,进口商品被征收反倾销税,不仅要证明该商品存在着倾销以及进口国国内产业存在着损害，而且还要证明上述倾销与损害之间存在着因果关系，即证明进口国国内相同或类似商品产业的损害是由于进口商品的倾销造成的。这是因为，进口商品倾销，不一定就会对进口国有关产业造成损害；反过来，进口国国内有关产业存在着损害，也不一定就是由于进口有关商品的倾销造成的。因此，《反倾销协议》第三条规定，倾销进口商品引起的本协议所指的损害必须得到事实的证明。可能同时会有损害进口国产业的其他因素，由于其他因素引起的损害不能归咎于倾销进口商品。

进口国有关当局在考虑该国相同或类似商品国内产业是否受到损害时，除了考虑进口商品倾销因素外，还考虑许多其他因素，如需求的变化、消费模式的变化、劳资纠纷争议、国内产业的出口实绩和生产率、限制性贸易做法、技术的发展以及公平价格的进口商品的数量等。但是，有关当局在实际裁定损害与倾销的因果关系时，并不一定企图估价倾销的进口商品是造成损害的主要原因，而是要证明倾销的进口商品是造成损害的一个原因，即可认为它们之间存在着因果关系。

（三）《反倾销协议》的程序规定

《反倾销协议》对反倾销诉讼的提起、调查、裁定、采取临时措施、价格保证以及征收反倾销税等都作了许多具体的规定。这种规定与一般的商事纠纷案件有很大的不同。整个反倾销调查是一个长期而复杂的过程，根据《反倾销协议》规定，大体可分以下几个阶段：

1. 反倾销调查

反倾销调查可以以下述两种方式中的任何一种提出：一种是由一个受倾销影响的国内产业或国内产业代表向有关当局以书面申请提出反倾销调查，另一种是由有关当局决定进行反倾销调查（但条件要求更严格）。

2. 初步裁决

《反倾销协议》规定各缔约方当局可按其规定迅速开展调查，并在此基础上作出初步裁决。同时，也规定了有关当局应给予有关当事人“以充分的机会用书面（或口头）提交他们认为对该反倾销调查有用的证据”。在适当调查的基础上，有关当局可作出肯定或否定的有关倾销或损害的初步裁决。

3. 价格保证

反倾销调查开始后，如收到出口商令人满意的修改其商品价格或停止向该地区以倾销价格出口其商品的自动保证后，主管当局认为倾销的损害结果将可以消除，则可中止或终止调查。但如主管当局认为接受其价格保证是不现实的（如出口商品数量巨大等），则可拒绝其价格保证，但应说明理由。

价格保证也可由有关当局建议，由出口商决定是否接受。但如出口商不接受该建议，有关当局不应在审理案件时带有偏见。

不论上述哪一种情况，已作出了价格保证的出口商均应向有关当局定期提供有关保证执行情况的材料和允许对有关数据的核实。如若违反保证，进口国当局可采取紧急行动，包括采取反倾销临时措施。

即使价格保证被接受，仍可按出口商要求或当局决定完成损害调查，在这种情况下，如果作出不存在损害或损害威胁的决定，则该价格保证自动失效。

价格保证的有效期限通常不得超过《反倾销协议》规定的征收反倾销税的有效期限，并应进行必要的审查以确定是否需要维持价格保证。

4. 临时措施

《反倾销协议》规定，在初步裁决确认存在着倾销损害的事实后，进口国当局为防止该国产业进一步受到损害，可采取反倾销的临时措施。

临时措施形式主要有两种：一种是采取征收临时税的形式，另一种是采取担保(即保证金或现金存款)的形式。在一定情况下，也可以采取扣取估计倾销税的措施。不管采取哪一种形式，其金额不得大于临时预计的倾销幅度。临时措施只能从开始调查之日起的60天后采取。

临时措施的实施期限有较严格限制，通常不超过4个月，只在有关当局认为有必要，或者应涉案的主要出口商要求后，才可适当延长，但期限也最多不超过60天(即延长2个月)。

5. 征收反倾销税

在有关当局最终确认进口商品构成了倾销，并因此而对进口国某一个相同或类似商品的产业造成了实质性损害，就可对该倾销商品征收反倾销税。征收反倾销税的税额应是正常价值与出口价格之差额(即倾销幅度)，不可超过这一差额征收，但可少于该差额征收。

6. 行政复审和司法审查

《反倾销协议》规定，在一段合理的时间后，可征收反倾销税和价格保证承诺，在当事人提出复审要求并提交确实资料，或者当局认为合理时，可进行行政复审，复审结果应在复审之日起12个月内公布。

同时，还规定了对有关当局的最终裁决以及复审决议的行政行为可特别要求司法、仲裁或行政裁判或通过诉讼程序进行复查。

(四)关于对发展中国家的有关规定

《反倾销协议》再次作出了在反倾销的问题上对发展中国家的特殊地位应予考虑的规定。它规定，在考虑采取反倾销措施之前，发达国家必须特别考虑发展中国家的具体情况；在征收可能影响发展中国家根本利益的反倾销税之前，发达国家应寻找采取其他建设性补救措施的可能性。

虽然这一条款的措辞比较抽象，并无实质性内容规定，但它却反映了发展中国家在国际贸易中长期斗争的初步结果，一些西方工业国家也对此作出了承诺。

(五)关于协商、调解和争议解决的有关规定

《反倾销协议》规定，在执行该协议的具体实践中，如缔约方之间发生分歧，首先应相互协商。

如果协商不成，缔约方应提请反倾销实施委员会进行调解。委员会在接到要求调解的书面请求30天内，应举行会议，以寻求为双方所能共同接受的解决办法。

如果在3个月内尚未解决分歧，反倾销实施委员会应在争议一方的请示下，成立专门小组审查整个案情。

争议一方在其书面请求中，必须明确说明它的某项权利或利益已受到实际损害，专门小组成员必须从非争议方的成员方代表中遴选，并要具备相关的经验。必须特别指出的是，《反倾销协议》明确指出了缔约方在寻求有关反倾销争议项下的解决争端的其他措施。

二、《补贴与反补贴措施协议》

“肯尼迪回合”多边贸易谈判首次将触角伸向非关税措施，而其中之一即为对补贴的约束与反补贴的纪律。1979年9月结束的东京回合谈判，则达成了第一个《补贴与反补贴规则》。1987年关贸总协定乌拉圭回合多边贸易谈判开始时，又把补贴与反补贴问题列入主要议题，虽历经挫折，但乌拉圭回合最终达成了《补贴与反补贴措施协议》(以下简称《反补贴协议》)。

(一)《反补贴协议》的基本规定

根据《反补贴协议》,“补贴”是指“由一缔约方境内的政府或任何公共机构(下称政府)提供并由此而授予各种利益的财政资助措施或其他任何形式的价格支持措施”。具体而言,补贴具有四个特点:(1)补贴系一种政府行为;(2)补贴系一种财政性措施;(3)补贴须授予受补贴方某种利益;(4)补贴是对生产者或销售者授予的资助。

基于不同补贴对国际贸易的扭曲效应,《反补贴协议》将补贴划分为被禁止补贴、可申诉补贴和不可申诉补贴三类。

1. 被禁止补贴

按《反补贴协议》规定,被禁止补贴包括两种形式的补贴:(1)出口补贴,即基于出口行为而给予的补贴。(2)向使用本国商品以替代进口而给予的补贴。此时,“使用本国商品”可以是给予补贴的唯一条件,也可以是取得补贴的条件之一。上述两类被禁止“补贴”措施可以是政府在法律上予以的规定,也可以是事实上的措施。

2. 可申诉补贴

即具有专向性的补贴。所谓专向性,是指向补贴实施国境内的某一企业或产业或某一群企业或产业(称为特定产业)提供。判定一项补贴是否具有专向性,应遵从以下原则,即如果补贴授予当局或其据以营运的有关法律将补贴的获得明确限定于特定企业,则该补贴具有专向性。

3. 不可申诉补贴

该项补贴包含非特定性补贴和虽有专向性但属于例外的补贴,也称“绿灯补贴”,它涵盖三个方面:

(1)基于合同向企业提供的由企业或高等教育或科研机构实施的科研活动资助,其资助额不超过基础研究开支的75%或应用研究开支的50%,并且这类资助仅限于人工开支、仪器、设备、土地和建筑物成本方面的长期投资、咨询和类同服务,包括研究成本、购买技术知识和专利的支出,以及由于科研活动而直接发生的附加管理费用和其他经营费用(如资料费等)。

(2)按地区发展总体规划向境内落后地区非特定性地提供的资助,只要该落后地区是一个经济或行政区域。

(3)对为改善现有设施而达到法律或政策规定的新环境条件的资助,且不是为取得任何生产成本节余,并对使用该项目新设备和/或生产过程的所有企业均适用。

鉴于不同类型的补贴对国际贸易的影响各有所异,程度亦有轻有重,《反补贴协议》对三类补贴规定了不同的纪律。

(1)对被禁止补贴的约束。由于被禁止补贴直接导致国际贸易进出口商品的价格扭曲,形成与他国商品不公平竞争的态势,严重阻碍国际贸易的开展,为此,《反补贴协议》对被禁止补贴采取了极为严厉的约束措施。一方面,《反补贴协议》明确规定“缔约方应不授予,也不维护被禁止的补贴”。另一方面,对于缔约方的被禁止的补贴措施,任一缔约方可以要求进行磋商,在磋商未达成协议时可将有关事宜提交补贴与反补贴委员会审议。委员会审议结论如认定为被禁止的补贴,则实施方应立即取消该项补贴,否则委员会可授权申诉方采取相应的报复措施。

(2)对可申诉补贴的补救。任何一方的起诉补贴如果对其他缔约方的利益造成有害影响,则受损害的缔约方有权要求补贴实施方进行磋商。这种利益损害包括:损害其他缔约方的国内产业;损害其他缔约方在GATT下直接或间接享受到的利益,特别是GATT第2条下的减让利益;严重歧视其他缔约方的利益。

如果磋商未能达成一致意见,参与磋商的任何一缔约方均可将问题提交委员会。一旦委员会认为此项可申诉补贴已经对其他缔约方的利益造成损害，则该补贴实施方应采取适当的步骤消除损害影响直到撤销补贴。如果补贴实施方未能在6个月内采取任何措施，委员会将授权损害缔约方可采取与所认定存在的损害性影响相当的报复措施。

(3)对不可申诉补贴的磋商与授权补救。不可申诉的补贴措施系一缔约方政府着眼于本国经济发展需要采取的，并对国际贸易不直接造成消极影响，因而为《反补贴协议》所宽容。具体而言，如非专向性补贴为《反补贴协议》所允许，“绿灯补贴”只有对其他缔约方的国内产业产生了严重的消极影响，造成难以补救的损害时，该缔约方才有权要求与补贴实施方磋商。

(二)实施反补贴措施的基本程序

《反补贴协议》对各缔约方采取反补贴措施的程序作了严格规定，其中包括：

(1)立案。反补贴调查机关可以基于以下两种情况立案：因受补贴影响的产业或代表该产业提出的书面请求而立案；调查机关掌握充分证据自动立案。

(2)磋商。在立案后发起调查以前，调查机关应迅速地邀请其商品涉及的调查缔约方参加磋商，以澄清补贴事项并达成为各方所接受的解决办法。当然，在整个调查期间，有关缔约方均应有合理机会来继续磋商。

(3)调查。一旦调查机关认定有关证据，则调查机关可发起调查，如发现不存在证明补贴或损害的充分证据，或若有补贴但事实上极少，或受补贴商品的实际或潜在进口量受损害程序是微小的(补贴少于商品价值的1%)，反补贴调查应立即中止。调查的目的在于确定补贴的存在、补贴量的计算以及损害的存在。

(4)司法调查。根据有关方的请求或需要，缔约方的其他机关可对上述调查程序及其裁定进行认定和审查。

(5)临时措施。自发起调查之日60天后，调查机关可基于以下情况实施临时措施：

①正式调查已经发起，并已作了通告，且有关缔约方都已得到相关的机关来提供充分情况和表示意见。

②已经对补贴的存在作出了初步的确认，并且受补贴进口商品对国内产业已造成了实质性损害或损害威胁。

③有关调查机关认为为防止在调查期间继续造成损害，采取临时措施是必要的。

(6)承诺。如补贴实施方作出下述承诺，则调查程序应中止或停止：

①补贴缔约方政府同意取消或限制其补贴，或改用其他措施。

②出口商同意修正其价格，并使有关调查机关满意地认为补贴所造成的损害性影响已消除。

(7)反补贴税的征收。对进口任何商品所征收的反补贴税，不得高于经确认存在的补贴额(补贴额以每单位出口商品所得到的补贴计算)。如果较低的税额已消除对国内产业所造成的损害，其补贴税额应低于补贴额。

对任何商品征收反补贴税，应以适当的税率，对来自任何地方的、被认定是补贴并造成损害的新商品无歧视地征收。

反补贴税的执行以抵消补贴所造成的损害所必需的时间为准，除非审查机关有“充分理由”继续执行，反补贴税一般应在执行了5年之后取消。

(三)给予发展中国家差别待遇

根据《反补贴协议》，发展中缔约方可以有8年的时间以渐进的方式取消出口补贴，而且如果必要，发展中缔约方可在8年期满后仍实施出口补贴。

对来自发展中缔约方的商品所进行的反补贴调查，调查机关一经确认下述情况即应中止调查：

(1)对有关商品的全部补贴水平未超过其单位价值的2%。

(2)有关受补贴进口商品进口缔约方该商品进口总量的比重不超过4%，除非该进口商品来自多个比重小于4%的发展中缔约方，但其总比重超过了进口该商品进口总量的9%。

(四)补贴与反补贴委员会以及磋商程序

《反补贴协议》规定了缔约方之间通过磋商解决在补贴问题上纠纷的途径。根据协议，由各成员方代表组成补贴与反补贴委员会，委员会下设由5位补贴与贸易方面资深独立专家组成的常设专家小组，提供咨询，并协助磋商。

如前所述，《反补贴协议》依其对国际贸易的阻滞程度，将补贴划分为被禁止补贴、可申诉补贴和不可申诉补贴，并制定了不同的纪律。例如，对于被禁止补贴，如果在提请磋商后的30天内不能达成协议，参与磋商的任何一缔约方均可将有关事宜提交给补贴与反补贴委员会审议，委员会应自提交之日起90天内完成审议。如果委员会结论认定是被禁止的补贴，补贴缔约方应立即取消该项补贴。相应地，《反补贴协议》对可申诉补贴的制约较为宽松：磋商只有在60天内未达成一致意见时，参与磋商的一方才可将有关事项提交委员会；委员会作出决议的时限为120天；对于委员会的可申诉补贴的肯定裁定，补贴缔约方可在6个月内采取适当措施消除损害性影响，并不一定撤销补贴。

复习思考题

一、名词解释

过渡期　“绿灯补贴”　临时措施

二、问答题

1.《装船前检验协议》对进口方政府在履行义务方面有何规定？

2.《贸易技术壁垒协议》对发展中国家有何特殊规定？

3.《原产地规则协议》有何协调措施？

4.《纺织品与服装贸易协议》中是如何具体规定纺织品贸易与GATT规则实现一体化的？

5. 反倾销调查有哪些过程？

6.《反补贴协议》对发展中国家有何特殊规定？

延伸读物：

世贸组织成员使用保障措施情况

根据世贸组织秘书处统计，截至2013年3月，世贸成员共发起255起保障措施调查。在世贸成员中，有48个成员是保障措施使用者，其中使用该措施最多的成员是印度，共发起29起调查，其他主要使用者包括印尼(23起)、土耳其(17起)，约旦(16起)、智利(13起)、乌克兰(10起)、美国(10起)、捷克(9起)、埃及(9起)、菲律宾(9起)等。保障措施涉及的产品集中在化学工业及其相关工业的产品(43起)；贱金属及其制品(42起)；石料、石膏、水泥、石棉、云母及类似材料的制品，陶瓷产品，玻璃及其制品(23起)；食品，饮料及酒、醋，烟草及烟草代用品的制品(21起)；活动物，动物产品(18起)；植物产品(18起)；纺织原料及纺织制品(16起)等。

资料来源：华龙网，世贸组织成员使用保障措施情况，http://news.cqnews.net/html/2013－05/31/content_26307786.htm，2014年3月。

思考：分析WTO保障措施的重要性以及WTO体系结构的不完善性。

第十章

国际无形贸易

国际无形贸易以无形商品为交易对象，分为国际服务贸易和国际技术贸易两部分。GATT 第八轮谈判，对服务贸易范围作了解释。国际技术贸易是国际技术转让的主要形式之一，在实践中形成多种形式。

国际工程承包和国际旅游业属于国际服务贸易。

许可贸易是国际技术贸易的主要方式。

《服务贸易总协定》和《与贸易有关的知识产权规定》为世界无形贸易提供了保护，促进了世界无形贸易的发展。

第一节　国际无形贸易概述

一、国际无形贸易的含义

国际无形贸易(International Invisible Trade)是指在国际范围内进行的以无形商品为交易对象的买卖。它由国际服务贸易和国际技术贸易两部分构成。

二、国际服务贸易的含义

第二次世界大战以后，随着科学技术革命的发展，在世界经济结构中尤其是发达国家经济结构中，服务贸易发展迅速。但由于各国服务贸易发展不均构成了对其含义和范围的不同看法，在 GATT 第八轮谈判中，第一次把服务贸易纳入谈判内容。经过充分谈判和讨论，在乌拉圭回合部长宣言的第二部分勾画出了服务贸易新规则的框架。

框架分六大部分。第一部分是范围和所涉及的领域。该部分规定了服务贸易谈判组的主要议题之一是服务贸易的定义问题。发达国家趋向认为有无具体定义关系不大，而发展中国家却坚持认为要有明确的定义，以杜绝在以后的谈判过程中，发达国家可掌握很大的“伸缩性”，从而根据自己单方面的主观定义实施强制的可能性。但具体的定义又难以确定，因此各成员国纷纷提出，制定服务贸易的范围是可行的。经过系列谈判，终于达成以下条款，即服务贸易专指涉及下列因素的交易：过境交付、境外消费、商业存在、自然人流动。这些交易的具体解释是：

(1)过境交付。是指一国向另一国提供服务，没有人员、物资和资金的流动，而是通过电信、邮电、计算机联网实现的，如视听和国际金融。

(2)境外消费。是指一国消费者到另一国消费而受到服务提供者提供的服务。例如，本国病人到外国就医，外国人到本国来旅游，本国学生到外国留学等。

(3)商业存在。商业存在是服务贸易活动中最主要的形式。它是指允许外国的企业和经济实体到本国开业，提供服务，包括投资设立合资、合作或独资企业。例如，外国公司到中国来开酒店、建零售商店和办律师事务所等。

(4)自然人流动。是指允许单独的个人入境来本国提供服务。例如，外国教授、高级工程师或医生来本国从事个体服务。

三、国际技术贸易的含义

国际技术贸易(International Technology Trade)是国际技术转让的主要形式之一。国际技术转让是指技术供应方将某种内容的技术，如生产技术、管理技术、销售技术等，通过各种方式，跨越国界转让给技术接受方使用的一种行为。国际技术转让按照商品交易的方式，根据签订的技术合同或协议，有偿提供技术，就形成国际技术贸易。国际技术贸易不仅包括专利、图纸、技术秘密和工艺技术知识等“软件技术”的有偿转移，而且包括大量的技术密集型产品，如先进的机械设备、器材等“硬件技术”的往来贸易。在当代国际技术贸易中，硬件往往是随着软件技术的转让而转移的。

四、国际服务贸易的发展趋势

随着世界经济全球化的不断深入，服务业在产业结构调整中的地位不断上升。近二十多年来，世界服务贸易发展非常迅速，概括起来有如下几个趋势：

(一)贸易进出口额增长迅速，在全球贸易中的比重迅速上升

从国际统计年鉴获悉，近 30 年来，世界服务贸易增长了 10 倍多，其中运输业增长了 5.7 倍，旅游业增长了 8.4 倍。在过去 5 年中，世界经济一片低迷。但是，世界服务贸易在全球贸易中的出色表现，犹如从经济低迷的乌云中透出的一片曙光，给全球贸易增长带来希望。世界贸易组织 2013 年 7 月 18 日发布的《2013 年世界贸易报告》称，受全球经济增长缓慢、发达经济体需求不振等不利因素影响，2012 年，全球货物和服务贸易总额 22.5 万亿美元，较 2011 年仅增长 1%。其中，货物贸易额 18.3 万亿美元，与 2011 年基本持平；服务贸易额 4.3 万亿美元，增长 2%。其中，非洲表现尤为突出。2012 年尼日利亚服务贸易进口额 270 亿美元，非洲排名第 1，全球排名第 21，约占全球服务进口总额的 0.8%。中国也不错，2013 年中国服务贸易规模创历史新高，预计全年服务进出口总额将超过5 200亿美元，位居世界第三，年增幅超过 11%。

(二)服务贸易结构趋向高级化，其他商业服务发展引人注目

在世界服务贸易发展中，贸易结构呈现出由传统服务贸易逐渐向现代服务贸易倾斜的趋势。这表现为运输、旅游等传统服务贸易所占比重下降，而以其他商业服务(主要包括通信、建筑、保险、金融、计算机和信息服务、专有权利使用和特许、咨询、广告宣传、电影音像和其他商业服务)为代表的现代服务贸易发展迅速，增长强劲，所占比重提升。在过去十年中，服务贸易

结构趋向高级化的变化趋势更加明显，其他商业服务已成为世界服务贸易中贸易额最大、增长最快的类别，年贸易额占世界服务出口总额的一半以上。

众所周知，货物贸易增长往往是运输、保险、金融等生产性服务增长的引擎。而在近十年中，世界服务贸易越来越向资本、知识、技术密集型的其他商业服务聚集，从而加快了服务贸易发展与升级。由于在经济实力、科技水平等方面的强势，发达国家已成功实现了从制造经济为主向服务经济为主的转型。目前在经合组织（OECD）经济体中，服务业贡献了超过70%的就业和增加值，服务业对提高生产率也做出很大贡献。诸如电讯、运输、批发和零售贸易、金融、保险和各种商务服务的快速增长，不仅有利于自身，而且促进了使用这些服务的行业（如制造业）的增长。随着生产者服务逐步从“封闭化”走向“市场化”，在国民经济中保持更快的发展态势，极大地提升了服务贸易结构。

（三）服务贸易地区发展不平衡持续存在，发达国家依然占据主导地位

由于科技、经济及服务业发展的不平衡，世界各国的服务贸易水平及在国际服务市场上的竞争实力相差悬殊，服务贸易发展的地区不平衡性突出，预计这种不平衡性将在较长时间内存在。从地区结构看，世界服务贸易主要集中在欧洲、北美和亚洲三大地区。目前，世界服务贸易的85%左右集中在发达国家和亚洲新兴经济体，欧洲则保持服务贸易额最大的地位。欧洲、北美和亚洲的服务出口占世界服务出口总额的88.8%，其中欧洲占47%；欧洲、北美和亚洲三大地区服务进口占世界服务进口总额的83.8%，其中欧洲占42.9%。发展中地区服务贸易增长速度明显。中南美洲、独联体、非洲和亚洲地区的服务出口年均增长率均高于同期8%的世界平均水平；而北美洲和欧洲地区的服务出口年均增长率分别为7%和6%，均低于同期世界平均水平。独联体的服务出口是世界所有地区中增长最快的，但其在世界服务贸易中所占份额最小。总体来看，发展中地区服务贸易增长快于发达地区，但其服务进口额大于出口额，多处于逆差状态。

不可否认，发达国家依然占据世界服务贸易的主导地位。发达国家的服务贸易发展水平处于领先优势。经合组织（OECD）研究报告指出，发达国家处于世界服务贸易的高端，在知识、技术密集型服务贸易上具有很强的竞争优势。发达国家的计算机和信息服务、金融、保险等服务进出口增长最快，而旅游、建筑、通信等服务进出口增长相对缓慢。然而，即使在传统服务项目上，发达国家仍占有绝对优势。欧盟、美国和日本一直是世界运输服务出口的“三巨头”。

（四）服务贸易壁垒仍繁琐复杂，消除贸易壁垒的进展十分缓慢

与货物贸易相比，服务产品具有无形性，服务的生产与消费具有同步性和跨国界的特点。与货物贸易通过关税壁垒实施保护不同，服务业没有关税，壁垒也很难量化。服务贸易保护表现为国内法规限制性规定，如资格资质要求、参股比例限制、经营范围和地域要求、行政管理的复杂度及透明度等，因此服务贸易壁垒也更加隐蔽。WTO《服务贸易总协定》（GATS）将服务贸易分为四种模式，即跨境交易、境外消费、商业存在和自然人流动，这些贸易模式均可受到政策和规则的影响。由于服务贸易壁垒的隐蔽性和非数量性，服务贸易自由化远比货物贸易自由化复杂得多，消除服务贸易壁垒的进展十分困难和缓慢。

在经济全球化下，服务贸易自由化是大势所趋。全球及各国逐渐削减服务贸易壁垒，将为世界服务贸易发展提供良好环境。

在WTO多哈贸易谈判中，服务贸易是关键领域之一。其核心任务是进一步制定一些规则，以确保国内规章能够推动而不是阻碍服务市场对贸易和投资的开放。市场准入谈判和规

则谈判是服务贸易谈判中最重要的两个方面。市场准入谈判依然采取了传统的出价/要价的谈判模式，在双边和诸边展开，各成员或成员集团可就任何服务部门和提供模式向其他成员提出要价或集体要价，表明其在该部门或提供方式上的谈判目标。规则谈判则主要涉及国内规制、紧急保障措施(ESM)、政府采购与补贴等议题。

无疑，世界服务贸易发展有助于各国加强各自在服务业中的比较优势，降低服务业成本与价格，提高生产效率，促进创新，扩大服务业范围，实现服务贸易自由化。服务贸易发展不但有利于发达国家，并且有助于发展中国家；减少服务贸易壁垒，会为使用服务业产品的产业带来益处。

五、推动高新技术产业贸易发展的若干新行业

推进高新技术产业化是世界各国应对世界经济金融危机、确保经济平衡较快增长的重要途径和方向。国际上公认的产业热点和重点领域有九个：新能源、民用航空制造业、先进重大装备、生物医药、电子信息制造业、新能源汽车、海洋工程装备、新材料和软件信息服务业。它们是推动、促进高新技术产业化和高新技术产业国际贸易的重要项目。

(一)全球新能源产业

以可再生能源为主的新能源在当今全球能源生产中所占的比例约为7%，尽管其份额较小，但随着环保呼声的日益高涨以及技术的日新月异，新能源产业化发展的潜力巨大。

1. 新能源汽车日趋抢占国际市场

为应对日益突出的燃油供求矛盾和环境污染问题，世界主要汽车生产国纷纷加快部署，已将发展新能源汽车作为国家战略。所谓新能源汽车，是指采用新型动力系统，完全或主要依靠新型能源驱动的汽车。节能与新能源汽车已成为国际汽车产业的发展方向，未来10年将迎来全球汽车产业转型升级的重要战略机遇期。我国政府已于2012年制定了2012～2020年节能与新能源汽车产业发展规划。目前我国汽车产销规模已居世界首位，预计在未来一段时期仍将持续增长，如能抓住机遇、促进汽车产业优化升级，不仅能缓解供需不均，而且能加快由汽车工业大国向汽车工业强国转变的步伐。

如上所述，发达国均试图兴起汽车革命。毫无疑问，参与这场革命既能保证能源安全，又能提高它们的产业竞争力。在技术突破的选择方面，欧洲、美国、日本有类似的经历。在改革早期，这些国家的主要动机是替代燃料。例如，欧洲发展生物质燃料。美国也曾经大力提倡发展生物质燃料替代燃油。但近期都转向电动汽车路线。尤其是金融危机之后，美国把发展电动汽车、短期内插电式混合动力汽车作为发展新能源汽车规划的重要组成部分。目前，全球混合动力汽车主要来自发达国家，特别是美国和日本。日本丰田和本田已经实现了较为成熟的商业化发展。但还是属于一种中度混合的动力汽车，还没有发展到插电式强混合动力的程度。另外，纯电动汽车的发展呈现明显的"小型化"的趋势，如奔驰、宝马和三菱等车型。这也是由于当前的动力电池的技术还没有实现更高的能量密度和功率密度，可以说发展的空间还很大。

从专业角度来说，汽车产业变革的方向有两个：一个是驱动方式，以替代燃料、纯电驱动以及氢燃料替代传统的汽柴油驱动；另一个是控制方式，日趋智能化的控制充分体现"以人为本"的理念。操作控制上表现为智能化和远程化。结合这两个方面，以四个电驱动的轮子加上计算机控制的模式，与现在的汽车相比，有非常大的变化。而且能实现四个方面的目标，即零排放、零化石燃料、零交通事故、零交通堵塞。前两个通过驱动方式的变化实现，后两个通过智能控制和远程信息控制来实现。专家断言，现有的内燃机动力汽车渐进式的技术改进无法满足

这一目标，只有进行革命性的变革，才能应对环境、能源系统的挑战。

2. 提高光能转换效率是太阳能技术创新的重点

目前，85%以上的太阳能光伏电池采用的是光电转换效率较高的晶体硅工艺，但是，近年来大部分市场巨头对成本较低的薄膜电池技术加大了研究力度，如夏普正在研发染料敏化纳米晶薄膜太阳能电池，利用材质中的染料吸收阳光。另外，高纯冶金硅(UMG-Si)技术作为最新的一类光伏电池工艺也得到了业界的重视，近期 CSI(Canadian Solar Inc.)阿特斯太阳能公司推出了基于该工艺的首批商业化产品，显示了更高性价比和广阔发展前景。对于工艺比较成熟的结晶硅类太阳能电池而言，进一步提高光能转换效率、缩小发电层的厚度、延长电池寿命等依然是未来技术创新的重点。

3. 风能设备技术和产业向全球转移

在过去的 10 年间，全球风能累计装机容量达到 122GW，每隔 3 年就会翻一番。不仅发达国家大力发展风能、一些发展中国家近年来也开始大力兴建风能装置。全球风能总装机容量最大的五个国家是德国(22.3GW)、美国(16.8GW)、西班牙(15.1GW)、印度(8GW)和中国(6.1GW)。目前跨国公司垄断了全球风机装备主要市场份额，全球 10 大风机设备供应商占了市场的 95%，如丹麦 Vestas 公司(27.9%)、美国通用公司(17.7%)、德国 Eneroon 公司(13.2%)、西班牙 Gamesa(12.9%)、印度 Suzlon 公司(6.1%)等。近年来，风能设备产业转移开始逐步兴起，尤其是快速增长的中国风能市场更是吸引了欧美众多企业，由此促进了风能市场的全球化。目前，大多数中国风能领域的制造商采用欧美技术作为其设计的基础，如中国风能市场的领导者金风集团就是依赖德国 REpower 和 Vensys 公司的技术。其他已经进入中国并在风能市场取得一席之地的公司还有 Acciona、Nordex、Vestas、Gamesa、Suzlon 和美国通用等。

4. 经济复兴计划将惠及新能源发展

为应对全球金融危机，各经济体均相继推出经济刺激计划，其中新能源产业及其技术研发是诸多国家经济刺激计划的重点之一。美国在 2008 年 10 月通过了一项将新能源投资税收优惠延长至 2016 年的法案。30%的太阳能税收优惠是该激励方案的重要组成部分，并且针对安装太阳能电池板的房主的税收优惠也将延期，这将有助于美国太阳能产业的发展。欧盟于 2009 年 3 月在比利时布鲁塞尔召开的永续能源周大会上，也推出了一份促进再生能源的方案，该方案期望将全欧盟地区使用太阳能的比例提高至 15%，其中 12%为太阳能面板发电，3%为太阳能加热系统。中国政府进一步规范了可再生能源发电上网电价并规划了 6 个千万千瓦级的风电基地，同时中国准备启动大型光伏并网发电项目的特许权招标。

(二)全球民用航空制造业

过去 10 年间，世界航空市场增长经历了比较大的起伏，但是总体增长趋势仍然明显。

1. 民用飞机工业的垄断态势继续强化

最近十多年，世界民用飞机的垄断态势进一步得到强化，尤其是在大型民用飞机(干线飞机)和支线飞机等民用航空中高端产品领域。全球干线飞机市场几乎被波音公司和空客公司这两大航空巨头瓜分，形成了双寡头(duopoly)市场结构。两大公司的产品都已形成了自己的系列。在支线飞机领域，随着新兴市场经济体对航空服务需求的扩大，亚太、独联体国家等地区对航空运输机的需求呈现快速增长态势。因此，作为支线飞机领域的积极进入者，中国、俄罗斯等提出了支线运输机计划，以期打入世界支线运输机市场。但是，目前在支线运输机领域，巴西航空工业公司和庞巴迪公司仍然是旗鼓相当的“双雄”。

2. 民用飞机工业的国际化分工加剧

全球民用飞机工业的分工体系继续深化，国际化程度增加，形成了以特大型企业为核心，主系统承包商与分系统承包商和部件供应商关系更为紧凑的航空产业体系，航空发动机、设备和零部件的全球转包生产呈现快速增长的态势。例如，空中客车在全球有1 500多个供应商，波音飞机 50%以上的零部件是通过转包生产完成的。从民用飞机工业总的发展趋势看，跨领域经营的企业正在逐步减少，行业巨头关注的重点是核心技术和核心业务。企业重组、剥离非核心业务、收购同类业务，从而提高在主业领域的竞争力，这一趋势的变化是世界航空科技进步加速和国际竞争与分工加剧的反映。如欧洲和美国研制的新机型，像空客公司的 A350、A380 和波音公司的波音 777、波音 787 都是建立在广泛国际合作的基础之上的，许多航空发动机如 CFM-56 等也是通过国际合作研制的。

3. 发展中国家在民用飞机工业中崛起

发展中国家在世界民用飞机工业中的影响力虽然还比较小，但是作为一支新崛起的力量也不容忽视。目前，较为成功的例子是巴西航空工业公司，它是世界第三大商用飞机制造商，也是 120 座级以下商业飞机的最大制造商，其民用航空产品已被包括美国、法国、英国、德国、加拿大和中国等 45 个国家的世界主流支线航空公司选为主力机型。另外，中国在成为世界“制造工厂”的同时，极力扶持国内民用飞机工业，在限制支线客机进口的同时，加强新型支线飞机的研发制造。2008 年 5 月 11 日，中国商用飞机有限责任公司正式成立，标志着中国大型客机研制项目正式启动，将对世界民用飞机工业未来的竞争带来一定的影响。

（三）全球电子商务正走向智能化

电子商务是互联网爆炸式发展的直接产物，是网络技术应用的全新发展方向。互联网本身所具有的开放性、全球性、低成本、高效率的特点，也成为电子商务的内在特征，并使得电子商务大大超越了作为一种新的贸易形式所具有的价值，它不仅会改变企业本身的生产、经营、管理活动，而且将影响整个社会的经济运行与结构，其产生的社会价值也是空前巨大的。

毫无疑问，电子商务的兴起，便捷了各国间的贸易。对发展中国家来说，是挑战大于机遇。在电子商务发展过程中遇到的问题，远比一般发达国家多得多，不仅需要解决 EDI 商务由封闭到开放的转变问题、因特网商务中大宗交易的保密和安全问题，以及电子纳税及其管理问题等，而且还存在有待解决的一系列特有的问题。但贸易电子化是不可逆转的发展方向。

电子商务的应用领域分两类：企业间交易和个人消费者与企业之间的交易。就其发展过程来看，它又必然经历一个从简单的商情查询到网上购物和实现交易的阶段。由于在货源的质量保证上，存在许多不规范的行为，假冒商品、伪劣产品、售后服务不能兑现等现象，使顾客对网上的消费心有疑虑，所以即使是拥有上网条件的顾客，也愿意选择传统的选货方式。此外，对于网上的交易，客户或企业对网上资金账户的安全没有信心。

解决一系列信息不对称问题促使商务智能化发展的必然趋势。

智能化主要有 2 个功能，分别是数据分析功能和优化功能。一是智能化数据分析功能可帮助企业从简单的数据处理业务提升到智能的信息分析，并能支持智能化的信息处理功能。互联网为人们提供了广泛查询信息的便利条件，同时带来的巨大信息量也是人力处理所不能完成的；许多管理者每天都被淹没在信息的海洋中。因此，信息管理系统中必须加入一定的智能化处理功能，才能协助人们有效地完成各项管理工作。智能化数据分析功能可自动对大量数据信息进行分析，再对分析的结果作出判断，对于超出正常值范围的异常状况（包括好坏两方面）给出解释说明，并对异常状况进行预测和分析，判断它将会对企业的业务产生何种影响，随之给出建议的应对措施。二是智能的优化功能可以帮助企业在制定计划时基于多维约束条件和多目标任务同时并存的情况。这种优化的基础模型有随机优化、多目标优化、线性/非线性优化、动态优化等。例如，一个订单下达后，完成该订单的目标值可能有多个：按时交货、成本最低、资源使用最平衡、库存周转最小等，企业可根据不同的情况和最关心的目标值来对该任务进行优化，制定出计划，以达到满意的结果。此外，企业的动态管理实际上是在不断寻找新的平衡点，随着市场的变化，企业内、外部环境在变化，上下游业务也在变化，因此原有的平衡点将不断地改变。而企业的计划是依照各种平衡点来制定的，变数增多、变化加快，就为企业制定各种计划带来难度。如果没有智能工具，企业是无法实现有效管理和快速响应的。同时，智能商务也为企业实现整体供应链的协同运作提供了支持和帮助。例如，PT37 智能型电子商务信息化交易门户网站公共孵化平台，其功能可以使得个人/企业随时随地、随心随意地进行企业管理信息化、市场电子商务信息化、虚实同步交易。PT37 可以为中国各行业企业/个人提供功能应用型智能化电子商务交易网站，实现了不跨平台就能一站式 1 分钟智能化地解决个性化的电子商务信息化的需求和服务。PT37 为用户建设的"电子商务信息化交易门户网站"就是一个多功能的承载平台，是数字化、门户型、功能应用型的平台，自由菜单选择各类新闻、资讯、供求信息、商务应用、企业展示、产品交易、实用工具、便民服务、功能开通等，轻松实现信息化，PT37 平台同时还为平台及所有用户提供"智能型导购机器人"，帮助用户解放生产力，自动进行相关信息的聚合、分解、应用、撮合等，实现人工不能实现的效果。

电子商务的智能化发展趋势是历史的必然。国际网络经济和电子商务的巨商们早就看中了中国的潜在市场和无限商机。网络必将成为跨国集团和国外企业的首选目标、投资热点和开发热点。日本软库总裁孙正义近期表示，他看好 200 家中国网络公司，要投资 10 亿美元。就是一个例证。

对发展中国家而言，国外资本的注入，将进一步改善和加强国外新技术的介入。宽带技术、交易安全技术等支撑技术，已从发达国家流入发展中国家。这热潮必将进一步推动全球电子商务的整体实力以及技术水平、装备水平的迅速提高。这种国际化的趋势，使各国市场开放度加大，国际贸易机会增多。

(四)全球生物医药产业

如何提升世界药品市场的占有率，一直是许多国家花大力气来攀登的战略目标。全球知名的医药市场咨询公司 IMS 公布的报告显示，尽管新兴市场发展迅速，但占市场部分份额的仍是欧美国家。它们的突出表现是：

1. 跨国大公司掌握大多数品牌药

全球销售额前 10 名跨国制药公司的销售额都超过百亿，其销售额占全球药品市场近一半份额。目前，全球前 50 强制药企业都来自发达国家。跨国公司高度重视技术创新，50 强企业的总研发投入达 753 亿美元，占其总销售收入的比例平均为 18.3%。

2. 生物药、仿制药成为争夺热点

目前全球制药业正处于结构调整的起步阶段，从产品性质来看，从原来的化学药物为主，产业重心逐渐向生物药、天然药物板块调整，尤其是研发创新的重心。从企业角度来看，化学制药类企业仍占有 80%左右的份额，生物制药企业业绩大幅提升，仿制药企业在 50 强中崭露头角。

3. 研发外包迅速发展

研发外包(CRO)成为制药行业发展的重要模式之一，目前医药行业研发服务外包市场规模达到600亿美元左右。全球共有上千家CRO公司,其中领先的有昆泰(Quintiles Transnational)、科文斯(Covance)、美迪生(MDS Pharmaceutical Services)、PPD Inc.、Parexel International等。这些公司及其分支机构主要集中在美欧。同时,世界跨国制药公司在海外设立研发中心的趋势逐渐显著,如美国有30%的新药研发工作在境外进行。

4. 在大数据医药中注入云服务

众所周知,人类已步入数字时代。大数据正在深刻地影响着各经济领域,包括农业领域、金融领域、娱乐领域以及医疗领域等。随着基因测序成本等的急剧下降和移动医疗的兴起,数字和医疗正在获得高度融合,大数据背景下的IT将超越提升效率和降低成本的支撑地位,成为医学创新的核心竞争力和重新定义市场的制高点。

医学大数据主要来源于生命科学(如高通量测序)、制药企业(药物研发)、临床医疗(EMR,HIS、PACS)、社交网络及智能健康终端(个人移动健康应用)等。医学大数据应用的积极效应主要体现在三个层面:提升效率、整合分享和协作创新。然而实践中,医学大数据面临诸多挑战:传统IT架构和供应模式失效。主要体现在计算、存储、网络和数据库"瓶颈":传统架构和供应模式不能满足低成本趋势;Scale-up伸缩性已到极限;离线少量数据分析能力不能满足海量数据实时分析趋势;关系型结构化数据处理不能满足非结构化数据处理要求。

而云服务的特点是:计算、存储资源水平扩容,分级开通,全球分布;根据负载弹性按需伸缩,最优组合不同计费模式资源;动态流量分配,满足互联网数据采集需求;多样化计算规格和多类型存储服务,混合云能力;从容开通和管理海量集群资源等。相比IT自建模式,云服务的海量低成本资源池、弹性伸缩、按需供应按需付费、自助服务等特点,使其成为医疗大数据应用的天作之合。

因此,云服务适合医学大数据应用场景。医学大数据的本质是对数据中蕴含的巨大价值的掌控和应用创新能力。世界先进国家政府已制定战略,陆续规划积极引导医学行业把核心精力放在大数据应用创新上,优化组合传统IT、私有云和云服务,摆脱资源束缚,实现业务优先。

(五)全球电子信息制造业

全球电子信息制造业,作为现代服务业中的重要产业,有"朝阳产业、绿色产业"之称,具有"三高"、"三新"的特点。"三高"即高人力资本含量、高技术含量和高附加价值;"三新"是指新技术、新业态、新方式。人流、物流、资金流、信息流"四流合一",该产业具有市场全球化、交易连续化、成本低廉化、资源集约化等优势。但在全球经济持续低迷的影响下,电子信息制造业的发展也备受影响。

1. 全球半导体产业将保持缓慢增长态势

根据近期联合国相关文章透露,如果目前的各国刺激经济政策得以持续,发展中经济体将成为世界经济增长的主要动力。其中亚洲地区发展中经济体的经济增长速度最快。中国和印度经济预计将分别增长8.8%和6.5%。发达经济体也将出现增长,但幅度不会很大。世界经济,特别是发展中国家经济的快速增长,将为全球集成电路市场的加速复苏带来活力。国家半导体贸易组织(WSTS)透露,2013年世界半导体市场比2012年增长4.6%,2013年世界集成电路市场规模已达到2 464亿美元,同比增长4.1%。传感器和光电子器件将引领集成电路市场的增长,也分别增长7.4%和6.9%。

2. 全球集成电路产业链发展新动向

全球集成电路产业的发展越来越显示出高度专业化、产业链细分和模式多元化,逐步形成了设计业、制造业、封装业、测试业等独立分支。设计业位于产业链的上游，属于智力密集型产业；芯片制造位于产业链的中游，属于资金、技术密集型产业，具有高风险、高投入、高利润的特点；封装测试业投资规模介于两者之间，相对而言属于劳动力密集产业。整个产业链发展具有以下新动向：(1)产业链分工出现轻生产线(Fab-lite)、超级工厂(Megafab)发展趋势。(2)创新与成本双重驱动产业发展。(3)消费电子驱动集成电路向低成本、集成化、低功耗、多模化方向发展。(4)代工企业开始为客户提供完整的从设计到制造、封测的全套服务。

3. 全球 LTE 发展势头强劲，带动全球通信产业迅速发展

长期演进(Long Term Evolution，LTE)也被通俗地称为 3.9G，具有 100Mbps 的数据下载能力，被视作从 3G 向 4G 演进的主流技术。LTE 技术将大大提升用户对移动通信业务的体验，为运营商带来更多的技术和成本优势。2013 年，全球 LTE 发展进入了快车道。根据权威杂志的最新研究报告获悉，全球 LTE 用户数在 2013 年年末达到了 2.38 亿元，较之 2012 年年末的8 200万元增长了 190%。在区域市场方面，美国、日本、韩国仍领跑全球的 LTE 发展，这三个市场的 LTE 用户合计占全球 LTE 用户总数的 76%。但由于 LTE 在其他区域市场的迅速发展，该比例已经较一年前的 90%有了明显下降。自 2013 年下半年起，西欧市场的 LTE 发展明显加速。2013 年年末，西欧 LTE 用户数已超过2 800万元，较之一年前增长了将近 10 倍。据专家预计，在未来几年内，LTE 仍将保持迅猛的发展势头。2014 年内全球 LTE 用户数将再次翻番，达到 5.28 亿元。至 2018 年，全球 LTE 用户数有望超过 2 亿元，而全球蜂窝技术连接总数将有望超过 90 亿。由于 LTE 引入了 OFDM (Orthogonal Frequency Division Multiplexing)、MIMO(Multiple Input Multiple Output)等新技术，它的快速发展使得以美国高通公司为首的传统通信技术企业掌握核心专利的 CDMA (Code Division Multiple Access)技术将逐步被淘汰，通信产业的 IPR(intellectual property right)格局迎来了一次重新进行调整的机会。随着 LTE 标准制定工作的不断推进，已经有越来越多的通信企业带着自己的专利技术参与到 LTE 技术的标准制定中来。因此可以判定，LTE 标准的制定将有助于改善目前通信产业中 IPR 格局失衡的局面，有助于整个通信产业的健康稳定发展，对国际服务贸易乃至货物贸易、世界经济都是一个强有力的推动。

第二节　与国际服务贸易有关的一些行业

根据《关贸总协定》各缔约方递交的文件，服务贸易所涉及的部门约有 150 个，并可视不同角度对其进行再分类，范围宽广，名目繁多。因篇幅有限，现仅对一些与经贸发展关联甚密的行业进行分述。

一、国际运输业

国际运输业是在国际贸易发展的过程中不断发展的，它是物品从生产部门流向国外消费部门不可缺少的中间环节。国际运输业在发展中受地理环境、科技水平等诸多因素的制约。同时也说明，运输业与其他产业的关联程度很大。因此，在世界经济中或是国际贸易中，运输业均扮演着一个十分重要的角色。现代运输业中有如下几个基本类型：

(一)国际海运

海运一直在国际运输业中占据较高比例。各国不仅把国际海运视为外贸进出口的主要运输方式，更是作为第三产业主要的行业予以积极投资发展。尤其是发达国家，它们利用起步

早、技术领先、资金雄厚等优势，积极拓展海外业务。进入 20 世纪 90 年代，国际海运业已把竞争矛头指向远东。

(二)国际铁路运输

在国际贸易运输中，铁路运输占有重要地位，它在运量上仅次于海运，在速度上仅次于空运，而且具有风险小、连续性强、不受气候条件影响等特点。这种运输方式特别适合运送内陆国家之间的货物。

近期以来，欧盟国际航运企业和欧洲的内陆铁路运输企业相继采取措施促进铁路运输的发展。

(三)国际航空运输

航空运输作为一种国际贸易货物运输方式，是第二次世界大战后才开始出现的。由于航空运输速度快，航线不受地形条件限制，准时且手续简便，在开辟新市场、适应市场需要与变化等方面较其他运输方式优越，所以发展迅速，运量逐步增加，在整个国际贸易运输中的地位日益重要。

二、国际金融业

国际金融业务包括资金借贷、外汇与黄金买卖。这些业务分别形成了货币市场(Money Market)、资本市场(Capital Market)、外汇市场(Foreign Exchange Market)和黄金市场(Gold Market)。

(一)货币市场

货币市场主要有银行短期信贷市场、贴现市场和短期票据市场。

(1)银行短期信贷市场主要包括对外国工商企业的信贷和银行同业间拆放市场。前者主要解决企业流通资金的需要，后者主要解决银行平衡一定时间内的资金头寸。

(2)贴现市场是经营贴现业务的短期资金市场。贴现市场由贴现行(Discount House)、商业票据行(Commercial Paper House)、商业银行和作为“最后贷款者”(Lender of Last Resort)的中央银行组成。贴现交易的对象，除政府短期债券外，主要是商业承兑汇票、银行承兑汇票和其他商业票据。

(3)短期票据市场(Short Security Market)是进行短期信用票据交易的市场。在这个市场上进行交易的短期信用票据主要有国库券、商业票据、银行承兑汇票、定期存单。

(二)资本市场

资本市场是经营期限在 1 年以上的借贷资本市场。按照借贷方式的不同，资本市场可分为银行中长期贷款市场和证券市场两类。

在现代经济中，货币和汇率是与银行体系密切结合在一起的，货币大部分由银行体系所创造，而外汇市场又通过银行体系运作。

第二次世界大战后，随着世界经济的复苏和跨国银行的发展，国际金融市场上的竞争十分激烈，其结果使国际金融业务发生如下变化：

(1)电子和电信业的高新技术在金融业的应用中，除将金融信息迅速传播外，也大大提高了金融市场和服务的效率和速度，同时使各类金融创新业务不断涌现。

(2)金融业放宽管制或自由化趋势在发达国家和新兴工业化国家表现显著。

(3)银行业务的不断国际化，主要表现在离岸外币市场(如欧洲美元市场、亚洲美元市场)的高速发展和跨国银行在海外的扩展。

(4)商业银行与其他非银行金融机构在消除传统业务的界限过程中谋求规模的扩大和竞争能力的增强。尽管金融服务业中充满"谁主沉浮"的争斗,但是全球一体化是必然趋势,其中国际贸易和国际投资的长期增长以及科技的日新月异是最重要的变数。因此,这个总趋势已使世界各国均把逐渐开放国际金融服务业、不断提高服务质量视作参与竞争和推行服务贸易自由化政策的重要举措。

三、国际电信业

国际电信业在第二次世界大战后的信息革命中异军突起,成为服务行业中占据显赫位置的角色,20 世纪 90 年代以来更是发生着日新月异的变化。其主要表现为:

(1)市场规模不断扩大。电信业务市场收入与电信设备市场收入的比例,1991 年为 76∶24,1995 年调整为 80∶20。全球电信市场规模已超过计算机市场规模 1 倍以上。

(2)通信技术与计算机技术相结合,电信业务已突破传统的电话、电报等业务范围,向多元化演变。"网络一元化,服务多样化"成为全球电信共同的发展趋势。

(3)地域之间发展不平衡的矛盾更加突出。占世界人口 84%的国家和地区(主要是发展中国家)仅拥有电话主线总量的 20%,而占世界人口 16%的国家和地区(主要是发达国家)拥有电话主线总量的 80%。这种发展不平衡的情况也反映了电信在全世界有着巨大的潜在市场。

(4)电信从普及向多元化演变,促使电信市场机制发生质的变化。传统的电信业务具有规模经济的特性,而在电信多元化时期,增值业务和用户终端的开发已不再具备规模经济的特征,在科技力量和市场经济的双重作用下,电信业务市场从垄断走向开放成为一种国际性的趋势。

(5)电信市场的竞争不再限于国内,而越来越明显地成为全球性的争夺战。各发达国家依靠其技术、资金的优势,在扩大其电信设备销售份额的同时,也竭力谋求占领海外的电信业务市场。各大电信公司通过联合、兼并,组成跨国电信经营集团,世界电信市场格局有可能出现由几个大的国际电信集团力图控制世界电信市场的趋势。显然,广大发展中国家的电信潜在市场是这场全球争夺战中的重要目标。

四、国际旅游业

(一)国际旅游业的发展

第二次世界大战以后,国际旅游业(International Tourism)迅速发展。世界上绝大多数国家都把发展国际旅游业作为创汇的重要途径。20 世纪 90 年代以来,世界旅游业持续高速增长,已超过石油、汽车工业,成为世界第一大产业,其发展潜力之大,目前还没有任何产业与之匹敌。发展中国家尤其是亚太地区将会向世界展示其强劲的发展潜力。

国际旅游业由旅游设施和旅游服务两部分组成。旅游设施是指从事旅游业所需的旅馆、饭店、名胜古迹、娱乐场所,生产旅游所需商品的企业,旅游的交通运输和通信等;旅游服务是指对旅游者在旅游过程中提供所需的各种服务。

(二)国际旅游的分类

按不同的旅游资源设施,国际旅游可分为自然资源旅游和人文资源旅游两类;按旅游者的旅游目的,国际旅游可分成观光旅游、文化旅游、保健旅游、体育旅游、探险旅游、因公旅游等;按旅游者的消费水平、年龄层次、旅游地理方向,国际旅游还可划分成多种类型。

(三)国际旅游的组织形式

1. 旅游公司

旅游公司又称旅游批发商，主要从事组织、宣传、推销有关旅游和旅游商品的业务。它们与旅游目的地、航空公司、旅馆、餐馆等旅游服务部门签订合同，组织若干不同日程和价格等级的旅游路线进行推销，并直接出售给旅游零售商，是旅游企业和旅游代理商之间的中介人。

2. 旅游代理商

旅游代理商又称旅游零售商，直接负责招徕游客，是批发商和旅游团的中间人，其收入完全来自代理经销业务获取的佣金或回扣。其中有一种称为旅游经纪人，他们无固定的组织，利用社会关系与旅行社或批发商取得联系，收取佣金，有时也享受优惠，亲自带团参加旅行并担任导游。

3. 旅游垄断公司

旅游垄断公司是由大的垄断组织通过参与制组成的大型旅游垄断企业。它们一般在国内外拥有许多旅馆、酒店、运输公司和旅游代理网点，经营各项旅游服务，形成跨国旅游公司。

五、国际保险业

保险是以合同的形式，在结合众多受同样危险威胁的被保险人的基础上，由保险人按损失分摊的原则，以预收保险费、组织保险基金，用货币形式补偿被保险人损失的经济行为。

(一)保险市场

保险市场也可划分成完全竞争型、垄断型、垄断和竞争并存型三类。

保险业的竞争是十分激烈的。在美国，为了增强自身的竞争能力，提高承保技术，许多保险公司采用了集团的形式进行承保，即联合。欧共体的保险市场实力强大，最突出的是英国、德国和法国。根据欧共体的计划，1992 年 12 月 31 日后，作为欧共体一体化进程的一部分，共同体成员国的保险市场实现了内部市场一体化。在亚洲，日本的保险市场是相当具有实力的。日本保险业发展迅速的主要原因和日本保险业与政府管理部门始终保持协调关系有关。无论日本国内外经济发生怎样变化，日本保险业很少有倒闭现象发生，这在市场经济国家十分罕见。

发展中国家的保险市场在世界保险市场上所处的地位仍相对低下，这一地区的保费收入大约只占世界保费收入的 5%。这种情况是由于发展中国家经济、社会发展水平相对较低造成的。

发展中国家保险市场的监督与管理是相当严格的，大部分发展中国家对保险业实行国有化。但是，随着《服务贸易总协定》的生效，这种局面将逐步改变。

(二)保险市场的发展趋势

保险市场的发展是为了适应经济的发展、社会的变化和市场竞争的加剧，因而保险市场的发展必然是全方位的、多样化的。保险市场发展的一般趋势有以下几方面：

1. 保险市场自由化

保险市场自由化主要从以下三方面得到体现：(1)放宽费率管制；(2)保险服务自由化；(3)放宽保险公司设立的限制。

2. 保险市场国际化

国际贸易的不断发展，为保险业创造了许多走向世界的机会。(1)对外贸易过程中为确保货物运输途中的安全需要投保，这就涉及国外法律与习惯等方面的问题。(2)在国际市场上，保险业竞争激烈以及因再保险及业务交换的结果，保险业务逐渐趋向全球化。

3. 保险市场专业化

保险业是涉及高度专业性和技术性的行业。为了在激烈竞争的保险市场上扩大业务、增加市场份额，除了降低费率外，最关键的是要在承保技术上进行创新。所以，保险组织的业务人员必须具有较高的专业技术知识，同时，保险经纪人和保险代理人的资格的获得和管理也将有所加强，以发挥其专业知识与技术，更好地为投保人服务。

六、国际租赁业

（一）国际租赁的概念

国际租赁是以商品资本形式表现的借贷资本的运动形式，它兼有商品信贷和资金信贷的双重性。出租人通过出租设备商品的形式，向承租人提供信贷便利；承租人直接借入设备商品，取得了商品使用权，实质上是获得了一笔信贷资金。租赁的这种两重性，使它既是以融通设备形式来表现的中长期融资方式，也是一种提供资金信贷的贸易方式。

（二）国际租赁的类型

国际租赁的类型可分为融资性租赁、经营性租赁和衡平租赁。

(1)融资性租赁。当企业需要筹措资金添置设备时，通过采用较长期的租赁机械设备的融资方式来代替融资购买设备，从而达到融通资金改善财务状况的目的。

(2)经营性租赁。这类租赁的主要目的在于对设备的使用，因此，它通常适用于一些需要专门技术进行保养和技术更新较快的设备。

采用这类租赁方式时，设备的所有维修保养和管理等工作，都由出租人负责，而且，承租人在经过一定的预告时间后，可以中途解约。这样，出租人的租金收入就不足以摊销设备的成本、利息和利润，所以又称为非完全支付租赁。

(3)衡平租赁。它通常适用于金额较大的租赁项目，由于出租人难以负担巨额资金，便邀请银行或保险公司参加，以提供资金，促成交易。衡平租赁从其性质上看，属于融资性租赁的范围；但与融资性租赁相比，衡平租赁所涉及的当事人要复杂得多，一般包括如下当事人：承租人，制造厂商，物主出租人，物主受托人，债权人，合同受托人和包租经纪人等。

七、国际保理业

（一）国际保理业概述

国际保理(International Factoring)一般是指营业地位于不同国家或地区的保理商与供应商之间从事的保理业务。随着国际贸易买方市场的形成以及信息产业的兴起和发展，国际市场竞争日益加剧，竞争的范围已从商品的质量、价格发展到付款条件方面。在国际贸易中，越来越多的进口商希望小批量订购，快速交货，不留库存，加快资金周转，因而要求使用灵活的信用付款方式，即承兑交单(D/A)、挂账(O/A)等，而拒绝开信用证。但前两种付款方式对出口商来说风险较大，出口商一般不愿采用。因此，承担百分之百买方财务信用风险，提供应收账款管理及追收服务，并负责资金融通的国际保理业务逐渐在世界范围内流行。尤其到20世纪80年代后期，国际保理业务取得突破性进展。随着国际保理业务的开展，托收的利用率日益提高。据统计，现今欧美国家的非信用证贸易已分别占到贸易总额的80%和90%。

（二）国际保理业务机构与法律规则

由于不同国家和地区发展国际保理的历史渊源以及商业、金融传统习惯的不同，各国对国际保理的认识也不尽相同。各国法律对国际保理的规定自然也会存在差异,从而产生法律冲突。其中的法律冲突当然可以通过各国的冲突规范加以解决,但这毕竟是一种间接的解决办法,不能满足国际保理业务的需要。为此,国际上产生了一些专门组织来协调各国保理公司之间的业务关系。目前,世界上有三个国际性保理业务机构,即国际保理联合会(FCI)、国际保理协会(IF)和哈拉尔海外公司(HOC)。它们都颁布了自己的业务规则,用以规范各成员公司的业务。但这些机构只是民间性质的行业组织,不具备国际法人的资格。它们制定的规则也仅具有约束其成员公司的效力,而不具备国际法效力,只能成为国际惯例供当事人选择使用。为此,政府间国际组织——国际统一私法协会于 1988 年 5 月在渥太华的外交会议上正式通过了一项《国际保理公约》。由于国际统一私法协会是一个拥有众多成员国的政府间国际组织,在国际上有广泛的影响,它所制定的《国际保理公约》必将对国际保理业务的深入发展产生重大影响。

第三节　国际技术贸易中的主要项目

在实际的国际技术贸易中,有些是纯知识性的技术商品流通,被称为信息型国际技术贸易;有些是伴随着其他生产要素一起进入市场流通的,被称为劳务型、实物型和资金型国际技术贸易。该四种基本类型可展开成如下几种主要的国际技术贸易形式:

1. 属于信息型的主要有:(1)纯粹的技术买卖;(2)许可贸易;(3)对等技术交换;(4)技术咨询。

2. 属于信息型和劳务型结合的有:(1)技术服务;(2)技术入股。

3. 属于信息、劳务与资金或实物混合的有:(1)资金的技术入股建立合资企业;(2)委托研究开发;(3)合作研究开发。

4. 由信息、劳务、资金、实物混合而成的有:(1)"交钥匙"工程项目;(2)科研生产联合组织。

一、国际承包工程

(一)国际承包工程的含义和分类

国际承包工程(International Project Contract)是指一国具有法人地位的从事国际建设工程项目的公司或联合体,在国际市场上通过招标或委托等交易方式,与国外业主签订合同,根据合同的要求承担某项工程的建设任务,以取得一定报酬的劳务活动。

国际承包工程采用如下几种方式:

(1)独家承包。这种方式是业主将工程项目交由一家承包商独家承包,由其对整个工程项目全面负责。

(2)分包。指每个承包商只承包整个工程中的某项工程,仅对其承包的某项工序业务负责。这种方式较适合专业性强、规模较大的工程项目。

(3)联合承包。由几个分包商联合起来对某项工程作总承包即为联合承包。此种项目一般是规模巨大、技术复杂的工程。

(二)国际承包工程的基本程序

国际承包工程一般要经过招标、投标、开标、评标、中标、签订承包合同、组织工程实施、竣工付款等程序。

1. 招标

此阶段建设单位(业主)标明拟包工程的项目概况、数量、规模、质量标准、设计图纸规范等,以广告或邀请形式招引对该项目感兴趣的承包人对承包该工程的价格、施工方案等进行报价,择其价低、有信誉的承包人并与之达成交易。

在招标方式上一般可供业主选择的有:

(1)国际竞争性招标。国际竞争性招标又分为公开招标和邀请招标。公开招标是指在国内外主要报纸和有关刊物上刊登招标广告,凡是对这项招标工程感兴趣的承包人都有均等机会购买招标资料,进行投标。邀请招标又称秘密招标、非公开招标、限制性招标、选择性招标,即业主有选择性地对他认可的业务往来中资信可靠和工作满意的关系户发出个别招标通知。这种方式能减少业主审查投标者的程序,成交快,对履行合同也能有保证,但不足的是业主容易失去在技术和报价上有竞争力的投标者。

(2)协议成交。指没有竞争对象的招标,通常采用谈判招标,即由招标单位找一家或少数几家公司谈判承包条件及标价,以达成协议的成交方式,习惯上称为"议标"。主要用于:已承包了业主工程的承包商,准备连续承揽新添的工程;援助项目的限购;"南南合作"中一方要求另一方国家承包工程项目;一些难以确定工程量或时间紧迫的项目。

(3)委托信任标。又称商标,是指某些军事项目、保密工程或技术难度较大的工程项目,业主认为只有某家承包商才有能力承揽,便直接委托其报价,然后双方协商定价成交。

2. 投标

获悉招标信息又有承包意向的承包商应向业主提出投标申请。在通过资格预审后可获得招标书,按照招标人所提要求和条件对工程项目进行预算,编制投标书,然后按业主的规定时间、地点将投标书递交或送达招标人,这种过程称为投标。其具体工作包括:资格预审;勘察施工现场,确定担保单位;办理公司注册登记手续,取得合法地位;分析研究招标文件,审阅图纸,核定工程量,编制施工规划;编制报价书,这一环节是投标过程的核心;认真编制投标文件并按规定时间送达招标人。

3. 开标

根据招标书规定的开标日期、时间、地点,由招标人委托咨询公司或招标机构组成的招标委员会把所有承包人的报价启封揭晓,又称"揭标"。开标后,任何人不得更改其投标的实质性内容,尤其是报价。

4. 评标

开标后即由评标委员会对所投标进行评审,从中选出一个最佳投标者。评标时,主要对所有投标公司的能力、资信、技术水平、人员配套以及工程质量、工期等各个方面进行综合考虑,就技术、商务、法律和施工管理等方面作出评价,通过比较,从中选出最佳投标人。评标一般是秘密进行的。

5. 中标

经过评标,业主选择评定费用最低、实力强、资信高和工期短的承包商作为"最经济合理、最有成效的投标者",然后与之就附加条件进行磋商,如无异议,业主定标,选定其为中标者。

6. 签订承包合同

承包公司中标后,在规定期内(一般为45天)与业主商签合同,并按规定要向业主缴纳一定金额的履约担保金,由业主同意的银行或保险公司开出履约保证书,并与业主签订书面合同,作为双方共同遵守的准则和处理双方权利义务问题的法律依据。

7. 组织工程实施

一般两三个月后，业主即向承包公司移交工地，发出开工指令，开始计算工期，承包公司一般应定期向业主提出施工报告。工程完工后，经业主验收合格并发给合格证，承包任务才算完成。

二、许可贸易

许可贸易(Licensing Trade)是国际技术贸易的主要方式，专利技术、商标和专有技术是其交易对象。

(一)许可的主要对象

1. 专利

专利(Patent)又称专利权，是一国政府有关机构(通常是政府专利部门即专利局)根据申请人就某项技术发明所提出的申请，经审查认为符合有关法律规定的条件，而在一定期限内给予申请人(发明人)独占该项发明的权利。

专利权具有严格的地域性。一般而言，各国专利权均由各国自己授予认可，仅在本国领土内有效，在授予国以外的地域就没有效力。如果发明人希望在其他国家享有独占该项技术的权利，就必须向有关国家提出同样的专利申请，经其批准后，才能使该技术在该国受到法律保护。

专利权是一种时限性的权利，各国专利法律对专利权的有效期均有明确规定，发达国家一般为15～20年，发展中国家为5～10年，我国对发明专利保护期限为15年。保护期限届满后，专利权即失去法律效力，专利技术的内容就由专利局向全社会公开。

专利权人享有两方面权利：制造使用权，即专利权人有权使用该项专利技术制造和销售产品；销售转让权，即专利权人有权将该项专利技术出售或转让给他人，而他人必须得到专利权人的授权才能使用该技术，否则，就构成侵权行为。

2. 商标

商标(Trade Mark)是工商企业为使自己所制造或销售的商品与其他厂商所制造或销售的商品相区别而在其商品上所加的一种特殊标记或符号，其形式可以由文字、数字、字母、图形和颜色等因素构成。

商标权是由商标管理部门根据商标使用人的申请，经审查合格后，批准和授予申请人的一种商标专用权。它与专利权同属工业产权。商标权的内容主要有：

(1)使用权。即商标权人享有对该商标的专有使用权。

(2)禁止权。商标权人有权禁止任何他人使用该商标，如有人未经许可使用其商标，商标权人可通过法律手段行使禁止权，禁止这种侵权行为。

(3)许可使用权与转让权。许可使用权是指商标权人将其商标许可给他人使用的权利，这是商标使用权的转让，但对商标所有权不发生影响。转让权是指商标权人有权将其商标的所有权转让给他人。

此外，商标权是一种地域性权利，只有在获得商标权的国家或地区内才受其商标法的保护；商标权也是一种时间性权利，各国商标法对商标有效期的规定不完全一致，有效期满后，可办理延长手续。

按各国规定，取得商标权有三个原则：

(1)“使用在先”原则，即将商标权授予最先使用该商标者。

(2)“注册在先”原则,即将商标权授予该商标的最先注册者。

(3)“无异议”原则,即商标权原则上授予先注册者,但先使用者可以在规定期限内提出异议,请求撤销,若超过规定期限无人提出异议,则商标权正式授予先注册者。如在规定期限内,先使用人提出异议并成立,则原已授予先注册者的商标权将撤销,而授予先使用人。

3. 专有技术

专有技术(Know-how)包括生产技术、销售技术、管理方法和组织手段等,范围很广,它是指未公开过的,得到工业产权法保护的制造某种产品或应用某项工艺以及产品设计、工艺流程、配方、质量控制和管理等方面的技术知识。

专有技术必须具备以下条件:(1)能在一定范围内应用;(2)能进行鉴定与辨别,能以文献资料形式进行转让;(3)经培训能被买方掌握并用其制造新产品。

专有技术与专利都是技术转让的主要对象,但两者有区别:

(1)两者的保密程度不同。专利技术在申请专利权的时候必须在说明书中公布于众,因而保密程度低;而专有技术存在的前提是在保密状态下,且有些技术尽管公开化,但不经传授,外人难以掌握,故其保密程度高。

(2)两者的法律地位不同。专利权属于工业产权,受到工业产权法的保护;专有技术不是工业产权,不具有这一法律地位,它通常是在转让中由买卖双方在协议中按规定予以保护。

(3)两者的时间性不同。专利的法律保护有一定的期限,期限届满后,技术独占权便不复存在;专有技术不存在法律保护期限问题,只要能够保守秘密,未被他人所知,便受到无限期的、实际的保护。如果一旦泄露,任何人都可以使用。

(二)许可贸易的含义、范围与类型

1. 许可贸易的含义

许可证贸易是指技术出口方将某项工业产权或专有技术的使用权及相关产品的制造权、销售权,通过许可合同有偿转让给引进方的一种交易。许可贸易的标的一般是指工业产权(主要是指专利和商标)及专有技术。

2. 许可贸易范围

(1)专利许可。专利许可是指专利使用人(被许可方)通过与专利权人签订专利许可合同,并向其支付专利使用费的方式而获得某项专利技术的许可使用权的一种许可贸易。须注意的是,“专利许可”完全不同于“专利购买”,两者的区别是:前者是专利使用权的有偿许可,后者是专利所有权的转移,因此不能混为一谈。

(2)商标许可。商标权人与另一方通过签订商标许可使用合同的方法将商标使用权转让给他人的方法。

(3)专有技术许可。欲使用某项专有技术的一方与专有技术拥有人签订专有技术许可使用合同,取得某项专有技术的有偿使用权,称为专有技术许可贸易。

(4)成捆许可(组合许可或混合协议)。倘若一张许可合同中同时包括专利、商标、专有技术三项内容或其中两项,就称为成捆许可。

(5)计算机软件许可。一般在西方国家已实行对计算机软件实行申请专利保护其权益,因此对于它的转让也可利用签订许可转让合同来实行。

3. 许可贸易的类型

许可贸易按转让权利的范围大小及许可性质区别,可以分为以下几类:

(1)普通许可。普通许可又称一般许可,在这种许可下,许可方给予被许可方在规定的地区内使用合同中规定的技术的权利，许可方在这个地区还拥有该项技术的使用权，并可将该技术的使用权转让给任何第三方，而被许可方不能将该技术的使用权再转让给其他人。由于在这种许可证中，被许可方享有的权利比较少，所以这种许可证的价格较低。

(2)独家许可。独家许可又称排他性许可。许可方在规定的地区内仅同被许可方签订该技术的许可合同，而不再向任何第三方转让同一技术的使用权。但在该规定地区内，许可方仍有权使用该技术。在这种许可证中，被许可方的权利比普通许可证要多些，所以其价格高于普通许可证。

(3)独占许可。独占许可是指在规定的地区内，被许可方拥有该技术的垄断使用权。许可方不仅不能将同一技术的使用权再转让给任何第三方，而且许可方本身也不能在该地区内使用该技术。也就是说，独占许可合同一经签订，许可方就等于将自己在这一地区的市场完全转让给被许可方，由被许可方独占该地区的市场。因此，独占许可证的价格更高，有时比普通许可证要高出近 1 倍。但是，这项技术的所有权还在许可方，在这一地区之外，许可方还可以使用这一技术，也可转让给其他人。

(4)从属许可。从属许可又称为转售许可。在规定地区内，被许可方不仅享有技术的合作权，而且有权将该技术的使用权再转让给第三方。被许可方在同第三方签订许可合同时，一般采用普通许可。许可方可以从被许可方获得的许可使用费中收取部分费用。由于被许可方在再次出售时可以获利，所以从属许可的价格较高。

(5)交换许可。交换许可又称交叉许可。这种许可通常有两种情况：一是当甲、乙双方由于各自技术不充足，需要对方的技术作为补充时，为了彼此都能从对方获得自己所需要的技术而采用；二是当事双方用价值相等的技术进行交换使用权时采用。

第四节 《服务贸易总协定》的主要内容

服务贸易的多边谈判从 1986 年开始，持续了 7 年，经过各谈判方的努力，《服务贸易总协定》已随着乌拉圭回合的顺利结束而正式形成。

《服务贸易总协定》由三大部分组成：一是协议条款本身；二是部门协议，即附录；三是各国的市场准入承诺单。

一、关于框架协议条款

框架协议条款本身共有 6 个部分、35 个条款和 5 个附录。其主要宗旨是要实现服务贸易的自由化。

《服务贸易总协定》条款中的一些概念甚至语言都来自 GATT，但是由于服务贸易与货物贸易的特点不同，这些概念也具有了特定的含意。

《服务贸易总协定》的条款中所规定的义务分为两种：一是一般性义务，二是具体承诺义务。一般性义务适用于各个部门，不论《服务贸易总协定》的成员是否开放这个或这些部门；具体承诺义务，是指必须经过双边或多边谈判达成协议后才承担的义务。这些义务(市场准入和国民待遇)只适用于各成员承诺开放的服务部门，而不适用于不开放的服务部门。这种将一般性义务与具体承诺义务区分开来的做法，是《服务贸易总协定》的一个十分重要的特点。

(1)最惠国待遇。这一原则是多边贸易体制的基础，也是多边服务贸易的基础，是各国普遍接受的。最惠国待遇条款规定，各缔约方应立即和无条件地给予他方服务和服务提供者以不低于其给予其他国家相似服务和服务提供者的待遇。如果一缔约方无法取消与上述规定不符的措施,则应申请最惠国待遇的例外。

(2)国民待遇。《服务贸易总协定》中第 17 条国民待遇条款,是整个协议中最重要的条款之一。这一条款规定,各缔约方以其承诺单中所列服务部门或分部门及所列条件和限制为准,其所采取的与提供服务有关的措施所给予外国服务和服务提供者的待遇,不应低于给予本国相同服务和服务提供者的待遇。

(3)市场准入。市场准入也是《服务贸易总协定》中的一个关键条款。与国民待遇一样,市场准入也是一种经过谈判而承担的义务,实施对象也是既包括服务也包括服务提供者。市场准入条款中列出了 6 项市场准入的限制措施,其中包括 4 项数量准入的限制,1 项对法律实体形式的限制。各国应将与上述限制有关的各项措施列入承诺单,否则不能予以实施。条款中所列限制以外的任何其他限制,只要不是歧视性的,均不在协定所管辖范围之内。

(4)透明度。条款规定各国应立即公布其所采取的所有与服务贸易或对服务贸易协议产生影响的措施。并要求各缔约方建立一个或多个咨询点,以便尽快地回答其他缔约方的询问。

(5)增加发展中国家的更多参与。根据增加发展中国家的参与条款的规定,发达国家应采取具体措施,旨在加强发展中国家国内服务业,为发展中国家的服务出口提供市场准入的条件。发达国家将建立一些联系点,向发展中国家的服务提供者提供有关信息等。

允许发展中国家根据国内政策目标和服务业发展水平逐步实现服务贸易自由化,逐步扩大市场的开放程度;允许发展中国家对于外国服务或服务提供者进入本国市场设置条件。

(6)争端解决(第 23 条)。这一条款中较为重要的是第 4 款(非违法之诉)。对这个条款,许多国家持谨慎态度。根据乌拉圭回合的整个谈判情况,第 23 条中包括了关于非违法之诉的规定。争端解决程序中也包括了服务部门之间、服务与货物部门之间的交叉报复手段。

二、关于《服务贸易总协定》的附录

《服务贸易总协定》的附录共有 5 个。除了关于第 2 条最惠国待遇例外申请的附录之外,其余 4 个都是关于具体服务部门的附录。其中包括关于提供服务的自然人的移动、关于航空运输服务、关于金融(含保险)服务、关于电信服务和关于海运服务等部门的附录。这些附录是《服务贸易总协定》的一个组成部分,目的在于对上述部门如何实施《服务贸易总协定》的原则或规则作出更为具体的规定。

(1)关于提供服务的自然人的移动。这个附录适用于各缔约方提供服务的自然人以及受雇于服务提供者的自然人,但不适用于寻找工作的自然人,也与公民权、居留和受雇等措施无关。各缔约方可以根据《服务贸易总协定》第三与第四部分的规定谈判与自然人移动有关的具体承诺。

(2)关于航空运输服务。这个附录规定航空运输服务可以不遵守《服务贸易总协定》关于最惠国待遇的条款,这实际上是将航空运输服务排除在《服务贸易总协定》之外。

(3)关于金融(含保险)服务。第一个附录允许各缔约方根据谨慎的原因所采取的措施。但这些措施在与《服务贸易总协定》的有关条款不相符合时,不能用以逃避自己的承诺与义务。

谨慎的措施应得到他方的承认。这种承认可以通过协定或安排方式,也可以通过自动承认的方式。上述协定或安排应允许并给予其他缔约方足够的时间谈判加入。附录还对银行和保险的服务范围作出了规定。

第二个附录允许各参加方在《服务贸易总协定》生效 4 个月后的 60 天内,列出其最惠国待遇的例外清单，并可改进、修改或撤销其减让表中有关金融服务的承诺。

(4)关于电信服务。这个附录适用于电信作为提供服务手段的范围。其目的在于约束各缔约方在提供电信服务时不应以电信作为手段限制其他缔约方的服务提供者提供服务的行为，或对提供服务的行为造成障碍。

(5)关于海运服务。这个附录规定，《服务贸易总协定》生效后，各方再就海运服务部门进行谈判。在此之前，各参加方可以随意撤销其在该部门的承诺，无需给予补偿。

三、关于初步承诺减让表

初步承诺减让表是各国在谈判的基础上提交的开放市场的承诺，是《服务贸易总协定》不可分割的部分，具有法律约束力。初步承诺单的内容是各参加方在双边谈判基础上承担的关于国民待遇和市场准入的义务。初步承诺单明确注明各方对于他方服务和服务提供者实施国民待遇和市场准入的限制条件。乌拉圭回合谈判的各参加方之间已经进行了较长时间的初步承诺的谈判。只有提交初步承诺单，才能成为《服务贸易总协定》的成员。

第五节　《与贸易有关的知识产权协定》的主要内容

一、目标及基本原则

《与贸易有关的知识产权协定》(以下简称《协定》)的基本目标是，加强 GATT 及其基本原则的作用，给知识产权以必要而不过分的保护，并充分考虑发展中国家的具体发展阶段及其必要的差别待遇，从而推动国际贸易的发展。

GATT 中的国民待遇与最惠国待遇原则也是《协定》所确认的原则。《协定》还要求，在若干年内，缔约方应遵守《巴黎公约》、《伯尔尼公约》，并考虑遵守其他关于知识产权的国际公约。

二、知识产权保护的范围与标准

《协定》所界定的知识产权范围包括 8 个方面，它们是：版权及有关权利；商标；产地标志；工业设计；专利；集成电路的设计；未泄漏信息(商业秘密)保护；许可合同中反竞争行为的控制。

关于版权及有关权利的保护，其主要内容是：缔约方给予作者的经济权利应与《伯尔尼公约》所特别准予的权利相一致；对计算机程序，无论是源码或目标码，将根据《伯尔尼公约》(1971 年)作为文字作品予以版权保护；计算机程序与电影作品的作者及其继承人有权准许或禁止其原著被商业性出租或复制。

关于商标权的保护，其主要内容是：商标权基于注册或使用而取得，但注册前的商标的实际使用不应作为申请注册的条件；缔约方应在商标注册前或注册后立即公告，并应赋予其他人申请撤销注册的机会；注册商标的所有人拥有独占权；商标注册后，如无正当理由 3 年不予使用，该商标专用权可予以撤销；商标权转让的条件，应由各缔约方国内立法决定。

关于地理标志的保护，其主要内容是：所谓地理标志，是为了表明某一商品来源于一国国内、一地区或其所在地，而该商品特定的质量、声誉或其他特性基本归属于这一原产地；禁止在贸易中使用假冒原产地的商标标志。《协定》对于下列地理标志没有保护的义务，即在原产地国没有被保护或被中止保护的地理标志，或在原产地国被废弃的地理标志。

关于工业设计的保护，其主要内容是：缔约方应对新的或原始的独立创造的工业设计提供保护；受保护的工业设计的所有者，有权阻止第三方为商业目的未经所有人同意而生产、销售或进口工业设计权的标的物，该标的物可以是受保护的工业设计的复制，或者是复制的货物。

关于专利权的保护，其主要内容是：专利是授予发明创造的，无论是产品还是工艺，包括所有的技术领域，它是有新颖性、涉及创造性的、具有工业适用性的技术方案；基于保护人类、动物、植物生命或基于国家安全、公众利益、环境保护等理由，可不授予专利权；专利强制许可应根据具体事实情况而定，若实施强制许可，应给予专利权人适当的专利使用费；专利所有人还有权转让或继承转让该项专利，签订许可证使用合同。

关于集成电路设计的保护，其主要内容是：缔约方同意按《关于集成电路的知识产权华盛顿公约》的条款规定，对集成电路的外观设计提供保护；缔约方有权认为下列未经权利人授权的行为是非法的，即进口、销售，或为商业目的分销受保护的外观设计，或含有受保护的设计的集成电路，或含有这种集成电路的产品。

关于商业秘密的保护，其主要内容是：商业秘密是具体有实际的或潜在的商业价值，而且是权利人已采取合理措施保护其机密性的信息；除非基于公共利益或涉及不正当商业做法，缔约方应在其国内立法中为厂商的商业秘密提供保护，防止其所控制的商业信息在未得到他们同意的条件下，被别人以违反诚信的商业做法泄露、获得或使用。

关于许可合同中限制性条款的控制，其主要内容是：缔约方一致认为一些限制竞争的有关知识产权的许可合同或条件对贸易起阻碍作用，且妨碍技术的转让和传播；允许缔约方在他们的立法实践中详细规定构成滥用知识产权、对有关市场的竞争产生负效应的许可合同或条件。

三、知识产权的保护程序

《协定》规定缔约方应保证其国内法中规定有效及适当的实施程序，以禁止对受本协定保护的知识产权的侵权行为，包括采用有效的、及时的补救措施来阻止或防止侵权行为。

为了及时制止侵权行为，协定规定了法院可以采取必要的临时措施。

《协定》还规定，对知识产权的故意或过失侵权行为，知识产权所有人有权就其所受损害向侵权人索取足够的赔偿。

四、关于争议的防止与解决

《协定》规定，当发生争议时，应按关贸总协定解决争议机制来解决缔约方之间的纠纷，而不诉诸任何一种单方面决定的经济手段。并且还规定，缔约方在知识产权方面因侵权产品而受到的损失，如未能得到妥善解决，则可通过中止履行其他产品的关税减让义务来报复。

复习思考题

一、名词解释

国际无形贸易　　国际服务贸易　　国际技术贸易

二、问答题

1. 国际工程承包有哪些方式？国际工程承包的基本程序有哪些？
2. 技术贸易的对象是指哪些？
3. 许可贸易的含义是什么？许可贸易指哪些范围的贸易？有哪些类型？

4.《服务贸易总协定》框架协议条款中的概念分别具有哪些特定含意?

5.《与贸易有关的知识产权协定》中关于知识产权保护的主要内容是什么?

延伸读物:

世界十大著名高新技术开发区

目前,世界上有十大著名高新技术开发区,分别是:

(1)美国斯坦福科技园。俗称“硅谷”,它是1951年由美国斯坦福大学创办的,从此开了高新技术产业区的先河,目前,该区生产的电子集成电路产品占世界总产值的1/4。

(2)日本筑波科学城。它是日本于20世纪60年代后建立起来的综合性高科技产业开发区,聚集了1.5万名科研人员、千余家企业,是亚洲最大的综合性高科技产业区。

(3)独联体新西伯利亚高科技区。它是原苏联于20世纪60年代建立起来的联合综合性科研基地,聚集了近三十所国立研究所和大学的科研力量,人数2万余人,是目前人数最多、规模最大的高科技产业区。

(4)加拿大卡尔顿高科技区。它位于渥太华西部,是加拿大的科技核心区,集中了近400所大学、科研机构及高新开发公司,被称为“北硅谷”。

(5)德国慕尼黑高科技区。它是德国电子和微电子及机电等方面的研究开发中心,有“巴伐利亚硅谷”的美称。

(6)英国苏格兰高科技区。它是英国高科技产业的中心,聚集了皇家科学院的科研机构和400余家高科技企业,生产了英国80%的集成电路和50%以上的计算机及软件和附件产品。

(7)法国诺布尔高科技产业区。它是法国高能物理和电子技术的研究中心和开发基地,拥有8 000多家研究和制造高能物理和电子产品的科研机构和企业。

(8)意大利国家高科技区。它主要从事通信卫星及卫星地面接收站台票的研究和开发,迄今已为世界各国生产了62颗通信卫星和74座地面站系统。

(9)瑞典希斯达电子城。这里聚集了全国1/5的电子公司,能生产完整的成套电子整机和附件产品。

(10)新加坡国家高科技区。它是新加坡于1994年建成的高科技产业区,是亚洲国家中比较成熟和最先产生经济效益的高科技产业开发区。

资料来源:http://blog.163.com/tinywave666@126/blog/static/22032141201153027666l/。

思考:分析高新技术开发区对世界经济的影响。

第十一章

国际资本移动与跨国公司

国际资本移动速度是国际贸易乃至世界经济发展与否的决定性因素。国际资本转移分直接与间接两部分，其中直接转移是跨国公司向全球扩张的主要形式，跨国公司在全球的投资也是国际资本直接转移的主体。进入21世纪的跨国公司早已成为富可敌国的群体，跨国公司经营战略的任何变迁都将直接影响国际资本的转移。

第一节　国际资本移动

一、国际资本移动的含义

国际资本移动(International Capital Movement)是指资本从一个国家或地区向别的国家或地区转移进行的投资活动。国际资本移动分直接投资和间接投资两类。

跨国银行的出现是国际货币资本(即国际间接投资)移动产生的重要标志。现代银行业起源于欧洲，最初的银行主要从事货币兑换业务，后来，逐渐发展到在国外设立分支机构，从事国际间贷款业务，进一步推动了国际商品、资本运动。早在14世纪后期，意大利的梅迪西银行就已是在国外有分支机构的大银行。16世纪以后，随着金融中心的转移，英国伦敦、法国巴黎相继成为国际银行业务活动中心。19世纪，英国、德国、荷兰、比利时相继在一些殖民地国家建立银行体系，此后，一些银行几经兼并、改组，成为著名的跨国银行。跨国银行的出现使货币资本在国际间转移成为可能。

跨国公司的出现是国际生产资本(即国际直接投资)产生的重要标志。国际商品资本、国际货币资本的发展，促使了国际分工和社会生产力的发展，资本在国际间的移动要求采取更高的形式，于是国际直接投资便应运而生。早在中世纪特别是17、18世纪，在意大利、丹麦、法国等就已有了类似跨国公司的贸易公司。但因其业务范围不具备跨国公司的基本特征，故西方一些经济学家认为国际直接投资确切地说应产生于19世纪末20世纪初。

二、国际资本移动的分类

(一)国际直接投资(International Direct Investment)

目前较流行的叫法是国外直接投资(Foreign Direct Investment,FDI),根据联合国贸发会的《世界投资报告》,国外直接投资被定义为:一国(地区)的居民实体(对外直接投资者或母公司)与其本国(地区)以外的另一国的企业(对外直接投资者、分支机构或国外分支机构)建立长期关系,享有持久利益,并对其进行控制的投资行为。FDI 有三个分项:股权资本、利润再投资和公司内部借贷。

股权资本是对外直接投资者购买本国以外国家的企业股份,如举办合资企业。

利润再投资包括未被分支机构以股息形式分配的直接投资者的利润份额,或未汇给直接投资者的利润,这些被分支机构留下的利润用于再投资。

公司内部借贷或公司内部债务是指直接投资者(母公司)与附属企业之间的资金借入与贷出。

除了收购股权以外,外国投资者还可以通过其他方式对另一家商业实体的管理施加有效的影响。这就是非股权形式的 FDI。它们主要包括分包合同、管理合同、“交钥匙”安排、特许经营、许可证和产品分享。

(二)国际间接投资

国际间接投资(International Investment Indirectly)是指跨越国界的间接投资行为。从投资国的角度来讲,参与国际间接投资意味着从事对外间接投资,亦即本国的对外投资者购买东道国政府和企业发行的证券(主要是股票和债券),或为东道国政府和企业提供中长期贷款(期限一般在 1 年以上)的经济行为。从东道国的角度来讲,参与国际间接投资意味着引进国外间接投资,亦即吸引外国投资者在一级市场或二级市场购买本国政府和企业发行的证券,或为本国政府和企业提供中长期贷款(期限在 1 年以上)的经济行为。进一步细分,国际间接投资又可划分为以下四种方式:国际股票、国际债券、国际贷款、国际金融机构贷款。

第二节 国际资本市场

一、国际资本市场的含义

国际资本市场是国际资本移动的载体,是对期限在 1 年或者 1 年以上的金融工具进行跨境交易的市场。国际资本移动通过筹措和运用国内、国际资金,以满足本国的生产建设和国民经济发展的需要。国际资本市场由国际债券市场、国际股票市场、国际银行中长期信贷市场三部分组成。国际资本市场的中长期资金供应者大多数为商业银行、储蓄银行和保险公司。资本市场根据证券发行交易性质,可分为一级市场和二级市场,即发行市场与流通市场。

二、国际资本市场的功能

国际资本市场有以下主要功能:(1)提供了一种机制,使资本能迅速有效地从资本盈余单位向资本不足单位转移。此时资本市场承担了一级市场功能,只有一级市场才能通过发行和增发新的证券,为资金需求者提供新的资金来源。(2)为已发行证券提供充分流动性的二级市场,即发行证券的流通市场,二级市场的存在是为了保证一级市场更有效地运行,二级市场上的投资人可以通过不断调整其资产组合来降低风险，获取最大收益，并且随时使证券变现；同时发行人也可以迅速并持续地从社会上募集到其扩张所需的资金。(3)能够更广泛地吸引国际资本，提高资本使用效率及跨空间调配速度。(4)能够以较低的成本吸收资本，降低融资成本，提高资金运作效率。(5)能够以发行国际证券的形式或其他新的金融工具，规避风险，逃避各国的金融、外汇管制及税收等限制。

三、国际资本市场的发展历程

(一)20世纪初的国际资本市场

自20世纪初期至20世纪50年代，国际资本市场开始在资本的国际配置中发挥积极作用，其活动表现出如下特征：

1. 国际资本市场具有高度流动性

在金本位盛行的1870～1914年，国际资本市场推动国际资本由欧洲涌入美、澳等当时的新兴市场国家。当时的国际资本保持着高度流动性，大量由欧洲涌入美国和澳洲等地区。1914年前后，英国的年平均资本流出量占GDP的5%～9%，法国的资本流动占GDP的2%，德国为3%左右。而在资本输入国中，澳大利亚的资本流入占其GDP的9.5%，加拿大的资本流入占其GDP的6%。

2. 国际资本市场活动的主体是公共机构

当时的国际资本市场活动内容主要表现为：借款国家政府和部门大量向英国、法国和德国的资本市场发行固定利息债券；美国的债权人在国外建立子公司，通过持有过半数的股权(或独家经营)对其进行控制等。

3. 国际资本市场具有很强的波动性

此时国际资本市场的波动性已显露无疑，尤其是国际债券的利率随时间及国别的变化而出现大幅度调整。资本流动也会因资本输出国和输入国宏观经济状况变化及突发性政治经济事件而出现上升和下降的大起大落。1929～1933年因全球性金融危机引发经济大萧条，导致普遍的债务违约，严重打击了国际资本市场的活动。20世纪30年代，在货币贬值预期普遍存在和战争及政治迫害等因素的影响下，资本运动大部分采取了短期资金外逃的形式。这种状况一直持续到第二次世界大战结束。

(二)"欧洲美元"时期

第二次世界大战结束后，国际范围的私人银行贷款和证券投资受到相当程度的抑制。资本无法突破地域限制，较多地表现为在货币发行国境外流动，市场交易行为也大多发生在"国外"，即"欧洲美元交易"。

该时期国际资本市场活动的特征表现为：

1. 国际资本市场活动停留在"欧洲市场及欧洲货币"的范畴

在战后废墟上崛起的布雷顿森林体系，构筑了20世纪后半期国际金融秩序的基础，同时，该体系的核心国际货币基金组织的有关协定则明确了布雷顿森林体系下国际资本流动的基本规范。在布雷顿森林体系实施初期，各国普遍对资本流动进行不同程度的控制，严格控制下的资本绕开管制在货币发行国境外流动，形成了欧洲资本市场的雏形。欧洲资本市场既是银行间市场，又是政府筹措资金的市场，同时还为大公司提供借贷服务，商业银行是该市场的核心。欧洲资本市场资金来源广泛，数额庞大，以多种兑换货币计值，充分满足各种借款需要，商业银行经营自由，贷款灵活简便，资金安排迅速。

2. 资本流动形式集中表现为官方援助和直接投资

在第二次世界大战结束后很长的一段时期内，资本流动的主流是大规模的国际援助，以及逐渐复兴的直接投资。第二次世界大战后欧洲重建计划引起了庞大的官方资本流动。美国政府实施的“马歇尔计划”和“杜鲁门的第四援助计划”导致美元大量流入欧洲。从1945年7月1日到1955年6月30日，美国在“马歇尔计划”下，向联邦德国提供38.7亿美元贷款；1945年12月，美国与英国签署财政协定，美国向英国提供37.5亿美元的低息贷款。

3. 美国在主导官方资本流动的同时，也成为私人资本流动的主体

根据OECD(经济合作与发展组织，Organization for Economic Co-operation and Development，简称经合组织)的国际资本市场统计，1951年，国际债券的发行总额为9.954亿美元，其中，在美国市场发行了9.226亿美元，占国际债券发行总额的92.69%，整个50年代，美国为国际债券发行提供了71.601亿美元的资金来源，占当时融资总额的78.21%。进入60年代后，美国商业银行纷纷扩大国际业务，在国外尤其是欧洲开设分行，这些银行利用其持有的巨额资金，积极发展信贷业务，为欧洲货币市场提供了新的资金来源。

(三)“石油危机”时期

1973年，随着汇率制度由固定向浮动的转变，美国和其他一些国家逐渐解除对跨境资本流动的控制，国际资本流动进入了一个新的发展时期。该时期对资本流动产生决定性影响的是1973～1974年和1979～1980年的两次石油危机及石油美元的产生。

1. 石油危机与石油美元

石油作为一种重要的能源，自20世纪70年代起开始取代煤炭，成为世界能源消费的主要部分。石油的生产和消费极不平衡，美国、欧洲和日本所生产的石油不到全球总产量的20%，其石油消费量却占全球总消费量的70%，不得不大量依靠进口，石油价格的变动直接影响全球经济的表现。

中东国家是主要的石油生产国，1960年9月，第三世界石油生产国建立了石油输出国组织(OPEC)，致力于改变长期形成的油价过低的不合理局面。70年代起，OPEC成员国通过参股和收归国有等措施，逐步掌握了自己的石油资源。

70年代初美元汇率下调，西方工业国的制成品价格相应上涨，由于石油贸易以美元计价结算，石油出口收入跟随美元汇率持续下降，石油生产国蒙受重大损失。1973年10月中东战争爆发后，OPEC成员国一方面加快石油生产国有化进程，另一方面大幅度提高石油价格，石油价格从此前的每桶3.01美元提高到1974年1月的11.65美元。1979年1月，OPEC再度提高油价，把每桶原油定价调整为14.327美元，到1981年10月，国际市场油价上升到每桶34美元。

石油价格的大幅度上升对世界经济产生了重大影响，尤其是严重依赖石油进口的经济体遭受了严重的外部冲击，国际金融市场主要货币汇率的灵活调整为这些经济体吸收这种外部冲击提供了可能。

随着石油价格的大幅度上升，OPEC成员国的国际收支经常项目出现巨额顺差，1974年达651.7亿美元，1980年达928.4亿美元，1973～1981年顺差累计达3 360.7亿美元。这就是所谓的“石油盈余资金”，由于石油盈余资金大部分以美元表示，所以又称石油美元。

2. 石油危机时期全球资本流动的特征

(1)石油美元的积累及流动推动了欧洲资本市场的进一步发展。在OPEC成员国可供运用的资金中，约有1/3投放在欧洲货币市场，大部分采取欧洲美元存款的形式。在1981年欧

洲货币贷款总额 900 亿美元中，阿拉伯银行占了 26.5%。所以，欧洲资本市场在提供渠道促使石油美元回流的同时，也获得了自身进一步发展的新动力。

(2)石油美元的流动掀起了私人商业银行向发展中国家提供贷款的高潮，也为拉美债务危机的爆发埋下了伏笔。第一次石油危机后，非产油的发展中国家出现了长期、巨额经常项目赤字，不得不大量举借外债，资金需求快速上升。OPEC 成员国组织为获得发达国家比较安全的资产，把大部分石油美元贷给了发达国家的私人商业银行。而 20 世纪 70～80 年代，发达国家经济普遍停滞，名义利率停留在低水平，扣除物价因素后的实际利率则为负值，私人商业银行便增加对非产油发展中国家的贷款，获取更高的利息收入。石油危机期间，国际资本市场的筹资活动显著增加，尤其是非 OECD 国家的筹资额成倍上升。

1982 年后，OPEC 成员国开始出现经常项目逆差，石油美元的累计过程被迫中断，这样，发达国家私人商业银行向非产油发展中国家发放贷款的资金来源无以为继，发展中国家获得国际贷款的条件急剧恶化。

(四)债务危机时期

进入 20 世纪 80 年代，由于多数中等收入的发展中国家沦为债务沉重的借款国，面临着债务还本付息的困难，资本流动开始显示出收缩迹象。

从 1973～1982 年的 10 年间，非产油发展中国家的对外债务总额从 1 031 亿美元增加到 8 420亿美元，每年增加 18.8%，其中，政府贷款的年增长率为 14.5%，私人贷款的年增长率为 19.4%，私人信贷在贷款总额中的比例达 60%～75%。在居高不下的外债总额中，短期信贷高速增长，国际债务期限明显缩短，浮动利率债务比例大幅度上升，到 1980 年已经超过全部外债的 40%。与此同时，发展中国家外债偿付压力不断上升，从 1973～1982 年，还本付息额由 179 亿美元增加到 932 亿美元，还本付息额占出口收入的比重(偿债率)由 15.9%提高到 23.9%，其中利息支付额占出口收入的比重由 6.1%增加到 13.2%。

在非产油发展中国家过度借贷、结构失衡的同时，自 80 年代起，国际市场环境的变化直接导致了该类国家偿债危机的爆发。1980 年，西方国家先后出现严重的经济衰退，发达国家的实际国民生产总值和世界贸易增长率开始下降，到 1982 年出现了负增长，发展中国家的贸易条件急剧恶化，进口需求大幅度下降，出口收入快速下滑，经常项目逆差上升，外债还本付息能力降低。

在西方国家经济持续衰退的同时，美国里根政府采取紧缩性的货币政策，出现了高利率、高汇率、高通货膨胀率的“三高”现象。

由于非产油的发展中国家外债以美元计价的比例很高，美元汇率的上扬直接加重了该类国家实际的债务清偿，即流向债权国的本金和利息的负担。

由于美国利率居高不下，其他发达国家也相继随之提高利率。七个西方主要工业国短期资金的平均名义利率从 1979 年的 9.2%上升到 1982 年的 12.9%，长期资金的平均名义利率从 1979 年的 9.3%上升到 1982 年的 12.4%。由于发展中国家浮动利率外债超过外债总额的 40%，利率的上升导致偿债压力的上升。据国际货币基金组织计算，国际金融市场利率每提高 1 个百分点，非石油出口国将多付 40 亿美元的利息，以此推算，巴西和墨西哥将为此多支付 7.5 亿美元的利息，非产油发展中国家将多支付近 200 亿美元的利息。因此，1979 年后，许多非产油发展中国家借的新债主要用于支付利息。

在内外双重压力的作用下，1981 年 3 月，外债总额为 260 亿美元的波兰政府无力偿付数额为 25 亿美元的到期债务本息，拉开了非产油发展中国家债务清偿危机的序幕。1982 年 8

月，墨西哥宣布全部外汇储备基本耗尽，无力偿还到期债务的本息；9月，第三世界最大的债务国巴西宣布急需175亿美元的新贷款来解决清偿困难；12月，阿根廷提出与西方债权者进行重新安排债务的谈判。越来越多的国家卷入这场债务危机：在拉美，除哥伦比亚和巴拉圭外，其他债务国均相继要求延长偿还债务期限；在非洲，苏丹、摩洛哥、多哥、中非共和国、马达加斯加、扎伊尔、赞比亚等10国陷入债务危机的深渊；在亚洲，印度尼西亚和菲律宾也向国际货币基金组织申请援助解决债务支付问题。

债务危机爆发后，债务国政府、债权国政府、债权银行和国际金融机构采取了一系列措施，逐渐遏止了危机的蔓延。但是，这场危机对国际金融市场的活动产生了深远的影响。

该时期国际资本市场活动的特征表现为：

1. 资本流动规模扩张极不稳定

20世纪80年代初期，资本跨国流动的总量由年融资近2 000亿美元下降到1 500亿美元左右，累计下降幅度超过20%。1984年后，国际资本市场的融资总额又出现大幅度上升，三年间累计升幅超过70%，表现出很强的不稳定性。

2. 发达国家间的国际资本流动受债务危机的影响程度轻微，并在短时间内快速恢复

1982年和1983年，OECD国家的资本流入分别下降了14%和11%，下降程度略高于国际资本市场的平均水平。但是，1984年后，OECD国家的融资规模快速上升，资本流入数量超过了债务危机前的总水平。

3. 发展中国家的资本流入进入长收缩期

非OECD国家的国际资本市场融资在1981年达到历史最高水平419亿美元后，进入长达6年的下跌期，年度融资总额一度下降到211亿美元，比1981年下跌近50%。一直到1993年，非OECD国家的资本流入才超过1981年的水平，达653.42亿美元。因此，在债务危机的影响下，发展中国家的资本流入收缩期长达10年，这刚好是拉丁美洲国家"失落的十年"。

（五）全球化阶段

1988年以后，资本流动的规模获得前所未有的发展，资本的跨国流动进入一个新的全球化的发展阶段。国际资本市场的筹资总额由1988年的3 694亿美元增加到1995年的8 322亿美元，增长了一倍以上；到1998年，以国际债券发行、银团贷款和其他债务工具为主要内容的国际资本市场融资额达12 247亿美元，比两年前增长了近50%。

20世纪80～90年代以来的国际资本市场活动最显著特征是资本流动的全球化，具体表现为：

1. 资本流动的速度迅速攀升

在资本流动规模快速扩大的同时，金融技术获日新月异提高，创新金融的大量使用，以及各类金融衍生工具的开发使用和普及，大大提高了国际资本的流动速度。根据国际清算银行对全球外汇市场的名义日交易金额的调查，到1998年4月，该交易额已经超过1.5万亿美元，比上次统计的1995年增长近50%，三年间的年平均增长率是14%，大大超过1992～1995年的9%。显然，外汇市场交易规模的扩大在不断加速。

2. 资本跨国界流动极大地推动了经济发展

在资本流动总量大幅度增加的同时，资本跨国流动与其经济规模的相对比例显著提高。国际清算银行依据国际收支统计资料计算的证券跨境交易资料显示，1975～1998年，西方国家各类证券在居民和非居民之间的交易总额在GDP中的比重迅速上升，美国由4%上升到230%，德国由5%上升到334%，意大利由1%上升到640%，日本由2%上升到91%，其中，增

长最快的时期集中在20世纪80年代末和90年代初。

3. 更多的国家和地区以更有利的条件进入国际资本市场

在本阶段，新兴市场国家再度成为资本流动的重要目标，发展中国家进入国际资本市场的条件显著改善，参与国际资本市场活动融通资金的国家越来越多，各类资本市场进入的障碍和藩篱纷纷消除。

4. 国际资本市场的价格呈现趋同趋势，利率的波动具有明显的联动性

资本流动的全球化使不同国家和地区在国际金融市场的融资条件趋于一致，不同国家的利率差距缩小。过去20年间，主要工业国中央银行基准利率差距不断缩小，进入90年代后，美国、德国和日本的央行基准利率一度收敛于6%的水平，尽管此后又出现一定程度的分离，但总体升降趋势基本同步，利差趋于稳定。此外，随着欧元的出台，欧洲主要国家的利率水平率先趋同。

从利率水平的调整看，西方主要国家央行的决策具有显著的相关性，几乎主要国家利率的每一次调整都会引起其他国家的快速响应。

四、21世纪国际资本市场发展展望

纵观国际资本市场市场的百年变迁，我们发现，推动国际资本市场全球化发展的主要因素包括：生产力的发展、国际分工的不断深化、世界经济的周期性变动、国际贸易发展、金融市场内在需求及利率变动、金融创新及金融自由化的发展、资本账户管理政策、国际货币体系、跨国公司以及国际组织等方面。上述动力的属性又可以划分为：经济金融发展的客观需要和有关国家或国际组织人为推动两个部分。

一般情况下，世界经济和国际贸易本身的推动力应归入客观必然性类别，金融活动快速上升产生的内在推动力则兼具客观必然性和人为推动两个方面的属性。在资本账户开放进程中，发达国家的政策推动发挥了一定的作用。但是，这种开放过程更多地又是国家对外经济贸易联系不断扩大的结果，因而同样具有客观必然性的一面；国际货币体系作为国际货币关系的准则，其总体政策取向在更大程度上体现了西方主要工业国家的意愿；跨国公司和国际组织政策调整可以全部归入人为推动的范畴。

综上所述，国际资本全球化进程是世界经济、国际贸易活动规律调整的必然结果，又在一定程度上体现了部分发达国家的意志，具有人为推动的一面。而从另一个角度看，资本流动的全球化发展和国内金融市场的开放是资本自由化过程中相互联系又各具特点的组成部分，资本运动的自由化意味着居民可以参与国际金融市场活动，也意味着国内消费者可以购买外国金融机构提供的服务，本国金融机构可以为外国消费者提供金融服务，从而从内、外两个角度进一步推动了金融服务贸易的自由化。其最终结果是资本效益的最大化和资源配置的最佳化，这是金融全球化的市场表现形式。

资本全球化进程属性的特殊性决定了其发展过程的复杂性和收益分配的不均衡性。从全球资本流动的地域结构看，发达国家和地区继续保持在资本全球流动中的地位和作用，成为资本全球化布局的出发点和目的地，尤其是美国、欧洲和日本等相互间的资本流动继续保持较高水平，资本多向流动趋势日益显著。即使是金融危机的大范围爆发，也不仅没有影响发达工业国在国际资本市场的活动，反而促使资本以更快的速度和更大的规模流入发达国家。尤其是美国成为全球资本流动的最终目的地，大量持续的资本流入促使其金融实力超强发展，使其对国际资本市场未来格局的影响力不断上升。

金融全球化通过资本自由流动和金融贸易服务自由化等形式，实现了全球金融领域的竞争，推动风险报酬趋向于平均水平，并通过资产价格的迅速调整保持市场均衡与稳定。同时，资本自由流动促使金融中介机构更好地进行风险评估和管理，扩大技术转让的范围，其结果是更多的金融机构能够在更大的范围内提供优质、高效的金融服务，推动金融市场效率的提高。

在人类历史发展的长河中，金融全球化过程中的资本扩张仅仅是一个开始，资本的全球化扩张还处于初始阶段。20 世纪 80 年代后期出现的全球金融危机开始逐渐暴露出金融资本全球化的负面效应，但是，与我们传统认识相背离的是，即使不同资本流动工具的变动规模呈现此起彼伏的波动特征，但是，作为一个整体，全球资本流动持续增长的趋势并未受到金融危机的影响，国际融资的增长成为一种不断持续的行为。

第三节　国际直接投资与跨国公司

一、跨国公司的含义和特征

（一）跨国公司的含义

根据联合国贸发会的《世界投资报告》，跨国公司（Transnational Corporation）是指由母公司及其国外分支机构构成的联合的或非联合的企业。在此概念中，国外分支机构涵盖了子公司、附属企业和分公司。

母公司被定义为通常以拥有股本金的方式来控制在其本国以外国家的其他实体资产的企业。

子公司是指另一个实体，它直接拥有超过一半的股东表决权，有权指派或撤换大多数行政、管理和监管人员设在东道国的联合企业。

附属企业是指投资者拥有总数量至少 10%，但不超过 50%的股东表决权的设在东道国的联合企业。

分公司是指全部或部分拥有的设在东道国的非联合企业，有以下任一情形：(1)是外国投资者的常设机构或办公室；(2)是外国投资者与一个或一个以上第三方的非联合合伙企业或合资企业；(3)是外国居民直接拥有的土地、建筑物（政府机构拥有的建筑物除外）；(4)是外国投资者经营了至少 1 年的可移动设备（如船舶、飞机、油气开采设备）。

（二）跨国公司的基本特征

跨国公司一般具有如下特征：

1. 具有全球战略目标

跨国公司是以整个国际市场为追逐目标，在世界范围内有效配置生产力，充分利用各国和各地区的优势，以实现总公司利润的最大化。具体表现在：跨国公司总公司在制定每一项重大决策时，总是从全局出发，而不考虑某一子公司一时一地的得失；总公司在评价子公司的业绩时，主要考察其对总公司的贡献程度，而不一定是其自身盈利的多寡。计划是跨国公司实现全球战略目标的主要途径，内部一体化是跨国公司实现全球战略目标所必备的基本条件。

2. 生产经营规模庞大

从理论上讲，跨国公司是指从事跨国生产和经营活动的公司，但事实上，西方经济学家所讲的跨国公司一般特指大型制造业的跨国公司，这类跨国公司的数量较少，但在国际直接投资领域占据主导地位。跨国公司拥有先进技术、雄厚资金、多样化产品、良好的商业信誉、覆盖面广的广告、遍布全世界的分支机构和复合型管理人才等优势，在国际竞争中处于有利地位，其生产能力达到惊人程度,销售额巨大。据联合国《2000 年世界投资报告》介绍,2000 年跨国公司的销售额从 1980 年的30 000亿美元增加到140 000亿美元,是国与国之间贸易总额的 2 倍多。跨国公司海外附属企业货物和服务出口为31 670亿美元,占世界货物和非要素服务出口的 46%。跨国公司的生产总值已超过工业世界总产值的 30%。这些庞然大物对国际政治、经济事务和东道国的内部事务往往会产生较大的影响。

3. 内部实行一体化

为了实现全球战略目标,跨国公司需要实行内部一体化管理模式,亦即跨国公司在世界各地的子公司的重大决策都在总公司的统一控制之下,根据集中与分散相结合的原则,实行统筹安排,根据业务性质、产品结构、地区分布、风险程度等因素来确定集中与分散的程度。跨国公司的内部一体化主要包括:(1)生产一体化;(2)新技术和新产品一体化;(3)营销一体化;(4)采购一体化;(5)技术人才一体化;(6)财务一体化。

4. 国外分支机构众多

为了实现其全球战备目标,跨国公司在世界各地建立有众多的子公司和分支机构,营造了一个集生产、贸易、金融和信息于一体的庞大网络。该网络内部协同运作,与外部进行物质、能量、信息等的交流,并高效率地运转,如日本一些大型综合商社能在数分钟之内了解到某种商品的国际市场最新情报。

5. 重视对外直接投资

发展对外直接投资是跨国公司参与国际竞争的主要形式。对外直接投资是跨国公司走向世界、实行国际化生产经营的重要物质基础,同时,对外直接投资的发展又可带动对外贸易和技术转让的发展,有助于充分利用既定的“比较利益”和创造性的“比较利益”。一些西方经济学家甚至认为,“比较利益”、“国际分工”的主体已从主权国家转移到了跨国公司。

(三)跨国公司的类型

按照不同的标准,跨国公司有不同的分类:

1. 决策行为标准

从跨国公司经营哲学和决策行为的角度来分类,跨国公司可以分为三种类型:体现母国权益的民族中心型、以子公司权益为考虑依据的多元中心型,以及以公司的全球利益最大化为决策依据的全球中心型。

2. 经营项目标准

从跨国公司经营项目的性质来分类,跨国公司可以分为三种类型:经济资源型、加工制造型和服务提供型。

3. 经营标准

从跨国公司的产品种类和内部结构来分类,跨国公司可以分为三种类型:一是从事单一产品生产的水平型或横向型;二是垂直型或纵向型跨国公司,即公司内部母公司和子公司之间生产不同产品和经营不同业务,但相互进行专业化的分工合作,实行生产过程的纵向关联与衔接;三是混合型或多角化型公司,这类公司涉及多样化的产品和行业,而这些多样化的产品与行业之间没有必然的衔接关系。

二、跨国公司的发展

19 世纪末 20 世纪初,资本主义进入垄断阶段,资本输出发展很快。当时,一些发达资本主义国家的大型企业通过对外直接投资,在海外设立分支机构,开展跨国性经营,如美国的胜家缝纫机器公司、爱迪生电气公司等。

在第二次世界大战期间，跨国公司在数量上、规模上有所发展。

第二次世界大战以后，特别是20世纪50年代末60年代初，跨国公司，尤其是美国的跨国公司发展十分迅速。具体表现是：(1)跨国公司及其海外子公司的数目大大增加。据联合国统计，1968～1969年主要资本主义国家的跨国公司共有7 267家，在外子公司数目达27 300家。(2)私人对外直接投资增加迅速。据联合国统计，1938年主要资本主义国家的资本输出额为528亿美元，1958年为1 010亿美元，1970年达2 850亿美元。(3)跨国公司的投资规模不断扩大。跨国公司投资日益向新兴的工业部门发展，投资地区由发展中国家转向发达国家；投资的部门，除了传统的采掘业以外，日益向新兴的技术发展快的制造工业发展。对汽车工业、石油化工、电子、机械等部门投资比重增加，采矿业和传统工业部门，如纺织、钢铁等行业的比重下降。

进入20世纪70年代后，跨国公司的发展进入了第三次高峰期：(1)美国的跨国公司有了很大发展，仍是拥有跨国公司最多的国家。(2)德国的跨国公司发展速度明显加大。(3)具有东方管理特色的日本工业公司开始走向世界市场。(4)随着区域经济一体化的进程，一个已经形成的欧、美、亚跨国公司三足鼎立的格局必然将持续下去。

20世纪90年代以后，随着世界经济全球化趋势的加强、当代科学技术的发展和国际竞争的加剧，大型跨国公司在激烈争夺市场的同时，相互间联合与协作的势头进一步加强。尤其是90年代中期以来，跨国公司在全球范围内兴起了一场规模宏大、影响深远的收购与兼并浪潮。其特征表现归纳起来有如下几点：(1)来势凶猛，购并浪潮一浪高过一浪。据统计，1996年购并案件多达2.27万件、企业购并交易高达1.14万亿美元，1997年高达1.5万亿美元。(2)范围广泛，涉及行业众多。90年代以来的购并浪潮涉及的行业很多，工、商、传媒、金融领域都出现了大规模的企业购并。(3)巨型企业购并，个案交易巨大。数亿美元、数十亿美元、数百亿美元的巨型企业购并个案已不足为奇。(4)纵横并举中，横向兼并更显猛烈。迪士尼兼并美国广播公司、通用兼并休斯等属于行业纵向兼并。法国洛纳普朗对英国法伊森的兼并(医药业)、波音对麦道的兼并(航空制造)等属于横向兼并。(5)强强合作、优势互补。我们可以从许多被兼并的企业经营状况非常良好、在国际市场上具有很强的竞争力的事实看出，90年代的兼并不属于弱肉强食的兼并性质，它们完全属于跨国公司的战略行为。

进入21世纪后，跨国公司在经济全球化发展的大环境下更迅速地发展起来。据《2006年世界投资报告》，目前跨国公司母公司总共已达7.7万个，国外子公司已逾77万个。2005年这些国外子公司创造财富4.5万亿美元，雇用工人约6 200万名，出口货物和服务的价值超过4万亿美元。跨国公司以它们自身的表现证明它们是世界经济的主流。

三、跨国公司和对外直接投资的关系

(一)跨国公司是对外直接投资的主体

现今跨国公司几乎承担了世界上所有的对外直接投资，尤其是大型跨国公司更是成了对外直接投资的主导力量。据估计，全球最大的500家跨国公司的海外直接投资额占全球对外直接投资总额的80%以上；美国200多家跨国公司的海外直接投资额占美国对外直接投资总额的70%；英国165家跨国公司的海外直接投资额占英国对外直接投资总额的80%；德国82家跨国公司的海外直接投资额占德国对外直接投资总额的70%。①

---

① 鲁明泓：《国际企业管理》，中国青年出版社1996年版，第26页。

(二)对外直接投资是跨国公司在全球范围内组织经济活动的最重要的形式

如今跨国公司已经成了世界经济舞台上最重要的力量。为了最大限度地占有国际市场，获取最大的经济利益，跨国公司涉足到了国际经济活动的方方面面。而对外直接投资作为适应高度复杂化的生产技术以及伴随资本和管理人员合理转移的经济方式，是跨国公司在全球内组织经济活动最重要的形式。据统计，在 20 世纪 80 年代以前，全球对外直接投资和技术贸易的增长是同步的，而进入 80 年代后，对外直接投资增长开始超过技术贸易的增长。对外直接投资对跨国公司来说正日益显示其重要性。

第四节 跨国公司的相关理论

跨国公司是国际直接投资的主体，研究跨国公司必须从了解西方国际直接投资理论着手。西方国际直接投资理论主要有：垄断优势论、产品周期理论、内部化理论、边际产业扩张论和国际生产折中理论。产品周期理论和内部化理论在前面章节已作论述，在此不再重复。

一、垄断优势论

垄断优势论（Monopoly Superiority Theory）由美国经济学家斯蒂芬·海默(S. H. Hymer)提出，是跨国公司从事对外直接投资的理论依据。

1960 年，海默完成了其博士论文《国内企业的国际经营：对外直接投资的研究》。在论文中，海默根据美国商务部关于直接投资与间接投资的区分准则，实证分析了美国 1914～1956 年对外投资的有关资料，并得出他的重要发现，即美国在对直接投资与对外证券投资方面的行为表现，无法用传统的国际资本运动理论(要素禀赋论)作出科学的解释。他在论文中列举大量事实证明美国跨国公司对外直接投资并不一定如传统理论中所认为的是为了追求利益的最大化，而是还有其他原因。

海默以事实证明了传统的理论已不能科学地解释以后迅速发展的国际直接投资实践后，提出了跨国公司从事对外直接投资的理论——垄断优势论。

海默认为跨国公司从事对外直接投资的主要原因有两点：第一，排除竞争；第二，利用优势。

传统的国际资本运动理论认为市场是完全竞争的，而海默认为市场是不完全竞争的，对外直接投资是市场不完全的副产品。在市场不完全的情况下，面对同一市场的各国企业之间存在着的竞争，唯有形成垄断才能排除竞争，即实行集中经营，使其他企业难以进入市场，这样既可获垄断利润，又可减少由于竞争而造成的损失。

美国跨国公司对外直接投资是因为它具有垄断优势。具体表现为：技术优势；先进管理经验；雄厚的资金实力；信息灵通；销售系统健全；规模经济优势。一般而言，东道国当地企业拥有外国企业无法比拟的诸多有利条件，如对投资环境的熟悉、对市场的熟悉、无语言障碍、从当地政府部门处获得较多的支持等。但是，跨国公司所拥有的垄断优势往往可以抵消东道国企业在天时地利方面的优势，并在竞争中拥有净优势。

海默认为，寡占行为会使跨国公司对与东道国创办合营企业不感兴趣，而更乐意创办独资企业。所谓寡占行为，是指处于垄断地位的跨国公司通过在竞争对手的领土上建立地盘来加强自己在国际竞争中地位的活动。

寡占行为是西方发达国家之间进行相互直接投资的重要原因。通过相互投资使国内寡占竞争行为在世界范围得到延伸，达到防止竞争对手占领潜在市场，从而增强竞争地位的目的。

金德尔伯格则进一步用收入流量资本化来说明跨国公司在异国投资生产的可能性。他认为，国际证券投资是利率差异作用的结果，而国际直接投资则是对利润差异的反映。只有能获得高于当地企业的利润时，美国跨国公司的对外直接投资行为才会发生，利润水平是竞争能力的反映。其表达式为：

$$C=I/R$$

式中：C——对外投资资产额；

I——该项资产获得的利润；

R——利润率。

垄断优势论的结论是：垄断与优势结合，是跨国公司从事对外直接投资的主要动机。

二、边际产业扩张论

（一）边际产业扩张论的形成

20 世纪 60 年代以来，日本经济的崛起改变了美国独占国际生产领域的格局，美国、西欧和日本已共同成为当今世界生产领域的主要力量。大规模发展对外直接投资已成为日本经济发展的重要选择。日本发展对外直接投资的实践使日本经济学家对海默的垄断优势论（他们原先持赞成态度）产生异议。从海默的观点中得出这样的结论：只有拥有雄厚的资本和高超技术的大型企业才能拥有垄断优势，才有可能从事对外直接投资。而日本的情况是：对外直接投资的主体大都是中小企业，所拥有的技术优势却是易被发展中国家接受的劳动密集型技术优势。因此，他们得出了结论：海默的垄断优势论不适合日本，并且逐步形成了具有本国特色的对外直接投资理论。

边际产业扩张论由日本著名的国际经济学家小岛清提出，该理论的核心是：国际分工原则和比较成本原则是一致的，即国际分工既能解释对外贸易，也能解释对外直接投资。日本的对外直接投资应当根据比较利益的原则进行，即对外直接投资应该从本国（投资国）已经处于或即将处于比较劣势的产业（或称边际产业）依次进行。

小岛清认为，与发展中国家相比，由于劳动力成本的提高，日本的劳动密集型产业处于比较劣势，变成了“边际产业”。同是劳动密集型企业，可能一些大企业还保持较强的比较优势，而中小企业则处于比较劣势，成为“边际性企业”。在同一企业中，也可能有一些部门保持较强的比较优势，而另一些部门则处于比较劣势，成为“边际性部门”。小岛清将这些“边际性产业”、“边际性企业”、“边际性部门”概括为“边际性生产”。

（二）边际产业扩张论的推论

根据边际产业扩张论的核心，小岛清提出了若干推论：

（1）比较优势理论是建立国际贸易和对外直接投资综合理论的基础。在国际贸易方面，根据既定的比较成本，一国应大力发展拥有比较优势的产业，并出口该产业生产的产品。同时，缩小比较劣势产业，并进口该产业生产的产品，就可以获得贸易利益。在对外直接投资方面，投资国应从处于或即将处于比较劣势的边际产业依次进行，这样，就可以将东道国因缺少资本、技术和管理经验而没有发挥的潜在比较优势挖掘出来。因此，可以扩大两国间的比较成本差距，为双方进行更大规模的进出口贸易创造条件。小岛清认为，国际贸易是按既定的比较成本进行的，而国际直接投资则可以创造新的比较成本。虽然有这种差别，但两者都是以比较成本原则为判断标准的，从这一点来说，可以将两者建立在一个综合理论基础之上。

(2)日本的对外直接投资属于导向贸易型。日本式的对外直接投资与对外贸易的关系不是替代关系,而是互补关系,亦即对外直接投资创造和扩大对外贸易。日本式的对外直接投资依次进行的是处于或即将处于劣势的边际产业,在东道国廉价进行生产,由日本进口其产品是有利的。随着日本式对外直接投资的扩大,一方面可以带动投资国机器设备等的出口,另一方面也会促使投资国增加进口(进口原材料)。

(3)必须立足于"比较成本原理"进行判断。小岛清认为,传统的企业发展论、产业组织论等企业经营学往往建立在对一种商品、一种产业或一家企业的分析之上,这是不科学的。小岛清认为,应采用先找出两种或两种以上的产品的成本比率,然后与外国的该种比率进行比较,亦即运用"比较之比较公式"才能作出最后的结论。

(4)在国际直接投资中,应寻找投资国与东道国间技术差异最小的产业依次进行移植,即通过中小企业的投资来进行。

(5)国际直接投资能使投资国与东道国间产生比较优势,可以产生更高的利润。

(三)边际产业扩张论的应用主张

根据边际产业扩张论的核心和推论,小岛清提出了如下若干"应用主张":

(1)关于日本式资源开发型直接投资的政策。小岛清根据日本对外投资的主要目的,主张采取产品分享方式或贷款买矿的非股权安排方式。他认为日本对外投资的目的是在境外开发自然资源,以供日本进口,所以没有必要像欧美国家跨国公司那样拥有国外企业的全部股权。

(2)关于日本向发展中国家工业进行直接投资的政策。小岛清认为,日本向发展中国家工业进行直接投资应注重起到"教师作用"。即传播技术和管理经验,使当地企业能独立进行新技术产品的生产,提高当地企业的劳动生产率,在完成"教师作用"后,应分阶段转让日本国外企业的所有权。

(3)关于日本向发达国家进行直接投资的政策。小岛清认为,发生在发达国家间的对外直接投资是在双方比较成本差距很小的基础上进行的,他称这类投资为"协议性的产业内部相互投资"。他认为这类投资与双方国家间的贸易摩擦等问题有密切关系。

(4)对跨国公司功过评析。小岛清认为,欧美跨国公司获得高额利润主要是因为开展规模经济所带来的效益。生产方面的规模经济对世界经济发展有利,而商业方面的规模经济的虚假性是损害社会利益的。

(四)边际产业互补性竞争理论

互补性竞争理论是边际产业扩张论的分支理论,是多个跨国公司之间出于对整个国际市场的预期目标和提升企业可持续竞争优势的目的,以高新技术资源为主体,依据各自生产函数效率和效果有效互补与竞争增值相统一的原理。它把分散在跨国公司之间的高新技术研究开发和技术创新要素联接起来,进行技术创新互补协作和整合重组,创造出新的高技术竞争优势和垄断技术优势。这个理论是欧洲和澳大利亚的一些技术经济学者在研究跨国公司战略联盟和高新技术研究开发风险课题中提出来的,旨在避免西欧跨国公司的高新技术研究开发投入在美、日及西欧各国之间趋同,防范盲目竞争、无效投入和成果转化失败的风险,并能尽快形成有效抗衡美、日高新技术的竞争优势。他们在应用发展小岛清"边际产业扩张论"的基础上,逐步形成了一套系统的跨国公司和区域经济互补性竞争的理论。多数学者认为,这个理论框架贴近经济全球化时代的实际,能诠释当今跨国公司积强为雄的发展规律。其理论要点如下:

(1)跨国公司之间依赖比较利益而组合的叠加经济优势,可以带来短期收益,但很难形成竞争优势,只有在优势互补又呈竞争状态的条件下,才有可能实现跨国公司组合市值的长效增值。

(2)跨国公司之间不是原有的简单技术经济组合，而是在多国公司潜在技术经济与生产函数优势上寻租，从而达到提升整体竞争优势的目的。

(3)跨国公司之间把专业化比较优势、差异比较优势和高关联度产业比较优势作为互补和竞争组合的主体目标。

(4)在技术经济组合结构上，强调各跨国公司技术经济单元的独立性、对等性和非强制性，以达成契约或协议条件下而结成自由松散的战略联盟或技术共同体，并充分保持互补而又不重复的独立竞争态势。

(5)在知识创新、研究开发和技术创新上注重低成本投入，通过有效的协调控制条款，避免内部跨国公司之间盲目投入、盲目竞争，防范风险，共同追求投入产出效率和效益的最大化，尽量减少各跨国公司高新技术投入的风险损失，以获得持久的递增收益。

在互补性竞争理论影响下，世界上出现了一些以高新技术为契机的跨国公司战略联盟和技术共同体，并进而发展到金融、航天、航空、海运等多个产业领域的战略联盟。世界上实现互补性竞争联合最成功的范例，当属飞利浦参与的多国联盟。飞利浦为了提高在全球市场的竞争优势，与世界上的福鲁克、洛克维尔、杜邦、惠普、德州仪器、AT&T、通用电气、控制数据、摩托罗拉、英特尔、夏普、索尼、松下、日立、JVC、菲亚特、奥利维第、CGE、汤姆森、西门子等 20 多个跨国公司在电子、半导体、通信设备、照明设备、办公自动化、集成电路、广播电视等产业领域建立起既互补合作又竞争发展的新型联盟，既巩固和发展了全球的市场份额，还获得了可观的收益。

然而，互补性竞争理论在协调战略联盟风险与冲突中存在不足，尤其是以高新技术为主体而组合的多国跨国公司联盟，成功者少，因技术转移与发展、知识产权内部保护冲突等而失败的较多。为此，许多跨国公司的战略专家提出了一些防范互补性竞争失效的实施性框架原则，其要点有：

(1)互补性竞争的动因科学准确。跨国公司之间在建立互补性竞争合作联盟前，各方的总裁和战略专家要对联盟未来的发展目标，预期竞争能力的提高能否改变在世界市场的战略位置，哪些潜在差异比较优势和专业化比较优势可能互补提升，效率、效益和效果的评估，战胜竞争对手的利与弊等，进行科学、周密的决策分析，达成互补性竞争联盟的前期合作基础和共识。

(2)建立新联盟的权威协调机构。跨国公司各方总裁和董事会授权成立联盟的协调机构，以法律形式确立协调机构的控制权、管理权和监督权。

(3)鉴定知识产权转移与保护的法律条款。跨国公司各方的核心技术在联盟内部转移、新技术创新共享和核心技术泄露等方面，要签订联盟内部的知识产权、技术价值转移的利益保护等限制和独立法定条款。

(4)建立联盟合作、信任、承诺和相互适应的基础公约。在科学和谨慎选择互补性竞争战略联盟伙伴的基础上，妥善处理和沟通跨国联盟各方的文化差异，用包容有效的公约和规则，建立合作、信任、承诺和相互适应、共同发展的坚实基础。

三、国际生产折中理论

随着跨国公司的发展，在国际范围内已经形成了诸多对外直接投资理论，但是，由于这些理论都带有个别国家色彩，均不具有普遍意义。20 世纪 60 年代以后，发展中国家随着经济发展也逐步加入到对外直接投资的行列中来，可是对此现象，没有一个可作解释的相关理论。直至 1977 年，英国经济学家约翰·邓宁(John Denning)教授在一篇题为《贸易经济活动的区位与多国企业：折中理论探索》的论文中提出了独特的对外直接投资理论——国际生产折中理论。将国际直接投资、对外贸易和对外技术转让结合起来,提出了"三优势"理论观点。

邓宁的"三优势"即所有权优势、内部化优势和区位优势。他认为,一国企业从事对外直接投资活动必须具备这三个优势。

（一）所有权优势

所有权优势,是指一国企业拥有或能够获得的,国外企业所没有或无法获得的资产及其所有权。邓宁认为它是跨国公司从事对外直接投资的基础。所有权优势可分成两类:一类是通过出口贸易、技术转让和对外直接投资等方式均能给企业带来收益的所有权优势。另一类是只有通过对外直接投资才能得以实现的所有权优势,这种所有权优势又可分成四个方面:(1)技术优势;(2)企业规模优势;(3)组织管理优势;(4)金融和货币优势。

跨国公司拥有的所有权优势的大小直接决定着其对外直接投资的能力。

（二）内部化优势

内部化优势,是指跨国公司将其所拥有的资产加以内部使用而带来的优势。邓宁认为,跨国公司将其所拥有的各种所有权优势加以内部化的动机,在于避免外部市场的不完全对其所产生的不利影响,实现资源的最优配置,继续保护和充分利用其所有权优势的垄断地位。邓宁将市场不完全划分为结构性市场不完全和知识性市场不完全两类。结构性市场不完全是指由于竞争、贸易壁垒、交易成本高而导致的市场不完全;知识性市场不完全是指由于不易获得或需支付较高的代价获得生产与销售的有关信息而导致的市场不完全。

跨国公司对其拥有的所有权优势可有两种不同的利用途径:一个是资产使用外部化,另一个是资产使用内部化。前者是指跨国公司将其所拥有的资产或资产的使用权售给别的企业,后者即为跨国公司利用其所拥有的资产发展对外直接投资。跨国公司采用何种途径利用其所拥有的资产,取决于利润的大小。内部化优势的大小决定着跨国公司将如何选择利用其所拥有的资产参与国际经济的形式。

（三）区位优势

区位优势,是指跨国公司在投资区位上具有的选择优势。区位优势是一个相对的概念,可分为直接区位优势,即东道国的某些有利因素形成的区位优势;间接区位优势,即由于投资国某些不利因素所形成的区位优势。区位优势决定着一国企业发展对外直接投资的可能性和开展对外直接投资的类型和部门结构。

邓宁将对外直接投资划分为五种类型:资源开发型;生产或加工专业化型;贸易和销售型;服务型;其他。每一种类型的对外直接投资都是由于不同的所有权优势、内部化优势和区位优势组合决定的。

国际生产折中理论认为:决定对外直接投资的三项因素之间是相互关联、紧密联系的。与外国企业相比,本国企业拥有的所有权优势越大,则将资产内部化使用的可能性也越大,从而在国外利用其资产比在国内可能更为有利,更有可能发展对外直接投资。如果本国企业在这三方面都处于劣势,则有可能吸引国外直接投资。

邓宁认为,国际生产折中理论不仅可以解释一国企业的对外直接投资,还可以解释一国企业对参与国际经济方式的选择,亦即可以将对外贸易、技术转让、对外直接投资三者有机地结合起来。一般来讲,如果企业仅拥有一定的所有权优势,则只能选择对外技术转让的形式参与国际经济活动;如果企业同时拥有所有权优势和内部化优势,则出口贸易是参与国际活动的一种较好形式;如果企业同时拥有所有权优势、内部化优势和区位优势,则发展对外直接投资是参与国际经济活动的较好形式。

第五节　世界投资环境的现状与趋势

经历了影响全球的金融危机后，世界经济格局正发生着一系列变化。它严重影响着世界资本移动的轨迹、跨国公司的扩张策略以及国际分工和国际贸易的有序发展。世界需要制定新一代政策，把包容性增长和可持续发展作为吸引外国直接投资并从中受益的核心内容。

一、当前世界投资环境概述

作为联合国贸发会议的旗舰报告，《世界投资报告》每年聚焦全球、区域和各国的外商直接投资趋势，探讨有关外商直接投资与经济发展的新的重大问题。2012 年的报告着重讨论了新一代投资政策。报告认为，投资政策双向调整的趋势非常明显：一方面，大多数国家仍继续开放并促进各行业的外国投资以刺激经济增长；另一方面，新的监管与限制措施进一步出台。

从当前国际形势来看，由于经济再次陷入不确定状态，且主要新兴市场可能面临低增长率，联合国贸易和发展组织预计，2012 年全球外国直接投资增长速度将放缓，流量将稳定在 1.6 万亿美元左右。报告指出，2011～2012 年，关于外商直接投资流出，很多国家采取了调控政策，主要体现在两个领域：一是通过引入新的进入壁垒或强化甄别程序，对外商直接投资流入政策进行调整；二是针对采掘业，制定国有化程度要求、征用或撤资要求等更多的监管政策。

经济危机后，双边协定已演变为区域协定，投资政策区域化发展迅速。近年来，每年新增的双边投资协定数目持续减少，区域投资决策则在加强。同时，可持续发展已成为国际投资决策中的一大重要因素。2011 年签署 47 项国际投资协定，与 2010 年的 69 项相比，传统投资协定的签署继续失去动力。这表明，政策逐步转向区域性协定的制定。虽然在数量方面，双边协定仍占主导地位，但在经济意义上，区域主义日益重要。这种转变能巩固和统一投资规则，表明迈出了多边主义的第一步，新协定无需淘汰旧条约，旧条约亦不能代替新协定。它促使国际投资协定网络更加复杂、重叠和不一致。

在国际金融危机、食品安全和环境危机的轮番冲击下，将包容性和可持续发展目标与经济置于同等重要的地位成为共识。在这样的大趋势下，新一轮投资政策有出台的环境和必要性。新一轮投资政策将包容性增长与可持续发展置于首要位置以吸引投资并从中受益。这在国际与国内两个层面上引发了特定的投资政策挑战。在国内层面上，将投资政策与发展战略结合起来，将可持续发展目标纳入投资政策，确保投资政策的关联度与有效性。在国际层面上，拓展国际投资协定(IIAs)的发展维度，对国家与投资者的权利与义务进行平衡。新的政策框架是务实的“即时更新文件”，贸发会议将继续为投资利益相关者提供协商、讨论该框架的平台，如建立一个互动式开源讨论论坛，国际社会可以在这里交流意见、建议和经验，以使政策更具针对性和适应性。

二、《2012 年世界投资报告：制定新一代投资政策》

由联合国贸易与发展委员会撰写、编制和公开向全世界发行的《世界投资报告》是各国了解世界经济动态的风向标。2012 年的报告极具权威性地向全世界展露了世界直接投资的发展趋势和前景。

(一)2012～2014 年国际直接投资的发展趋势和前景

2011 年，尽管世界经济出现动荡，全球 FDI 流量超过了金融危机前的平均值，达到 1.5 万亿美元，但仍比 2007 年最高水平约低 23%。

贸发组织预测，2012 年 FDI 增长速度将放缓，流量约在 1.6 万亿美元的水平上浮动。主要数据表明，跨境并购以及绿地投资（绿地投资又称创建投资，是指跨国公司等投资主体在东道国境内依照东道国的法律设置的部分或全部资产所有权归外国投资者所有的企业）总额在 2012 年头五个月有所下降。长期展望则可见适度稳健的增长，如果不发生宏观经济动荡，全球外资流量将在 2013 年达到 1.8 万亿美元，2014 年达到 1.9 万亿美元。

2011 年，各主要经济体的 FDI 流入量有所增长。流入发达国家的 FDI 增长了 21%，达 7 480亿美元，流入发展中国家增长 11%，达到创纪录的6 840亿美元，转型期经济体上升 25%，达 920 亿美元。发展中经济体和转型期经济体在全球 FDI 总额中分别占 45%和 6%。贸发组织预测，未来 3 年这些经济体将继续保持较高的投资水平。

非洲和最不发达国家 FDI 流入量连续 3 年下降。但非洲的前景显出光亮。2011 年流入非洲 FDI 下降的主要原因是从北非的撤资。相反的是，流入撒哈拉以南非洲的 FDI 有所复苏，达到 370 亿美元，接近历史最高峰值。

主权财富基金（Sovereign Wealth Funds，SWFs）显示出投资于发展的巨大潜力。SWFs 的 FDI 数额相对较小，其累计 FDI 在 2011 年约为1 250万亿美元，其中 1/4 左右是在发展中国家的投资。SWFs 通过与东道国政府、发展金融机构，或者其他私营部门投资者共同合作，在基础设施、农业和工业发展，包括建立绿色增长行业等领域进行投资。

跨国公司的国际化生产进一步扩张，但在以企业现金储备进行投资方面仍然停滞不前。2011 年跨国公司的外国分支机构在世界各地雇用的员工总数约为6 900万人，创造销售额 28 万亿美元，附加值为 7 万亿美元，比 2010 年高出 9%。跨国公司的现金储备创历史新高，但至今并没有体现在可持续的投资增长中。当前的"悬置"资金可能会引发将来出现 FDI 激增的现象。

贸发组织新编制的 FDI 作用力指数（FDI Contribution Index）显示，外国分支机构对发展中国家东道国产生了相对较大的影响，特别是在非洲。这个指数是根据附加值、就业、工资、税收、出口、研发开支和资本构成等指标计算而成的，该排名同时也列出了 FDI 贡献低于预期水平的国家，证实了政策因素会对最大化 FDI 的正效应与最小化 FDI 的负效应产生至关重要的影响。

（二）新形势下各国投资政策发展趋势

报告透露，2011 年许多国家继续对各行业的外国投资实行宽松化政策和促进政策，以刺激经济增长。同时，新的管制和限制性措施继续出台，包括基于产业政策的理由而出台的措施。这些措施主要体现在以下几个方面：对外国投资者的准入政策的调整（例如，在农业、制药业领域）；在采掘业，还包括通过国有化和要求撤资等方式；以及针对海外直接投资的更严格的规定。

国际投资政策正在发生变化。每年新签的双边投资协定（BITs）数量继续减少，而在区域层面则在加强制定投资政策。可持续发展在国际投资政策制定过程中起着越来越重要的作用。许多有关投资者—国家争端解决机制的改革设想涌现，但很少付诸实践。

供应商在落实企业社会责任（CSR）规范方面需要得到帮助。跨国公司 CRS 规范对发展中国家（特别是中小型企业）的供应商提出了挑战，这些企业要遵守这些规范而且要按照多项的、零碎的标准进行报告。决策者们应该把企业社会责任纳入到企业发展和能力建设计划中，以帮助这些供应商应对挑战并且创造新的机会。跨国公司也应该在行业层面把标准和报告要求统一起来。

（三）贸发组织的“可持续发展的投资政策框架”

鼓励投资并且保证投资致力于可持续发展是世界各国的首要任务。新一代投资政策正在出台，政府将实行议题内容更广泛且更复杂的发展政策，同时构建或保持良好的整体投资环境。

“新一代”投资政策把包容性增长和可持续发展作为吸引投资并且从中受益的核心内容。这在国家和国际层面带来了具体的投资政策挑战。从国家层面看，这些挑战包括把投资政策纳入发展战略，把可持续发展目标融入投资政策，以及确保投资政策的实用性和有效性。从国际层面看，有必要强化国际投资协定(IIA)的发展环节，平衡东道国和投资者之间的权利和责任，并且管理国际投资协定体制的系统性复杂问题。

为了应对这些挑战，贸发组织制定了全面的“可持续发展的投资政策框架”，其中包括投资决策的核心原则、国家投资政策指南，以及国际投资协定的设计和应用。

贸发组织的 IPFSD[①] 可以作为决策者制定国家投资政策，以及谈判或评估国际投资协定时的参考。它为讨论国家和国际投资政策并且就此展开合作提供了通用语言。它被设计为“即时更新的文件”，其中还包括一个网络版，其目的是建立互动的开源平台，邀请投资社会交流有关 IPFSD 的思想观点和经验，从而在未来促进投资政策实现包容性和参与式的发展。

三、《2013 年世界投资报告——全球价值链：投资和贸易促进发展》

（一）2012 年国际直接投资现状

2013 年 6 月 26 日，联合国贸发组织全球同步发布了《2013 年世界投资报告》。报告指出，2012 年全球外国直接投资下降了 18%，达 1.35 万亿美元。全球外国直接投资的这一趋势表明，面对全球经济特别是一些主要经济体经济复苏的脆弱性及政策不确定性，跨国公司对外投资仍十分谨慎。很多跨国公司在通过资产重组、撤资等方式重新布局海外投资。全球外国直接投资复苏势头疲软。

贸发组织预测，2013 年全球外国直接投资仍将接近 2012 年的水平，其上限为 1.45 万亿美元。随着宏观经济状况改善，以及投资者在中期内恢复信心，跨国公司可能会将其创纪录的现金持有量转化为新的投资。全球外国直接外资流量可能在 2014 年攀升至 1.6 万亿美元，在 2015 年达到 1.8 万亿美元。不过，全球金融体系的结构性缺陷、宏观经济环境可能出现的恶化以及重要经济政策的不确定性可能会导致外国直接外资流量进一步下降。

联合国贸易和发展组织投资和企业司司长《世界投资报告》主编詹晓宁表示，目前，2012 年中国吸引外资下跌 2%，但对外直接投资创下了 840 亿美元历史纪录。中国成为世界第三大对外投资国。但中国仍是外资流入量最大的发展中国家，吸收外资保持在1 210亿美元的高水平，在全球范围内仅次于美国排名第二。从中期看，中国仍是跨国公司首选的投资目的地。詹晓宁称，2012 年全球外国直接投资有以下发展特点：

（1）通过离岸金融中心和特殊目的实体进行的投资量处于历史最高水平。流向境外金融中心的资金量仍然接近 2007 年达到的峰值。虽然大部分打击逃税的国际努力均以离岸金融中心为重点，但流向特殊目的实体的资金量在 2011 年几乎增加了 7 倍。为特殊目的实体提供

---

① IPFSD 是可持续发展的投资政策框架(Investment Policy Framework for Sustainable Development)的简称。这个概念是在《2012 年世界投资报告》中提出来的一个全新的概念。

有利税收条件的国家的数量正在增加。

(2)国际生产稳步增长。2012 年,跨国公司的国际生产继续稳步扩张,因为直接外资流量即便处于较低水平,也在增加现有直接外资存量。2012 年,直接外资存量增长了 9%,达到 23 万亿美元。跨国公司的外国子公司创造的销售额价值 26 万亿美元(其中 7.5 万亿为出口额),较 2011 年增长了 7.4%。2012 年,子公司贡献的附加值达 6.6 万亿美元,增长了 5.5%,与全球国内生产总值 2.3%的增幅相比相当突出。2012 年,跨国公司的外国子公司雇员总人数为 7 200万人,较 2011 年增加了 5.7%。

(3)再投资收益可以成为长期投资的重要资金来源。2011 年,总量 21 万亿美元的直接外资收入为 1.5 万亿美元。直接外资的收益率在全球一级为 7%,在发展中国家(8%)和转型经济体(13%)都要比在发达国家(5%)高。全球直接外资收入中将近 1/3 在东道经济体被留存,2/3被汇回本国(平均相当于经常项目收支的 3.4%)。留存盈余的比重在发展中国家最高,约为直接外资收入的 40%,因而这笔资金是一个重要的融资来源。不过,报告警告说,这些资金并没有全部转变为资本支出,而东道国政府面临的挑战是使留存盈余转入生产性投资。

(4)在全球外国直接投资增长出现反复的过程中,发展中国家在吸引外国直接外资方面走在了前面。2012 年,发展中国家吸收的直接外资有史以来首次超过发达国家,占全球直接外资流量的 52%。发展中经济体的直接外资流入量实际上略有减少(4%),但仍处于历史第二高位,达到7 030亿美元。在对外投资方面,发展中经济体也占了全球近 1/3,继续了稳步上升的趋势。

(5)全球外国直接投资吸收国的排名也反映了世界范围内投资流量的变化情况。2012 年,全球前 20 大外国投资接受国中有 9 个是发展中经济体。其中,有 4 个发展中经济体跻身世界五大投资接受地行列。最大对外直接投资国的全球排名也显示发展中国家和转型经济体的重要性持续上升。2012 年,全球 20 大对外投资来源国中有 7 个是发展中国家。中国有史以来首次成为全球第三大对外投资国,仅次于美国和日本。

(6)流向亚洲以及拉美和加勒比地区的外国直接外资仍保持在历史高位,但增长势头有所放缓。2012 年,非洲的直接外资流入量较前一年有所增加。最不发达国家、内陆发展中国家和小岛屿发展中国家吸收的外国直接外资也在上升。

(7)"金砖国家"(巴西、俄罗斯、印度、中国和南非)不仅是外国直接投资的主要接受国,也已经成为重要的对外投资国。其对外直接投资总量由 2000 年的 70 亿美元猛增到 2012 年的 1 450亿美元,达到世界投资总流量的 10%。"金砖国家"在非洲的投资规模很大。例如,截至 2011 年年底,中国对非洲的直接投资存量达到 160 亿美元。

(8)发达国家外国直接投资流入量下降了 32%,降至5 610亿美元,接近过去十年来的最低水平。同时,发达国家的直接投资流出量下降到了接近 2009 年低谷的水平。在经济前景不确定的背景下,发达国家的跨国公司不得不对新的投资持观望态度甚至撤回国外资产,而不是进行积极的国际扩张。2012 年,38 个发达国家中有 22 个国家的对外直接投资下降,降幅为 23%。

贸发组织预测,2013 年全球外国直接投资仍将接近 2012 年的水平,其上限为 1.45 万亿美元。随着宏观经济状况改善,以及投资者在中期内恢复信心,跨国公司可能会将其创纪录的现金持有量转化为新的投资。全球外国直接外资流量可能在 2014 年攀升至 1.6 万亿美元,在 2015 年达到 1.8 万亿美元。不过,全球金融体系的结构性缺陷、宏观经济环境可能出现的恶化以及重要经济政策的不确定性可能会导致外国直接外资流量进一步下降。

(二)跨国公司国际直接投资发展现状

1. 国有企业和主权财富基金的国际化保持了快速增长

国有跨国企业的数量从 2010 年的 650 家增加到 2012 年的 845 家,其对外直接投资达1 450亿美元,几乎达到全球国际直接投资的 11%。2012 年,主权财富基金的国际直接投资仅为 200 亿美元,尽管如此,这一数字与前一年相比仍翻了一番。主权财富基金的累积国际直接投资估计为1 270亿美元,其中大部分投向了金融、房地产、建筑和公用事业等行业和部门。

2. 国际生产稳步增长

2012 年,跨国公司的国际生产继续稳步扩张。2012 年,国际直接投资存量增长了 9%,达到 23 万亿美元。跨国公司的外国子公司创造的销售额达 26 万亿美元(其中 7.5 万亿为出口额),较 2011 年增长了 7.4%。2012 年,子公司贡献的附加值达 6.6 万亿美元,增长了 5.5%,高于全球国内生产总值 2.3%的增幅。

3. 再投资收益成为长期投资的重要资金来源

2011 年,总量 21 万亿美元的全球外国直接投资存量共创造了 1.5 万亿美元的投资收入。国际直接投资收益率在全球一级为 7%,其中发展中国家和转型经济体的投资收益率分别为8%和 13%,高于发达国家的 5%。全球外国直接投资收入中将近 1/3 被留存在东道经济体,其中一部分用于再投资;2/3 被汇回母国,平均占经常项目收支的 3.4%。

(三)投资政策方面的最新进展

2012 年,各国新出台的投资政策绝大多数都指向投资自由化和便利化,但对外国投资加强监管和限制的政策措施上升到 25%。许多国家正在加强对外国投资的监管,有的国家则更多地利用产业政策,收紧对外资的审查和监督程序。此外,一些国家在针对跨国并购的准入方面也越发挑剔,并开始限制战略性产业的外资介入。投资保护主义的风险有所加大。

在国际政策领域,新签投资协定持续下滑,而区域主义的趋势明显增强,国际投资政策正处于转型期。2012 年,各国新签了 20 个双边投资协定以及 10 个含有投资条款的其他国际协定(如经济合作、一体化协定等)。新签国际投资协定从 90 年代高峰期时每周 4 个下降至2010～2012 年平均每周 1 个。另一方面,各国对区域投资合作的兴趣明显上升。2013 年以来,至少有 110 个国家参与了 22 个区域投资协定的谈判。越来越多的国家倾向于通过区域而非双边方式制定国际投资规则,并更多地考虑可持续发展因素。

截至 2012 年年底,国际投资协定体制包括3 196项国际投资协定。2 857 项双边投资协定中超过1 300项将于 2013 年年底前处于"随时终止阶段"。这可能有助于解决当前国际投资体系缺乏一致性、存在诸多重叠和冲突且日益庞杂的问题。

国际投资仲裁案件大幅上升。2012 年,投资者—国家争端案件新增了 58 个,达历史最高水平。国际投资仲裁体制的系统性缺陷受到关注。对此,贸发组织提出了国际投资仲裁体制改革的五条路径,包括:寻找替代性纠纷解决方案;在签订国际投资协定时通过有关条款对国际投资仲裁体制(ISDS)的适用作出调整;限制投资者对 ISDS 的使用;引入上诉机制;建立一个常设的国际投资法院。联合国等多边机制可以为上述领域的改革凝聚共识,并确认行动方案。

四、2013 年关于全球价值链的专题研究成果

全球价值链在世界经济中的主导地位日益明显,全球生产经营活动被日益纳入基于全球价值链的全球生产体系。这些全球价值链通常由跨国公司主导,而投入和产出品的跨境贸易

在其海外分支机构、合作伙伴及市场交易对象之间进行。由跨国公司主导的全球价值链约占全球贸易的80%。

全球价值链为经济发展作出了重要的贡献。在发展中国家，增值贸易对GDP的平均贡献率约为28%，在发达国家为18%。参与全球价值链的程度与人均GDP增长率之间呈正相关。全球价值链对附加值、就业和收入有直接的影响。此外，它们还是发展中国家构建生产能力、实现长期产业升级的重要途径。一些发展中国家显著提高了自身在全球价值链的参与水平，之后设法增加了国内增值在全球价值链中的比重。这些国家成功地提高了高附加值产品和服务的出口，或成功地在价值链中获取了更大的份额。在许多国家，包括中国、马来西亚、菲律宾和新加坡等，这种出口升级模式同时伴随着外商直接投资不断流入价值链中技术含量较高的经济活动。

由于全球价值链通常由跨国公司主导，外国直接投资与一国对全球价值链的参与联系紧密。外国直接投资是发展中国家包括最不发达国家参与全球价值链的重要途径。

然而，参与全球价值链也存在风险。如果一国只从全球价值链中获取较少份额的增值，全球价值链对GDP的贡献就很有限。此外，参与全球价值链也不一定能够带来技术转移和进步。发展中国家有可能被锁定在低附加值领域而无法升级。不仅如此，由此带来的环境和社会影响——包括工作条件、职业安全与健康，以及就业保障——有可能是负面的。此外，全球价值链活动流动性强，很容易被转移和替代，可能使发展中国家面临较大的外部风险。

各国应根据自身具体情况和要素禀赋，认真衡量参与全球价值链的利弊，以及全球价值链战略可能带来的收益及风险。贸发组织认为，要让全球价值链"服务于"发展，以下三项政策措施尤为重要：(1)使贸易与投资政策协调一致；(2)加强区域层面的产业发展合作；(3)建立可持续发展的出口加工区。

复习思考题

一、名词解释

国际直接投资　　垄断优势论　　国际生产折中理论　　边际产业扩张论

二、问答题

1. 简述国际直接投资与跨国公司相互间的制约与互动。
2. 21世纪跨国公司发展将有何新动态？
3. 跨国公司的发展与否对国际贸易会产生怎样的影响？

延伸读物：

美国337调查

一、美国337调查的含义

美国337调查是指美国国际贸易会(ITC)根据美国《1930年关税法》第337节，应申请或自行对进口贸易中的不公平行为启动调查并采取制裁措施的做法。实践中，337调查的不公平行为主要是指外国进口产品侵犯在美国注册的知识产权的行为。

美国国际贸易委员会是一个独立的准司法性质的联邦机构，根据《1930年关税法》第337节及其后续修改的相关规定，如果美国国际贸易委员会经调查认定外国进口产品构成侵权，其有权采取排除令和制止令等救济措施，禁止侵权产品进入美国以及在美国市场销售。

二、337 调查的管辖范围

根据 337 条款的规定，其调查指向的对象是“产品所有人、进口商或承销商进口到美国、为进口而销售或进口后销售的产品”。

显然，该调查最终指向是“产品”，即对物的管辖。

根据国际民事案件诉讼管辖权的属地管辖原则，如果外国主体在美国进行侵权行为，或外国侵权产品出口至美国，337 调查对处于美国境内的此外国主体或外国侵权产品当然享有管辖权。

三、337 调查措施对外国主体与物管辖的后果

与法院诉讼相比较，美国国际贸易委员会负责的 337 调查的主要目的是如何使外国侵权物（产品）不进口到美国或不在美境内销售，主要是对物的管辖。

四、337 条款对被管辖的外国主体权益的保障

自美国实施 337 调查以来，有关 WTO（GATT）成员曾提起与美国 337 相关的争端共三起，分别是 1981 年加拿大诉美国汽车弹簧组件进口案、1987 年欧共体诉美国 337 条款适用案和 2000 年欧共体再诉美国 337 条款适用案。分析起诉方的主张发现，他们均未对 337 调查对外国主体或物的管辖权进行质疑，而是对 337 调查程序未能公平、有效地保障外国主体的权益提出质疑。随着案件的结束，美国立法机关对 337 条款的内容多次修订，以尽量保证相关方权利与义务的平衡，保障相关主体的权利不受损害。

（一）关于平行诉讼的修订

在 1987 年欧共体诉美国 337 条款适用案中，专家组指出，如果起诉方在国际贸易委员会申请 337 调查并同时在美国地区法院进行诉讼，则两件案件同时进行，将增加应诉者的成本，造成不合理负担。美国《乌拉圭回合协议法》第 28 章加入了一项新的条款，该条款规定，如果针对同一问题同时存在 337 调查和联邦地区法院的诉讼，则被申请人可以申请联邦地区法院在 337 调查结果出来之前中止诉讼程序。

（二）关于普遍排除令的适用

337 调查中的普遍排除令由于限制范围过大而被人诟病，在 1987 年欧共体诉美国 337 条款适用案中，专家组指出，337 调查中的普遍排除令适用存在歧视进口产品的情况。美国《乌拉圭回合协议法》对国际贸易委员会作出普遍排除令的权限进行了限制，除非“是为避免出现规避对指定人产品的排除令所必需的；或存在 337 条款规定的违反情况，并且很难查到侵权产品的源头”。

（三）关于反诉权利的增加

国际贸易委员会曾在 337 调查中不接纳反诉请求，美国《乌拉圭回合协议法》规定被告可以向国际贸易委员会提起反诉，但由于美国地区法院对本辖区内的反诉案件具有初审管辖权，所以国际贸易委员会不审理该反诉，而是将反诉移交至有管辖权的美国地区法院。

（四）对下游产品适用排除令的限制

有限排除令在一段时间还扩大下游产品，即对使用了侵权产品的下游产品也不得进口。但是在 2008 年，此种做法有了新的调整。在京瓷案的上诉中，美国联邦巡回上诉法院（CAFC）于 2008 年 10 月 14 日作出裁决，认定“国际贸易委员会无权针对未列为被申请人的下游产品发布有限排除令”，撤销了国际贸易委员会发布的有限排除令，并将该案发回重审。之后，国际贸易委员会不再将未被列为被申请人的下游制造商的下游产品列入有限排除令中。

（五）337 调查程序体现双方权利的平衡

337 调查程序试图保障当事方权利与义务的平衡。例如，一旦决定立案，国际贸易委员会将在联邦公报上发布立案公告，并将申请书的立案公告一并送达列名被申请人以及被申请人所属国家驻美国大使馆，使外国被申请人知道被诉事宜，以便决定是否应诉以及如何应诉。在证据开示、组织质证、庭审、复审等程序中，双方的权利、义务相同。此外，由于国际贸易委员会是一个准司法性质的行政机构，其裁决结果不具有终局性，任何受到国际贸易委员会的终裁不利影响的人，可以在国际贸易委员会终裁生效之日起 60 日内向美国联邦巡回上诉法院上诉。后续的司法审查是对行政措施是否公平、正确的监督。

资料来源：中国商务部网站，公平贸易局，2013 年 10 月。

思考：美国 337 调查的对象是什么？作为发展中国家，应如何积极应对？

实　务　篇

第十二章

出口贸易的基本程序和基本法规

国际贸易商品买卖不同于国内贸易，它不仅涉及面广、环节多，而且已经形成一套规范做法、法律规则和惯例等系统知识，了解并掌握这些程序和规则将有助于我们进出口业务的操作与国际接轨，真正做到国际化、规范化，并将有助于我们在纷繁的工作中随时把握重点，在处理问题时有章可循。

第一节 出口贸易基本程序

出口贸易工作环节多、涉及面广，一般来说，业务程序大体上可分为：交易前的准备、交易磋商与订立合同、履行合同三个阶段。

一、交易前的准备阶段

交易前的准备主要包括国外市场调研、选择市场和客户，制订出口商品经营方案以及做好出口商品的广告宣传和商标注册等工作。

(一)国外市场调研、选择市场和客户

就选择市场这一目的而言，调研内容的重点是国别调研和商品市场调研。国别调研主要是调查有关国家的政治情况(如对外政策、政局和对我国态度等)、基本经济情况(如经济发展趋势、金融税收等政策)、对外贸易情况(如进出口商品结构、进出口量、进出口贸易对象、外贸和外汇管制政策等)、运输情况等，以便于销售业务的安全、稳步发展；商品市场调研主要是调查有关商品在国际市场的生产、销售、价格以及主要进出口国别等情况，以便于正确制定出口商品的价格和其他交易条件。

选择客户就是选择贸易对象，业务环节许多事务的处理虽有法律规则的约束，但往往也体现出一定的灵活性。良好的贸易对象不仅能确保业务的顺利进行，而且在特殊情况下还能化险为夷。因此，正确选择客户是业务成败的一个关键因素。对客户的调研主要是调查客户对我国的政治态度、资信情况、经营范围、经营能力、经营作风等。

(二)制订出口商品经营方案

在调查研究的基础上,原则上应对所经营的出口商品制订经营方案或价格方案。所谓经营方案,是指对进出口商品在一定时期内(半年以上)所作的全面业务安排。方案内容一般包括国内可供货源情况、国外市场需求情况、过去出口经营情况、推销计划的安排和实现计划的措施,如客户、贸易方式、价格、收汇等条件的选择等。至于零星的出口商品,则以成本核算为主制订该商品出口的价格方案。无论是商品经营方案还是价格方案,都需要根据实际情况不断总结和修改完善。

(三)做好出口商品的广告宣传和商标注册

根据出口业务的需要,对出口商品也要做好广告宣传工作。根据企业的实力,可以选择寄送经营商品目录、实物样品、图片说明书、广告赠品以及参加各种交易会、博览会等方式介绍出口商品。在广告宣传的内容上和形式上要适应不同的市场和不同的客户的需要,注重效果。

出口商品若有牌名或商标的,应按照有关程序依法注册,才能得到法律的承认和保护。目前世界上大多数国家对商标实行自由注册原则,但对外国人在本国申请商标注册的规定则有所不同。有的国家规定可与本国公民享受同等待遇,有的国家则规定需按有关条约或对等原则办理。我国采用后者的做法。各国对商标注册管理大致有四种原则:使用在先原则;注册在先原则;混合原则,即原则上以注册在先来确定商标的所有权,但申请注册时须经公告一段时间,无人提出异议,才给予承认和保护;双重原则,即当首先注册者、使用者分属两人时,商标所有权属首先注册者,首先使用者仍可继续使用,但不得转让。根据《中华人民共和国商标法》,我国采用上述第三种办法,公告期为 3 个月。我国出口商品商标在国外办理注册时,应先在国内注册,然后委托中国国际贸易促进委员会商标处向国外办理注册以取得国外法律的保护。国际注册的商标的有效期一般为 20 年,期满可继续申请。续延的有效期一般也为 20 年,续延次数不限。我国出口企业应重视商标在国外市场上的注册,以免被国际上不法商人假冒或抢先注册,给我国出口商品销售带来损失。同时,商标的注册也使出口商品创名牌工作得到法律保障。

二、交易磋商与订立合同阶段

根据出口商品的经营方案,出口商将就具体的交易条件与客户进行磋商。交易磋商一般要经过询盘、发盘、还盘和接受的过程(详见第十四章)。交易磋商的内容主要有五项:(1)合同的标的(买卖货物的名称、品质、数量和包装等);(2)合同的价格;(3)卖方的义务(货物的交付、交单等);(4)买方的义务(货款的支付、接货);(5)预防争议与争议的处理(商品检验责任、索赔期限、免责条件和仲裁协议等)(详见第十四章至第十八章)。在经过磋商取得一致意见后,签订出口合同。

三、履行合同阶段

合同一旦签订,即成为约束买卖双方的一项基本法律文件。买卖双方应按合同履行自己的义务,任何一方违反合同的规定,致使对方遭受损失时,均应承担赔偿对方损失的法律责任。

就出口商而言,履行出口合同的工作主要包括:申领出口许可证和配额,如系信用证方式收汇的交易,则要向客户催开信用证。收到信用证后要根据买卖合同审证,发现不符而又不能接受的应通知客户改证,然后备货和办理托运手续,其中包括报验、租船、报关、装货、投保等工作。在货物装运后,办理制单与交单结汇等手续。若在履行合同过程中一方违约造成另一方损失时，就要进行索赔和理赔工作。在索赔和理赔工作中若发生争议，则应按照合同条款以及有关法律和惯例进行处理。

第二节　《国际货物销售合同公约》

《国际货物销售合同公约》(Convention on Contracts of the International Sale of Goods，简称《公约》)，于1988年1月1日起生效。截至2010年8月，核准和参加该《公约》的共有76个国家，包括：阿尔巴尼亚，阿根廷，亚美尼亚，澳大利亚，奥地利，白俄罗斯，比利时，波斯尼亚和黑塞哥维那，保加利亚，布隆迪，加拿大，智利，中国，哥伦比亚，克罗地亚，古巴，塞浦路斯，捷克共和国，丹麦，多米尼加共和国，厄瓜多尔，埃及，萨尔瓦多，爱沙尼亚，芬兰，法国，加蓬，格鲁吉亚，德国，希腊，几内亚，洪都拉斯，匈牙利，冰岛，伊拉克，以色列，意大利，日本，吉尔吉斯斯坦，拉脱维亚，黎巴嫩，莱索托，利比里亚，立陶宛，卢森堡，毛里塔尼亚，墨西哥，摩尔多瓦，蒙古，黑山，荷兰，新西兰，挪威，巴拉圭，秘鲁，波兰，罗马尼亚，韩国，俄罗斯联邦，圣文森特和格林纳丁斯，塞尔维亚，新加坡，斯洛伐克，斯洛文尼亚，西班牙，瑞典，瑞士，阿拉伯叙利亚共和国，马其顿(前南斯拉夫共和国)，土耳其，乌干达，乌克兰，美国，乌拉圭，乌兹别克斯坦，委内瑞拉，赞比亚等。并且还将继续增加，它是目前适用范围最为广泛的国际公约。

《公约》全文101条，共分为四个部分：适用范围；合同的成立；货物买卖；最后条款。

一、关于《公约》的适用范围

根据《公约》第1条第(1)款(a)项的规定，如果合同双方当事人的营业地处于不同的国家，而且这些国家都是《公约》的缔约国，则《公约》就适用于他们之间订立的货物销售合同。即《公约》适用于营业地处于不同的缔约国的当事人之间订立的买卖合同。不仅如此，该款中的(b)款又规定，只要双方当事人的营业地处于不同的国家，即使他们的营业地所在国不是《公约》的缔约国，但如果按照国际司法的规则导致适用某一缔约国的法律，则《公约》亦将适用于这些当事人之间订立的国际货物买卖合同。这项规定的目的是为了扩大《公约》的适用范围，使《公约》不仅适用于营业地处于缔约国的当事人之间订立的合同，而且还有可能适用于营业地处于非缔约国方的当事人之间所订立的买卖合同，只要依据国际私法的规则导致该合同适用任何一个缔约国的法律即可。

由上述两款的规定可以看出，《公约》是以营业地是否分别处于不同的国家，作为衡量国际合同以及适用《公约》的标准，至于合同当事人的国籍及其他因素，均不予以考虑。

二、关于合同成立的规则

国际货物销售合同的成立与其他合同一样，是双方当事人意思表示一致的结果。具体地说，它是通过一方提出要约(即实盘)，另一方对要约表示承诺(即有效接受)而成立的。本书第十三章中的发盘和接受部分将详细介绍《公约》有关合同成立的基本规则。

三、关于合同当事人的权利和义务

买卖双方的权利和义务是《公约》的核心内容。《公约》在其第三部分第二、三、五章中，用很大的篇幅对买卖双方的权利和义务作了详细的规定。但应注意的是，《公约》关于买卖双方义务的规定都是属于非强制性的规定。买卖双方可以排除其适用或作出不同的规定，如果买卖双方在合同中对各自的权利和义务作出了与《公约》不同的规定，则应按合同的规定办理。只有当买卖合同对某些事项没有作出规定，而该合同又适用该《公约》时，才引用《公约》的有关规定确定买卖双方的权利和义务。

(一)卖方的义务

根据《公约》的规定，卖方的主要义务有两项：一是交货，二是交单。

交货是指卖方应按合同规定的时间和地点交付货物。如果合同中对交货的时间与地点没有作出规定，则应按照合同所对应的法律办理。

根据《公约》第31条的规定，卖方应按下述三种情况履行其交货义务：如果合同中没有规定具体的交货地点，但合同涉及货物的运输，如装运港船上交货合同、铁路交货合同等，则卖方的交货义务就是把货物交给第一承运人；如果合同中既没有规定具体的交货地点，又不要求卖方运输，但双方当事人在订合同时已明确知道这些货物的存放地点(如某特定仓库)，或已经知道生产地(如某制造工厂)，则卖方应在该地点把货物交给买方处置；在其他情况下，卖方的交货义务是在其订立合同时的营业地点把货物交给买方处置。所谓交给买方处置，是指卖方采取一切必要的行动，让买方能够取得货物，如做好交货前的准备工作，将货物适当包装，刷上标志，并向买方发出通知让其提货等。如果卖方已把货物交给仓库或承运人照管，则卖方将有关单据交给买方即可认为已将货物交给买方处置。《公约》的上述规定只有在买卖合同对交货地点没有具体规定时才适用。如果买卖双方已经使用某种贸易术语明确规定了交货地点，则卖方应按贸易术语的解释将货物交到指定地点。

关于交货的时间，《公约》第33条作了如下规定：如果合同中规定了交货的时间，或从合同中可以确定交货的日期，则卖方应在该日期交货；如果合同中规定了一般交货日期(如6月至7月)，或从合同中可以确定一段时间，则卖方有权决定在这段期间内的任何一天交货；在其他情况下，卖方应在订立合同后的一段合理的时间内交货。至于合理时间的解释，应根据交易的具体情况而定。

交单是指卖方有义务按照合同规定的时间、地点和方式向买方移交有关货物的各种单据，如提单、商业发票、保险单、品质证书、重量单、产地证等。这些单据是买方提取货物、报关、转售以及索赔等所必需的文件，而且在大多数情况下，买卖合同规定，以卖方移交单据作为买方付款的对等条件。因此《公约》明确规定移交有关货物的单据是卖方的一项主要义务。

当然，卖方除了应按时交货和交单外，更应尽到按质、按量交货并接受检验等义务，这些内容将在品质数量以及商检章节中分别叙述。

(二)买方的义务

根据《公约》第三部分第三章的规定，买方的义务也有两项：一是支付货款，二是受领货物。

按照《公约》的规定，买方支付货款的义务涉及以下几方面的问题：一是履行必要的付款手续，如按照合同的规定申请开立信用证或银行保函，在外汇管制国家，根据有关法规申请外汇等。如果买方没有办理这些手续，使货款不能支付，即构成违反合同。在这些情况下，卖方可限期履行。如买方在限期内仍然不履行其义务，卖方即有权宣告撤销合同。二是确定货物的价格，价格与货款支付应保持一致。如果合同中已订明价格，买方自然应按合同价格支付货款。如果合同中未明确价格，《公约》则规定应按订立时的通常价格来确定货物的价格。并且《公约》在第56条还规定，若按重量计价，合同中未明确按毛重还是净重时，应按净重计算。三是支付货款的地点。支付地点对卖方来说是个不可忽视的问题，如果一旦遇到支付地点实行外汇管制，买方就无法履行其付款义务，卖方也就收不到货款。如果合同中未明确规定付款地点,《公约》第 57 条规定买方应在下列地点向卖方支付货款:在卖方的营业地付款,或在卖方交单地付款。四是支付货款的时间。《公约》第 58 条规定了买方支付货款的时间与条件,它分别包括以下三项内容:(1)如果合同中未明确付款时间,买卖双方都可将付款与交单互为条件,如果买方不付款,卖方则无义务交单;反之,如果卖方不将货物或单据交给买方,买方也无义务支付货款。(2)如果合同涉及运输,卖方可以在发货时订明条件,规定买方付款方能把货物或单据交给卖方。(3)《公约》规定,买方在没有机会检验货物以前,没有义务付款,除非这种检验的机会与双方当事人约定的交货或支付程序相抵触。但在国际贸易 CIF 条件成交时,通常是交单在先、验货在后,因此《公约》明确指出,如果买方在付款之前要求对货物检验的权利与双方约定的交货或付款程序相抵触,买方就无权要求在付款以前先验货。当然买方可以在货物到达后进行复验,仍可按照《公约》所规定的其他办法来维护其正当的权益。

买方的另一项基本义务是收取货物。根据《公约》第 60 条规定,买方收取货物的义务主要包括以下两项内容:(1)采取一切理应采取的行动,如及时指定交货地点或按合同安排有关运输事宜(如 FOB 合同),以便卖方能交付货物;(2)买方有义务在卖方交货时接收货物(如卸货并提走货物),如果买方不及时接收货物,卖方可能要对承运人支付滞期费及其他费用,对此买方应承担责任。

四、关于违反合同的补救办法

买卖合同订立后,当一方违反合同使对方的权利受到损害时,受害的一方有权采取适当措施,以维护自己的合法权益。这种措施在法律上称为对违反合同的补救办法。

(一)卖方违反合同时买方的补救办法

卖方违反合同主要有以下几种情况:(1)多交货;(2)早交货;(3)迟交货;(4)不交货;(5)交付的货物与合同一部分不符;(6)交付货物与合同完全不符。《公约》没有分别就每一种违约情况规定相应的补救办法,而是从总的方面对卖方违反合同时买方可以采取的各种补救办法作出规定。根据《公约》第三部分第二章的规定,如果卖方违约,买方可以采取下列补救办法:

(1)要求卖方在限期内补交货物。但是,如果买方已经采取了与这一要求相抵触的其他补救办法(如宣告撤销合同),就不能采取这种补救办法。

(2)要求卖方交付替代物。但是,在采用这种补救办法时,受一项条件的限制,即只有当卖方所交货物不符合合同的情形相当严重,已构成根本违反合同时,买方才可以要求卖方交付替代物。如果卖方所交货物虽与合同不符,但情况并不严重,尚未构成根本违反合同时,买方就不能要求卖方交付替代物,而只能要求卖方赔偿损失或修补货物、减价等。

(3)要求卖方对货物不符之处进行修补。这项规定适用于货物不符合合同的情况并不严重,尚未构成根本违反合同,只需卖方加以修理,即可使之符合合同要求的情况。但是,买方提出这项要求本身必须合理,如属买方要求不合理,则不能采用这种补救办法。如货物缺陷轻微,只需略加修理即可符合要求。在这种情况下,买方可以自行修理或由第三者进行修理,所需费用要求卖方予以赔偿即可。

(4)要求卖方减价。如果卖方所交的货物与合同不符,不论买方是否已经支付货款,买方都可以要求减价。减价按实际交付的货物在交货时的价值与符合合同的货物在当时的价值两者间的比例计算。其计算公式为:

$$\text{买方应支付的价格}=\frac{\text{实际交付的货物在交货时的价值}}{\text{符合合同的货物在当时的价值}}\times\text{合同价格}$$

如合同规定一等品的货物，价值10万美元，货运到目的地后发现严重受损，为三等品，价值5万美元。假设交货时价格不变仍为10万美元，则运用上述公式买方应支付5万美元，可要求减价5万美元。买方采取减价的补救办法通常适用于下列场合：卖方交货虽然与合同不符，买方仍然愿意收下货物，而不愿撤销合同、退还货物；或者买方由于种种原因不能或不愿采取要求损害赔偿的办法，而宁愿采取减价办法。如果卖方按照《公约》对交货做了补救，买方就不得减低价格。

(5)要求撤销合同。买方采用这项补救办法必须符合下列两种情况之一：①卖方不履行交货义务已构成根本违反合同，或者卖方在买方规定的补交期限内仍不交货或卖方声称他将不在买方规定的期限内交货。但是，如果卖方在买方限期内补交了货物，或者卖方违约并不构成根本违反合同，则买方不能要求撤销合同，而只能采取其他补救办法。②如果卖方只交付部分货物或者交付的货物只有一部分符合合同的规定，买方可以采取限期补交、减价以及要求损害赔偿等。但一般不能宣告撤销合同或拒收全部货物，除非卖方在限期内仍不交货或者不按合同交货已构成根本违反合同等时，买方才可以撤销整个合同。例如，设备买卖中，关键零配件不符，使整机不能使用。

(6)要求损害赔偿。《公约》认为损害赔偿是一种主要的补救办法，它不因其他补救办法而丧失。因此，即使买方已经采取撤销合同或要求交付替代物，但他仍然有权要求卖方赔偿因其违反合同所造成的损失。要求损害赔偿的具体计算方法主要有以下两种：①如果买方已宣告撤销合同，而在宣告撤销合同后的一段时间内，买方以合理方式购进替代物，则买方可以取得合同价格和替代物的交易价格的差额，以及因卖方违约而造成的其他损害赔偿；如买方在撤销合同之后，没有购买替代物，而此项货物又有时价的话，则买方可以取得原合同规定的价格和宣告撤销合同时的时价之间的差额，以及因卖方违约而造成的任何其他损害赔偿。但是，如果买方是在接收货物后才宣告撤销合同，则应按接收货物时的时价与合同规定的价格之间的差额计算，而不是按宣告撤销合同时的时价计算。②如果卖方提前交货或超量交货，对于前者买方可以收取货物，也可以拒收货物。但一旦交货到期卖方再次向买方提交货物，买方仍须收取货物。对于卖方超量交货，买方可以收取全部货物，也可以拒绝收取多交部分的货物。如果买方收取多交部分的货物，则必须按合同基价支付货款。

(二)买方违反合同时卖方的补救办法

买方违反合同主要有以下几种情况：(1)不付款；(2)延迟付款；(3)不收取货物；(4)延迟收取货物。根据《公约》第三章，卖方可以采取以下救补办法：

(1)要求买方在限期内付款或收取货物。但是如果卖方已采取了与这一要求相抵触的补救办法(如宣告撤销合同)，他就不能采取这种补救办法。其次，除非买方声称他将不在限期内付款和收货，卖方不得在这段时间内对买方采取任何补救办法，但卖方可保留要求损害赔偿的权利。

(2)要求撤销合同。但卖方采取这项补救办法必须符合下列三种情况之一：买方的违约行为已经构成根本违反合同，或者买方在限期内不履行义务，或者买方声称他将不在期限内履行其义务。但是如果买方限期内履行了其义务，或者买方违约并不构成根本违反合同，则卖方不能要求撤销合同，而只能采取其他补救办法。

(3)要求损害赔偿。在一般情况下，当遇到买方不付款或不收货时，卖方会选择将货物卖给其他买主，然后向买方要求损害赔偿。而且根据《公约》规定，卖方要求损害赔偿的权利不因其已采取上述其他补救办法而受到影响。

(4)要求支付利润和利息,并且保留要求损害赔偿的权利。

综上所述,对违反合同的一方要求采取补救的办法纵然很多,但最终采用什么办法要根据受损性质、受损程度、各方责任等综合考虑,并且尚需提供各种凭证、是否有免责条文等,本书将在第十八章关于争议与争议的处理中继续补充论述。

第三节 国际贸易惯例

在国际货物买卖活动中,当事人的行为规范性并非仅限于合法,除此之外,他们往往还要顾及有关国际贸易惯例的问题。

一、国际贸易惯例的定义

国际贸易惯例(International Trade Custom)是指在国际贸易长期实践中逐渐形成的一些习惯做法,它们往往被当事人认可并形成文字加以规范。

国际上对国际贸易惯例的效用并不统一和明确,只是有的国际组织或国家在一些文献上对其含义进行过阐述或规定。例如,《联合国国际货物合同公约》第九条规定:"(1)双方当事人业已同意的任何惯例和他们之间确定的任何习惯做法,对双方当事人都有约束力。(2)除非另有异议,双方当事人应视为已默示地同意对他们的合同或忽然的订立适用的双方当事人已知道或理应知道的惯例。而这种惯例,在国际贸易中,已被有关贸易的同类合同的当事人所深刻理解并经常遵守。"

美国《统一法典》中这样规定:"一项贸易惯例是在某一地方、某一行业或某项贸易中所惯常奉行的某种做法或方法,并以判定发生争议的交易中应予以奉行的所期望的模式。"

在英国法律中,贸易惯例定义为:"从事贸易活动的人们所接受的做生意的方法或行为模式。"

在芬兰的法律中,贸易惯例定义为:"一种已经确定并长期使用的、公正的、实用的、与现行的法律制度相符合的商业做法。"

二、国际贸易惯例的形成

国际贸易惯例是经过长期反复的实践而形成的。早在13世纪,地中海沿岸各国商业兴盛,一些商人团体为维护自身利益自行制定了一些规约,这些规约实际上正是商人们长期从事商业活动的习惯做法和惯例。这些习惯做法和惯例,开始只流行于一定的地区和行业,随着国际贸易的逐渐发展,它的影响不断扩大,有的甚至在世界范围内流行,一再被重复沿用,并不断使其规范化,于是便产生了在国际范围普遍流行的惯例。一般来说,国际贸易惯例的形成应具备以下几个条件:(1)它是经过长期反复实践而形成的,内容比较明确和具有规范性,是各国人民在经济活动中多次重复的经济行为。(2)需要经过有关国家民事方面的承认,并有国家的强制力保证它的实现,有赖于国际认可。(3)与现行法律没有冲突,不违背公共秩序和良好风俗,不违反国家利益,一般来讲也是现行法律中所没有规定的。

三、国际贸易惯例的特征

1. 通用性。从区域上看,国际贸易惯例一般应是在国际上大多数国家通用的,而不仅仅是被一个或者几个国家所采用的做法。

2. 稳定性。从时间上看，国际贸易惯例是经过一段时间实践逐步形成的，并且能较长久地稳定延续下去，不受政策调整和经济波动影响的做法。

3. 效益性。从结果上看，凡称之为国际贸易惯例的做法，都是被国际经济活动实践证明是成功的，只要按这种惯例办事，就会促进社会生产力的发展，创造比较好的经济效益。

4. 准强制性。国际贸易惯例本身不是法律，但又有一定的法律约束力。国际贸易惯例一般不是强制性的，一方不能强制他方使用，也不能自动适用。但以下理由可说明国际贸易惯例的强制性：

(1)若买卖双方都同意采用某项惯例来约束一笔交易，并在合同中作出明确规定时，这一惯例就对双方都具有强制性。如买卖双方在合同中表明该合同适用《国际贸易术语解释通则》(1990 年修订本)的规定，在这种情况下，该惯例对买卖双方均具有法律约束力。如违反，对方可按法律程序提出诉讼。

(2)如果买卖双方就某一问题没有明确的规定，也未在合同中注明适用某项惯例，在合同履行过程中，双方出现争议，受理争议案的司法机构或仲裁机构往往引用某项惯例进行判决和裁决。所以，国际贸易惯例实际上受各国法律保护，具有准强制性。

四、国际贸易惯例的作用

国际贸易惯例是长期国际贸易业务实践的产物，是对外经济活动规律的合理运用。它一经形成和出现，又反过来对国际贸易业务实践产生深刻的影响，对国际贸易业务的进行和发展起着一定的指导或制约作用。国际贸易惯例对经济的促进作用主要体现在以下几个方面：

(1)国际贸易惯例体现了一定时期内国际贸易方式和规律的相对稳定性，维护了当事人各方的权益，促进了国际间的商品流动。

(2)运用国际贸易惯例，有助于减少环节、提高效益、避免失误。一笔进出口业务有许多环节，要经过贸易双方的磋商、订立合同、支付货款、运输、保险，甚至索赔、仲裁等。

(3)国际贸易惯例的形成和发展有助于国际经济新秩序的建立。国际贸易惯例提倡公平的贸易原则，反对不合理的国际分工和经济活动，这无疑有助于在自由、公平、合理的国际经济贸易关系基础上的国际经济新秩序的建立。

五、国际经济贸易中普遍采用的主要惯例

国际经济贸易领域存在着许多惯例，到目前为止已为各国对外贸易、运输、商品检验、保险、银行结算以及仲裁机构等各界人士所熟知的有代表性的国际贸易惯例主要有以下一些：

(1)合同方面有《联合国国际货物销售合同公约》。

(2)贸易术语方面有《国际贸易条件解释通则》。

(3)支付方面有《跟单信用证统一惯例》和《托收统一规则》。

(4)运输方面有《统一提单的若干法律规则的国际公约》、《联合国 1978 年海上货物运输公约》、《国际铁路货物联运协定》、《统一国际航空运输某些规则的公约》和《联合运输单证统一规则》等。

(5)保险方面有《伦敦保险学会货物保险条款》和《约克—安特卫普规则》。

(6)知识产权保护方面有《保护工业产权巴黎公约》、《商标国际注册马德里协定》和《保护文学艺术作品伯尔尼公约》等。

(7)仲裁方面有《联合国国际贸易法委员会仲裁规则》和《承认和执行外国仲裁裁决的公约》。

第四节　国际贸易术语及解释通则

国际贸易不同于国内贸易，国际贸易涉及范围广泛，从货物启运到货物至目的地，要经过储存、装卸、运输、出入关境、进出商品的许可管理等许多环节。在这些环节的执行过程中，不仅涉及手续和费用由谁承担，而且还涉及风险在何时由卖方转移至买方的责任划分。这些问题在买卖双方洽谈交易时就必须明确。为了提高谈判效率，就需要使用贸易术语，即用一个简短的概念或外文缩写来表示买卖双方在货物交接过程中有关手续、费用和风险的责任划分。采用不同的贸易术语，就意味着买卖双方承担不同的责任，也因此核算出不同的商品成本。因此，贸易术语又称作贸易条件(Trade Terms)或价格条件(Price Terms)。使用贸易术语可以简化磋商内容、节省磋商时间和费用，并在一定程度上使谈判趋于标准化，因而为国际贸易界广泛承认和采纳，并逐渐成为国际惯例。我们对此应有所了解，并视交易情况合理地加以选择和运用。目前对贸易术语的统一解释主要有以下三种：

一、《1932 年华沙—牛津规则》(Warsaw-Oxford Rules 1932，简称 W. O. Rules 1932)

这一规则主要是以英国贸易习惯以及判例为基础，对 CIF 合同的解释。该规则由序言和正文 21 条组成。第 1 条是"规则总纲"；第 2 条是"卖方对于装船的义务"；第 3 条是"装船时间与日期证明"；第 4 条是"例外"，即不可抗力；第 5 条是"风险"，即货物的风险何时从卖方转移到买方；第 6 条是"所有权"，即货物的所有权何时从卖方转移到买方；第 7 条是"卖方对于提单的义务"；第 8 条是"船舶的种类"；第 9 条是"到付运费"；第 10 条是"进口税"；第 11 条是"卖方对货物状况的义务"；第 12 条是"卖方对于保险的义务"；第 13 条是"装船通知"；第 14 条是"进口许可证、产地证等"；第 15 条是"品质证书等"；第 16 条是"交单"；第 17 条是"装船后的灭失或损坏"(不影响交单)；第 18 条是"买方支付货款的义务"；第 19 条是"买方商检的权利"；第 20 条是"买卖合同中权利和补救"；第 21 条是"通知"。该规则对 CIF 合同买卖双方的权利和义务、各项责任的划分作了较为详尽的解释。

二、《1941 年美国对外贸易定义修正本》(Revised American Foreign Trade Definition 1941)

这一规则是以美国贸易为基础，在 1919 年美国九大商业团体制定的《美国出口报价及其缩写条例》(The U. S. Export Quotations & Abbreviations)以后，于 1941 年作了修订，改称为《1941 年美国对外贸易定义修正本》。它对 6 种贸易术语作了解释：

(1)"产地交货"(expoint of origin)。按此术语，卖方在合同期限内将货物交于约定地点买方处置之下，卖方对货物不再承担责任。

(2)"在运输工具上交货"(FOB)。按此术语，卖方承担将货物运至指定工具前的一切费用和风险。

(3)"船边交货"(FAS free along side)。按此术语，卖方负责在装运港将货物交到买方指定的船边吊钩所及之处，或交至由买方或卖方指定或提供的码头。

(4)"成本加运费(指定目的地)"(C&F named point of destination)。按此术语，卖方报价包括将货物运至指定目的地的运输费用在内。

(5)"成本加保险费、运费(指定目的地)(CIF named point of destination)。按此术语，卖方报价包括货物的成本、海运保险费和将货物运至指定目的地的运费。

(6)“目的港码头交货”(ex dock named port of importation)。按此术语，卖方报价包括货物的成本和将货物运至指定进口港的码头所需要的全部附加费用，并缴纳进口税。

该规则为美洲国家所采用，其解释与其他惯例的解释不尽相同，引用时应特别注意。

三、《2000年国际贸易术语解释通则》(Incoterms 2000)

这一规则是由国际商会(International Chamber of Commerce，ICC)综合各国的贸易习惯，在广泛征得国际贸易界、法律界意见的基础上，于1936年制定的，即《1936年国际贸易术语解释通则》(International Rules for the Interpretation of Trade Terms，简称Incoterms 1936)。以后，为了适应不同时期国际贸易业务发展的需要，于1953年、1967年、1976年、1980年和1990年分别进行了重大的修改和补充。

1999年，国际商会、国际商业惯例委员会考虑到近年来无关税区的广泛发展、交易中使用电子信息的增多以及运输方式的变化，为了使《国际贸易术语解释通则》与国际贸易的发展保持同步，对《1990年国际贸易术语解释通则》中每一个术语重新进行了修订。1999年9月13日，国际商会颁布了《2000年国际贸易术语解释通则》(Incoterms 2000)取代了以前的Incoterms 1990。新文本于2000年1月1日生效。此后，2010年9月27日，国际商会又推出《2010国际贸易术语解释通则》(Incoterms 2010)，与《2000国际贸易术语解释通则》(Incoterms 2000)并用，新版本于2011年1月1日正式生效(详见本章延伸读物)。

(一)《2000年国际贸易术语解释通则》对13种贸易术语解释简介

1. EXW

Ex Works(...named place)——工厂交货(……指定地点)。

“工厂交货(……指定地点)”是指卖方在其所在地或其他指定地点(如工场、工厂或仓库等)将货物交给买方处置时，即完成交货，卖方不办理出口清关手续或将货物装上任何运输工具。该术语是卖方承担责任最小的术语，买方必须承担在卖方所在地受领货物的全部费用和风险。若双方希望在起运时是卖方负责装载货物并承担装载货物的全部费用和风险，则须在销售合同中明确写明。在买方不能直接或间接办理出口手续时，如果卖方同意装载货物并承担费用和风险的话，不应使用该术语，而应使用FCA。

2. FCA

Free Carrier(...named place)——货交承运人(……指定地点)。

“货交承运人(……指定地点)”是指卖方只要将货物在指定地点交给由买方指定的承运人，并办理了出口清关手续，即完成交货。需要说明的是，交货地点的选择对于在该地点装货和卸货的义务会产生影响。若卖方在其所在地交货，则卖方应负责装货；若卖方在任何其他地点交货，卖方不负责卸货。

“承运人”是指任何人在运输合同中，承诺通过铁路、公路、空运、海运、内河运输或上述运输的联合方式履行运输或由他人履行运输。若买方指定承运人以外的人领取货物，则卖方一旦将货物交给此人，即已履行了交货义务。该术语适用于各种运输方式，包括多式联运。

3. FAS

Free Alongside Ship(...named port of Shipment)——船边交货(……指定装运港)。

“船边交货(……指定装运港)”是指卖方在指定装运港将货物交到船边，即完成交货。买方必须承担自那时起货物灭失或损坏的一切风险。

FAS术语要求卖方办理出口清关手续。这一点与Incoterms 1990的内容相反，Incoterms

1990 要求买方安排办理出口手续。如当事人希望买方办理出口手续，需要在销售合同中明确写明。该术语仅适用于海运或内河运输。

4. FOB

Free on Board(...named port of shipment)——船上交货(……指定装运港)。

“船上交货(……指定装运港)”是当货物在指定装运港越过船舷，卖方即完成交货。

5. CFR

Cost and Freight(...named port of destination)——成本加运费(……指定目的港)。

“成本加运费(……指定目的港)”是指在装运港货物越过船舷卖方即完成交货，卖方必须支付成本费和货物运至目的港所需的运费。

6. CIF

Cost, Insurance and Freight(...named port of destination)——成本加运费(……指定目的港)。

“成本加运费(……指定目的港)”是指在装运港当货物越过船舷时卖方即完成交货。卖方必须支付成本费和将货物运至目的港所需的运费，但交货后货物灭失或损坏的风险及由于各种事件造成的任何额外费用即由卖方转移到买方。

7. CPT

Carriage Paid to (...named place of destination)——运费付至(……指定目的地)。

“运费付至(……指定目的地)”是指卖方向其指定的承运人交货，但卖方还必须支付将货物运至目的地的运费，亦即买方承担交货之后的一切风险和其他费用。

“承运人”是指任何人在运输合同中，承诺通过铁路、公路、空运、海运、内河运输或上述运输的联合方式履行运输或由他人履行运输。如果还使用接运的承运人将货物运至约定目的地，则风险自货物交给第一承运人时转移。CPT 术语要求卖方办理出口清关手续。此术语可适用于各种运输方式，包括多式联运。

8. CIP

Carriage and Insurance Paid to(...named place of destination)——运费和保险费付至(……指定目的地)。

“运费和保险费付至(……指定目的地)”是指卖方向其指定的承运人交货，但卖方还必须支付将货物运至目的地的费用，亦即买方承担卖方交货之后的一切风险和额外费用。然而按照 CIP 术语，卖方还必须办理买方货物在运输途中灭失或损坏风险的保险，因此，由卖方订立保险合同并支付保险费。

买方还应注意到，CIP 术语只要求卖方投保最低限度的保险险别。如买方需要更高的保险险别，则需要与卖方明确地达成协议，或者自行作出额外的保险安排。

“承运人”是指任何人在运输合同中，承诺通过铁路、公路、空运、海运、内河运输或上述运输的联合方式履行运输或由他人履行运输。如果还使用接运的承运人将货物运至约定目的地，则风险自货物交给第一承运人时转移。CIP 术语要求卖方办理出口清关手续。此术语可适用于各种运输方式，包括多式联运。

9. DAF

Delivered at Frontier(...named place)——边境交货(……指定地点)。

“边境交货(……指定地点)”是指当卖方在边境的指定地点和具体交货点，在毗邻国家海关边界前，将仍处于交货的运输工具上尚未卸下的货物交给买方处置，办妥货物出口清关手续但尚未办理进口清关手续时,即完成交货。“边境”一词可用于任何边境,包括出口国边境。因而,用指定地点和具体交货点来准确界定所指边境是极为重要的。

然而,如当事各方希望卖方负责从交货运输工具上卸货并承担卸货的风险和费用,则应在销售合同中明确写明。该术语可用在陆地边界交货的各种运输方式,当在目的港船上或码头交货时,应使用DES或DEQ术语。

10. DES

Delivered Ex Ship(...named port of destination)——目的港船上交货(……指定目的港)。

“目的港船上交货(……指定目的港)”是指在指定目的港,货物在船上交给买方处置,但不办理货物进口清关手续,卖方即完成交货。卖方必须承担货物运至指定目的港卸货前的一切风险和费用。如果当事各方希望卖方负担卸货的风险和费用,则应使用DEQ术语。只有当货物经由海运或内河运输或多式联运,在目的港船上交货时,才能使用这一术语。

11. DEQ

Delivered Ex Quay(...named port of destination)——目的港码头交货(……指定目的港)。

“目的港码头交货(……指定目的港)”是指卖方在指定目的港码头将货物交给买方处置,不办理进口清关手续,即完成交货。卖方应承担将货物运至指定目的港并卸至码头的一切风险和费用。

DEQ术语要求买方办理进口清关手续并在进口时支付一切办理海关手续的费用、关税、税款和其他费用。这和Incoterms 1990相反,在Incoterms 1990中,DEQ要求卖方办理进口清关手续。

如果当事方希望卖方负担全部或部分进口时缴纳的费用,则应在销售合同中明确写明。只有当货物经由海运、内河运输或多式联运且在目的港码头卸货时,才能使用这一术语。如果当事方希望卖方负担将货物从码头运至港口以内或以外的其他地点(仓库、终点站、运输站等)的义务时,则应使用DDU或DDP术语。

12. DDU

Delivered Duty Unpaid(...named place of destination)——未完税交货(……指定目的地)。

“未完税交货(……指定目的地)”是指卖方在指定目的地将货物交给买方,不办理进口手续,也不从交货的运输工具上将货物卸下,即完成交货。卖方应承担货物运至指定目的地的一切费用和风险,不包括在需要办理海关手续时在目的地国进口应缴纳的任何“税费”(包括办理海关手续的责任和风险,以及缴纳手续费、关税、税款和其他费用)。买方必须承担此项“税费”和因其未能及时办理货物进口清关手续而引起的费用和风险。如果双方希望卖方办理海关手续并承担由此而发生的费用和风险,以及在货物进口时应支付的一些费用,则应在销售合同中明确写明。

此术语适用于各种运输方式,但当货物在目的港船上或码头交货时,应使用DES或DEQ术语。

13. DDP

Delivered Duty Paid(...named place of destination)——完税后交货(……指定目的地)。

“完税后交货(……指定目的地)”是指卖方在指定的目的地,办理完进口清关手续,将在交货运输工具上尚未卸下的货物交给买方,完成交货。卖方必须承担将货物运至目的地的一切风险和费用，包括在需要办理海关手续时在目的地应缴纳的任何进口“税费”（包括办理一切海关手续，缴纳海关手续费、关税、税款和其他费用的责任和风险）。DDP 术语下卖方承担的责任最大。

若卖方不能直接或间接地取得进口许可证，则不应使用此术语。

然而，如当事方希望将任何进口时所要支付的费用（如增值税 VAT）从卖方的义务中排除，则应在销售合同中明确写明。若当事方希望买方承担进口的风险和费用，则应使用 DDU 术语。

此术语可用于所有运输方式，但当货物在目的港船上或码头交货时，应使用 DES 或 DEQ 术语。

（二）FOB、CFR、CIF 三种常用贸易术语买卖双方义务的详细规定

1. FOB

卖方应履行以下义务：

（1）必须提供符合销售合同规定的货物和商业发票或有同等作用的电子信息，以及合同可能要求的、证明货物符合合同规定的其他任何凭证。

（2）必须自担风险和费用，取得任何出口许可证或其他官方许可，并在需要办理海关手续时，办理货物出口所需的一切海关手续；无义务办理运输合同和保险合同。

（3）必须在约定日期或期限内，在指定装运港，按照该港习惯方式，将货物交至买方指定的船只上。

（4）关于风险转移，卖方必须承担直至货物在指定装运港越过船舷为止，货物灭失或损坏的一切风险。

（5）关于费用划分，卖方必须支付货物在指定装运港越过船舷以前与货物有关的一切费用，在需要办理海关手续时，卖方应支付货物出口需要办理的海关手续费及出口时应缴纳的一切关税、税款和其他费用。卖方按照约定日期或期限内，在指定装运港，将货物交至买方指定的船只上之后，必须给予买方货物已按规定交货的充分通知。

（6）卖方必须自付费用向买方提供证明货物已按上述规定交货的通常单据。除非前述单据是运输单据，否则应买方的要求并由其承担风险和费用，卖方必须给予买方一切协助，以取得有关运输单据（如可转让提单）。如买卖双方约定使用电子方式通信，则上述单据可以由具有同等作用的电子数据交换（EDI）信息代替。

（7）必须支付按照规定交货所需进行的查对费用（如核对货物品质、丈量、过磅、点数的费用），必须自付费用，提供按照卖方订立销售合同前已知的该货物运输（运输方式、目的港）所要求的包装，包装应作适当标记。

（8）应买方要求并由其承担风险和费用，卖方必须给予买方一切协助，以帮助其取得由装运地国和/或原产地国所签发或传送的、为买方进口货物可能要求的和必要时从他国过境所需的任何单据或有同等作用的电子信息。应买方要求，卖方必须向买方提供投保所需的信息。

买方应履行以下义务：

（1）必须按照销售合同规定支付价款。

（2）必须自担风险和费用取得任何进口许可证或其他官方许可，并在需要办理海关手续时，办理货物进口和在必要时从他国过境的一切海关手续。

（3）必须自付费用订立从指定装运港运输货物的合同。

（4）必须在卖方按照规定交货时受领货物，买方必须给予卖方有关船名、装船点和要求交

货时间的充分通知。

(5)关于风险划分，承担货物在指定装运港越过船舷时起，货物灭失或损坏的一切风险，由于买方未按照上述规定及时通知卖方，或其指定的船只未按时到达，或未接收货物，或比通知的时间提前停止装货，则买方还应承担自约定交货日期或期限届满之日起，但以该货物已正式划归合同项下，即清楚地划出或以其他方式确定为合同项下的货物为限的一切风险。

(6)关于费用划分，买方必须支付货物在指定装运港越过船舷时起与货物有关的一切费用，及由于买方指定船只未按时到达，或未接收货物，或比通知规定的时间提前停止装货，或买方未能给予卖方相应的通知而发生的一切额外费用。在需要办理海关手续时，承担货物进口和从他国过境应缴纳的一切关税、税款和其他费用，以及办理海关手续的费用。

(7)买方必须接受卖方按规定提供的交货凭证。

(8)买方必须支付任何装运前检验的费用，但出口国有关当局强制进行的检验除外。

(9)必须支付卖方应买方要求所提供单据或有同等作用的电子信息而发生的一切费用。

FOB 的变形：FOB 的变形是因为装船费在班轮或租船情况下费用不同而产生的，不改变买卖双方 FOB 的主要义务和风险转移。变形的种类主要有：

FOB liner terms (FOB 班轮条件)，是指装船费用如同以班轮装运那样，由支付运费的一方(买方)承担。

FOB under tackle (FOB 吊钩下交货)，是指卖方将货物置于轮船吊钩所及之处，从货物起吊开始的装船费用由买方负担。

FOB stowed, FOBS(FOB 包括理舱)，是指卖方负担将货物装入船舱并包括理舱费在内的装船费用。

FOB trimmed, FOBT(FOB 包括平舱)，是指卖方负担将货物装入船舱并包括平舱费在内的装船费用。

2. CFR

卖方应履行以下义务：

(1)必须提供符合合同规定的货物和商业发票或有同等作用的电子信息，以及合同可能要求的、证明货物符合合同规定的其他任何凭证。

(2)卖方须自担风险和费用，取得任何出口许可证或其他官方许可，并在需要办理海关手续时办理货物出口所需的一切海关手续。

(3)卖方必须自付费用，按照通常条件订立运输合同，经由惯常航线，将货物用通常可提供运输合同所指货物类型的海轮(或依情况适合内河运输的船只)运输至指定目的港。

(4)卖方必须在装运港，在约定的日期或期限内，将货物交至船上。关于风险转移，卖方必须承担货物在装运港越过船舷以前的灭失或损坏的一切风险。

(5)关于费用划分，卖方必须支付货物越过船舷以前的一切与货物有关的费用，承担订立运输合同所发生的运费和其他一切费用，包括货物的装船费和根据运输合同由卖方支付的、在约定卸货港的任何卸货费。在需要办理海关手续时，承担货物出口需要办理的海关手续费用及出口时应缴纳的一切关税、税款和其他费用，以及根据运输合同规定，应由卖方支付的货物从他国过境的费用。

(6)必须给予买方说明货物已按照规定交货的充分通知，以及要求的任何其他通知，以便买方能够为受领货物采取通常必要的措施。

(7)必须自付费用，毫不迟延地向买方提供表明货物载往约定目的港的通常运输单据。此单据必须载明合同货物，单据日期应在约定的装运期内，使买方得以在目的港向承运人提取货物。除非另有约定，应使买方得以通过转让单据（可转让提单）或通过通知承运人，向其后手买方出售在途货物。如果此运输单据有数份正本，则应向买方提供全套正本。如买卖双方约定使用电子方式通信，则前述单据可以由具有同等作用的电子数据交换（EDI）信息代替。

（8）必须支付按规定交货所需的查对费用以及提供符合所安排的运输要求的包装，包装应作适当标记；应买方要求并由其承担风险和费用，卖方必须给予买方一切协助，以帮助买方取得由装运地和/或原产地所签发或传送的、为买方进口货物可能要求的和必须时从他国过境所需的任何单据或有同等作用的电子信息；应买方要求，卖方必须向买方提供投保所需的信息。

买方应履行以下义务：

（1）必须按照销售合同规定支付价款。

（2）自担风险和费用，取得任何进口许可证或其他官方许可，并在需要办理海关手续时办理货物进口及从他国过境的一切海关手续。

（3）必须在卖方按规定交货时受领货物，并在指定目的港从承运人收受货物；一旦买方有权决定装运货物的时间和/或目的港，买方必须给予卖方有关事项的充分通知。

（4）关于风险转移，必须承担货物在指定装运港越过船舷之后的灭失或损坏的一切风险。如买方未按上述规定给予卖方充分通知，则应承担自约定装运日期或期限届满之日起，货物所发生的一切额外费用。

（5）在需要办理海关手续时，承担货物进口和从他国过境所应缴纳的一切关税、税款和其他费用，以及办理海关手续的费用，除非这些费用已包括在运输合同中。

（6）买方必须接受符合合同规定的运输单据。

（7）必须支付任何装运前检验的费用，但出口国有关当局强制进行的检验除外。

（8）必须支付卖方应买方要求所提供单据或有同等作用的电子信息所发生的一切费用。

CFR的变形：CFR的变形只涉及卸船费用，不改变CFR买卖双方的主要义务承担和风险转移。变形的种类主要有：

CFR liner terms（CFR班轮条件），是指卸船费按班轮条件处理，由支付运费的一方（卖方）负担。

CFR ex ship's hold（CFR舱底交货），是指买方负担将货物从舱底起吊卸到码头的费用。

CFR ex tackle（CFR吊钩交货），是指卖方负担将货物从舱底吊至船边卸离吊钩为止的费用。

CFR landed（CFR卸到岸上），是指卖方将货物卸到目的港岸上的费用。

3. CIF

关于买卖双方义务、风险转移、费用划分的规定，CIF与CFR基本相同。差异之处在于，卖方增加了办理保险的义务。卖方必须按照合同规定，自付费用取得货物保险，并向买方提供保险单或其他保险证据，以使买方或任何其他对货物具有保险利益的人有权直接向保险人索赔。保险合同应与信誉良好的保险人或保险公司签订，在无明确协议时，应按照《协会货物保险条款》（伦敦保险人协会）或其他类似条款中的最低保险险别投保。保险期限应符合合同规定并与CIF风险、费用、责任划分一致。如果能投保的话，应买方要求，并由买方负担费用，卖方应加投战争、罢工、暴乱和民变险。最低保险金额应包括合同规定价款另加10%（即110%），并应采用合同货币。

CIF也可采用CFR术语的变形，如：CIF liner terms（CIF班轮条件）、CIF ex ship's hold

(CIF 舱底交货)、CIF ex tackle(CIF 吊钩交货)、CIF landed(CIF 卸到岸上)。上述 CIF 术语的各种变形,在关于明确卸货费用负担的含义方面,与 CFR 术语变形是相同的。

复习思考题

一、问答题

1. 出口交易前的准备工作主要包括哪些内容?
2. 简述出口贸易的一般程序。
3. 什么叫"贸易术语"? 为什么在国际贸易中要使用贸易术语?
4. 试写出国际贸易中六种常用的贸易术语的中、英文全称和英文缩写。
5. 简述 FOB、CFR、CIF 三种贸易术语的异同,并填写下列表格:

贸易术语	风险	手续		费用	
	谁承担货装上船后的风险	谁办理租船定舱	谁办理保险	谁支付运费	谁支付保险费
FOB					
CFR					
CIF					

6. 若按 CIF 贸易术语出口,载货船舶在航行途中触礁沉没,货物全部灭失,买方闻讯后提出拒付货款,我方应如何处理?

7. 若按 CFR 贸易术语出口,我方在货物装船后第 3 天发出装船通知,而货物于起航当天下午触礁沉没,货物全部灭失,我方能否以 CFR 买方办理保险为理由,提出该损失由买方自理?

8. 简述 FOB、CFR、CIF 和 FCA、CPT、CIP 的主要区别。
9. 简述贸易术语变形的作用。
10. 根据《国际货物销售合同公约》,买方和卖方的义务有哪些?
11. 根据《国际货物销售合同公约》,当卖方违反下列交货义务时,买方可以采取哪些补救办法:

卖方违约 / 买方补救	多交货	早交货	迟交货	不交货	货物部分不符	货物完全不符
期限补偿						
支付替代物						
修补不符合物						
减价						
撤销合同						
损害赔偿						
收取货物						
拒收部分货物						
拒收全部货物						

12. 我国对《国际货物销售合同公约》做了哪两项保留?

二、案例

某企业以 CIF 条件出口1 000吨大米，合同规定为一级大米，每吨 300 美元，共300 000美元。卖方交货时，实际交货的品质为二级大米，按订约时的市场价格，二级大米每吨 250 美元。

思考：(1)根据《公约》的规定，此案中，买方可以主张何种权利？(2)若买方索赔，其提出的索赔要求可包括哪些损失？

延伸读物：

《2010 年国际贸易术语解释通则》(Incoterms 2010)

国际商会自 1936 年起草第一部国际贸易术语解释通则以来，就不断定期对其进行修改以适应国际贸易的发展趋势，Incoterms 2010 的修改考虑了世界上免税区的增加、电子通信的普遍使用以及货物运输安全性的提高，删去了 Incoterms 2000 D 组术语中的 DDU、DAF、DES、DEQ，只保留了 DDP，同时新增加了两种 D 组贸易术语，即 DAT(Delivered at Terminal)与 DAP(Delivered at Place)以取代被删去的术语。

Incoterms 2010 中将贸易术语划分为适用于各种运输的 CIP、CPT、DAP、DAT、DDP、EXW、FCA 和只适用于海运和内水运输的 CFR、CIF、FAS、FOB，并将术语的适用范围扩大到国内贸易中，赋予电子单据与书面单据同样的效力，增加对出口国安检的义务分配，要求双方明确交货位置，将承运人定义为缔约承运人，这些都在很大程度上反映了国际货物贸易的实践要求，并进一步与《联合国国际货物销售合同公约》及《鹿特丹规则》衔接。

《2010 年国际贸易术语解释通则》(International Rules for the Interpretation of Trade Terms 2010，Incoterms 2010) 是国际商会根据国际货物贸易的发展，对《2000 年国际贸易术语解释通则》的修订，于 2010 年 9 月 27 日公布、2011 年 1 月 1 日实施。

《2010 年国际贸易术语解释通则》删去了《2000 年国际贸易术语解释通则》4 个术语：DAF(Delivered at Frontier)边境交货、DES(Delivered Ex Ship)目的港船上交货、DEQ(Delivered Ex Quay)目的港码头交货、DDU(Delivered Duty Unpaid)未完税交货，新增了 2 个术语：DAT(Delivered at Terminal)在指定目的地或目的港的集散站交货、DAP(Delivered at Place)在指定目的地交货。即用 DAP 取代了 DAF、DES 和 DDU 三个术语，DAT 取代了 DEQ，且扩展至适用于一切运输方式。

(1)DAT(Delivered at Terminal)目的地或目的港的集散站交货。类似于取代了的 DEQ 术语，指卖方在指定的目的地或目的港的集散站卸货后将货物交给买方处置即完成交货，术语所指目的地包括港口。卖方应承担将货物运至指定的目的地或目的港的集散站的一切风险和费用(除进口费用外)。本术语适用于任何运输方式或多式联运。

(2)DAP(Delivered at Place)目的地交货。类似于取代了的 DAF、DES 和 DDU 三个术语，指卖方在指定的目的地交货，只需做好卸货准备无需卸货即完成交货。术语所指的到达车辆包括船舶，目的地包括港口。卖方应承担将货物运至指定的目的地的一切风险和费用(除进口费用外)。本术语适用于任何运输方式、多式联运方式及海运。

修订后的《2010 年国际贸易术语解释通则》取消了“船舷”的概念，卖方承担货物装上船为止的一切风险，买方承担货物自装运港装上船后的一切风险。在 FAS、FOB、CFR 和 CIF 等术语中加入了货物在运输期间被多次买卖(连环贸易)的责任义务的划分。考虑到对于一些大的区域贸易集团内部贸易的特点，规定 Incoterms 2010 不仅适用于国际销售合同，也适用于国内销售合同。

《2010 年国际贸易术语解释通则》共有 11 种贸易术语，按照所适用的运输方式划分为两大类：

第一组：适用于任何运输方式的术语：EXW、FCA、CPT、CIP、DAT、DAP、DDP。

EXW(EX Works)工厂交货；

FCA(Free Carrier)货交承运人；

CPT(Carriage Paid to)运费付至目的地；

CIP(Carriage and Insurance Paid to)运费/保险费付至目的地；

DAT(Delivered at Terminal)目的地或目的港的集散站交货；

DAP(Delivered at Place)目的地交货；

DDP(Delivered Duty Paid)完税后交货。

第二组：适用于水上运输方式的术语：FAS、FOB、CFR、CIF。

FAS(Free Alongside Ship)装运港船边交货；

FOB(Free on Board)装运港船上交货；

CFR(Cost and Freight)成本加运费；

CIF(Cost Insurance and Freight)成本、保险费加运费。

资料来源：http://wenku.baidu.com/link? url。

思考：《2010 年国际贸易术语解释通则》与《2000 年国际贸易术语解释通则》的区别是什么？《2010 年国际贸易术语解释通则》为国际实务的运行带来了哪些便利？

第十三章

进出口贸易的磋商和合同的签订

进出口业务谈判可以通过口头或书面两种形式进行。无论采用哪一种形式，买卖双方在签订贸易合同前均要通过具体的磋商和谈判，只有在双方达成一致的意见后，才有可能签订合同。本章主要介绍交易磋商的程序以及合同成立所应遵循的法律原则。

第一节　交易磋商的一般程序

进出口业务磋商的程序一般可归纳为四个环节：询盘、发盘、还盘、接受，其中发盘和接受是达成交易的决定性环节，是合同成立的必要条件。有关发盘和接受将在本章第二节中介绍。

一、询盘

询盘(Enquiry)又称询价，是指买方或卖方为了购买或销售某种商品，而向对方提出关于交易条件的询问。可只询问价格，也可询问其他若干项交易条件，目的在于邀请对方发盘。例如：

(1)对大白兔奶糖有兴趣，请发盘。

Interested in creamy candy, White Rabbit Brand, please offer.

(2)拟购双酚 A 聚碳级，规格如附，500 吨，请报最低价格、最快交货期。

Bookable Bisphenol-A, Polycarbonate Grade, specification as attached, 500 mT, please advise lowest price & earliest delivery.

(3)可供东风牌拖拉机 50 型，3 月份装，请递盘。

Can supply tractor, Dong Feng-50, March shipment, please bid.

(4)东北人豆可供，请报价。

Northeast Soybean available, please quote.

询盘可以由卖方提出，也可由买方提出。在第一次询盘时，尚需做些自我介绍，以便于对方对合作方经营情况有所了解而予以重视。

询盘对发盘人和受盘人均无法律约束力，而且也不是每笔交易洽谈所必经的步骤，有时可未经对方询盘而直接向对方发盘。但在一般情况下，询盘往往是交易的起点，且是进行调查研究、试探市场动态的一种手段，故不应忽视；另一方面，在实际业务中对询盘的运用也要有所注意，不能滥发询盘，以免引起不良后果，影响企业在国际市场的信誉。

二、发盘

发盘(Offer)又称发价，是指买方或卖方向对方提出交易条件，并愿意按此条件达成交易、订立合同的一种表示。在实际业务中，发盘通常是一方在收到对方询盘之后提出的，但也可以不经对方询盘而直接发盘。发盘大多由卖方提出，习惯上称为卖方发盘(Selling Offer)；也可由买方提出，习惯上称为买方发盘(Buying Offer)，或者称为递盘(Bid)。

例如：发盘双酚 A 聚碳级，规格如附，500 吨，每吨1 200美元 CFR 大阪，9 月份装运，即期不可撤销信用证付款，25 千克双层牛皮纸袋装，托盘加固集装箱运输，20 日我方时间复到有效。

Offer Bisphenol-A，Polycarbonate Grade，specification as attached，500 MT，September shipment，USD 1 200/MT CFR OSAKA，by irrevocable L/C at sight，packed in 25Kgs PPbags，palletized containerized，subject to reply here 20th.

三、还盘

还盘(Counter Offer)又称还价，是受盘人对发盘内容不完全同意而提出修改或变更的表示。还盘是受盘人对发盘的拒绝，同时是受盘人以发盘人的地位所提出的新发盘。所以一经还盘，原发盘即告失效。

一方发盘，另一方对其内容不同意，可以进行还盘。同样，一方的还盘，另一方如对其内容不同意，也可以再进行还盘。这种对还盘的还盘称为再还盘，其性质与还盘相同。一笔交易往往经过发盘、还盘和多次再还盘才能达成。

例如：

(1)8 月 20 日来电：你 10 日电价太高，还盘1 170美元，限 22 日复到。

Yours 10th price too high counter offer USD 1 170，reply here 22th.

(2)8 月 21 日去电：你 20 日电最低价1 180美元，9 月 20 日前装运，限 27 日复到。

Yours 20th lowest price USD 1 180，shipment September 20th，reply here 27th.

四、接受

接受(Acceptance)是指受盘人在发盘有效期内无条件同意实盘内容的表示。法律上称为承诺。实盘一经接受，合同即告成立。买卖双方都应受其约束。

接受可由卖方作出，也可由买方作出。语句可用简单的“接受”(Accept)、“同意”(Agree)、“确认”(Confirm)表示，也可以对接受内容加以重述。

(1)你方 21 日电我方接受。

Yours 21th we accept.

(2)你方 10 日报价我方接受。

Yours 10th quotation we confirmed.

(3)你方 20 日电我方接受“美加净牙膏大号纸箱装1 000打，每打 5 英镑，CIF 苏丹港，12 月装，即期不可撤销信用证。”

Yours 20th accepted MAXAM Brand Dental Cream large size packed in carton sterling five per dozen CIF Sudan December shipment, irrevocable L/C at sight.

以上所述是指业务上的一般程序。事实上,并非每一笔业务谈判都要经过四个环节。业务员可以根据业务量的大小以及客户的熟悉程度加以灵活操作。但发盘和接受是必不可少的两个环节,是合同成立的两个基本要素。

第二节 交易磋商的两个最基本的环节

交易磋商环节中的发盘和接受都属于法律行为,因而必须符合法律规则,才能订立法律上有效的合同。本节将参照《联合国国际货物销售合同公约》(简称《公约》)和某些国家法律规定,结合我国外贸实际,进一步介绍关于发盘和接受的法律规则和其在业务上的应用。

一、发盘

(一)发盘的构成条件

《公约》第 14 条(1)款规定:"向一个或一个以上特定的人提出的订立合同的建议,如果十分确定并且表明发价人在得到接受时承受约束的意旨,即构成发价。一个建议如果写明货物并且明示或暗示地规定数量和价格或规定如何确定数量和价格,即为十分确定。"据此,一项发盘的构成必须具备以下四个条件:

(1)必须指定一个或一个以上受盘人。不指定受盘人的发盘,如出口企业向国外广泛寄发价目单而未规定价目单的有效性,它只是为吸引对方提出订货,不构成对发盘人的约束,习惯上称为发盘的邀请(Invitation to make offer)。

(2)必须表明肯定的订约意旨。即发盘人在得到接受时,将接受发盘的条件,承担与受盘人订立合同的法律责任。这种意旨一般可用有关术语和语句加以表明,如发盘(Offer)、发实盘(Offer Firm)、报价(Quote)、订购(Order)、递盘(Bid)等。

(3)必须提出完整的、明确的和无保留的各项主要交易条件。所谓"完整的",是指主要交易条件必须是完整的。根据《公约》第 14 条第 1 款的规定,若一项发盘写明货物、数量和价格,对方接受后即可成立合同,其他交易条件,如包装、交货和支付条件,可按《公约》第三部分的有关条件予以确定。《公约》的这一规定,显然在法律上是可行的,但实际操作中由于对《公约》第三部分的理解不同,因此实际上不一定可行。根据我国以及大多数国家的贸易习惯,一项交易条件的完整一般应包括货物的品质、数量、包装、价格、交货和支付六项。判断一发盘的内容是否完整,不能孤立地以一函一电为根据,要结合具体情况加以具体分析。如:你 10 日电最低价 1 000美元,其余条件与我方 8 日电同(Yours 10th lowest price USD 1 000.00, other terms same as our 8th and our General Terms and Conditions, reply soon)。

所谓"明确性",是指主要交易条件内容清楚确定,没有含糊和模棱两可词句,如"约"(about)、"参考价"(reference price)等。

所谓"无保留性",是指发盘人愿意按他提出的各项交易条件同受盘人订立合同。除此之外,没有任何其他保留条件或限制条件。如"以我方确认为准"(subject to our confirmation)。

(4)必须传达到受盘人。无论是口头的或书面的发盘,只有当它被传达到受盘人时才能生效。如卖方用信件或电报向买方发盘,该信件或电报被误递或途中遗失,以致买方没有收到,则该发盘无效。

（二）发盘的有效期

发盘由于对发盘人有法律约束力，因此发盘人一般会规定发盘的有效期，过期发盘失效。发盘人对发盘的有效期可作明确规定，也可不作明确规定。

例 1　Offer subject reply fifth here...

发盘限 5 日复到……

例 2　Offer valid till fifth our time...

发盘有效期至我方 5 日时间……

例 3　Offer valid three days...

发盘有效期 3 天……

例 4　Offer reply in three days...

发盘 3 天内复到……

例 5　Offer...reply urgently(promptly, as soon as possible)

发盘……速复。

上述有效期的计算应注意时差、节假日以及合理时间的正确理解。

（三）发盘的撤回和撤销

一项发盘在其有效期限内能否撤回和撤销，各国法律一般承认撤回，但对撤销规定的解释就不尽相同。如英美法体系认为，发盘在被接受前的任何时候都可予以撤销，除非受盘人已付出某种对价款发盘人签字的蜡封的发盘。而大陆法体系认为，在发盘有效期内，发盘人不得撤销发盘。《公约》第 16 条对此做了协调并作出折中的规定：

1. 发盘原则上可予以撤回，只要撤回的通知先于发盘或与发盘同时到达受盘人。

2. 已为受盘人收到的发盘，如果撤销的通知在受盘人发出接受通知前送达受盘人，可予以撤销。但是，在下列情况下不得撤销：

（1）发盘是以规定有效期或以其他方式表明为不可撤销的；

（2）如受盘人有理由信赖该项发盘是不可撤销的，并已本着对该发盘的信赖采取了行动。

（四）发盘的终止

发盘遇到下列情形之一即告失效：

（1）过期。一项发盘已满期，该盘即失效。

（2）拒绝。如果受盘人对一项发盘明确表示拒绝，该项发盘立即失效。

（3）还盘。受盘人对发盘提出还盘，原发盘即告失效。

二、接受

（一）接受的构成条件

《公约》第 18 条第 1 款规定：“被发价人声明或做出其他行为表示同意一项发价，即是接受。缄默或不行动本身不等于接受。”据此，构成一项法律上有效的接受，必须具备以下四个条件：

（1）接受人必须是发盘人指定的受盘人，任何第三者对该项实盘作出的接受对发盘人均无约束力。

（2）接受必须由发盘人以一定的方式表示出来。这种表示可以是口头、书面的行为。“缄默或不行动本身不等于接受。”

（3）接受必须在发盘有效期内传达到受盘人。

(4)接受必须与发盘相符。即接受必须是绝对的、无条件的和无保留的。

(二)接受内容的添加和变更

接受原则上必须是无条件的,任何有条件的接受都不是有效的接受而只能作为一项发盘。但是有两种情况需要注意:

(1)一方在接受另一方实盘的前提下,提出某种“希望”或“请求”,如“希望尽快装船,请求再增加500打”。这是一种期望而不是对发盘提出的更改条件,在法律上并不构成还盘,因此这种期望无论发盘人同意与否,都不影响交易的成立。只要受盘人在原发盘规定的有效期内对原发盘表示接受,合同仍然是有效成立的。

(2)接受中对发盘内容作了非实质性的更改,只要发盘人没有及时表示异议,仍能构成有效的接受而成立合同。根据《公约》第19条第3款规定:有关货物价格、付款、货物的质量和数量、交货地点和时间、一方对另一方当事人的赔偿责任范围或解决争端等的添加或不同条件,均应视为在实质上变更发盘的条件。如果添加或变更的条件属于不重要的或微小的非实质性的添加或变更,则不影响接受的法律效力,除非发盘人不同意这些添加或变更并及时地提出异议,否则,合同将按添加或变更后的发盘条件成立。

综上所述,为了避免不必要的争议,我们在遇到对方的接受附有更改条件时,如果不能同意,应及时通知对方。

(三)接受的撤回和撤销

《公约》第22条认为:一项接受是可以撤回的,只要撤回通知先于接受或与接受通知同时到达发盘人,撤回即有效。但注意:英美法系国家则认为接受的函电一经交邮电局就立即生效,因此不能撤回,除非发盘人在发盘中规定接受于接受通知到达发盘人时生效。

接受通知一经到达发盘人即不能撤销。因为,接受一经生效,合同即告成立,如要撤销接受,在实质上已属于毁约行为,是另一个问题了。

(四)逾期接受的效应

《公约》第22条第2款认为:在一般情况下,逾期接受不能视为法律上有效的接受,而是一项新的发盘。除非发盘人于收到逾期接受后,立即毫不延迟地通知受盘人,确认其为有效,则该逾期接受仍有接受的效力。另一种情况是,如果逾期接受是属于途中传递不正常所致,这种逾期接受可认为是有效的。除非发盘人毫不延迟地通知接受人——他认为该发盘已经失效。

第三节　进出口合同的签订

进出口贸易经过磋商,买卖双方就主要交易条件达成一致的意见,即可签订书面合同。

一、进出口合同成立的必要条件

进出口合同的成立必须符合法律规范,方为有效。《公约》虽未明确规定合同的效力,但具体规定了合同成立的规则。根据《公约》以及《中华人民共和国合同法》的有关规定,归纳起来,构成一项有效的国际货物销售合同的必要条件有以下几个方面:

(一)合同的当事人应具有法律行为的觉悟和能力

就我国进出口合同而言,其资格体现在只有经政府允许和批准的外贸经营权的企业,才能从事对外贸易活动,才能就其经营的商品对外签订销售合同。其次,由于进出口贸易是企业行为,而企业的行为必须通过自然人来实现。因此,还应确定签订进出口合同的自然人是否具有法律行为能力,即签字的自然人是否有权代表企业,以及签字人是否成年或是否是精神病患者。对合同当事人资格和能力的审核是确保合同有效的一个不可忽视的步骤。

(二)合同标的和内容必须合法

所谓"标的合法",即货物和货款等必须合法。货物是政府允许的进口和出口的商品,若属政府管制的,应持有许可证或配额。外汇的收付必须符合国家的规定。所谓内容合法,是指合同必须保证不违法及不违背或危害国家的公共政策(如不符合反垄断法、竞争法等规定),否则合同无效。《中华人民共和国合同法》第 7 条明确规定:"当事人订立、履行合同,应当遵守法律、行政法规,尊重社会公德,不得扰乱社会经济秩序,损害社会公共利益。"

(三)合同当事人的意思表示必须是真实的

合同是当事人在自愿基础上意见达成一致而产生的,这种自愿应以合法为前提,如发现一方用诈骗、威胁或暴力等行为使另一方接受而达成的合同,在法律上是无效的。

(四)合同当事人的意思表示程序必须合法

合同当事人的意思表示程序的合法性,即为我们在本章第二节所述的一方发盘,另一方表示接受,两者缺一则在法律上便是无效的合同。

(五)合同必须有"对价"或"约因"

所谓"对价"或"约因",简单地说就是双方互为有偿。双方都拥有权利同时又承担义务,一方不履行义务时有向对方赔偿损失的责任。如卖方按一定价格交出一定数量的货物,其"对价"或"约因"是买方开出信用证。

(六)合同的形式必须合法

根据《中华人民共和国合同法》第 10 条规定,凡法律、法规规定采用书面形式的,应当采用书面形式。当事人约定采用书面形式的,应当采用书面形式。第 11 条规定,书面形式是指合同书、信件和数据电文(包括电报、传真、电子数据交换和电子邮件)等可以有形地表现所载内容的形式。此外,凡我国法律、行政法规规定应由国家批准的合同,获得批准时合同方为有效。

符合以上条件的合同,才具有法律效力,才能为法律所承认,受法律保护,同时为法律所约束。

二、进出口合同的构成

进出口合同的形式主要有四种:合同(Contract)、确认书(Confirmation)、协议书(Agreement)和备忘录(Memorandum)。在我国外贸业务中主要使用合同和确认书两种形式。

(一)合同

合同的内容比较全面详细,除了包括主要交易条件如品名、规格、数量、包装、价格、交货、支付外,还包括保险、商检、不可抗力、索赔、仲裁等条款。卖方拟就的合同称"销售合同"(Sale Contract),买方制作的合同称"购货合同"(Purchase Contract)。

(二)确认书

确认书是合同的简化。卖方制作的确认书称"售货确认书"(Sales Confirmation),买方制作的确认书称"购货确认书"(Purchase Confirmation)。

书面合同,无论是合同还是确认书,一般包括三个部分:合同的首部、合同的主体、合同的尾部。

合同的首部一般包括合同的名称、合同编号、缔约日期、缔约地点、缔约双方名称和地址等。应注意的是,同一进出口企业的合同编号不能重复,否则在出口退税等海关业务中将会产生麻烦。此外，缔约地点的填写将关系到合同适用何国法律的问题，因此极为重要。缔约双方名称和地址，应详细以全称填写，因为这将涉及各种单据的制作，不能只填写简称。

合同的主体，即为合同的所有交易条件。若要在所列交易条件外添加补充内容，如信用证的开证时间，则可增列“备注”。

合同的尾部一般包括合同的份数、缔约双方签字以及适用法律、惯例等。若有附录，如产品技术标准等，则应在合同的尾部写明“××构成合同不可分割的一部分”。

书面合同的签署，是指由买卖双方的授权代理人在书面合同上签字。一般来说由卖方草拟合同，一式两份，并首先由卖方签字后寄给买方，买方认可后签字并退回一份。当然，也可由买方草拟签字，卖方签退。由于现代化通信工具的广泛使用，传真签署合同在业务中已形成习惯。但应注意的是，严格地讲，传真件属于复制文件，从法律角度来说正本文件还应是手签或盖章的原本文件。因此，业务操作中，在传真签署后，应将合同邮寄对方，并请对方签退一份邮回，以供存档。

附：上海市对外贸易公司浦东公司售货合同(附件1)。

复习思考题

一、问答题

1. 交易磋商一般要经过哪些环节？它们的含义如何？要订立一项合同，哪些环节是必不可少的？

2. 构成一项法律上有效的发盘必须具备哪些条件？

3. 下列发盘中，哪些是法律上的有效发盘？

发盘：

(1)MAXAM BRAND DENTAL CREAM LARGE SIZE PACKED IN CARTON 1 000 DOZEN SIGHT IREEVOCABLE L/C DECEMBER SHIPMENT REFERENCE PRICE STERLING FIVE CIF PORT SUDAN.

(2)OFFER SUBJECT TO OUR CONFIRMATION 1 000 DOZEN MAXAM BRAND DENTAL CREAM LARGE SIZE PACKED IN CARTON STERLING FIVE CIF PORT SUDAN DECEMBER SHIPMENT SIGHT IRREVOCABLE L/C.

还盘：

(3)YOURS OFFER PRICE TO HIGH COUNTER OFFER STERLING FOUR EIGHTY REPLY HERE SOON.

(4)YOURS OFFER ACCEPTABLE PROVIDED SHIPMENT OCT. REPLY HERE 10TH.

4. 如何理解发盘条件表面上不完整而实际上是完整的？

5. 举例说明如何规定发盘的有效期？

6. 发盘发出后，如发生意外情况或发现内容有误，发盘人能否撤回或撤销发盘？

7. 发盘在哪些情况下失效？

8. 一项有效接受必须具备哪些条件？

9. 分析下列两则接受是否有效：

(1)你方10日报盘接受，希望给了4%佣金。

(2)你方20日发盘接受，但包装内加一层塑料袋。

10. 逾期接受在何种情况下仍具有接受效力？

11. 我国进出口业务中，通常采用的书面合同有哪几种形式？其基本内容如何？

二、案例

1. 我国出口公司于10月25日以电传发一实盘，其中规定："10月29日复到有效"。国外客户于10月27日复电并于当天送达我方，复电称"接受你25日电但减价2%"，我方正拟考虑时，该客户又于10月28日来电表示撤销其10月27日电，接受我10月25日的发盘。

思考：根据《公约》，客户能否撤销10月27日电？交易是否成立？

2. 某年5月12日，我国某进出口公司为了推销新产品A，给纽约ABC公司等十几家客户寄去新产品的图片、说明书和价目单。价目单内容为：

OUR NEW PRODUCTS，COMMODITYA，ARTICLE NO. 1 203，PACKING：IN CARTONS .

CURRENT PRICE：USD 50 PER SET FOB SHANGHAI .

SHIPMENT：BY IRREVOCABLE L/C PAYABLE AT SIGHT.

MAY 22，ABC COME：

"YOUR QUOTATION 12TH ACCEPTED 5 000 AUGUST CABLE CONTRACT NUMBER".

MAY 24，OUT：

"YC22TH REGRET UNACCEPTABLE NOW PRICE GOING UP HOWEVER INVITE BID BEST".

MAY 28，COME：

"YC24TH BID 1 203 5 000SETS USD52 CIFC3% NEW YORK AUGUST L/C 30 DAYS CABLY REPLY."

MAY 31，OUT：

"YC28TH ONLY AVAILABLE 3 000SETS USD54 CIFC3% NEW YORK SEPT. L/C SIGHT VALID 4TH OUR TIME."

JUNE 2，COME：

"YC31ST PRICE TOO HIGH."

JUNE 3，COME：

"YC31TH，OC2ND SUCCESSFULLY PERSUADED LIENT ACCEPT YOUR PRICE PLEASE CABLE CONTRACT NUMBER."

JUNE 6，OUT：

"YC3RD UNACCEPTED MANY ORDER ARTICLE 1203 SORRY UNABLE SUPPLY AY-PRESENT MEANWHILE CONTACTING MILLS WILL ADVISE YOU AS-SOON-AS AVAILABLE."

JUNE 10，OUT：

"THROUGH STRENUOUS EFFORTS SUPPLY 1203 SETS USD 56 CIFC3% NEW YORK OCT L/C SIGHT REPLY HERE 14TH."

JUNE 12，COME：

"YC10TH ACCEPTED BUT ARBITRATION IN NEW YORK CABLE CON-TRACT NUMBER."

JUNE 13，OUT：

"YC12TH MUCH REGRET UNACCEPTABLE."

JUNE 14，COME：

"YC10TH AND 13TH ACCEPT ARBITRATION IN CHINA CABLE CONTRACT NUMBER."

JUNE 15，OUT：

"YC14TH DUE DOLLAR DRASTIC DEVALUATION THROUGH CLOST CALCULATION LOWEST PRICE USD 58 OTHER TERMS SAME AS OUR 10TH VALID THREE DAYS."

JUNE 19，COME：

"YC15TH L/C 786 954 OPENED."

JUNE 20，OUT：

"YC19TH SC 72 659 AIRMAILING."

思考：根据上述内容，说明哪些是发盘，并拟写一份销售确认书。

延伸读物：

外贸合同(范本)
Contract

No：　　　　Date：　　　　Signed at：

Seller：

Address：　　　　Postal Code：

Tel：　　　　Fax：

Buyer：

Address：　　　　Postal Code：

Tel：　　　　Fax：

The seller agrees to sell and the buyer agrees to buy the under mentioned goods on the terms and conditions stated below.

1. Article No：

2. Description & Specification：

3. Quantity：

4. Unit Price：

5. Total Amount：

With ________% more or less both in amount and quantity allowed at the sellers option.

6. Country of Origin and Manufacturer：

7. Packing：

8. Shipping Marks：

9. Time of Shipment：

10. Port of Loading：

11. Port of Destination：

12. Insurance：To be effected by buyers for 110% of full invoice value covering ________ up to ________ only.

13. Payment：

By confirmed，irrevocable，transferable and divisible L/C to be available by sight draft to reach the sellers before ________/________/________ and to remain valid for negotiation in China until 15 days after the aforesaid time of shipment. The L/C must specify that transshipment and partial shipments are allowed.

14. Documents：

15. Terms of Shipment：

16. Quality/Quantity Discrepancy and Claim：

17. Force Majeure：

Either party shall not be held responsible for failure or delay to perform all or any part of this agreement due to flood，fire，earthquake，draught，war or any other events which could not be predicted，controlled，avoided or overcome by the relative party. However，the party affected by the event of Force Majeure shall inform the other party of its occurrence in writing as soon as possible and thereafter send a certificate of the event issued by the relevant authorities to the other party within 15 days after its occurrence.

18. Arbitration：

All disputes arising from the execution of this agreement shall be settled through friendly consultations. In case no settlement can be reached, the case in dispute shall then be submitted to the Foreign Trade Arbitration Commission of the China Council for the Promotion of International Trade for Arbitration in accordance with its Provisional Rules of Procedure. The decision made by this commission shall be regarded as final and binding upon both parties. Arbitration fees shall be borne by the losing party, unless otherwise awarded.

19. Remark:

Seller: Buyer:

Signature: Signature:

资料来源:http://www.hkrr.us/process/trading07.asp,香港瑞丰会计事务所提供。

思考:根据合同内容,请思考在业务谈判时,哪些内容是必须要达成共识的?

业务洽谈中常用专业词汇

指示性价格 price indication

速复 reply immediately

参考价 reference price

习惯做法 usual practice

交易磋商 business negotiation

不受约束 without engagement

业务洽谈 business discussion

限复 subject to reply

限复到 subject to reply reaching here

有效期限 time of validity

有效至 valid till

购货合同 purchase contract

销售合同 sales contract

购货确认书 purchase confirmation

销售确认书 sales confirmation

一般交易条件 general terms and conditions

资料来源:http://www.233.com/ebr/English/20101114/132818942.html。

思考:请理解各专用名词的含义。

第十四章

进出口贸易的主要交易条件之一——货物的标的

进出口贸易所涉及的交易条件较多，且具有一定的专业性，它们是交易磋商的实质内容。从第十四章至第十九章主要介绍合同中通常包括的品质条件、数量条件、包装条件、价格条件、交货条件、保险条件、支付条件、商检条件，以及索赔、不可抗力和仲裁条件。

第一节 品质条件

商品是进出口合同的物质基础。买卖双方在进行交易时，不仅要明确商品的名称，还要规定它的具体品质，否则就无从肯定买卖合同的物质基础，交易也就无法进行。

商品的品质是指商品的外观形态和内在质量的综合。品质的好坏不仅影响到销价和销路，还将影响到一个企业乃至一个国家的声誉。每个企业都应像爱护自己的生命一样去维护企业的产品声誉。

品质条件在书面合同中包括"货号、品名和规格"一栏，如：货号 4323 跳鲤牌花布 30 支×36 支，72×67，36 英寸×42 码，花样号 A108。

Art. No. 4323，"Jumping Fish" Printed Shirting

30s×36s，72×67，36″×42Yds

Design No. A108.

一、表示品质的方法

表示品质的方法基本上有两大类：一是用文字来说明，二是用样品来表示。

(一)凭文字说明表示品质的方法

此方法即"凭文字说明销售"(Sale by Description)，具体可分为下列几种：

1. 凭规格、等级或标准交易(Sale by Specification, Grade or Standard)

例 1 棉坯布，30 支×36 支，72×69，38 英寸×121.5 码

Cotton Grey Shirting，30s×36s，72×69，38″×121.5Yds.

例2 9371 中国绿茶特珍一级

9371 China Green Tea Special Chunmee.

例3 盐酸四环素糖衣片250毫克(按1988年版英国药典)

Tetracycline HCI Tablets (sugar coated)250mg B. P. 1988.

国际标准化组织(ISO)于1987年发布了《ISO9000标准系列》,这一标准系列主要是规定了生产企业要靠产品质量保证体系来运行,从而保证产品的质量。再经有关机构的"合格认证",确认产品符合标准要求。经"认证"企业的产品就可以进入国际市场,而未经"认证"企业的产品(按出口国"认证"产品目录)不能进入国际市场。现在,越来越多的国家通过采用这个国际标准系列,来提高出口生产企业的信誉和知名度,增强在国际市场的竞争能力。

对于某些农副土特水产品,由于难以确定统一的标准,一般采用"良好平均品质"(Fair Average Quality, F. A. Q.)或"上好可销品质"(Good Merchantable Quality, G. M. Q.)来表示。"良好平均品质"是指一定时期内某地出口商品的平均品质水平。所谓"上好可销品质",是指卖方只需保证货物品质良好、适合销售。因此我们可以看出,上述两种品质表示方法,其"标准"含义非常笼统,事实上并不代表固定、确切的品质规格。在使用时,除了注明"F. A. Q."或"G. M. Q."字样外,最好还应订明商品的主要规格指标。如:

例4 东北大豆1995年良好平均品质

North-east Soybean 1995 new crop F. A. Q.

水分	最高 14%	Moisture(max)	14%
含油量	最低 18%	Oil Content(min)	18%
杂质	最高 10%	Impurity(max)	10%
不完善粒	最高 70%	Admixture(max)	70%

2. 凭牌名或商标交易(Sale by Brand Name or Trade Mark)

例如:

大白兔奶糖 White Rabbit Brand Creamy Candy

蝴蝶牌缝纫机 Butterfly Brand Sewing Machine

欧米茄手表 Omega Watch

3. 凭产地名称交易(Sale by Original Products)

例如:

四川榨菜 Sichuan Preserved Vegetable

金华火腿 Jinhua Ham

4. 凭说明书和图样交易(Sale by Specification or Illustration)

例如:

品质见卖方所提供的产品说明书中的技术性能部分。

Quality as per technical feature indicated in the illustrations submitted by seller.

品质和技术指标见卖方产品目录第××页××行。

Quality and technical data as per seller's catalogue page ×× and ×× line.

(二)凭样品表示品质的方法

此方法即凭样品销售(Sale by Sample)。可以由卖方提供样品(Sale by seller's sample),也可由买方提供样品(Sale by buyer's sample)。

例如：

样品号 112 男式皮鞋　Sample No. 112 Man Shoes

二、订立品质条件应注意的几个问题

（一）正确选择品名

品名的选择首先要具体明确，不能含糊笼统，如“服装”应写明性别、款式、质地甚至面料的成分；其次，在使用商品名称时应尽可能地按国际公认的习惯处理。现时有些商品中英文有多种称谓，如菠萝也叫凤梨，皮夹的英文为 Wallet 或者 Pocket-book。在众多而不一致的名称面前，在签合同时应选用国际上用得比较多而又明确易懂的名称作为品名。如果在《国际商品分类表》中已有正式名称，就应当按照该表的统一叫法处理，这样做不仅符合国际惯例，而且为今后采用电子数据交换准备了条件。

（二）正确选择品质的表示方法

品质的表示方法可以是一种，也可以是几种表示方法的综合，如前述花布的表示方法就是规格、牌号以及样品几种表示方法的综合。在业务中凭规格和说明表示品质使用较多，在使用时要从生产实际出发，避免订立过高、过繁的条件，给履约造成困难。同时，若以文字说明与样品同时表示品质，则卖方要承担交货质量既符合文字说明又与样品完全一致的责任。

（三）科学性和灵活性相结合

品质条件原则上应措辞严密、不含糊。但有时也要允许有一定程度的差异，给生产和交货带来方便。例如：

（1）规定范围。如棉布幅宽为 35/36″。

（2）规定极限。如白籼米　White Rice, Long Shaped

碎粒（最高）25%　Broken Grains(max)25%

杂质（最高）0.25%　Admixture(max)0.25%

水分（最高）15%　Moisture(max)15%

（3）规定上下差异。如 C708 中国灰鸭绒，含绒量 90%，允许±1%（C708 Chinese Grey Duck Down with 90% Down Content, 1% more or less allowed）。

（四）正确选择样品

若以卖方样品销售，则卖方所提供的样品必须具有代表性，对外寄送样品要编号，并留有复样，以便于将来处理品质纠纷时校对之用。复样要妥善保管，必要时可进行“封样”。

若以买方样品销售，为防止日后交货困难，卖方一般按买方来样做成“回样”或称“对等样品”寄买方认可，得到买方确认后，则转为凭卖方样品销售。其次，在凭来样成交时，一般还应声明或在合同中订明，如果发生由来样引起的工业产权或知识产权等第三者权利问题，均由买方负责。

第二节　数量条件

在进出口贸易中，买卖双方必须事先约定商品的数量，以作为合同的依据。因此，数量条件也是进出口合同的主要交易条件之一。

进出口合同中的数量条件一般由交货的数量、计量单位和数量的增减范围所组成。

例如：

二乙二醇　1 000 公吨　卖方可溢短装 5%

DEG　1 000MT　5%more or less at seller's option.

一、计量单位

由于商品的性质不同和各国采用的度量衡制度不同，表示数量的单位和方法也不同。在合同中通常采用的计量单价有重量(Weight)、个数(Number)、长度(Length)、面积(Area)、体积(Volume)和容积(Capacity)等。其中以重量单位使用得最多，如克(gramme, g.)、千克(kilogramme, kg.)、盎司(ounce, oz.)、磅(pound, lb.)、公吨(metric ton, M/T)、长吨(long ton, L/T)、短吨(short ton, S/T)。在使用重量单位时，还要注意它的下列计算方法：

(一)按毛重计算

毛重(Gross Weight)是指商品本身的重量加包装即皮重(Tare)的重量。

(二)按净重计算

净重(Net Weight)是指商品本身的重量，不包括包装(皮重)的重量。皮重的计算方法有四种：(1)按实际皮重(Actual Tare)，即将整批商品的包装逐一过秤求得重量；(2)按平均皮重(Average Tare)，即按部分商品的实际皮重，取其平均值乘算出全部皮重；(3)按习惯皮重(Customary Tare)，比较规格化的包装，其重量已被公认，无需过秤而以公认的重量计算；(4)按约定皮重(Computed Tare)，即按双方约定的重量计算而不必过秤。

如果合同中未明确规定用毛重还是用净重计量、计价的，按惯例应以净重计。

(三)按公量或理论重量计算

公量(Conditioned Weight)是指用科学的方法抽去商品中的水分，另加标准水分所得到的重量。这种方法通常适用于经济价值较高而含水分极不稳定的商品，如生丝、羊毛等。理论重量(Theoretical Weight)是适用于有固定规格和固定尺寸的商品，只要尺寸符合，规格一致，其重量大致相等，根据张数、件数即可推算出其重量，如马口铁、钢板等商品。

二、计量单位制

目前在国际贸易中通常使用的计量单位制有三种：米制(the Metric System)，英制(the British System)和美制(the U. S. System)。此外，还有在米制基础上发展起来的国际单位制(International System of Unit)。我国的基本计量制度是米制，并将逐步采用国际单位制。为了适应国外市场的需要，在业务中我们也采用对方指定的计量单位，因此需要了解各国度量衡制度及其换算方法。在签订数量条件时必须明确采用哪一种度量衡制度。

三、正确确定数量的增减范围

数量条件应尽可能地订得具体、明确。但有些商品，如农副产品和工矿产品，由于商品本身的特性或受自然条件或运输、包装等的限制，实际所交数量往往不易符合合同规定的数量。为了避免日后的争议，买卖双方在合同数量条件中订有增减范围。

(一)规定"约量"

即在合同的商品数量前加一"约"字(about, circa, approximate)，如 G. W. approx. 5 000 MT。但是，由于"约"数量的含义在国际贸易中有不同的解释，因此，为避免日后引起纠纷，除非买卖双方对"约"数的含义已有协议或默认，合同条款中最好不使用"约"数，而明确地规定溢短装幅度。

(二)规定溢短装条款(More or Less Claus)

即在合同数量条件中规定,所交货物的数量可以多交或少交若干,但以不超过成交数量的百分之几为限。例如:1 000MT 3% more or less at seller's option.

溢短装一般是由卖方决定,但在由买方派船装运的情况下,也可由买方决定。

溢短装部分的计价办法一般有两种:一种是按合同价格计算,另一种是按装船时的市价计算。采用后一种办法的目的,是为了防止享受溢短装权利的一方在市场价格发生波动时,利用溢短装条款故意多装或少装。

第三节　包装条件

进出口货物,按照是否包装分为三类:散装货(Bulk Cargo),如煤、矿砂;裸装货(Nuded Cargo),如钢材、木材;包装货(Packed Cargo)。绝大多数商品的进出口都是需要包装的。包装对商品不仅起保护作用,能减少储存、运输过程中的货损,节约仓容和节省运费,而且能美化商品、方便使用、扩大销路、提高售价。包装还反映一个国家经济、技术、科学、文化等方面的发达程度。在国际市场上,包装的好坏关系到一个国家及其产品的声誉。在国际货物买卖中,包装还是货物说明的组成部分。因此,包装也是交易磋商的主要交易条件之一,包装条款也是进出口买卖合同的重要条件之一。

合同中的包装条件一般包括包装方式和包装标志两方面内容。例如,某出口合同中的包装条件为:

包装:25 千克双层牛皮纸袋装　Parking:25Kgs PP bags

唛头:	Shipping Mark:
SC69432	SC69432
LC90618	LC90618
SINGAPORE	SINGAPORE
NO. 1-100	NO. 1-100

一、包装方式

进出口货物的包装分为两大类:一类是运输包装或称为外包装(Outer Packing),它的作用主要是保护商品,便于运输,减少运费,便于储存,节省仓租和便于计数等;另一类是销售包装或称为内包装(Inner Packing),它除了保护作用外,还要美化商品、方便使用、提高售价。无论哪一种包装方式,其基本要求是科学、经济、牢固、美观、适销。

目前国际上常见的运输包装有两大类:集合包装和单件包装。单件包装是指货物在运输过程中作为一个计件单位的包装,常见的有箱(case)、捆包(bale)、袋(bag)、桶(drum)、瓶(bottle)等。集合包装是指将若干件单件包装组合成一件大包装或装入一个大的包装容器内,常见的集合包装有集装箱、托盘和集装袋三种形式。

(一)集装箱

国际标准化组织(ISO)对集装箱(Container)所下的定义是:(1)能长期反复地使用,具有足够的强度;(2)在运输途中转运时,可直接进行换装而不必动容器内的货物;(3)可进行快速装卸,又可从一种装运工具直接方便地转运到另一运输工具上;(4)便于货物的装满和卸空;

(5)具有一立方米(即 35.32 立方英尺)以上的内部容积。

目前国际上最通用的集装箱规格有 8×8×20 英尺和 8×8×40 英尺。这两种集装箱的载重量分别为 17.5 公吨和 24.5 公吨,容积为 30 立方米和 67 立方米。在计算集装箱的流通量时,分别称为"TEU"(Twenty-foot Equivalent Unit)和"FEU"(Forty-foot Equivalent Unit)。集装箱按使用的目的,有干货(dry)、开顶(opentop)、冷冻(refrigerate)、框架(flatrack)、罐式(tank)、吊挂(hanging)等。同一目的港运交同一收货人的集装箱,称为套箱货(Full Container Load,FCL)。不同目的港或不同收货人,需经集装箱站拼装或开箱分发的,称为拼装箱(Less than Container Load,LCL)。

集装箱既能加快装卸又能有效地保护商品,是运输现代化的一种包装,但使用集装箱需有专用的船舶、码头和装卸设施、装卸吊车。

(二)托盘

托盘(Pallet)是一种可盛载一定数量单件包装的装卸用垫板,将若干单件货物与托盘捆扎或裹包固定,即组成一个运载单元或集合包装单元。托盘下有插口,可供铲车插入操作。国际标准化组织推荐的托盘规格有五种:800×1 200,1 000×1 200,1 200×1 600,1 200×1 800,800×1 000平方毫米。托盘的特点是投资少,只需简单的设备,即可大幅度提高装卸效率。

(三)集装袋

集装袋(Flexible Container)是一种用塑料迭丝编织成的圆形大口或方形大包。其容量因使用的材料和生产工艺不同而有区别。一般为 1~4 公吨,最高可达 13 公吨左右。集装袋适用于装粉粒状的货物,如化工产品、矿产品、农副产品等。

对运输包装的总体要求是必须坚固结实,防止碎、损、漏、耗,并便于运输、装卸、储存和计数。国际标准化组织大力推行运输包装标准化,即统一材料、统一规格、统一容量、统一标准和统一封装方法。运输包装标准化将有助于简化包装容器的规格,便于加工制造,易于识别和计量,可节约包装材料,降低成本,合理压缩体积,节约仓容和运费,还可提高包装容器的使用率。

二、包装标志

包装标志的主要作用在于:(1)在货物运输过程中便于识别,避免错装错卸;(2)使卖方简化单据,使买方由单据上的标志了解货物的情况;(3)明确货物的原产地,便于海关控制进口或出口;(4)以图形或字母代替文字,便于商业保密;(5)避免装卸时造成损坏。

包装标志按其作用不同,有运输标志、指示性标志、警告性标志、原产地标志以及重量和尺码标志。

(一)运输标志

运输标志(Shipping Mark),习惯上称为"唛头",由三部分组成:

(1)代表收货人或发货人的简字,有的还可列有合同号码或订单号码或信用证号码;

(2)目的港名称(有时还增列中转港名称);

(3)件号(有时刷顺序的件号,有时还要刷该批货物的总件数)。

例如:

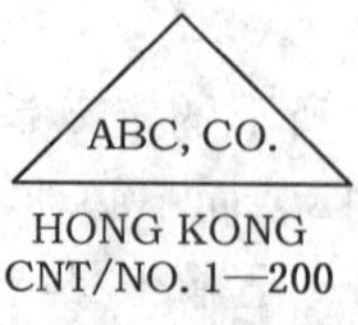

SMITHCO
SC93410
DAR ES SALAAM
VIA
HONG KONG
NO. 1—300

按国际贸易习惯，运输标志一般由卖方决定，并无必要在合同中作具体规定。如果买方要求其指定唛头，则应在合同中具体规定唛头的式样和内容，并规定买方提出唛头式样和内容的时限，超过时限卖方可自行决定。

（二）指示性标志

指示性标志（Indication Mark）是根据商品的特性，特别标出货物在运输、装卸、搬运、保管过程中应注意的事项，如"小心轻放"（Handle with Care）、"请勿用钩"（Use No Hooks）、"此端向上"（This Side Up）、"保持干燥"（Keep Dry）等。

（三）警告性标志

对易燃、易爆、有毒、放射性等危险货物，应在包装上刷制警告性标志（Warning Mark），使有关人员在运输、装卸、搬运、储存、使用过程中采取相应的防范措施。如"有毒品"（Poison）、"爆炸物"（Explosive）、"易燃物品"（Inflammable）等。

（四）原产地标志

原产地标志（Country of Origin Mark）是标明货物由哪个国家或地区制造、生产、加工，如"中国制造"（Made in China）。

（五）重量和尺码标志

重量和尺码标志（Weight and Measurement Mark）是对货物的毛重、净重及体积的表示。如：

GROSS WEIGHT 55Kgs.

NET WEIGHT 50Kgs.

MEASUREMENT 45×30×25cm.

三、正确确定包装条件

（1）有关包装方式应在合同中作具体的、明确的规定。除非买卖双方对此已有约在先，在合同中一般不宜使用诸如"适合海运包装"（Parked in Seaworthy Packing）、"按惯常方式包装"（Packed in the Usual Way）、"按卖方惯用包装"（Parked in Seller's Usual Way），以免引起纠纷。

（2）要注意进口国家对包装的有关规定。如在包装材料方面，有的国家禁止用麻袋包装或用玻璃陶瓷等材料制作的包装容器；有的国家禁用虫蛀或带有树皮的木材做包装木箱；有的国家禁止用稻草、干草、木丝、米糠、废棉、报纸等作为衬垫物等。在重量方面，各国往往对于每件货物的重量有不同的限制规定。有的国家规定油脂品每件净重不得超过10千克，各国班轮公司对于超长、超重的货物都加收附加费。在包装方式方面，有的国家规定必须使用托盘或集装箱。对于危险品的包装，各国也有严格的规定。因此，在订立包装条件时应注意各国的法规，以免日后由于包装问题对方拒收货物而造成经济损失。

（3）包装费用一般包括在货价中，不另计价。但如买方提出特殊包装要求，其超出的包装费用应由买方负担，并应在合同中具体规定负担的费用和支付方法。如装托盘，一般在价格上另外加托盘费若干，经双方商定，全部或部分包装材料由买方负责供应者，合同中应同时规定包装材料最迟到达卖方的时限和逾期到达的责任。在进口合同中，对于包装技术性较强的商品，通常要在单价后面注明"包括包装费用"。

（4）在我国出口业务中，有时根据客户要求，也采用定牌、无牌和中性包装。所谓定牌，是指在我国出口商品的包装上使用指定的商标和牌名。无牌是指买方要求在我国出口商品的包装上不标明任何商标或牌名。无论定牌和无牌，一般应标明“中国制造”字样。所谓中性包装，是指在商品的包装上不注明生产国别的包装，常见的有两种，一种是无牌中性包装，另一种是定牌中性包装。采用上述包装都是为了适应外国市场的特点，为了扩大出口而采取的手段。但在订立这类条件前，对客户的要求要掌握原则、严格审查。

复习思考题

一、问答题

1. 在进出口合同中，表示品质的方法有哪几种？在使用时应注意哪些问题？
2. “代表性样品”、“复样”、“封样”、“参考样品”、“对等样品”各有何作用？
3. 订立品质机动幅度的方法有哪几种？试举例说明。
4. 何谓“毛重”、“净重”？
5. 如果合同中未明确规定以毛重还是以净重计价、计量，按惯例应按何种重量计价、计量？
6. 订立数量机动幅度的方法有哪几种？溢短装部分应如何作价？
7. 出口商品包装有哪几类？各类的作用如何？
8. 对出口包装的基本要求是什么？
9. “TEU”，“FEU”，“FCL”，“LCL”各自的含义是什么？
10. 出口包装的外包装上一般有哪些标志？
11. 什么是“定牌”、“无牌”和“中性”包装？在使用时应注意什么问题？
12. 出口合同中的包装条款一般包括哪些内容？在制订包装条款时应注意哪些问题？

二、案例

上海轻工业品进出口公司(Shanghai Light Industrial IMP & EXP Corp.)出口布娃娃(Cloth Doll)，货号612、613，数量1 000打，其中612数量700打，613数量300打。纸箱装，每箱10打，合同号SHLI950310，信用证号95LCA0220，目的港：Singapore。

思考：根据上述情况，设计一个运输标志。

延伸读物：

出口货物的产品质量

当前，随着我国市场经济的突飞猛进，我国越来越多的产品流向国际市场，出口业务也就越来越多，但由于我国目前的外贸体制还不允许每个有竞争力产品的生产厂家都具有出口资格，因此绝大部分的出口业务仍是由不直接生产产品的有进出口权的外贸企业去完成。即由外贸企业先向国内生产厂家订购产品，再将其销到国外(或者外贸企业先取得外商的求购订单，然后在国内寻找生产厂家)，这样，虽然外贸企业无需花费大的精力去直接生产产品，但也使得外贸企业不可避免地要面对双向质量责任，即一方面要对外商保证产品质量，另一方面又要生产厂家对自己保证产品质量，一旦出现产品质量有缺陷而又处理不当，就极有可能因质量缺陷对外商作出赔偿之后又得不到国内生产厂家的赔偿，使自己陷入不应有的绝对承担质量责任的不利地位，因此，如何预防和处理出口业务中的质量不符问题成了每一个外贸企业十分头痛的问题。

资料来源：http://mall.cnki.net/magazine/article/YKXX199511021.htm。

思考：如何预防和处理出口业务中的质量问题？

第十五章

进出口贸易的主要交易条件之二——货物的价格

在交易磋商中，价格自始至终是买卖双方最为关心的问题，价格条件当然是买卖合同中的一项主要交易条件。

在进出口合同中，价格条件一般由单价和总值两项内容组成。

第一节 计价货币

一、计价货币的选用

在选用货币时应根据国家的方针政策、外汇市场的变动，以及使用的货币本身可否兑换、是否稳定等因素综合考虑而决定。

如果我国与对方国家之间有贸易支付协定，则应使用协定中的货币。如我国与一些发展中国家订有贸易支付协定，协定货币为瑞士法郎。如果我国与对方国家无支付协定，一般应选用“可兑换性货币”(Convertible Currency)，即可以在国际外汇市场上自由买卖的货币，也称自由外汇(Free Currency)。可兑换性货币根据币值是否稳定，也有软、硬之分。所谓硬货币(Hard Currency)，是指币值比较稳定且呈上浮趋势；软货币(Soft Currency)是指币值比较疲软且呈下浮趋势。我们出口商品原则上应选用硬货币，而进口商品原则上应争取用软货币支付。当然在选用货币问题上，我们还是应遵循平等互利的原则，双方协商，按照促进出口或进口交易的实际情况，全盘考虑，灵活机动。

二、外汇风险管理方法

如果由于种种原因，我们在出口业务中不得已选用了下浮货币，或者在进口业务中不得已选用了上浮货币，我们的出口商或进口商就面临着外汇风险，即出口所得的软货币将在实际上减少出口商人民币的收入，而进口所需的硬货币则需以较多的人民币去购买，从而增加进口成本。此外，外汇汇率的频繁波动，使生产者和经营者难以有效地控制和核算生产经营成本。因此，必须采取防范措施，避免或减少汇率波动给生产经营带来的风险。

目前国际金融业务已相当发达，为减少外汇风险提供了多种途径。结合我国的实际情况，比较实用和简单易行的方法主要有以下几种：

(一)选择适当的货币

选择何种货币计价和结算是产生外汇风险的开始，我们应在选择货币时就尽量避免产生外汇风险或选择可能产生利润的有利货币。

1. 选择本币作为结算货币

从理论上讲，如果选择本国货币作为结算货币，则不存在任何外汇风险。我国人民币在一般情况下不能作为国际结算货币，我们在进出口贸易中可以将美元视为本币使用。经营者如用美元计价和结算，就可以减少外汇风险。

2. 进口选择软货币，出口选择硬货币

理论上进口选择软货币，出口选择硬货币经营者可以从中获利，但应注意的是货币的软硬是相对而言的，且有一定的时间性。在某一时期是软货币，而过一时期可能会变成硬货币，这种变化是难以预料的，因此，经营者在正确选择了货币之后还应在有利时机通过金融交易将汇率固定下来，才能达到最终避免外汇风险的目的。

3. 进口选择高利率货币，出口选择低利率货币

经营者可以因两种货币利率的不同，在保值过程中取利，因为利率高的货币远期汇率是贴水，买入远期的这种货币价格就低；利率低的货币远期汇率是升水，卖出远期的这种货币价格就高 。

4. 多种外币报价

这方式主要有两种：一种是软硬搭配。交易双方对报价僵持不下时，可考虑提出“软货币和硬货币实行搭配的方案”，使软货币和硬货币各占一半，或以合理的比例混合而成。另一种是“一篮子货币”报价。这是比较稳妥的办法。因为货币的软硬是相对的，且是不断变化的，由几种货币或若干货币组成的“一篮子货币”(如特别提款权、欧洲货币单位等)，其最大的优点在于其比价比较稳定，即使国际外汇市场发生剧烈变动，其组成货币的强弱地位也可相互抵消。

(二)通过金融交易进行保值

金融交易是指通过银行作外汇买卖，以减少外汇变动所带来的风险。目前银行为进出口商提供的用于保值的外汇交易主要有即期、远期和期权交易。

1. 即期外汇交易

即期外汇交易是指按当天外汇交易的即期汇率成交，并在 2 个工作日内进行交割的外汇交易。如果企业有美元现汇，可作即期外汇交易买入自己所需要的货币进行保值。

2. 远期外汇交易

远期外汇交易是指按远期汇率买卖外汇并在将来约定的日期进行交割的外汇交易。它是国际上用来防范汇率风险的最常用的一种外汇交易。

另一种远期外汇交易是时间套汇，或称为掉期业务，即在买进或卖出即期或近期外汇的同时卖出或买进远期外汇以减少汇率变动的风险。

3. 期权外汇交易

期权外汇交易是一种权利的买卖，期权的买方有权在约定的时间内按约定的汇率向银行买入约定数额的货币，同时买方也可不执行上述合约。期权交易对保值十分有利，它使企业在避免风险的同时，保留了获取盈利的机会，企业所承担的是一笔固定的期权费用。

(三)通过业务分散减少汇率风险

经营者还可通过业务分散化，如在扩大出口业务的同时兼营进口业务、进出口国别地区分散、增加附加值高的产品出口以及资产和负债货币分散化等措施，同样也可减少汇率变动的风险。

(四)通过支付时间的“提前错后”减少汇率风险

如一出口商预计本币的汇率将上升时，他就设法将收款期限延长，诸如以承兑交单(D/A)或远期信用证方式代替原先的付款交单(D/P)或即期信用证方式下办理出口。这样，待外汇汇率正式上升时，企业按新的汇价结算，每一单位外币就可换到比原先多的本币，这就是所谓的“错后”。在进口方面，如企业预计外币对本币汇率将上升时，则应设法加速支付货款的时间，这样，在外币正式升值前，企业就可以以较少的本币换成外币支付货款，这就叫“提前”。

三、计价货币的折算方法

在进出口业务中，常遇到贸易一方要求改变计价货币的情况，如原出口商品单价为USD150，现日商要求改报日元单价，如果当时外汇牌价是 USD/JPY＝100.50，则日元的报价为 JPY 15 075.00。

四、正确书写货币名称

在作出货币选择和折算工作后，应在合同中将有关货币的国别(地区)写清楚。因为有时不同国家(地区)使用的货币名称相同，但币值不同。如“元”，应写明“美元”、“加元”、“港元”、“日元”、“人民币元”。在写货币符号时，也须注明国别和地区，并应按国际统一缩写符号书写，如 USD(US＄)，JPY(JP￥)，GBP(￡)，AUD(A＄)，HKD(HK＄)，CNY(RMB￥)。

第二节　贸易术语的选用

一、FOB、CFR 和 CIF 的选用

目前，国际贸易中使用的贸易术语很多，其中以 FOB、CFR 和 CIF 三种使用最多。在业务中如何恰当地选择和应用这三种贸易术语，具有重要的意义。在选用贸易术语时，一般应综合考虑以下几个因素：

(一)有利于发展本国的远洋运输业和保险业

在国际贸易中，各国为了保护和发展本国的远洋运输业和保险业，节省运费和保险费支出，无不鼓励本国进出口商进口采用 FOB 条件，出口采用 CIF 条件。有些发展中国家甚至以法律形式对此作了明确的规定。因此，我们在选择贸易术语时，原则上应争取进口采用 FOB 条件，出口采用 CIF 条件，以发展我国的航运业和保险业，并节省运费和保险费的支出。但是如遇大宗商品出口，对方要求自行租船装运和办理保险时，为不影响交易，我方出口也可接受 FOB 条件。有时国家为扶植本国保险业，规定其进口贸易必须在其本国投保，在此情况下，我们可同意使用 CFR 条件，以示合作。而对于某些争端地区的出口，我们也应以 CFR 条件出口。

(二)有利于船货的顺利衔接

在进口贸易中，对于国外某些港口，因无固定班轮或我方派船不便的情况下，也可采用

CFR 或 CIF 条件。但要注意的是，在进口交易采用 CFR 条件时，因为由国外卖方租船订舱，货物装船后的风险由我方承担，而保险也由我方办理，如卖方指定的船舶不当，或与船方勾结出具假单据，我方就有可能蒙受损失。

（三）有利于节省运费和货运的安全

在装卸港口发生拥挤、罢工等情况时，船公司大多不愿行驶上述区域，或者加收额外费用。在此情况下，考虑到货物的安全和节省运费，采用 FOB 条件对卖方就非常有利。此外，在运费看涨的趋势下，进口商则宜采用 CFR 和 CIF 条件，使运费可能上涨的负担由卖方承担。

（四）有利于资金的融通和周转

若以远期信用证或 D/P 远期的方式支付，则采用 CIF 或 CFR 条件对买方有利，因为这两种贸易术语的运费或运费和保险费由卖方负担，卖方支出这两笔费用后而买方的付款却是远期的，从而买方得到了一定的资金融通。如果采用即期信用证或 D/P 即期支付，在运费、保险费占成本比率较大时，选择 FOB 条件对买方有利。因为 FOB 条件下，一般情况是运费到付，买方便可减少开证金额和费用。此外，出口时，卖方采用 CIF 或 CFR 条件，可以及时装运货物，加速收汇，而若采用 FOB 条件，买方船舶延迟到达，将严重影响卖方资金的周转。

二、FCA、CPT 和 CIP 的选用

随着集装箱运输和多式联运的广泛运用和发展，在我国外贸运输机构能有效地承担“联合运输经营人”的前提下，我国外贸企业应按具体的交易情况，适当选用 FCA、CPT 和 CIP 条件，以替代传统的仅适用于海运和内河运输的 FOB、CFR 和 CIF 条件。尤其在出口业务中，如果货物是以集装箱船、滚装船或多式联运方式运输的，不采用 FCA、CPT 或 CIP 条件而仍使用 FOB、CFR 或 CIF 条件，则除了在实践中不能以货物在装运港越过船舷作为买卖双方的风险划分以外，至少还存在两个缺点：一是增加了出口商的风险责任从货交承运人延伸到装运港越过船舷；二是推迟了运输单据的出单时间，从而延缓了出口方交单收汇的时间，影响出口方的资金周转。因此，在出口业务中，积极创造条件，推广使用 FCA、CPT 和 CIP 条件，对我方不仅有利而且特别重要。除了上述六种贸易术语外，国际货物买卖中还使用其他贸易术语。随着对外贸易的发展和贸易方式的灵活运用，近年来我国也采用其他贸易术语，如 EXW、FAS、DES 等。

无论采用哪一种贸易术语，都需要根据不同的情况在贸易术语后加注装运港（装运地）或目的港（目的地）。若装运港（装运地）或目的港（目的地）在世界上同名的，如亚历山大港、维多利亚港，必须注明国别或地区，以免发生误解、引起纠纷。

第三节 佣金和折扣的运用

一、佣金

佣金（Commission）是中间商因介绍买卖而取得的报酬。因此该中间商也称为佣金商、佣金代理人或经纪人。

在进出口合同中，凡价格中包括佣金的，就称为含佣价，或称为明佣。如果价格中未体现，而是中间商与买方或卖方另行商定，则称为暗佣。

(一)含佣价的表示方法

含佣价的表示方法可以使用文字说明,如每打 100 美元,CIF San Francisco 包括佣金 2%(USD100.00 per dozen CIF San Francisco include 2% commission)。

也可在贸易术语后加注佣金缩写字母"C"和所给佣金的百分比率表示,如上例:每打 100 美元,CIFC2% San Francisco(USD100.00 per dozen CIFC2% San Francisco)。

(二)佣金的计算

佣金的计算可有以下两种方法:

(1)以 FOB 作为佣金的计算基数。如一批出口货物 CFR 的发票金额为100 000美元,运费为50 000美元,佣金率为 3%,如果买卖双方约定按 FOB 价格计算佣金,则佣金为(100 000−50 000)×3%=1 500(美元)。如果以 CIF 成交,FOB 作为佣金基数,则在成交价基础上要扣除运费和保险费,然后计算佣金。

(2)以成交价为佣金的计算基数。如买卖双方以 CIF 价格成交,金额为100 000美元,佣金率为 2%,则佣金为100 000×2%=2 000(美元)。

价格中不包括佣金的称为净价。含佣价和净价的关系是:

净价=含佣价×(1−佣金率)

二、折扣

折扣(Discount)是指卖方按原价格给予买方一定的减让。减让的原因有多种,如季节性折扣、数量折扣、质量折扣、地区折扣等。折扣一般由买方在汇付货款时预先扣除,由买方按折实售价计付给卖方。

折扣的表示方法一般用文字说明,如每台2 000港元 CIF 香港减 2%折扣(HKD2000 per set CIF HONGKONBG less 2% discount)。折实价为:2 000×(1−2%)=1 960(港元)。

价格中不包含佣金或折扣的,可称为净价(Net Price),如每公吨 200 美元 CIF 净价旧金山(USD200 per metric ton CIF net San Francisco)。

正确运用佣金和折扣,可加强在市场上的竞争力,调动国外中间商的积极性,扩大进出口交易。

复习思考题

一、名词解释

软货币　期权外汇交易　提前错后　明佣

二、问答题

1. 在进出口交易中,计价和货币支付的选择应考虑哪些因素?
2. 在进出口交易中,减少汇率风险的办法有哪几种?试分别举例说明。
3. 下列我国出口交易对外发盘所列的价格写法是否正确?如不正确或不完整,请予以更正或补充:

(1)每打 5.80 元 CIFC 纽约。

(2)每台 80 英镑 CFR 净价荷兰减 1%折扣。

(3)每吨 500 美元 FOB 大阪。

(4)每箱 45 Can$ FOB 净值阿巴丹。

(5)2 000 AUD CFR 上海包括佣金 2%。

4. 进出口交易中,应如何选用贸易术语?在采用集装箱运输和多式联运的出口业务中,我国出口企业应选择使用何种贸易术语？为什么？

5. 我国对外出口货物的报价是每公吨430美元CIF纽约包括佣金3%，现外商要求我方增加佣金两个百分点，问在不减少外汇收入的情况下我方应报价多少？

6. 某进口商品原报价每打1 000港币CIF香港，现买方要求改报CIFC4%，保持卖方净收入不变应报多少？

三、案例

我某进出口公司向外商出口商品一批，原报价US$300 000.00FOB上海，现外商要求改报英镑价。

参考资料：中国银行某日牌价

US$100=CH¥853.16～858.28

£100=CH¥1 256.27～1 262.16

伦敦外汇市场某日牌价

£1=US$1.421 5～1.414 5

思考：试分析应如何正确报价。

延伸读物：

国际商会

国际商会(The International Chamber of Commerce, ICC)是全球唯一代表所有企业的权威代言机构。国际商会是为世界商业服务的非政府间组织，是联合国等政府间组织的咨询机构。国际商会于1919年在美国发起，1920年正式成立，其总部设在法国巴黎。

国际商会以贸易为促进和平、繁荣的强大力量，推行一种开放的国际贸易、投资体系和市场经济。由于国际商会的成员公司和协会本身从事于国际商业活动，因此它所制定用以规范国际商业合作的规章如《托收统一规则》、《跟单信用证统一惯例》、《2000年国际贸易术语解释通则》等被广泛地应用于国际贸易中，并成为国际贸易不可缺少的一部分。国际商会下属的国际仲裁法庭是全球最高的仲裁机构，它为解决国际贸易争议起着重大的作用。

当人们提到《国际贸易术语解释通则》时，就不可避免地会联想到国际商会。这是因为，长期以来，不同国家和地区对于国际贸易术语有多种不同的解释，是国际商会把国际贸易术语解释予以统一规范、制定、普及和推广使用。

国际商会的基本目的是为开放的世界经济服务，坚信国际商业交流将导致更大的繁荣和国家之间的和平。

目前，国际商会的会员已扩展到130多个国家之中，由数万个具有国际影响的商业组织和企业组成，已在59个国家中成立了国家委员会或理事会，组织和协调国家范围内的商业活动。它的基本职能是：

(1)在国际范围内代表商业界，特别是对联合国和政府专门机构充当商业发言人；

(2)促进建立在自由和公正竞争基础上的世界贸易和投资；

(3)协调统一贸易惯例，并为进出口商制订贸易术语和各种指南；

(4)为商业提供实际服务，包括：设立解决国际商事纠纷的仲裁院、协调和管理货物临时免税进口的ATA单证册制度的国际局、商业法律和实务学会、反海事诈骗的国际海事局、反假冒商标和假冒产品的反假冒情报局、为世界航运创造市场条件的海事合作中心和经常组织举办各种专业讨论会和出版发行种类广泛的出版物。

国际商会的组织机构包括：理事会、执行局、财政委员会、会长、副会长及前任会长和秘书长、所属各专业委员会和会员、会员大会，此外还设有国家特派员。国际商会现下属24个专业委员会及工作机构。这24个专业委员会是：联合国、关税和贸易总协定经济咨询委员会；国际贸易政策委员会；多国企业和国际投资委员会；国际商业惯例委员会；计算机、电报和信息政策委员会；银行技术和惯例委员会；知识和工业产权委员会；环境委员会；能源委员会；海运委员会；空运委员会；税务委员会；有关竞争法律和实务委员会；保险委员会；销售、广告和批售委员会；国际仲裁委员会；国际商会国际局；国际商会仲裁院；国际商合国际商业法律和实务学会；东西方委员会；国际商会/中国国际商会合作委员会；国际商会国际海事局；国际商会海事合作中心；国际商会反假冒情报局。

1. 国际商业惯例委员会

该委员会的职能是：就现代化运输技术的使用、自动信息处理的增长以及市场不稳定诸因素造成的商业惯例变化提供建议；对影响国际贸易的各种法律的差异提出解决意见；积极参加其他有关国际团体特别是联合国国际贸易法委员会的工作。

该委员会目前的主要工作有：

(1)通过《担保统一规则》草案；

(2)支持和推动国际商会的 INCOTERMS(国际贸易术语)的普及和推广；

(3)出版所有权保留的第二个指南；

(4)出版代理合同示范本；

(5)讨论电子数据交换(EDI)系统方面的法律和商业方面的问题等；

(6)讨论国际租赁贸易方面的问题。

2. 银行技术和惯例委员会

该委员会的职能是：在国际银行实务中推动使用自动信息处理技术，并起草新的统一规则。在必要时修订有关托收、跟单 信用证等的现行统一规则；与商业管理委员会及其他有关国际团体一起工作，发起旨在获得更为广泛的银行法和技术知识的活动。

该委员会目前主要工作有：

(1)修订《跟单信用证统一惯例 400 号》；

(2)就跟单信用证统一惯例的解释发表意见，并对案例进行研究等；

(3)准备保证书的标准格式。

3. 国际仲裁委员会

该委员会的宗旨是发展并促进利用仲裁的方式解决国际商业争议。

该委员会目前的主要工作有：

(1)审查有关多方当事人仲裁的问题；

(2)审查国际商会仲裁示范条款和与仲裁条款有关的管辖权问题 ；

(3)修改国际商会关于技术鉴定规则等；

(4)出版国际商会裁决书的摘要。

4. 国际商会仲裁院

该机构是通过仲裁方式解决国际商事争议的重要组织。每年都有来自经济、政治和社会制度不同的国家的当事人、仲裁员和律师参与国际商会的仲裁。每一个国家委员会都可以向仲裁院推荐一名委员。《国际商会调解与仲裁规则》刊登在国际商会第 447—2 号出版物上。

5. 国际商会/中国国际商会合作委员会

该委员会创立于 1991 年 6 月，旨在加强作为世界范围内的业主代表的国际商会和作为推动中华人民共和国的商业国际化民间组织的中国国际商会之间的合作。

合作委员会将注重研究和讨论经济贸易的政策性问题，如恢复中国关贸总协定缔约国地位，中国的经济体制改革、环境保护、国际贸易政策等；将在专业领域特别是货物暂准进口、商事和海事仲裁、国际贸易惯例、银行业务、知识产权、翻译出版等方面加强了解和合作。1992 年 6 月和 9 月在中国举办国际贸易惯例研讨会和银行跟单信用证实务研讨会，合作委员会的成员分别是国际商会和中国国际商会的高级代表。

资料来源：http://baike.so.com/doc/5735922.html。

思考：国际商会对推动国际贸易的影响力有哪些?

第十六章

进出口贸易的主要交易条件之三——货物的交付

货物的交付，简称交货，是指卖方按照约定的时间、地点和运输方式将货物交给买方，完成货物所有权的转移。在国际贸易中，买卖双方相距遥远，货物的交付是一个较为复杂的问题，必须了解交货过程中的专业知识，制定出适当、明确、切实可行的交货条款，以保证进出口商品交货任务的顺利完成。

进出口合同的交货条件一般包括交货时间、装运港(地)或目的港(地)、交货方式、分批和转船等方面的内容。

例如：8 月 31 日前装船，由上海至利物浦，允许分批和转运。

Shipment on or before Aug. 31st from Shanghai to Liverpool, partial shipment and transhipment are allowed.

第一节　交货时间

进出口合同中的交货时间，因不同的贸易术语而概念不一。而在常用的 FOB、CFR 和 CIF 条件下，卖方在装运港将货物装上船，取得货运单据，将其交给买方，即视为履行了交货。因此，在这三种情况下，货物的装运时间也可近似等同于交货时间。

关于装运时间的规定，通常有以下几种方法：

一、规定具体的装运期限

规定具体的装运期限可分为下列几种情况：规定某月内装运，如 3 月份装运(Shipment during March)；规定最迟期限装运，如 6 月 30 日前装运(Shipment before June 30)；规定一段期限装运，如 7/8 月装运(Shipment during July/August)，8 月 10 日左右装运(Shipment on or about Aug. 10th)。

在使用一段期限装运方法时，应注意数量与时间的搭配，如 7/8 月份分两批装运(Shipment during July/August in two lots)，7/8 月份分两批平均装运(Shipment during July/August in two equal lots)。装运时间前注明“约”(about)字,按惯例是指前后 5 天。

二、规定收到信用证后一定时间内装运

卖方为防止买方在货物出运后不履行合同的付款义务,可采用在收到信用证后一定时间内装运的方法。如“收到信用证后 45 天内装运(Shipment within 45 days after receipt of L/C),并同时规定买方最迟的开证日期,如买方必须在某月某日前将有关信用证开到卖方(the relevant L/C must reach the seller not later than…)。

三、规定立即装运术语

立即装运或称为即装、尽快装运(Shipment Immediately),往往是在卖方备有现货、买方要货情况下使用。由于这些术语在国际上并无统一的解释,因此,除买卖双方已有共识外,应避免使用。

装运时间的规定,一般应考虑货源情况,如生产周期、库存情况、交货数量等;运输情况,如航线、航班情况;市场情况,如市场是否有季节性、竞争产品的供需情况;以及商品情况,如商品本身特点、包装、国内运输等情况。

第二节　装运港(地)和目的港(地)

装运港(地)和目的港(地)的规定与所采用的贸易术语有密切的联系。按照《2000 年国际贸易术语解释通则》,E 组和 D 组术语不涉及运输,买卖双方的责任以指定的交货地点(如货物所在地、目的港、目的地)为界线。而在采用 F 组和 C 组术语时,由于涉及运输,通常在合同中既要规定装运港(地),又要规定目的港(地)。

关于装运港(地)和目的港(地)的规定,一般有以下几种方法:

一、规定一个装运港(地)和目的港(地)

如装运港:上海(port of shipment: Shanghai),目的港:伦敦(port of destination: London)。

二、规定两个或两个以上的港口为装运港(地)和目的港(地)

如装运港:上海/大连/天津,目的港:伦敦/汉堡/鹿特丹。采用这种规定时应注意以下三点:

(1)选择港的数目不能超过 3 个,所有选择港都应在一条航线上,并且为一般班轮都能挂靠的港口。

(2)买方必须在承载船只到达第一个选择港前若干小时(一般是 48 小时),将最后确定的卸货目的港通知该港的船代理。否则船方有权在任何一个选择港卸货。

(3)运费应按选择港最高的费率和附加费计算,对于选择卸货港所增加的费用,应由买方负担。

三、规定某一航区为装运港(地)和目的港(地)

如装运港:中国港口;目的港:欧洲主要港口。

规定装运港(地)和目的港(地)时,应考虑到国内货源所在地、港口的装卸情况、目的港

(地)的安全以及装卸费率等因素。尽可能地明确装运港(地)和目的港(地),对重名的港口应注明国别或地区,以免引起误解。

第三节 海上货物运输

海洋运输按照船舶经营方式的不同,可分为班轮运输和租船运输两种方式。

一、班轮运输

班轮(Liner)是指按照规定的航行时刻表在固定的航线和港口往返运载货物的船舶。班轮运输的主要特点可以归纳为“四固定”、“三特点”:

“四固定”为:定船舶、定港口、定航线和定费率。

“三特点”为:(1)货不论多少,只要舱位可以利用均可受载;(2)运价内已包括装卸费用,承托双方不计算滞期费和速遣费;(3)承托双方的权利和义务以签发的班轮提单面背条款为准。

班轮运价的计算标准有以下六种:

(1)重量法。以 W 表示,用毛重计算运费。

(2)体积法。以 M 表示,以货物占据运输工具的最大空间体积为依据计算运费。

(3)从价法。以 Ad. Val 表示,按 FOB 价值的从价费率收取运费。

(4)选择法。包括 W/M,W 或 Ad. Val,M 或 Ad. Val,W/M 或 Ad. Val,从以上两种中择高计收运费。

(5)按件法。如活牲畜按头,汽车按辆等。

(6)议定法。由船、货双方协商议定。

班轮运费由基本运费和有关附加费两部分加总构成。基本运费是货物在正常运输条件下运至基本港的费用,班轮公司的基本费率各航线不同,不同的商品杂货分为一到二十级,一级运费最低,二十级最高。冷藏货及约定价另有规定。附加费是在基本运费基础上附加。

班轮运费的计算方法分三步:第一步查商品列名等级(Scale of Commodity Class)以明确该商品按何标准计收运费,属何等级,如出口玩具,查 Toy Goods 为 M11 级;第二步查不同航线基本费率,如中国至欧洲地中海航线基本费率 M11 级货是人民币 138 元;第三步查各种附加费(Various Additionals or Surcharges),如伦敦要收港口附加费 10%。

根据上述资料,以班轮出口玩具至伦敦10 000打,5 打纸箱装,每箱体积为 0.8 立方米,毛重 20 千克,按上述步骤,则运费为$2\ 000 \times 0.8 \times 138 \times (1+10\%) = 242\ 880$人民币元。

班轮运费的支付,按不同的贸易术语,海运提单上有不同的批注。如按 CIF 或 CFR 条件,运费由卖方预付,提单上注明“Freight Prepaid”;如按 FOB 条件,运费由买方到付,提单上注明“Freight to Collect”。班轮公司对预付运费以付清运费作为签发提单的条件,到付运费以付清运费作为货主提货的条件。

二、租船运输

租船(Tramp)是指租船人向船东租用船舶以运输货物,分程租和期租。

(一)程租

程租依航次多少可有单程租船、来回程租船、连续航次程租以及包租等。程租合同洽谈主要涉及以下几个方面:

(1)船名。有了船名就可以从国际海轮船名录中查得船的各项数据,如船级、船龄等。

(2)货物。装运不同货物用不同船型,运费各异。

(3)装卸港口。一个或两个以上装卸港必须明确,多挂一个港口就要多付一笔费用。

(4)受载日和解约日。两者之间即为受载期。

(5)运费。应明确按运费吨还是按包价计算。按运费吨还应明确按装入量还是按卸出量计算。同时,明确运费预付和到付的百分比。

(6)装卸费的划分。租船装卸费的负担有四种:船方负担装费和卸费(Gross Terms);船方管装不管卸(Free out,F. O.);船方管卸不管装(Free in, F. I.);船方不管装不管卸(Free in and out,F. I. O.)。一般船方不负担装卸费。

(7)许可装卸时间。装卸时间的算法有三种订法:按日或连续日或时(Running or Consecutive Days/Hours);按工作日(Working Days,W. D.);按晴天工作日(Weather Working Days,W. W. D.);按连续 24 小时晴天工作日(Weather Working Days of Consecutive 24 Hours)。一般承租方采用最后一种方法。

(8)滞期费和速遣费。如果实际装卸时间超过许可装卸时间,使船东遭受船期损失,租船人应支付给船东的补偿金叫滞期费。如果实际装卸时间少于可装卸时间,使船东节省船舶在港费用,并获得船期利益,租船人可以从船东方面获得一定金额的奖励叫速遣费。程租合同中的滞期费和速遣费应与买卖合同中的有关条款保持一致,一般速遣费为滞期费的一半。

(9)佣金。包括经纪人佣金和租船人佣金,后者实质上是回扣,一般各为 2.5%,但也要按租船市场的情况不同而有所变更。

(二)期租

期租船是指按一定期限租赁船舶的方式。在租期内租船人有权调度船舶,在合同规定的航区运载不违反合同规定的货物,按月(或 30 天)预付租金。租金一经议定在租期内不变,但若租船人没有按时付到指定的银行,船东有权撤船。

三、分批装运与转运

分批装运(Partial Shipment)是指一个合同项下的货物至少分两次先后装运交付;转运(Transhipment)是指货物从装运目的港到目的港的运输过程中,从一种运输工具至另一种运输工具,或由一种运输方式至另一种运输方式的转移和再装。

关于分批装运和转运的解释和处理在国际贸易界并不统一,根据《跟单信用证统一惯例》(500)规定,可以归纳为以下几条原则:

(1)如果信用证没有禁止分批、禁止转运的规定的,应视为可以分批装运和转运。

(2)如果信用证仅注明允许分批,而不具体规定每一批的肯定数量,则意味着可以全数也可分批装运,每批数量不限。

(3)凡同一船只、同一航次的多次装运,即使运输单据上载明不同出单日期或不同的装运港口,也不作为分批装运。

(4)对于分批装运的货物,如果其中任何一批未按时完成,则该期以及以后各期均告失效。

第四节　联合运输方式

联合运输是指使用两种或两种以上运输方式完成某一运输任务的连贯运输方式,它包括海陆联运、海空联运、陆空陆联运、陆空联运、陆海联运、集装箱运输、大陆桥运输和国际多式联运等。随着航运业的发展，联合运输越来越显示出快速、方便的优势，在国际运输业中日益被广泛采用。

一、集装箱运输

集装箱运输的关系人有：

(1)无船承运人(Non-vessel Operating Carrier，NVOC)，又称联运经营人(Combined Transport Operating，CTO)。他一方面以承运人的身份向货主揽载，另一方面又以托运人的名义向实际承运人托运货物，在实际承运人的授权下可签发联合运输提单，全程负责。

(2)集装箱码头经营人(Container Terminal Operator)。他一般均有自己的集装箱专用码头和集装箱堆场(Container Yard，CY)以及有关设备，具体经营集装箱的装卸、交接、保管和维修业务。

(3)集装箱货运站(Container Freight Station，CFS)，它一般设在港口、车站附近和内陆大城市中交通方便的地方，具体办理拼箱的保管、配载、装箱、拆箱、卸货、检验、交接、签发收据以及办理各项单证的编签工作。

集装箱货物的交接方式按照整箱装(Full Container Load，FCL)和拼箱装(Less than Container Load，LCL)的排列可以有四种方式，即：FCL/FCL，LCL/LCL，FCL/LCL，LCL/FCL。交接地点按照门(Door)、堆场(CY)和货运站(CFS)的排列可分为九种，即门到门，门到场，门到站，站到门，站到站，站到场，场到门，场到站，场到场。

集装箱运输的优点有很多，主要是提高装卸效率、加速船舶周转、降低货运成本、便于货物运输、简化货运手续、加快货运速度、缩短货运时间、提高货运质量、减少货损货差、节省货物包装用料、减少运杂费、减少营运费用。这种运输方式不仅改变了传统的运输面貌，而且对传统的国际惯例以至国际条约也都产生了影响。

二、大陆桥运输

大陆桥运输是指使用横贯大陆的铁路(或公路)运输系统作为中间桥梁，把大陆两端海洋运输连接起来的连贯运输方式。从形式上看，是海—陆—海的连贯运输。采用集装箱是开展大陆桥运输的最佳形式，它充分发挥了集装箱运输的优点。以下是一些大陆桥运输的交货条件：

(1)货装集装箱，在××车站铁路车辆上交货(loaded in container and free on railway waggon at ... station)。

(2)货装集装箱，在××车站附近的集装箱堆场或集装箱货运铁路车辆上交货(loaded in container and free on railway waggon at CY or CFS near ... station)。

(3)货装集装箱，在××港船上交货(loaded in container and on board of vessel at port ...)。

目前世界上第一条大陆桥——美英大陆桥已基本陷于停顿状态。而西伯利亚大陆桥则发展很快，东端从俄罗斯的纳霍德卡港于海上连接日本、韩国、中国香港和台湾等地，西端发展到英国、西欧、中欧、北欧和伊朗。在运输方式上有铁路—公路、铁路—铁路、铁路—海运。该线路90%以上的货运为日本所利用。

新建成的亚欧大陆桥，东起我国江苏省的连云港，西至荷兰的鹿特丹，全长10 800千米，沿途可经莫斯科、华沙、柏林等地，1992年9月起正式开办国际联运业务，可把我国的交通大动脉陇海—兰新铁路和前苏联、东欧、西欧国家的铁路干线连成一体，对我国的外贸发展和沿途省市的经济发展是极为有利的。

三、国际多式联运

国际多式联运(International Multimode Transport; International Combined Transport)，按照《联合国国际货物国际多式联运公约》的定义是："国际多式联运是按照国际多式联运合同，以至少两种运输方式，由国际多式联运经营人将货物从国境内接受货物的地点运至另一国境内指定交付货物的地点。"

四、综合物流

所谓物流(Logistic)，根据美国物流协会的定义，是为满足消费者需求而进行的对原材料、中间库存、最终产品及相关信息所作出的从起点到终点间的有效流动和存储的计划、实施与控制的整个管理过程。这种科学管理的基础是 EDI 的推广，因为只有普及 EDI 才能使运输、仓储、信息、交通紧密的配合起来。

由多式联运发展到了综合物流，是人类科技进步的结果。如今综合物流越来越受到许多发达国家和一些发展中国家的重视，因为它具有与当今知识经济发展态势统一的观点和思想。综合物流具有的是系统综合和成本归一的控制思想，它将商品经济活动中的所有供应、生产、销售、运输、库存及信息等流通活动综合为一个系统总体，不仅追求商品自然流通的效率与费用，而且力求通过各种途径来提高服务水平，以用户为中心进行管理与控制，加强产品市场竞争力为最终目的。

当今世界，随着生产的现代化、国际化、竞争的日趋激烈，物流量大幅度增加。与其他行业相比，运输业的发展潜力巨大无比。面对世界多品种、高频率的物流周转，为适应集装箱运输的需要，许多发达国家大兴土木建造大型的现代化仓储设备。在运输业全球化发展中，现代化的运输物流企业已把仓储和运输融为一体。一些外国船公司不仅在集装箱运输上努力开拓发展中国家市场，同时也积极开拓与运输相配套的物流企业。例如，日本邮船公司(NYK)在1985 年提出的"21 世纪设想"中，就将战略目标定位在综合物流服务的集团承运人上，力争以提供包括海、陆、空和其他各种形式的物流增值服务，用 EDI 技术对物流系统进行全面管理与控制。目前，"日邮"已建立起全球综合物流系统网络，其中包括十多个具有多功能、情报性和网络性兼备的现代物流中心。这一举措使"日邮"的竞争力大增，也使其一举成为当今世界最具实力的大型航运集团之一。

第五节 海上运输保险

一、海上运输保险的承保范围

(一)保险利益

保险人所承保的标的，是保险所要保障的对象。但被保险人(投保人)投保的并不是保险标的本身，而是被保险人对保险标的所具有的利益，这个利益叫做保险利益。投保人对保险标的不具有保险利益的，保险合同无效。

国际货运保险同其他保险一样，被保险人必须对保险标的具有保险利益。这个保险利益，在国际货运中，体现在对保险标的的所有权和所承担的风险责任上。以 FOB、FCA、CFR 和 CPT 方式达成的交易，货物在越过船舷后风险由买方承担。一旦货物发生损失，买方的利益就会受到损失，所以买方具有保险利益。所以由买方作为被保险人向保险公司投保，保险合同只在货物越过船舷后才生效。货物越过船舷以前，买方不具有保险利益，因此不属于保险人对买方所投保险的承保范围。以 CIF 和 CIP 方式达成的交易，投保是卖方的合同义务，卖方拥有货物所有权，当然具有保险利益。卖方向保险公司投保，保险合同在货物启运地启运后即生效。

（二）海上货物运输的风险

保险业把海上货物运输的风险分成海上风险和外来风险。风险是造成损失的原因。

1. 海上风险

海上风险包括自然灾害和意外事故。

自然灾害，仅指恶劣气候、雷电、洪水、流冰、地震、海啸以及其他人力不可抗拒的灾害，而不是指一般自然力所造成的灾害。

意外事故，主要包括船舶搁浅、触礁、沉没、碰撞、失火、爆炸以及失踪等具有明显海洋特征的重大意外事故。

2. 外来风险

外来风险是指海上风险以外的各种风险，分为一般外来风险和特殊外来风险。

一般外来风险，指偷窃、破碎、渗漏、玷污、受潮受热、串味、生锈、钩损、短量、淡水雨淋等。

特殊外来风险，主要是指由于军事、政治及行政法令等原因造成的风险，从而引起货物损失。如战争、罢工、交货不到、拒收等。

（三）海上货物运输的损失

海上货物运输的损失又称海损（Average），指货物在海运过程中由于海上风险而造成的损失，海损也包括与海运相连的陆运和内河运输过程中的货物损失。

海上损失按损失的程度可以分成全部损失和部分损失。

1. 全部损失

全部损失又称全损，是指被保险货物的全部遭受损失，有实际全损和推定全损之分。实际全损是指货物全部灭失或全部变质而不再有任何商业价值。推定全损是指货物遭受风险后受损，尽管未达实际全损的程度，但实际全损已不可避免，或者为避免实际全损所支付的费用和继续将货物运抵目的地的费用之和超过了保险价值。推定全损需经保险人核查后认定。

2. 部分损失

不属于实际全损和推定全损的损失，为部分损失。按照造成损失的原因可分为共同海损和单独海损。

在海洋运输途中，船舶、货物或其他财产遭遇共同危险，为了解除共同危险，有意采取合理的救难措施所直接造成的特殊牺牲和支付的特殊费用，称为共同海损。在船舶发生共同海损后，凡属共同海损范围内的牺牲和费用，均可通过共同海损清算，由有关获救受益方（即船方、货方和运费收入方）根据获救价值按比例分摊，然后再向各自的保险人索赔。共同海损分摊涉及的因素比较复杂，一般均由专门的海损理算机构进行理算（Adjustment）。

不具有共同海损性质，且未达到全损程度的损失，称为单独海损。该损失仅涉及船舶或货物所有人单方面的利益损失。

按照保险条例，不论投保何种险种，由于海上风险而造成的全部损失和共同海损均属保险人的承保范围。对于推定全损的情况，由于货物并未全部灭失，被保险人可以选择按全损或按部分损失索赔。倘若按全损处理，则被保险人应向保险人提交“委付通知”，把残余标的物的所有权交付保险人，经保险人接受后，可按全损得到赔偿。

（四）费用

海上风险还会造成费用支出，主要有施救费用和救助费用。所谓施救费用，是指被保险货物在遭受承保责任范围内的灾害事故时，被保险人或其代理人或保险单受让人，为了避免或减少损失，采取各种措施而支出的合理费用。所谓救助费用，是指保险人或被保险人以外的第三者采取了有效的救助措施之后，由被救方付给的报酬。

保险人对上述费用都负责赔偿，但以总和不超过保险金额为限。

二、我国海运货物保险险别

我国海运货物保险险别包括基本险和附加险。

（一）基本险

基本险可以单独投保，被保险人投保时，必须选择一种基本险投保。海洋货运保险的基本险包括平安险（F. P. A.）、水渍险（W. P. A. 或 W. A.）和一切险（All Risks）。

1. 平安险

平安险的承保范围，包括除了由自然灾害造成的单独海损以外的海上风险所造成的一切损失和费用。具体包括：

(1)在运输过程中，由于自然灾害造成被保险货物的实际全损或推定全损。

(2)由于运输工具遭遇搁浅、触礁、沉没、互撞、与流冰或其他物体碰撞以及失火、爆炸等意外事故造成被保险货物的全部或部分损失。

(3)只要运输工具曾经发生搁浅、触礁、沉没、焚毁等意外事故，不论这意外事故发生之前或者以后曾在海上遭遇恶劣气候、雷电、海啸等自然灾害造成的被保险货物的部分损失。

(4)在装卸转船过程中，被保险货物一件或数件、整件落海所造成的全部损失或部分损失。

(5)被保险人对遭受承保责任内危险的货物采取抢救、防止或减少货损措施支付的合理费用，但以不超过该批被救货物的保险金额为限。

(6)运输工具遭遇自然灾害或者意外事故，需要在中途的港口或者在避难港口停靠，因而引起的卸货、装货、存仓以及运送货物所产生的特别费用。

(7)共同海损的牺牲、分摊和救助费用。

(8)运输契约订有“船舶互撞责任”条款，按该条款规定应由货方偿还船方的损失。

2. 水渍险

水渍险的承保范围，包括海上风险所造成的一切损失和费用。即在平安险的基础上，加上自然灾害造成的单独海损。

3. 一切险

一切险的承保范围，包括水渍险的所有责任，还包括由一般外来风险所造成的损失。

（二）附加险

附加险承保由外来风险所造成的损失，可分成一般附加险和特殊附加险，分别对应于一般外来风险和特殊外来风险。

一般附加险包括偷窃提货不着险、淡水雨淋险、渗漏险、短量险、钩损险、破碎碰损险、锈损险、混杂玷污险、串味险、受潮受热险、包装破裂险 11 种。

特殊附加险主要有战争险、罢工险、舱面险、拒收险、交货不到险、黄曲霉素险、进口关税险以及货物出口到港澳地区的存仓火险责任扩展条款8种。已投保战争险后加保罢工险不另收费,一般同时投保。战争险的责任起讫不是"仓至仓",保险人只负水面责任。

附加险不能单独投保,可在投保一种基本险的基础上,根据货运需要加保其中的一种或若干种。投保了一切险后,因一切险中已包括了所有一般附加险的责任范围,所以只需在特殊附加险中选择加保。

(三)"仓至仓条款"

根据保险条款规定,上述基本险承保责任的起讫,采用国际保险业通用的"仓至仓条款"(W/W Clause)。该条款规定,保险人的保险责任自被保险货物运离保险单所载明的起运地仓库或储存处所开始运输时生效,直到该项货物到达保险单所载明目的地收货人的最后仓库或储存处所或被保险人用作分配、分派或非正常运输的其他储存处为止。如未抵达上述目的地,则在货物于最后卸载港全部卸离海轮后60天为止。在上述60天内如再需转运,则开始转运时保险责任终止。

(四)除外责任

上述基本险还规定了下列除外责任(Exclusions):(1)被保险人的故意行为或过失所造成的损失;(2)属于发货人责任引起的损失;(3)在保险责任开始前,被保险货物已存在的品质不良或数量短差所造成的损失;(4)被保险货物的自然损耗、本质缺陷、特性以及市价跌落、运输延迟所造成的损失和费用;(5)属于海洋运输货物战争险条款和货物运输罢工险条款规定的责任范围和除外责任。

三、英国伦敦保险业协会货物保险条款

在国际保险市场上,各国保险组织都制定有自己的保险条款。但最为普遍采用的是英国伦敦保险业协会所制定的《协会货物条款》(Institute Cargo Clause, I. C. C.)。我国企业按CIF或CIP条件出口时,一般按《中国保险条款》投保,但如果国外客户要求按《协会货物条款》投保,一般可予接受。

《协会货物条款》的现行规定于1982年1月1日修订公布,共有6种险别,它们是:

(1)协会货物条款(A)[ICC(A)];

(2)协会货物条款(B)[ICC(B)];

(3)协会货物条款(C)[ICC(C)];

(4)协会战争险条款(货物)(IWCC);

(5)协会罢工险条款(货物)(ISCC);

(6)恶意损害险(Malicious Damage Clause)。

以上六种险别中,(A)险相当于中国保险条款中的一切险,其责任范围更为广泛,故采用承保"除外责任"之外的一切风险的方式表明其承保范围。(B)险大体上相当于水渍险。(C)险相当于平安险,但承保范围较小些。(B)险和(C)险都采用列明风险的方式表示其承保范围。六种险别中,只有恶意损害险属于附加险别,不能单独投保,其他五种险别的结构相同,体系完整。因此,除(A)、(B)、(C)三种险别可以单独投保外,必要时,战争险和罢工险在征得保险公司同意后,也可作为独立的险别进行投保。

四、海上运输保险实务

货物运输保险就是指投保人(Applicant),或称被保险人(the Insured),在货物装运以前,

估定一定的投保金额，向承保人(Underwriter)，或称保险人，即保险公司投保运输险。投保人按保险险别、投保金额及保险费率，向承保人支付保险费并领取保险单证。承保人负责对投保货物在运输过程遭受投保险别责任范围内的损失，按投保金额及损失程度赔偿保险单证的持有人。

根据上述概念，货物运输保险具体应通过以下步骤来完成：

(一)确定投保责任

即谁负责办理保险并支付保险费，它是由有关贸易术语而决定投保责任。EXW、FCA、FAS、FOB、CFR、CPT 由买方负担投保责任，CIP、CIF、DAF、DES、DEQ、DDU、DDP 由卖方负担投保责任。

合同中的保险条款，以 CIF 为例，"保险由卖方按发票金额的 110%投保一切险、战争险，以中国人民保险公司 1981 年 1 月 1 日的有关海洋运输货物保险条款为准。"

Insurance:To be covered by the seller for 110% of total invoice value against All Risks and War Risk, as per and subject to the relevant ocean marine cargo clause of People's Insurance Company of China dated 1981. 1. 1.

(二)确定投保金额

投保金额(Insured Amount)是指发生损失后保险人所负担的最高赔偿金额，也是投保人计算保险费的依据。根据国际保险市场的习惯，卖方通常按 CIF 或 CIP 价格的总值另加 10%作为投保金额。这增加部分的投保金额就是买方进行这笔交易所支付的费用和预期利润。如果买方要求较高的投保金额，保险公司同意承接，卖方也可接受，由此增加的保险费原则上应由买方支付。如果只知道货价和运费、CFR 或 CPT，则 CIF 或 CIP 价可以按下列公式计算：

$$\text{CIF 或 CIP}=\frac{\text{CFR 或 CPT}}{1-[\text{保险费率}\times(1+\text{投保加成率})]}$$

为了简化计算程序，中国人民保险公司制定了一份保险费率常用表。按 CFR(或 CPT)价格直接乘以表内所列常数便可算出 CIF(或 CIP)价格。

我国的进口货物投保金额，一般采用预约保险合同，按进口合同不同的贸易术语，计算公式如下：

1. 进口 FOB(或 FCA)合同

$$\text{投保金额}=\text{FOB(或 FCA)}\times(1+\text{平均运费率}+\text{平均保险费率})$$

2. 进口 CFR(或 CPT)合同

$$\text{投保金额}=\text{CFR(或 CPT)}\times(1+\text{平均保险费率})$$

(三)选择投保险别和保险条款

保险险别又称保险项目或投保项目，它是保险公司对承保责任范围的规定。投保人根据货物的运输方式、货物的性能来选择投保险别。

我国海洋运输保险险别有基本险和附加险。基本险共分三种：平安险、水渍险和一切险；附加险分一般附加险和特殊附加险。基本险是必保项目，可单独选择投保；附加险必须在基本险上附加投保。

根据中国人民保险公司 1981 年 1 月 1 日修订的陆上运输货物保险条款的规定，陆上运输货物保险的基本险别分为陆运险和陆运一切险两种。此外，还有适用于陆运冷藏货物的专门保险——陆上运输冷藏货物险，以及附加险、陆上运输货物战争险(火车)。根据中国人民保险公司 1981 年 1 月 1 日修订的航空运输货物保险条款规定，航空运输保险的基本险别分为航空运输险和航空运输一切险两种。此外，还有一种附加险是航空运输货物战争险。

根据中国人民保险公司1981年1月1日修订的邮包保险条款规定，邮包保险基本险别分为邮包险和邮包一切险两种。此外，还有一种附加险是邮包战争险。

在选择保险险别的同时要确定保险条款，因为所使用的保险条款不同，险别含义也有差别。在我国进出口业务中，除了选择中国人民保险公司的"中国保险条款"(China Insurance Clause, C. I. C.)外，也可选择国际上较有影响的伦敦保险业协会的协会货物保险条款(Institute Cargo Clause, I. C. C.)。

(四)交付保险费

保险公司收取保险费的计算方法是：

保险费＝保险金额×保险费率

保险费率是在货物损失率和赔偿率的基础上，参照国际保险市场保险费水平并适当根据外贸发展需要而确定的。现在中国人民保险公司的保险费率是按照不同商品、不同目的地、不同运输工具和不同险别分别制定的。出口货物保险费率分为"一般货物费率"和"指明货物费率"两大类。凡是未列入"指明货物费率"中的货物，统统属"一般货物费率"的范围。此外，还有"战争险费率表"和"其他规定"。"其他规定"是解决上述三项费率表中不能解决的问题。

例如，从上海海运一批景泰蓝到热那亚再转运到米兰保一切险和战争险。先查一般商品费率，海运到欧洲意大利为0.65%；第二步从指明货物费率表中景泰蓝加费1%；第三步在战争险费率表中查出海运战争险费率为0.04%；第四步从其他规定中查明转运另加0.15%的费率。这批商品总的保险费率为：(0.65＋1＋0.04＋0.15)%＝1.84%。如果货物至米兰CIF总金额为10 000美元，投保金额为CIF金额加10%，则保险费为：10 000×(1＋10%)×1.84%＝202.4(美元)。

进口货物保险费率有"特约费率表"和"进口货物保险费率表"。"特约费率表"是针对与保险公司订有预约保险合同的外贸企业给予的优惠费率。

(五)领取保险单据

保险单(Insurance Policy)是保险公司与投保人之间的一种合同，它规定了双方之间的权利和义务。保险单日期按惯例不得迟于货运单据的出单日。保险凭证(Insurance Certificate)是一种简化的保险单，它的背面不载明保险人与被保险人的权利和义务条款，其效力等同于保险单。还有一种比保险凭证更为简化的单据是联合凭证(Combined Certificate)，它是保险公司将承保的险别、保险金额以及保险编号加注在投保人的发票上，其他项目均以发票上列明为准。预约保单(Open Policy)是一种预约保险合同，它适用于我国自国外进口货物，一经起运，我国保险公司即自动按预约保单所订立的条件承保。保险单出立后，如果内容有补充或修改，则需出批单(Indorsement)，粘贴在原保险单上，成为保险合同不可分割的部分。保险单一经批改，保险公司即按批改的内容承担责任。

(六)索赔

保险索赔(Claim)时有发生，如进出口货物在保险责任有效期内发生属于保险责任范围的损失，被保险人可向保险公司提出索赔要求，称为保险索赔。在CIF条件下，买方将办理一切索赔手续：(1)向保险公司发出损失通知；(2)向承运方及海关、港务当局索取货损和货差证明并提出索赔；(3)采取合理的施救、整理措施；(4)备妥索赔单证，如保险单正本、副本提单、发票、检验报告、承运人拒赔信件等。

买方对索赔要求，必须于装运货物的船只到达提单所定的目的港后30天内提出，必须提供经卖方同意的公证机构检验报告。货物如已加工，即丧失索赔权。

复习思考题

一、名词解释

班轮运输　　国际多式联运　　共同海损

二、问答题

1. 出口合同中的交货时间一般有哪几种定法？

2. 租船协议中 FI、FO、FIO、WD、WDD 含义分别是什么？滞期费和速遣费的含义是什么？

3. 集装箱运输的交接方式和交接地点有哪几种？它们的英文缩写分别是什么？

4. 某货物一批，总重量为 300 公吨，总体积为 800 立方米，如果 40 尺和 20 尺的集装箱，其限定重量分别为 24.5 公吨和 17.5 公吨，容积为 55 立方米和 25 立方米，由甲港往乙港运费为1 700美元和1 000美元。试计算该批货物运输用哪一种规格的集装箱费用较省？用几只？

5. 联合运输方式有哪几种？什么是大陆桥运输？

6. 我国海洋运输保险有哪几种基本险别？各责任范围有什么不同？

7. 我国海洋运输保险一般附加险有哪几种？特殊附加险有哪几种？

8. 我国某外贸公司以 CIF 对外发盘，如以下列保险条款投保，是否妥当？

(1)一切险，淡水雨淋险，受潮受热险。

(2)平安险，一切险，战争险。

(3)水渍险，偷窃险，串味险，战争险。

(4)偷窃险，罢工险，战争险。

9. 我国某出口公司按发票金额 110%投保一切险、战争险，前者费率 0.6%，后者费率 0.03%，发票金额为100 000美元，应付多少保险费？

10. 若我国某出口公司原报价 CFR 单价是1 000美元，现外商要求改报 CIF 价，在不影响我方外汇净收入的前提下，我方应报价多少？(按发票金额 110%投保一切险、战争险，保险费率为 0.5%)

11. 我方以 CFR 贸易术语出口货物一批，在从出口公司仓库运往码头待运中，货物火灾，应由何方负责？如买方已向保险公司投保，可否通过买方向保险公司索赔？

12. 向保险公司索赔应做好哪些准备工作？

三、案例

1. 某轮船公司规定的货物分级表如下：

货名	计算标准	等级
农机(包括拖拉机)	W/M	9
鹿茸	ad. val	
未列名豆	W	3
钟及零件	M	10
五金及工具	W/M	10
人参	ad. val or M	20
玩具	M	11

上述轮船公司规定由中国口岸至东非主要港口的费率如下：

等级	运费(HKD)
1	243.00
2	254.00

3	264.00
4	280.00
⋮	⋮
9	404.00
10	443.00
11	477.00
⋮	⋮
20	1 120.00
ad. val	2.9%

思考:(1)现有杂豆500千克运至东非某主要港口,试计算运费(燃料附加费40%)。

(2)现有工具100箱,每箱0.45立方米,每箱重量为580千克,试计算该批货物运往东非某主要港口的运费(燃料附加费40%,港口拥挤费10%)。

2. 有一条载货船从天津新港驶往新加坡,在航行途中船舶货舱起火,大火蔓延到机舱,船长为了船货的共同安全,命令采取紧急措施,往舱中灌水灭火。火虽然扑灭,但由于主机受损,无法继续航行。于是船长决定雇佣拖轮将货船拖回新港修理。检修后重新将货物运往新加坡。事后调查,这次事件造成有如下几项损失:(1)1 000箱货被火烧毁;(2)600箱货由于灌水灭火受到损失;(3)主机和部分甲板被烧坏;(4)拖船费用;(5)额外增加的燃料和船长、船员工资。

思考:试说明这些损失的性质,并指出在投保CIC(1981.1.1)条款何种险别情况下,保险公司才负责赔偿?

延伸读物:

世界百强物流公司排名(第1~50名)

1. USPS 美国邮政服务公司 USA Mail, express
2. DPWN (DHL) 德国邮政—敦豪丹莎海空 Germany Mail, express, logistics, finance
3. UPS 联合包裹服务 USA Express, logistics
4. Mask 马士基 Denmark Shipping, freight forwarding, logistics
5. FedEx 联邦快递 USA Express
6. La Post 法国邮政 France Mail, Express
7. COSCO 中国远洋 China Shipping
8. Japan Post 日本邮政 Japan Mail
9. Nippon Express 日通 Japan Freight forwarding, logistics
10. Royal Mail 英国皇家邮政 UK Mail, Express
11. TPG (TNT) 荷兰邮政—天地 Netherlands Mail, Express, logistics
12. Deutsche Ban inc Schenk 德国国有铁路公司 Germany Rail freight, logistics
13. Union Pacific Corp 联合太平洋 USA Rail freight, logistics
14. NYK Line (Nippon Yusen KK) 日本邮船 Japan Shipping, freight forwarding, logistics
15. Burlington Northern Santa Fe 北伯林顿三塔铁路公司 USA Rail freight, logistics
16. Excel 英运物流—金鹰 UK Freight forwarding, logistics
17. Yamato Transport 日本大和运输公司 Japan Logistics
18. Post Italian 意大利邮政 Italy Mail
19. Mitsui OSK Lines 商船三井株式会社 Japan Shipping line
20. CSX Corp CSX运输公司 USA Rail freight, logistics
21. SNCF 法国铁路联营公司 France Rail freight, logistics

22. Kuehn & Nagel 瑞士德讯海空运 Switzerland Freight forwarding, logistics
23. China Post 中国邮政 China Mail
24. Norfolk Southern Corp 美国诺福克南方铁路 USA Rail freight, logistics
25. K Line 日本川崎汽船 Japan Shipping line, logistics
26. Pans 瑞士泛亚班拿 Switzerland Freight forwarding, logistics
27. NOL (APL) 新加坡东方海皇(美集) Singapore Shipping line, logistics
28. CNF 美国 CNF 运输 USA Freight forwarding, road haulage
29. Swiss Post 瑞士邮政 Switzerland Mail
30. Ryder 美国莱德 USA Leasing, Logistics
31. ABX Logistics 比利时享利物流 Belgium Rail freight, logistics
32. Canada Post 加拿大邮政 Canada Mail
33. Hap Lloyd 德国哈帕罗德航运 Germany Shipping line, logistics
34. Canadian National Railway 加拿大国家铁路 Canada Rail freight, logistics
35. Hyundai Merchant Marine 韩国现代商船株式会社 Korea Shipping
36. P&O Nedlloyd 荷兰铁行渣华 UK/Netherlands Shipping line
37. Geo 法国乔达国际 France Freight forwarding, express, logistics
38. Seino Transportation 日本 Seino 货运 Japan Logistics
39. Canadian Pacific 加拿大太平洋铁路 Canada Rail freight, logistics
40. KS Shipping 韩进海运株式会社 Korea Shipping
41. Penske 美国潘世奇物流 USA Road haulage, logistics
42. CMA-CGM 法国达飞海运 France Shipping line
43. Schneider 美国施奈德物流 USA Trucking, logistics
44. Post Sweden 瑞典邮政 Sweden Mail, express, logistics
45. Ger fie 法国捷富凯物流 France Road haulage, logistics
46. OOCL 中国香港东方海外集装箱 China Shipping, logistics
47. Yellow (inc. Roadway) 美国 Yellow Roadway 货车运输 USA Trucking
48. Australia Post 澳大利亚邮政 Australia Mail
49. Tibbett & Britten 英国天美百达物流 UK Logistics
50. DSV 丹麦得夫得斯国际货运 Denmark Freight forwarding, logistics

资料来源:blog.sina.com.cn/s/blog_4befe15d0100zcnn.html。

思考:从以上排名预测近期世界物流业竞争态势。

国际海事组织(IMO)

国际海事组织(International Maritime Organization,IMO)是联合国负责海上航行安全和防止船舶造成海洋污染的一个专门机构,总部设在伦敦。该组织最早成立于 1959 年 1 月 6 日,原名“政府间海事协商组织”,1982 年 5 月改为现名,现有 163 个正式成员。

该组织的宗旨是促进各国间的航运技术合作,鼓励各国在促进海上安全、提高船舶航行效率、防止和控制船舶对海洋污染方面采取统一的标准,处理有关的法律问题。

国际海事组织理事会共有 40 名成员,分为 A、B、C 三类。其中,10 个 A 类理事为航运大国,10 个 B 类理事为海上贸易量最大国家,20 个 C 类理事为地区代表。理事会是该组织的重要决策机构。该组织每 2 年举行一次大会,改选理事会和主席。当选主席和理事国任期 2 年。

一、组织机构

国际海事组织设有大会和理事会,以及海上安全、法律、海上环境保护、技术合作、便利运输 5 个委员会和一个秘书处。大会为最高权力机构,每 2 年召开一次,其任务是选举理事国,制定工作计划和财务预算,讨论本组织职权范围内的技术和法律问题。

大会休会期间，由理事会行使上述职权。理事会由24个理事国组成，每年召开两次会议。根据组织公约1979年修正案规定，理事国增为32个，分以下三类：

(1)8个在提供国际航运服务方面具有最大利害关系的国家；

(2)8个在国际海上贸易方面具有最大利害关系的国家；

(3)16个地区代表的国家。

在1983年11月召开的国际海事组织第十三届大会上，上述修正案达到了生效的条件。所以，会上除选举原定的24名理事外，还补选了8名理事。这8名理事于1984年11月修正案正式生效时参与理事会的工作。各类理事国的权力相当，可连选连任。中国曾在第九、十、十一和十三届大会上四次当选为第二类理事国。秘书处负责保存国际海事组织制定的公约、规则、议定书和记录、文件等，并负责处理日常事务。秘书处内设有法律司、行政司、会议司、技术合作司、海运安全司、海运技术司和对外关系司。秘书长为国际海事组织的行政负责人。

二、主要活动

制定和修改有关海上安全、防止海洋受船舶污染、便利海上运输、提高航行效率及与之有关的海事责任方面的公约；交流上述有关方面的实际经验和海事报告；为会员国提供本组织所研究问题的情报和科技报告；用联合国开发计划署等国际组织提供的经费和捐助国提供的捐款，为发展中国家提供一定的技术援助。截至1984年年底，国际海事组织制定并负责保存的公约、规则和议定书共有30个，其中已经生效的有24个。

资料来源：http://intl.ce.cn/zhuanti/data/ima/imadata/html。

思考：国际海事组织在国际贸易中有哪些作用？

第十七章

进出口贸易的主要交易条件之四——货物的收付

在国际贸易中，卖方交货与买方付款是个对等条件，收取货款是卖方的主要权利，支付货款是买方的基本义务。在卖方的角度，要做到安全收款，及早收款；在买方角度，则希望延期付款，及早收货。因此，收付条款是一项很重要的条款，是买卖双方洽谈的一个重点。

进出口合同中的收付条款主要包括支付工具、支付方式和支付时间。

第一节　支付工具

国际贸易买卖货款的结算可以使用现金或者票据。现金结算货款是极个别的，仅限于少量的购买，如购买样品、预付定金、少量赔款等，绝大多数的货款收付是通过票据进行的。其中以汇票使用最多，本票、支票其次。

一、汇票

(一)汇票的含义

汇票(Draft, Bill of Exchange)是出票人(Drawer)以书面命令受票人(Drawee)立即或在一定的时间内无条件地支付一定金额给指定受款人(Payee)或其指定人或持票人的一种凭证。

(二)汇票的种类

汇票从不同的角度可分为以下几类：

(1)按出票人不同，分为商业汇票(Commercial Bill)和银行汇票(Bank's Bill)，前者的出票人是工商企业，而后者的出票人是银行。

(2)按汇票流通时是否随附货运单据，分为跟单汇票(Documentary Bill)和光票(Clean Bill)。在国际贸易中的货款结算，大多数使用跟单汇票。

(3)按汇票的付款期限不同，分为即期汇票(Sight Draft)和远期汇票(Time Draft)。即期汇票是见票需立即付款(At sight pay to ..., On demand pay to ..., On presentation pay to ...)，远期汇票是在将来某一特定时间付款的汇票，如付款人见票后若干天付款(At ... days after date of Draft)，出票人日后若干天付款(At ... days after date of Bill of Lading)，提单签发后若干天付款。

(4)按汇票承兑人不同，分为商业承兑汇票(Commercial Acceptance Bill)和银行承兑汇票(Banker's Acceptance Bill)。商业汇票若经另一个工商企业(付款人)承兑，即成为商业承兑汇票。商业汇票若以银行为付款人，经付款行承兑后，即成为银行承兑汇票，由银行承担到期付款的责任。

一张汇票往往有几方面的特征，如一张商业汇票，同时又是即期的跟单汇票或远期的银行承兑汇票。

(三)汇票的使用

汇票的使用通常要经过出票(Issue)、提示(Presentation)、承兑(Acceptance)和付款(Payment)等手续，此外，汇票通常还需背书(Endorsement)，当汇票遭到拒付后，还会涉及作成拒绝证书(Protest)和行使追索权(Right of Recourse)等法律问题。

1. 出票，是指出票人写成汇票并签字后交给受款人的行为。在出票时，对受款人通常有三种写法：

(1)限制性抬头，如"仅付××公司"(Pay...Co. only)或"付××公司，不能转让"(Pay to Co. not transferable)，这种抬头汇票不能转让。

(2)指示性抬头，如"付××公司或其指定人"(Pay to the order of...Co. or Pay...Co. or order)。这种抬头的汇票可以经过背书进行转让。

(3)空白抬头，即持票人或来人抬头，如"付给来人"或"付给持票人"(Pay Bearer)。这种抬头的汇票无需背书，即可转让。

2. 提示，是指持票人(Holder)将汇票提交付款人，要求其付款或承兑的行为。如果付款人见到是即期汇票，则提示付款人见票后立即付款；如果所见的是远期汇票，则提示付款人见票后办理承兑手续，到期付款。

3. 承兑，是指付款人在汇票正面写上"承兑"(Acceptance)字样，同时注明承兑日期并签字交还持票人。汇票一经承兑，即表示承兑人承担到期付款的责任。因此，远期汇票若遭付款人拒绝承兑，也就形成了拒付的事实。

4. 付款，对即期汇票，付款人在持票人提示时即付；对远期汇票，付款人在办理承兑手续后，在汇票到期日付款。

5. 背书，是背书人(即汇票的受款人或持票人)在汇票的背面签字加批，将汇票权利转让给受让人(即被背书人)的行为。该受让人可以是记名形式，也可以是不记名形式。对于受让人来说，所有在他以前的背书人和出票人都是他的"前手"；而对于出让人来说，所有在他让与以后的受让人都是他的"后手"。"前手"对"后手"负有担保汇票必然会被承兑或付款的责任。如果一张远期汇票的持有人欲提前取得票款，就可以将经过背书的汇票转让给受让人(一般是银行或贴现行或金融公司)，由受让人扣除利息将票款给出让人。这种行为又称为"贴现"(Discount)。

汇票在提示时遭到拒绝付款或拒绝承兑，统称为拒付。在处理拒付问题时要注意出票人是根据买卖合同与付款人进行交涉，而不是根据出具的汇票；只有当汇票经过承兑后遭拒付时，出票人方可凭承兑汇票向法院起诉。如果汇票在转让过程中遭到拒付，汇票的善意持有人有权向所有的"前手"追索，一直可追索到出票人。持票人为了行使追索权，通常要及时作拒付通知和拒绝证书，拒绝证书是由拒付地点的法定公证人或其他依法有权作出证书的机构，如法院、银行公会、邮局等，作出证明拒付事实的文件。持票人请求公证人作成拒绝证书时，应将汇票交出，由公证人持票向付款人再作提示，如仍遭拒付，即由公证人按规定格式作成拒绝证书，连同汇票交还持票人。持票人凭拒绝证书，向其“前手”行使追索权。有时汇票的出票人或出让人为了避免承担被追索的责任，在出票或背书上加注“不受追索”(Without Recourse)字样。但这种汇票在市场上难以流通。

二、本票

本票(Promissory Note)是出票人签发的，保证即期或规定时间内向受款人无条件支付一定金额的书面承诺。

本票一般包括以下几项内容：写明“本票”字样、无条件支付承诺、收款人或其指定人、出票人签字、出票日期和地点、付款期限(未载明付款期限者，视为见票即付)、一定金额、付款地点(未载明付款地点者，出票地作为付款地)。

三、支票

支票(Cheque or Check)是银行的存款户对银行签发的授权银行对某人或其指定人或持票人即期支付一定金额的无条件的书面支付命令。

支票一般包括如下内容：写明“支票”字样、无条件支付命令、付款银行名称、出票人签字、出票日期和地点、付款地点(未注明付款地点者、付款银行所在地视为付款地点)、写明“即期”字样(未写明即期字样者，仍视为见票即付)、一定金额、受款人或其指定人。

第二节　支付方式

目前，我国进出口业务中所使用的收付方式，主要采用汇付、托收和信用证三种方式。此外，还有采用银行保证函、备用信用证、国际保理服务以及几种方法结合进行收付。

一、汇付

汇付(Remittance)是进口方将货款通过银行途径交给出口方，它是顺汇法，又可分为电汇、信汇和票汇三种。

(一)电汇

电汇(Telegraphic Transfer，T/T)是指进口方请本地银行用电信手段通知出口方所在地银行付款给出口方。其收付程序如图17—1所示。

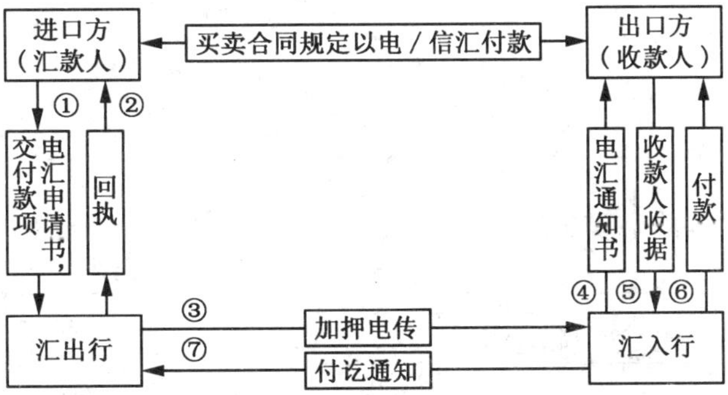

图17—1　电汇收付程序

(二)信汇

信汇(Mail Transfer,M/T)是指进口方将货款交给当地银行,请该行用信件委托出口方所在地的银行付款给出口方。信汇业务处理与电汇大致相同,所不同的是银行以信汇委托书(M/T Advice)或支付委托书(Payment Order)作为结算工具,邮寄给汇入行,委托后者付款。信汇委托书不加密押,只需签字,汇入行核对签字无误,证实信汇的真实性后,予以付款。

(三)票汇

票汇(Remittance by Banker's Demand Draft,D/D)是由进口方向当地银行购买银行汇票、本票或支票等票据,并直接寄给出口方,出口方凭汇票向汇票上指定的银行取款。

票汇的程序如图17—2所示。

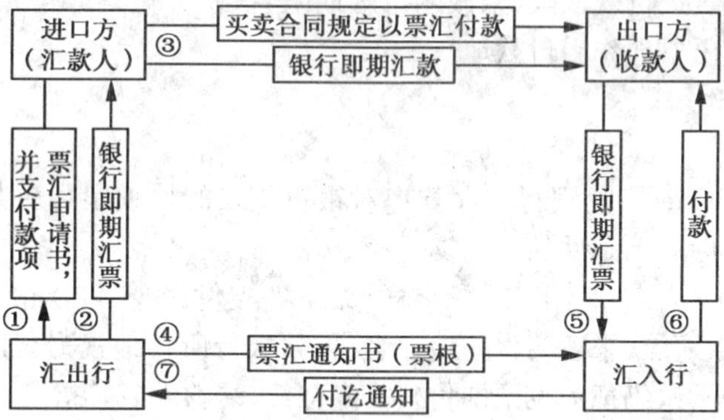

图17—2 票汇的程序

票汇由于使用的结算工具是汇票,因此,除有限制地转让和流通外,经收款人背书,可以流通转让,这一点是信汇和电汇所不能做到的。

汇付主要用于预付货款(Payment in Advance)、随单付现(Cash with Order,C. W. O.)、货到付现(Cash on Delivery,C. O. D.)、凭单付现(Cash Against Documents,C. I. D.)、定金、佣金、费用等的支付。

二、托收

(一)托收的含义和程序

托收(Collection)是出口方先行发货,开出汇票连同有关货运单据,委托出口当地银行通过其在进口地的分行代理向进口方收取货款。托收是一种逆汇。

托收的程序如图17—3所示。

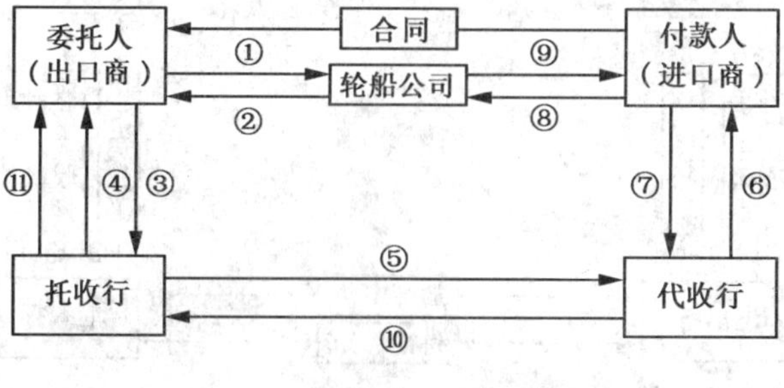

图17—3 托收的程序

图 17—3 的说明：

①出口方按合同装运货物。

②出口方取得有关单据。

③出口方填写托收申请书，开立汇票，连同有关货物的单据交托收行，委托其代收货款。

④托收行承接该托收业务，给予委托人回执。

⑤托收行根据托收申请书制成托收委托书连同汇票货运单据寄交进口地代收行委托代收。

⑥代收行按照托收行的指示向买方提示汇票和单据。

⑦买方按照汇票内容付款赎单。如果交单条件是付款交单(Documents Against Payment，D/P)，则买方付清货款才能向代收行领取货运单据。付款交单又有即期和远期之分。若是即期付款交单(D/P at sight)，买方见单即付，付款赎单。若是远期付款交单(D/P at...days after sight)，买方应在远期汇票上先承兑，并于汇票到期日付款赎单。如果买方在远期付款交单条件下欲先取得单据，可凭信托收据(Trust Receipt，T/R)向代理行借取单据，先行提货，汇票到期再付清货款。如果交单条件是承兑交单(Documents Against Acceptance，D/A)，则买方在远期汇票上承兑，代收行收回汇票，同时将货运单据交给买方。

⑧进口方凭单据办理提货手续。

⑨发货。

⑩托收行办理转账并通知托收款已收到。

⑪托收行向卖方交款。

(二)托收的特点

托收属于商业信用。在托收业务中，委托人与托收行之间、托收行与代收行之间均为委托代理关系，付款人根据合同付款，它与代收行之间也无任何法律关系。因此，出口方须始终关心货物的安全，直到对方付清货款为止。在付款交单条件下，买方若未能付清货款，取不到单据，货物所有权属于卖方，若买方拒付货款，卖方仍可将货物另行处理，但须承担额外费用、手续、降价损失和其他风险。至于在承兑交单条件下，买方只需办理承兑手续，即可取得货运单据，汇票到期若买方拒付，出口方将面临货、款两空的损失。因此，托收方式对出口商来说有相当大的风险，而对进口商则可加速资金周转，减少费用支出。

为了既促进出口，又确保安全收汇，我们在出口业务中采用托收方式时应注意下列事项：

(1)适度使用。根据商品市场供需动态，根据经营意图，在货物数量、货物金额、期限长短上，妥善适度使用托收、交单条件，一般应做 D/P，从严采用 D/A。

(2)客户选择。托收属于商业信用，因此要特别重视对进口商资信和经营作风的调查和了解。

(3)国别选择。对有贸易管制和外汇管制较严的国家，使用托收方式要谨慎，并了解国外托收惯例。

(4)合同管理。首先要严格按照合同条款办理出口，提交单据，以免给对方拒付找到借口。同时，对托收业务要在每一个环节上加强检查制度，及时催付清理。

(三)《托收统一规则》简介

为统一各国银行托收业务的做法，减少委托人与被委托人之间可能发生的纠纷和争议，国际商会于 1958 年草拟了《商业单据托收统一规则》(国际商会第 192 号出版物)，后于 1967 年订立和公布了这一规则(国际商会第 254 号出版物)，1978 年再做修改并改名为《托收统一规则》(国际商会第 322 号出版物)(Uniform Rules for Collection, Publication No. 322)，该规则于1979年1月1日起生效实施。在使用了17年后,国际商会于1995年4月又一次颁布了经两年多的修改、六易其稿才最后完成的新的修订本——《托收统一规则》国际商会第522号出版物(ICC Publication No. 522),简称《URC 522》,并于1996年1月1日起生效实施。目前该规则已被80多个国家的商会和银行所采用,成为托收业务的国际惯例。

《托收统一规则》除总则和定义外,在其"义务和责任"部分共有26条,主要有以下五个方面:

(1)根据外国法律或惯例对银行规定的义务和责任,委托人应受其约束,并对银行承担这种义务和责任,负赔偿的责任。

(2)银行除了必须检查所收到的单据是否与委托书所列表面一致外,对单据并无审核的责任。但如发现任何单据有遗漏,或不能照委托书的指示行事,银行应立即通知发出委托书的一方。

(3)未经银行事先同意,货物不应直接运交银行或银行为收货人;否则,银行无义务提取货物,该货物的风险和责任仍由发货人承担。

(4)远期付款交单方式中,应明确指出是凭承兑交单还是付款交单。如未指明,银行只能在付款后交单。

(5)汇票如被拒付,托收行必须在收到此项通知后的合理时间内作出进一步处理有关单据的指示。如代收行送出拒绝通知书的90天内未接到该项指示,可将单据退回托收行。

三、信用证

(一)信用证的含义和特点

信用证(Letter of Credit,L/C)是银行根据进口商的请求,或者银行为自身的业务需要,对出口商发出的、授权出口商签发以银行或进口商为付款人的汇票,是保证交来符合条款规定的汇票和单据,必定承兑和付款的保证文件。

信用证的特点是:

(1)开证行负第一性付款责任。不管进口商破产或拒付,只要单证相符,开证行必须付款,因此,它是一种银行信誉。开证行的资信是能否安全收汇的重要因素。

(2)信用证是一项自足文件。信用证的条款虽然以买卖合同条款为依据,但一旦开立就彼此独立,参与信用证业务的银行只凭信用证条款办事。

(3)信用证业务所处理的是单据,而不是与单据有关的货物、服务及其他行为,银行只管单据表面合格与否,不管单据真伪,不管合同,更不管货物。

概括起来,信用证结算方式的特点就是"一个原则"、"两个只凭"。"一个原则"是"严格符合的原则",即"单证一致、单单一致"。"两个只凭"就是只凭信用证条款办事,不管买卖合同约束;只凭有关单据办事,不问有关货物的真实情况。

(二)信用证的当事人和程序

信用证的当事人,基本上有六个:

(1)开证申请人(Applicant),一般为进口商。如果银行为自身业务开证,就没有开证申请人,而只有银行为开证行。

(2)开证行(Issuing Bank),一般为进口地银行。开证行与开证人的权利和义务以开证申请书为依据,开证申请书是委托契约性质。

(3)通知行(Advising Bank),一般为出口地银行,而且通常是开证行的代理行。

(4)受益人(Beneficiary),一般为出口方。

(5)议付行(Negotiating Bank),是向受益人买单做押汇的银行,它对开证行有权请求其偿付,对受益人有追索权。

(6)付款行(Paying Bank),是指信用证规定的汇票付款人,在多数情况下就是开证行,也可以是通知行或第三家银行。付款行一经付款,对受益人不得追索。

派生的还有:

(7)偿付行(Reimbursing Bank),是凭开证行指示或授权偿付货款给议付行或付款行的银行。该行不审核单据。如偿付行未能偿付时,开证行仍应负责自行偿付。

(8)承兑行(Accepting Bank),是承兑远期汇票的银行。承兑后单据与汇票分离,远期汇票可贴现。

(9)保兑行(Confirming Bank),是根据开证行请求在信用证上加具保兑的银行。信用证一经保兑,保兑行即对信用证独立负责,承担必须付款或议付的责任。保兑行可以是通知行或第三家银行。

信用证的流程图如图 17—4 所示。

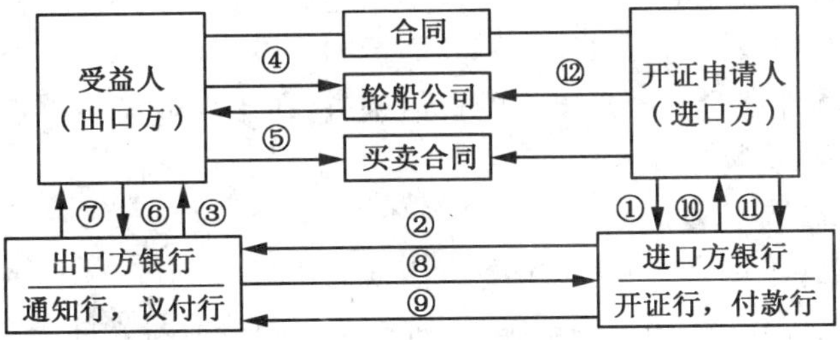

图 17—4　信用证流程

图 17—4 的说明:

①开证申请人(通常是进口商)按照买卖合同规定向当地银行提出开证申请,并提供若干押金或其他担保,要求开证行向受益人开出信用证。

②开证行开立信用证,并将信用证寄给出口人所在地的代理银行(通知行)。目前信用证开证行的开证方法有信开、全电开和简电开三种。常用的是全电开。

③通知行收到信用证后,即校对信用证的密押(电开)或签字印鉴(信开)。核对无误后,除留一份副本外,应迅速制成通知书格式,将信用证全文通知受益人。

④受益人收到信用证后,应立即审证。如发现有不能接受的内容,应立即要求开证人通知开证行修改。受益人对信用证认可后,即按信用证规定的条件装运货物。

⑤受益人发货后,备妥信用证规定的所有单据。

⑥受益人将信用证规定的单据,连同汇票,在信用证有效期内送当地的议付行要求议付。

⑦议付行经与信用证校对,确认单证相符、单单相符后,购进汇票和所附单据,扣除若干利息和手续费,将垫款给受益人。

⑧议付行将汇票、货运单据等寄开证行(或具指定的付款行或偿付行)索偿。

⑨开证行(或其指定的付款行)经审核单据无误后,付款给议付行。开证行无追索权。

⑩开证行通知开证申请人付款赎单。

⑪开证申请人验单,付款赎单。开证申请人与开证行之间因开立信用证所构成的权利和义务关系告终。

⑫开证申请人取得单据后，凭运输单据向承运人提货。如发现货物不符，只能向受益人、承运人或保险公司等有关负责方索赔。

（三）信用证的作用

通过信用证的流转程序，可以看出信用证的作用主要体现在两个方面：保证作用和融资作用。

对进口商来说，通过信用证条款的规定，可保证取得代表货物的单据，从而可保证货物的品质、数量和交货期。对出口商来说，只要严格执行信用证条款，就可由银行信誉做保证，凭单据取得货款。

在融资方面，对进口商来说，开证时只付少量的押金甚至不付，仅凭信誉、付款赎单后即取得货权，他可用少量的资金做较大的买卖。对出口商来说，收到信用证后可向银行做打包贷款，用于装运前的费用，装运后向议付行做押汇取得贷款，还清贷款后净得利润，因此，也可用少量的资金做较大的买卖。

当然，信用证结算方式，并不是完全没有风险的。例如，出口商可能遇到开证行资信不好或者倒闭的风险；进口商可能遭到出口商伪造单据进行诈骗的风险；开证行可能遭到进口商倒闭或无理拒受单据的风险；议付行可能遭到开证行倒闭或拒付的风险。因此，使用信用证结算方式时，仍应加强对国外银行和国外客户的资信调查，在出口业务中保证安全及时收汇，在进口业务中如期收到所购货物。

（四）信用证的基本内容

各国的信用证格式不一，但内容基本上包括以下几项：

（1）对信用证本身的说明，如信用证编号、种类、开证日期、有效期、当事人名称、地址等。

（2）信用证金额与汇票条款。

（3）货物的名称、品质、数量、包装、单价等。

（4）对运输的要求，如装运期限、装运港、目的港、运输方式、能否分批装运、能否转运等。

（5）对单据的要求，如单据的种类、名称、内容、份数。

（6）特殊条款，根据进口国家政治、经济和贸易情况的变化，或每一笔具体交易的需要，作出特殊的规定。

（7）开证行保证条款，开证行对受益人及汇票原持有人保证付款的责任文句。

（五）信用证业务处理依据

跟单信用证是国际贸易中使用最广泛的一种结算方式，它为进出口双方提供了保证和融资的积极作用，因此，一出台即受到进出口商的欢迎。但它在操作过程中涉及的当事人较多，手续比较繁琐。最初在使用时，由于法律界、银行界以及各当事人对信用证有关条款、各当事人权利和义务缺乏统一解释和公认的规则，各银行各行其是，根据自身的利益各执己见，造成当事人之间的纠纷和争议不断，以致引起诉讼。

为了改变这种不良状况，使信用证处理规范化，国际商会于1929年拟订《商业跟单信用证统一惯例》(Uniform Customs and Practice for Commercial Documentary Credit)，对跟单信用证的定义、有关名词和术语以及信用证业务的各方当事人权利和义务进行了统一解释，并建议各银行采用。其后，为了适应国际贸易、国际金融、国际保险业务的发展，适应新型的运输方式、通信方式和结算方式，国际商会对跟单信用证惯例进行多次重大修改，颁布过多种版本，如1933年的第82号出版物、1951年的第151号出版物、1962年的第222号出版物、1974年的第290号出版物、1983年的第400号出版物，以及最新的1993年第500号出版物。新版本定名为《跟单信用证统一惯例》，1993 年修订本，国际商会第 500 号出版物（Uniform Customs and Practice for Documentary Credit，1993 revision，I. C. C.，Publication No. 500，简称《UCP 500》）。尽管《UCP 500》在内容上做了较大幅度的改动，曾深受好评，但随着时间的流逝和经济的高速发展，《UCP 500》在使用中不断暴露缺陷和不足，因此引发争议也时有发生。于是，总部位于巴黎的国际商会（ICC）着手制定了最新版本的信用证统一惯例。

2006 年 10 月 25 日，在巴黎举行的 ICC 银行技术与惯例委员会 2006 年秋季例会上，最新版本的信用证统一惯例经 71 个国家和地区投票表决，最终以 105 票赞成得以通过。新版的《跟单信用证统一惯例》命名为《UCP 600》，于 2007 年 7 月 1 日起实施。

《跟单信用证统一惯例》至今已为世界上 160 多个国家和地区的银行和银行公会所采用，已成为国际上各银行、各法院处理信用证业务的法律准则。当然要得到这个法律准则的保护，必须在信用证上注明"根据国际商会《跟单信用证统一惯例》某号出版物所订立"的文句。

修订版的主要变化如下：

(1)形式方面的变化：对《UCP 500》的 49 个条款进行了大幅度的调整及增删，变成现在的 39 条。其中第 2 条（定义条款）和第 15 条（相符交单）为新增条款；删除了原《UCP 500》中 7 个不必要或过时的条款：第 5 条（开立信用证的指示）、第 6 条（可撤销与不可撤销信用证）、第 8 条（信用证的撤销）、第 12 条（不完整与不清楚的指示）、第 30 条（运输行出具的运输单据）、第 33 条（运费到付/预付运输单据）、第 38 条（其他单据）。

(2)内容方面的变化：

①增加了专门的定义条款，体现了《UCP 600》细化规定的精神，对一些术语作出定义不仅可以使概念明晰化，从而有利于条款的理解与适用，而且更可以解决一些地方法律适用的问题；引入了"Honour"（兑付）的概念；改进了议付的定义。

②约定了解释规则，摒弃了可撤销信用证。

③开证行、保兑行及指定银行的责任更清晰、确定，规范了第二通知行的做法。

④银行的审单标准更为明确。将审单时间从"不超过 7 个银行工作日的合理时间"改为"最多不超过 5 个银行工作日"；明确了交单期限的适用范围；将单据与信用证相符的要求细化为"单内相符、单单相符、单证相符"。

⑤将银行处理不符单据的选择增加到四种：持单听候交单人的处理；持单直到开证申请人接受不符单据；径直退单；依据事先得到的交单人的指示行事。

（六）信用证的种类

信用证的种类很多，常见的有：

1. 可撤销信用证和不可撤销信用证

可撤销信用证（Revocable L/C）是指开证行在议付行议付以前，可不经过受益人同意，也不事先通知受益人，可随时修改或撤销信用证；不可撤销信用证（Irrevocable L/C）是指信用证一经开出，在有效期内，未经受益人及有关当事人同意，开证行不得片面修改或撤销信用证。不可撤销信用证对受益人收款有保障，在国际贸易中广泛使用。根据《UCP 500》规定，凡信用证上未写明"可撤销"字样的应视为不可撤销信用证。而在《UCP 600》中则对"可撤销信用证"作了全面废除。

2. 跟单信用证和光票信用证

跟单信用证（Documentary L/C）是指受益人出具的汇票须随附货运单据，光票信用证（Clean L/C）汇票无需附货运单据。在国际贸易中常用跟单信用证。

3. 保兑信用证和不保兑信用证

出口方有时要求进口方请开证行委托另一家银行(有时就是通知行)在信用证上加以保兑,经过保兑的信用证,称为保兑信用证(Confirmed L/C)。根据《UCP 500》,保兑行和开证行一样承担付款责任,并对其前手无追索权。未经保兑的信用证称为不保兑信用证(Unconfirmed L/C)。

4. 即期信用证和远期信用证

即期信用证(Sight L/C)是指开证银行见票或见单即付的信用证。这种信用证在国际贸易实践中被广泛使用。在即期信用证中,有时还带列电报索偿条款(T/T Reimbursement Clause),这是指开证行允许议付行用电报或电传通知开证行或指定付款行,说明各种单据与信用证规定相符,开证行或指定付款行应立即以电汇方式将款项拨交议付行。远期信用证(Usance L/C)是指开证行或其指定付款行收到远期汇票或单据后,先予以承兑,在规定的期限内付款,因此又称为银行承兑信用证(Banker's Acceptance L/C)。

5. 假远期信用证

假远期信用证(Usance Credit Payable at Sight)是指信用证中规定受益人开具远期汇票可按即期议付,或规定开证行保证贴现,贴现息由开证人负担。对受益人来说,在收汇时间上等于即期信用证,在风险上承担远期信用证汇票到期前被追索的相应风险。对开证人来说,可在远期汇票到期才向开证行付款。因此,该信用证实际上是由开证行或贴现行对进口商融通资金。

6. 可转让信用证

可转让信用证(Transferable L/C)是指受益人有权将信用证的全部或部分金额转让给另一个或两个以上第三者(第二受益人)使用的信用证。

《UCP 500》规定:只有明确注明"可转让"的信用证才能转让;可转让信用证只能转让一次;如信用证不禁止分批装运,在累计不超过信用证金额的条件下,可分批转让给数个第二受益人,各项转让数额的总和视为信用证的一次转让;信用证只能按原证条款转让,但信用证总金额可减少,装运期间与到期日可以提前,保险金额百分比可增加;除非信用证规定原开证人名称必须显示于发票以外的其他单据,否则转让信用证时,可以第一受益人的名称替代原开证申请人的名称。

7. 循环信用证

循环信用证(Revolving L/C)是指受益人在一定时间内使用了规定的信用证,可重新恢复信用证原金额再度使用,直到达到规定的时间、次数或金额为止的信用证。这种信用证使用于买卖商品数量大、需要在较长的时间内分批交货的买卖,对开证人来说可节省多次开证费,对受益人来说对整批货款都能获得银行保证。循环信用证可以按时间循环也可按金额循环,按恢复方式是否需要受益人通知,又可分为自动循环、半自动循环和非自动循环。

8. 对开信用证

对开信用证(Reciprocal L/C)是买卖双方各自开立的以对方为受益人的信用证,两证同时生效,任何一张信用证的开证行又是另一张信用证的通知行。该信用证通常用于易货贸易、补偿贸易和来料加工、来件装配等业务。

9. 对背信用证

对背信用证(Back to Back L/C)是指出口商(中间商)收到进口商开来的信用证后,要求该信用证的原通知行或其他银行,以原信用证为基础,另开立一张内容近似的新信用证给另一受益人(实际供货人),这张另开立的新信用证就是对背信用证。对背信用证的内容要紧扣原信用证,否则容易遭到议付行的拒付。

10. 预支信用证

预支信用证(Anticipatory L/C)是指开证行授权议付行(通常是通知行),向受益人预付信用证金额的全部或一部分,由开证行保证偿还并负担利息。当货运单交到后,议付行在付给剩余货款时,将扣除预支货款的利息。为醒目起见,预支信用证条款常用红字打印,习惯上称为"红条款信用证"(Red Clause L/C)。现今信用证的预支条款并非都用红字打印,但效力相同。

11. SWIFT 信用证

SWIFT 是环球银行财务电信协会(Society for Worldwide Interbank Financial Telecommunication)的简称。该组织于 1973 年在比利时成立,专门从事传递各国之间的非公开性的国际间的财务电信业务,其中包括外汇买卖、证券交易、开立信用证、办理信用证下的汇票业务和托收等,同时兼理国际间的账务清算和银行间的资金调拨。该组织的总部设在布鲁塞尔,并在荷兰阿姆斯特丹和美国纽约分别设立交换中心(Swifting Center),及为各参加国开设集线中心(National Concentration),为国际财务业务提供快捷、准确、优良的服务。目前,已有 1 000多家分设在包括我国在内的不同国家和地区的银行参加该协会,并采用该会电信业务的信息系统。用户使用时必须依照 SWIFT 使用手册规定的标准,否则会被自动拒绝。

凡依据国际商会所制定的电信信用证格式设计,利用 SWIFT 系统设计的特殊格式,通过 SWIFT 系统传统的信用证信息,即通过 SWIFT 开立或通知的信用证称为 SWIFT 信用证,也称为"环银电协信用证"。

采用 SWIFT 信用证,必须遵守 SWIFT 使用手册的规定,使用 SWIFT 手册规定的代号(tag),而且信用证必须按国际商会制定的《跟单信用证统一惯例》的规定,在信用证中可以省去银行的承诺条款(Undertaking Clause),但不能免去银行所应承担的义务。

过去进行全电开证时,都采用电报或电传开证,各国银行标准不一,条款和格式也各不相同,而且文字繁琐。采用 SWIFT 开证后,使信用证具有标准化、固定化和统一格式的特性,且传递速度快捷,成本也较低,因此能使银行乐于在开立信用证时使用。现在,SWIFT 信用证已被西北欧、美洲和亚洲等国家和地区的银行广泛使用。在我国银行的电开信用证或收到的信用证电开本中,SWIFT 信用证也已占了很大比重。

四、银行保证函和备用信用证

在涉及贸易金额较大、期限较长、条款较复杂,仅凭信用证也不足以保证贸易方安全时,可能要求一方提供银行保证函或备用信用证,以保证合同的履行。

(一)银行保证函

银行保证函(Letter of Guarantee,L/G),简称银行保函,是银行应委托人的申请向受益人开立的一种书面保证,保证申请人按规定履行合同,否则银行自身负责偿付债款。

银行保函主要有以下几种:

1. 履约保函

履约保函(Performance Guarantee)广泛适用于一般货物的进出口,也可适用于加工装配、补偿贸易、国际租赁以及承建工程项目等。它既可以是银行为进口方提供担保,即担保出口方若未能按条件交货,则由银行负责向进口方赔偿损失;也可以是银行为出口方提供担保,即担保出口方按期履约,而进口方未能按期或拒付货款,由银行负责偿付。履约保函的支付金额一般为合同金额的10%～15%。

2. 投标保函

投标保函(Tender Guarantee)是银行应投标人的申请而向招标人开立的保函,保证投标人在开标前不中途撤回投标或片面修改投标书,中标后不拒绝签约,中标后不拒绝交付履约保证金;否则,银行负责赔偿招标人的损失。投标保函的支付金额一般为项目金额的2%～5%。

3. 还款保函

还款保函(Repayment Guarantee)用于保证偿还借贷资金等业务,用途比较广泛。

银行保证函与信用证同属银行信用,但有其本质的区别:

信用证的开证行负第一性的付款责任,保证函的开证行一般只负第二性的责任。信用证业务中,开证行根据信用证规定办事,它只处理单据,而与买卖合同无关;而银行保证函的开证行在被要求赔偿时,银行一般证实不履约的情况,这样银行就会被牵扯到双方交易的合同中去。在信用证业务中,受益人不仅能得到银行贷款偿付的保证,而且还能在议付中取得资金融通;但在银行保证函业务中,受益人只能得到保证作用,而不能融通资金。

(二)备用信用证

有些国家的法律禁止银行介入商事纠纷,因此不允许银行开立保证函(如美国、日本)。因此,与此类似的备用信用证就应运而生。

备用信用证(Standby L/C),又称商业票据信用证(Commercial Paper L/C)、担保信用证或保证信用证(Guarantee L/C)和履约信用证(Performance L/C),是光票信用证的一种特殊形式,属于银行信用。它是指开证行根据开证人的申请开立的对受益人承诺某项义务的凭证,或者开证行对开证人不履行合同义务时保证为其支付。但是如果开证人按期履行合同的义务,受益人就无需要求开证人在备用信用证项下支付任何货款或赔偿,所以称为"备用"。《跟单信用证统一惯例》(第500号出版物)同样适用于备用信用证。

备用信用证和一般信用证在使用上有所不同,备用信用证只有在开证申请人不履行合同义务的事实发生,受益人开具汇票(或不开汇票)随附关于开证申请人不履约的书面声明或证件,在该声明或证件符合备用信用证的条件下,开证行才承担付款责任。

备用信用证与银行保函也有本质的区别:银行保函的付款依据是有关合同未被履行,因此银行要调查合同未被履行的情况;而备用信用证的付款依据是受益人在信用证有效期内提供的按信用证所规定的声明书或证件,开证行与开证申请人和收益人无合同关系。

第三节 国际保理业务

一、国际保理业务的含义

传统的国际贸易收付方式如前所述主要有三种:汇付、托收和信用证。汇付和托收属于商业信用,出口商承担着收款风险,而对进口商则相应有利。为了克服汇付和托收这种商业信用的不足,信用证便应运而生。但信用证虽对出口商的收款给予了银行信用保证,对进口商则增添了不便,进口商在申请开证时须付开证费,并且为了开证须垫付相对数额的保证金,影响了进口商的资金周转。在当今以买方市场为特征的国际市场上,竞争十分激烈,出口商就需要一种既能安全收汇又能给予进口商方便的新型的具有出口竞争优势的国际结算方式,国际保理业务便由此产生。目前,国际上参加国际保理联合会的国家已有130多个。

国际保理业务(International Factoring)是指保理公司接受出口商的委托,向出口商提供进口商的信用额度调查、信用证风险担保、应收账款管理和贸易融资的综合性服务项目,也是集融资、结算、财务管理和信用证担保于一身的融资结算方式。

保理使得卖方或供应商或出口商与保理商之间存在一种契约关系。根据该契约,卖方(供应商、出口商)将其现在或将来的基于其与买方(债务人)订立的货物销售、服务合同所产生的应收账款转让给保理商,由保理商为其提供下列服务中的至少两项:(1)贸易融资。出口商可运用保理业务向买方提供无追索权的、手续简便的贸易融资,出口商出售货物后可以获得80%的预付款融资和100%的贴现融资。(2)销售分账户管理。在出口人叙做保理业务后,保理商会根据出口人的要求,定期、不定期地向其提供关于应收账款的回收情况、逾期账款情况、信用额度变化及对账单等各种财务和统计报表,协助出口人进行销售管理。(3)应收账款的催收。保理商一般都有专业人员和专职律师处理账款的追收,并且保理商还会根据应收账款的逾期时间采取信函通知、打电话、上门催款及采取法律手段等。(4)信用风险控制与坏账担保。在出口人与保理商签订保理协议后,保理商会对进口人核定一个信用额度,在协议执行过程中,随时根据进口人资信状况的变化对信用额度进行调整。对出口人在核准信用额度内的应收账款,保理商提供100%的坏账担保。因此可见,保理实际上是一种融结算、管理、担保、融资为一体的综合性服务业务,本质上是一种债权转让。

二、国际保理业务的当事人和业务程序

(一)国际保理业务的当事人

(1)出口商。

(2)出口保理商(Export Factor),即出口保理公司。

(3)进口商。

(4)进口保理商(Import Factor),即进口保理公司。

(二)国际保理业务的程序

国际保理业务程序见图17—5。

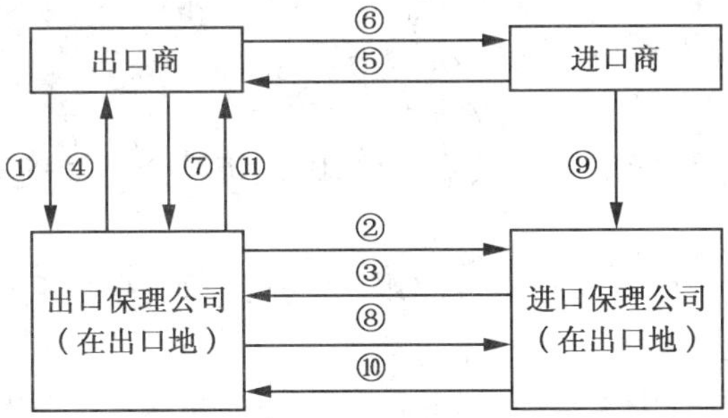

图17—5　国际保理业务程序

图17—5的说明:

①出口商和出口保理公司签订保理协议,并将进口商的名称、地址等情况及交易资料(合同金额)一并交出口保理公司。

②出口保理公司将资料整理后转给与之有业务往来的进口保理商。

③进口保理商对进口商的资信进行调查和评论,确定进口商的信用额度,并将调查结果通

知出口保理公司。

④出口保理公司转通知出口商，如果进口商的资信可靠，则出口保理公司对进出口双方的交易予以确认。

⑤进出口双方签订以 D/A 为支付条件的国际保理方式结算的贸易合同。

⑥出口商按合同规定发货后，将发票(发票上注明进口商将发票金额支付给进口保理商)和各项装运单据寄交进口商。

⑦出口商同时将发票副本交给出口保理商，出口保理商垫付 80%～90%的货款；或者保理商可贴现出口商转让的发票，贴现额为发票金额的 80%～90%，贴现率一般为伦敦银行同业拆放利率(LIBOR)再加 2%左右。

⑧出口保理商将发票副本转寄进口保理商，由后者将发票记入应收账款，并定期负责催收货款。

⑨进口商在付款到期日向进口保理商交付发票全部金额，并支付保理费(1%～2%)。

⑩进口保理商将发票金额拨交给出口保理商。

⑪出口保理商扣除预付货款、保理费(1%)、利息后，将余款转付出口商。

由以上程序可以看出，国际保理业务为出口商提供了资信调查、资金融通、信贷管理、资信风险担保等综合性服务。保理商不仅取代了银行的中介地位和作用，而且还将其业务专业化，并承担全部风险，对出口商安全收汇提供了保障，同时使进口商充分享受了 D/A 的优势，促进了资金的流通和周转。

三、《国际保理业务公约》简介

《国际保理业务公约》(简称《公约》)由国际统一私法协会在 20 世纪 70 年代起草，于 1987 年 4 月通过。在 1988 年 5 月的外交会议上，有 55 个国家正式代表审议并通过了该项公约，我国代表也参加了审议，并签署了最后文件。《公约》为在国际贸易中使用国际保理业务提供了统一的法律依据和业务标准，明确了各方当事人的权利和义务，使之成为国际保理业务中有广泛代表性和权威性的法律文件。

《公约》共有四章、25 条，第一章为“适用范围和一般条款”；第二章为“当事人的权利和义务”；第三章为“其后的转让”；第四章为“最后条款”。

根据《公约》精神，使用保理业务时应注意：

(1)保理公司只承担信用额度内的风险担保，因此贸易合同金额不应超出保理公司建议的信用额度。

(2)因货物质量、数量和交货期不符合同规定等违约行为所引起的拒付、少付，保理公司不予担保。

因此，出口商要严格执行买卖合同，以此避免合同纠纷而失去保理权利。

第四节　出口信用保险

一、出口信用保险概述

(一)定义

出口信用保险是保险人(经营出口信用保险业务的机构)与被保险人(提供信用的出口商

或银行)签订保险协议,根据协议规定,投保人向保险人缴纳保险费,保险人承担被保险人所遭受的保险协议项下损失的一种约定。

(二)业务种类

(1)根据卖方向买方提供信用期限的长短,分为短期出口信用保险和中长期出口信用保险。短期出口信用保险的信用期限一般不超过180天,特殊情况最长不超过1年,通常是用于原材料和消费品的出口,一般采取总括方式进行承保。中期出口信用保险信用期限一般为180天至3年之间,长期则在3年以上。中长期保险是国家为支持和鼓励本国半资本品和资本品出口而开办的一种纯政策性保险业务,多用于大型成套设备、机电产品、船舶的出口,以及本国企业参加国际投标或海外投资等项目。

(2)根据保险责任的起讫时间,分为出运前出口信用保险和出运后出口信用保险。出运前保险起于合同生效日,止于货物出运日,主要承保货物在发运前因非出口商原因而造成的合同终止风险,包括政治险和商业险。出运后保险起于货物出运日,止于保险合同终止日,主要承保商品在出运后由于国外买方政治险和商业险所造成的不能及时收回货款的风险。

(3)根据贸易活动项下使用的银行融资方式的差异,分为买方信贷保险和卖方信贷保险。

(4)根据承保方式的差异,分为综合保单(Comprehensive Policy)、特别保单(Specific Policy)和选择保单(Selected Policy)。

(5)根据出口合同的标的不同,分为海外存货和加工保险(Overseas Stocks and Processing Cover)、服务保单(Service Policy)、银行担保(Bank Guarantee)、保函支持(Bond Support)和贸易展览会保险(Trade Fair Insurance)等。

二、出口信用保险业务的运作

(一)短期出口信用保险综合险

当出口企业的出口商品品种比较多,或出口批次比较多、客户数量也较多,而每个合同金额或每批出运金额又较小时,为全面保障出口,同时减少保险费开支和投保的手续,可以选择短期出口信用综合险方式进行投保。这种保险在特别约定下也可以对信用证方式的出口进行承保。投保这种保险的一般程序如下:

(1)首先确定投保出口业务的范围。凡是属于投保范围的出口必须全部保险,不得漏保或在投保范围内选择投保;否则,发生损失将会影响被保险人的索赔权益。这种保险基本的要求是出口企业须将其以商业信用方式出口的业务全部投保。

(2)对投保范围内的每一买方申请一个信用限额。在保险批准的买方信用限额内安排出口,并始终保证出口金额不超过买方有效信用额度,以取得对出口的最大保障。买方信用限额可以循环使用。

(3)货物出口后,及时按规定向保险部门申报具体出口情况,并按时交付保险费。

完成上述三个步骤后,出口企业对某一买方的某一确定的出口才算履行了完整的投保手续,该项出口才真正完成了投保。

(4)货物出口后,如发现影响按时收汇因素,应及时采取措施避免损失进一步扩大,并及时向保险部门报告可能损失情况。

(5)发生实际损失后,按规定时间索赔,并履行追账义务。

出口企业要保障业务正常经营,扩大出口规模,在出口业务中离不开银行融资的支持。而融资银行为了减少出口融资中的风险,一般都要求出口企业提供抵押品(如房地产等)或信用担保。目前,出口企业寻求信用担保比较困难,银行在融资出现问题后执行信用担保也非常困难。如果采取以财产作抵押,由于抵押财产价值的限制,制约了出口企业获得融资的额度。为解决这个矛盾,出口企业可以通过投保出口信用保险和转让保险权益,使出口收汇的风险得到一定保障,从而改善其融资条件。

在短期出口信用保险综合险项下进行出口融资的一般做法是,出口企业投保后将保单下的保险赔偿权益全部或部分通过授权书形式转让给银行,银行根据权益转让程序调整给予出口企业的融资授信额度,出口企业出口后即可利用出口汇票向银行办理押汇,一旦发生票据到期买方不付款的损失时,银行可以在权益转让条件下直接获得保险赔款。例如,在我国香港地区出口信用保险局承保的出口中,有70%的业务是为了满足银行融资需要,其中很多业务是通过银行介绍来的。

(二)中长期出口信用保险

中长期出口项目中金额大、付款期限长、风险不易确定和控制的成套设备等资本性货物,离不开银行信贷的支持。为加强支持机电产品、成套设备等资本性货物的出口力度,提高出口竞争能力,中国进出口银行以优惠的贷款利率提供出口卖方信贷融资,为争取出口合同创造了条件。

由于中长期出口项目收汇周期较长,项目进口的国家多为经济不发达的发展中国家,买方的经济实力较弱,国家风险较大。当出口企业申请中长期卖方信贷时,银行根据不同的出口项目、不同的出口国家、不同的买家状况和担保情况,要求在出口企业投保中长期出口信用保险的条件下提供贷款。

中长期出口信用保险的办理过程一般可分为询保、意向承保、项目考察、正式投保/承保四个阶段。根据国家有关规定和中长期保险的特点,各个阶段均有不同要求。

1. 询保阶段

对外投标或草签合同前,至少提前一个月提交保险申请,并提供下列材料:(1)项目名称、项目金额、项目所在地等;(2)买方名称、地址、资信状况;(3)拟采取的信贷融资方式、贷款条件;(4)信用期限、支付条件;(5)还款担保人名称、地址、资信状况;(6)出口项目可行性分析报告;(7)拟签订的商务合同或拟投标书中的商务内容;(8)出口企业的基本情况(营业执照、出口权、出口规模及历史等)。

2. 意向承保阶段

经过对询保材料的初步审查,为便于出口项目的继续推进,保险部门将根据出口信用保险的承保政策出具保险意向书。意向书内容包括出口项目的事实陈述、保险条件及费率。出口企业应注意,保险意向书不具备法律效力,它只是企业申请出口信贷或作为洽谈出口合同的指导性依据,而且意向书有一定的时效。

3. 项目考察阶段

由于中长期出口项目比较复杂,不仅仅涉及买方的资信,还涉及买方所在国家的政治、经济、贸易管制、外汇管制、项目可行性等问题。因此,在正式承保一个中长期出口项目前,一般须对项目的具体风险情况进行详细考察与评估,使项目承保建立在比较稳妥的基础上。

4. 正式投保/承保阶段

当出口企业按保险意向书的条件签订正式合同后,须填写正式投保单,投保单将作为保险合同的组成部分。投保中还须提供有关的出口项目批准文件、商务合同等材料。保险部门将根据出口商的投保单及有关材料,出具正式保险单。

投保中长期出口信用保险后，出口企业应注意做到以下事项：(1)审核保险单条款和保险条件，遵守被保险人义务，及时交付保险费。(2)发生损失及时报告，以便及时采取措施减少损失。(3)在规定的时间内提出索赔(损失发生后1年内)，并在规定的时间内提交有关证明材料(损失发生后2年内)；否则，将丧失索赔权利。(4)保险赔付后应赔款项下的债权移交给保险部门。(5)在损失发生后和保险赔付后，均应根据保险部门的指示及时履行追账义务。

复习思考题

一、名词解释

汇票　本票　支票　出票　提示　承税　背书　贴现　拒付　追索权

拒绝证书

二、问答题

1. 汇票有哪些种类？试分别说明其区别和用途。

2. 下面三种汇票中，哪种汇票可转让？转让时有什么手续？

(1)…pay to ABC Co. only.

(2)…pay to the order of ABC Co..

(3)…pay to bearer.

3. 试比较汇票、本票和支票的异同。

4. 说明下列缩写的含义：T/T，M/T，D/D，D/P，D/A，T/R。

5. 简述跟单托收的含义、种类和特点。

6. 在采用托收方式时，托收行和代收行起什么作用？

7. 我国出口公司向日本商人发盘出口一批钢材，其中付款条件为“D/P at sight”，日商答复接受发盘，但付款条件改为“D/P at 90 days after sight”并指定通过日本A银行代收。试分析日商为何要提此项要求？

8. 为什么在采用托收方式时，一般应争取选用CIF或CIP贸易术语？

9. 托收业务适用的惯例是什么？其主要内容有哪些？

10. 何谓信用证？简述其运作程序。

11. 信用证的特点有哪些？

12. 信用证有哪些基本当事人？各自分别承担什么责任？

13. 信用证有哪些种类？试简述其基本含义和主要用途。

14. 对中间商来说，使用转让信用证和对背信用证各有什么优势？

15. 循环信用证和对开信用证常适用于哪些贸易方式？使用时应注意什么问题？

16. 何谓银行保证函？它有几种形式？

17. 银行保证函与信用证有哪些不同？

18. 何谓备用信用证？它与一般信用证和银行保函有何不同？

19. 适用于信用证业务处理的国际惯例是什么？

20. 何谓银行保理业务？试述其运作程序。

三、案例

我国某外贸公司A收到国外客户开来不可撤销即期信用证，由设在我国境内某外资银行B通知并加保兑。A公司在货物装运后，正拟将有关单据交银行议付时，忽接B行通知，由于开证行已宣布破产，该行不承担对该信用证的议付或付款责任，但可接受A公司委托向买方直接收取货款的业务。

思考：我方应如何处理？简述理由(提示：信用证付款责任)。

延伸读物：

《跟单信用证统一惯例(UCP 600)》

Article 1 Application of UCP

The Uniform Customs and Practice for Documentary Credits, 2007 Revision, ICC Publication no. 600 ("UCP") are rules that apply to any documentary credit ("credit") (including, to the extent to which they may be applicable, any standby letter of credit) when the text of the credit expressly indicates that it is subject to these rules. They are binding on all parties thereto unless expressly modified or excluded by the credit.

Article 2 Definitions

For the purpose of these rules:

Advising bank means the bank that advises the credit at the request of the issuing bank.

Applicant means the party on whose request the credit is issued.

Banking day means a day on which a bank is regularly open at the place at which an act subject to these rules is to be performed.

Beneficiary means the party in whose favour a credit is issued.

Complying presentation means a presentation that is in accordance with the terms and conditions of the credit, the applicable provisions of these rules and international standard banking practice.

Confirmation means a definite undertaking of the confirming bank, in addition to that of the issuing bank, to honour or negotiate a complying presentation.

Confirming bank means the bank that adds its confirmation to a credit upon the issuing bank's authorization or request.

Credit means any arrangement, however named or described, that is irrevocable and thereby constitutes a definite undertaking of the issuing bank to honour a complying presentation.

Honour means:

a. to pay at sight if the credit is available by sight payment.

b. to incur a deferred payment undertaking and pay at maturity if the credit is available by deferred payment.

c. to accept a bill of exchange ("draft") drawn by the beneficiary and pay at maturity if the credit is available by acceptance.

Issuing bank means the bank that issues a credit at the request of an applicant or on its own behalf.

Negotiation means the purchase by the nominated bank of drafts (drawn on a bank other than the nominated bank) and/or documents under a complying presentation, by advancing or agreeing to advance funds to the beneficiary on or before the banking day on which reimbursement is due to(to be paid) the nominated bank.

Nominated bank means the bank with which the credit is available or any bank in the case of a credit available with any bank.

Presentation means either the delivery of documents under a credit to the issuing bank or nominated bank or the documents so delivered.

Presenter means a beneficiary, bank or other party that makes a presentation.

Article 3 Interpretations

For the purpose of these rules:

Where applicable, words in the singular include the plural and in the plural include the singular.

A credit is irrevocable even if there is no indication to that effect.

A document may be signed by handwriting, facsimile signature, perforated signature, stamp, symbol or any other mechanical or electronic method of authentication.

A requirement for a document to be legalized, visaed, certified or similar will be satisfied by any signature, mark, stamp or label on the document which appears to satisfy that requirement.

Branches of a bank in different countries are considered to be separate banks.

Terms such as "first class", "well known", "qualified", "independent", "official", "competent" or "local" used to describe the issuer of a document allow any issuer except the beneficiary to issue that document.

Unless required to be used in a document, words such as "prompt", "immediately" or "as soon as possible" will be disregarded.

The expression "on or about" or similar will be interpreted as a stipulation that an event is to occur during a period of five calendar days before until five calendar days after the specified date, both start and end dates included.

The words "to", "until", "till", "from" and "between" when used to determine a period of shipment include the date or dates mentioned, and the words "before" and "after" exclude the date mentioned.

The words "from" and "after" when used to determine a maturity date exclude the date mentioned.

The terms "first half" and "second half" of a month shall be construed respectively as the 1st to the 15th and the 16th to the last day of the month, all dates inclusive.

The terms "beginning", "middle" and "end" of a month shall be construed respectively as the 1st to the 10th, the 11th to the 20th and the 21st to the last day of the month, all dates inclusive.

Article 4　Credits v.s. Contracts

a. A credit by its nature is a separate transaction from the sale or other contract on which it may be based. Banks are in no way concerned with or bound by such contract, even if any reference whatsoever to it is included in the credit. Consequently, the undertaking of a bank to honour, to negotiate or to fulfil any other obligation under the credit is not subject to claims or defences by the applicant resulting from its relationships with the issuing bank or the beneficiary.

A beneficiary can in no case avail itself of the contractual relationships existing between banks or between the applicant and the issuing bank.

b. An issuing bank should discourage any attempt by the applicant to include, as an integral part of the credit, copies of the underlying contract, proforma invoice and the like.

Article 5　Documents v.s. Goods, Services or Performance

Banks deal with documents and not with goods, services or performance to which the documents may relate .

Article 6　Availability, Expiry Date and Place for Presentation

a. A credit must state the bank with which it is available or whether it is available with any bank. A credit available with a nominated bank is also available with the issuing bank.

b. A credit must state whether it is available by sight payment, deferred payment, acceptance or negotiation.

c. A credit must not be issued available by a draft drawn on the applicant.

d. i. A credit must state an expiry date for presentation. An expiry date stated for honour or negotiation will be deemed to be an expiry date for presentation. ii. The place of the bank with which the credit is available is the place for presentation. The place for presentation under a credit available with any bank is that of any bank. A place for presentation other than that of the issuing bank is in addition to the place of the issuing bank.

e. Except as provided in sub-article 29 (a), a presentation by or on behalf of the beneficiary must be made on or before the expiry date.

Article 7　Issuing Bank Undertaking

a. Provided that the stipulated documents are presented to the nominated bank or to the issuing bank and that they constitute a complying presentation, the issuing bank must honour if the credit is available by: i. sight payment, deferred payment or acceptance with the issuing bank; ii. sight payment with a nominated bank and that nominated bank does not pay; iii. deferred payment with a nominated bank and that nominated bank does not incur its deferred payment undertaking or, having incurred its deferred payment undertaking, does not pay at maturity; iv. acceptance with a nominated bank and that nominated bank does not accept a draft drawn on it or, having accepted a draft drawn on it, does not pay at maturity; v. negotiation with a nominated bank and that nominated bank does not negotiate.

b. An issuing bank is irrevocably bound to honour as of the time it issues the credit.

c. An issuing bank undertakes to reimburse a nominated bank that has honoured or negotiated a complying presentation and forwarded the documents to the issuing bank. Reimbursement for the amount of a complying presentation under a credit available by acceptance or deferred payment is due at maturity, whether or not the nominated bank prepaid or purchased before maturity. An issuing bank's undertaking to reimburse a nominated bank is independent of the issuing bank's undertaking to the beneficiary.

Article 8　Confirming Bank Undertaking

a. Provided that the stipulated documents are presented to the confirming bank or to any other nominated bank and that they constitute a complying presentation, the confirming bank must:

i. honour, if the credit is available by:

①sight payment, deferred payment or acceptance with the confirming bank;

②sight payment with another nominated bank and that nominated bank does not pay;

③deferred payment with another nominated bank and that nominated bank does not incur its deferred payment undertaking or, having incurred its deferred payment undertaking, does not pay at maturity;

④acceptance with another nominated bank and that nominated bank does not accept a draft drawn on it or, having accepted a draft drawn on it, does not pay at maturity;

⑤negotiation with another nominated bank and that nominated bank does not negotiate.

ii. negotiate, without recourse, if the credit is available by negotiation with the confirming bank.

b. A confirming bank is irrevocably bound to honour or negotiate as of the time it adds its confirmation to the credit.

c. A confirming bank undertakes to reimburse another nominated bank that has honoured or negotiated a complying presentation and forwarded the documents to the confirming bank. Reimbursement for the amount of a complying presentation under a credit available by acceptance or deferred payment is due at maturity, whether or not another nominated bank prepaid or purchased before maturity. A confirming bank's undertaking to reimburse another nominated bank is independent of the confirming bank's undertaking to the beneficiary.

d. If a bank is authorized or requested by the issuing bank to confirm a credit but is not prepared to do so, it must inform the issuing bank without delay and may advise the credit without confirmation.

Article 9　Advising of Credits and Amendments

a. A credit and any amendment may be advised to a beneficiary through an advising bank. An advising bank that is not a confirming bank advises the credit and any amendment without any undertaking to honour or negotiate.

b. By advising the credit or amendment, the advising bank signifies that it has satisfied itself as to the apparent authenticity of the credit or amendment and that the advice accurately reflects the terms and conditions of the credit or amendment received.

c. An advising bank may utilize the services of another bank ("second advising bank") to advise the credit and any amendment to the beneficiary. By advising the credit or amendment, the second advising bank signifies that it has satisfied itself as to the apparent authenticity of the advice it has received and that the advice accurately reflects the terms and conditions of the credit or amendment received.

d. A bank utilizing the services of an advising bank or second advising bank to advise a credit must use the same bank to advise any amendment thereto.

e. If a bank is requested to advise a credit or amendment but elects not to do so, it must so inform, without delay, the bank from which the credit, amendment or advice has been received.

f. If a bank is requested to advise a credit or amendment but cannot satisfy itself as to the apparent authenticity of the credit, the amendment or the advice, it must so inform, without delay, the bank from which the instructions appear to have been received. If the advising bank or second advising bank elects nonetheless to advise the credit or amendment, it must inform the beneficiary or second advising bank that it has not been able to satisfy itself as to the apparent authenticity of the credit, the amendment or the advice.

Article 10 Amendments

a. Except as otherwise provided by article 38, a credit can neither be amended nor cancelled without the agreement of the issuing bank, the confirming bank, if any, and the beneficiary.

b. An issuing bank is irrevocably bound by an amendment as of the time it issues the amendment. A confirming bank may extend its confirmation to an amendment and will be irrevocably bound as of the time it advises the amendment. A confirming bank may, however, choose to advise an amendment without extending its confirmation and, if so, it must inform the issuing bank without delay and inform the beneficiary in its advice.

c. The terms and conditions of the original credit (or a credit incorporating previously accepted amendments) will remain in force for the beneficiary until the beneficiary communicates its acceptance of the amendment to the bank that advised such amendment. The beneficiary should give notification of acceptance or rejection of an amendment. If the beneficiary fails to give such notification, a presentation that complies with the credit and to any not yet accepted amendment will be deemed to be notification of acceptance by the beneficiary of such amendment. As of that moment the credit will be amended.

d. A bank that advises an amendment should inform the bank from which it received the amendment of any notification of acceptance or rejection.

e. Partial acceptance of an amendment is not allowed and will be deemed to be notification of rejection of the amendment.

f. A provision in an amendment to the effect that the amendment shall enter into force unless rejected by the beneficiary within a certain time shall be disregarded.

资料来源:国际贸易网,2013 年 9 月。

思考:根据《UCP 600》,你认为文件较多地维护了谁的利益?是买方?卖方?还是银行?理论依据是什么?

第十八章

进出口贸易的主要交易条件之五——争议的处理

第一节　商检条件

商品检验(Commodity Inspection)是指国际贸易中,通过由国家设置的检验管理机构或政府认可的民间公证鉴定机构,对卖方的货物进行品质、数量、包装、卫生、安全以及残损、短缺的检验和鉴定,同时出具商检证书。

在国际贸易中,交易双方往往是不可能当场验货的,而且通过长途运输的过程又可能存在货品的残损。这就使商品检验成为国际贸易中的一个不可缺少的环节,它为解决买卖双方的争议提供了索赔与理赔的依据,同时也是交换货物和支付货款的依据之一。

进出口合同中的商检条件一般包括商检时间和地点、检验机构、检验证书等。

例如,买卖双方同意以装运港(地)中国进出口商品检验局签发的品质和重量检验证书为信用证项下议付所提出的单据之一,买方有权对货物的品质和重量进行复验,复验费由买方负担。如发现品质或重量与合同规定不符,买方有权向卖方索赔,但须提供经卖方同意的公证机构出具的检验报告。索赔期限为货物到达目的港(地)后××天内。(It is mutually agreed that the Certificate of Quality and Weight issued by the China Import and Export Commodity Inspection Bureau at the port/place of shipment shall be part of the documents to be presented for negotiation under the relevant L/C. The Buyers shall have the right to reinspect the quality and weight of the cargo. The reinspection fee shall be borne by the Buyers. Should the quality and /or weight be found not in conformity with that of the Contract, the Buyers are entitled to lodge with the Sellers a claim which should be supported by survey reports issued by a recognized surveyor approved by Sellers. The claim, if any, shall be lodged within ... days after arrival of the cargo at the port/place of destination.)

一、商品检验条件的主要内容

（一）商品检验的时间和地点

（1）在出口国检验。可分为两种：在生产地检验，即货物离开生产地点前进行检验；装运前或装运时在装运港（地）检验。即以"离岸品质、重量为准"（Shipping quality，weight as final）。

（2）在进口国检验。可分为在目的港（地）卸货后检验，在买方营业所在地检验或在最终用户所在地检验。即以"到岸品质、重量为准"（Loading quality，weight as final）。

（3）在出口国检验，进口国复验。在装运地的检验书是收货付款的依据，货到收货地后买方有权复验。

很显然，第三种做法对买卖双方都比较方便和公平合理，因而为国际贸易界广泛使用。

（二）检验机构

商检机构在国际贸易中一般可分为三类：

（1）由国家设立的检验机构。如美国粮谷检验署、美国食品药物管理局、法国国家实验室检测中心等。

（2）由同业公会、协会开设的公证行或公证人检验。如英国劳氏公证行、瑞士日内瓦通用鉴定公司、美国保险人实验室、日本海事鉴定协会、香港天详公证化验所。

（3）由生产制造厂商或买方、用货单位检验。

商检的选择由买卖双方协商，并订立于合同中，商检机构应与检验地点和时间联系在一起。对于我国进出口的货物，买卖合同中一般规定，由中华人民共和国进出口商品检验局及其分支机构办理。

（三）检验标准和检验方法

（1）检验标准。商品检验标准通常为生产国标准、进口国标准、国际通用标准和买卖双方协定标准等。

（2）检验方法。检验方法可分为感官检验鉴定和理化检验鉴定。

（四）检验证书

国际贸易中对商品检验的证书主要有以下几种：

（1）品质检验证书（Inspection Certificate of Quality）。

（2）重量检验证书（Inspection Certificate of Weight）。

（3）数量检验证书（Inspection Certificate of Quantity）。

（4）包装检验证书（Inspection Certificate of Packing）。

（5）兽医检验证书（Veterinary Inspection Certificate）。

（6）卫生检验证书（Sanitary Inspection Certificate）。

（7）消毒检验证书（Disinfection Inspection Certificate）。

（8）产地检验证书（Inspection Certificate of Origin）。

（9）价值检验证书（Inspection Certificate of Value）。

（10）验残证书（Inspection Certificate of Damaged Cargo）。

（11）熏蒸证书（Inspection Certificate of Fumigation）。

（12）温度检验证书（Inspection Certificate of Temperature）。

（13）船舶检验证书（Inspection Certificate on Tank/Hold）。

（14）货载衡量检验证书（Inspection Certificate on Cargo Weight & Measurement）。

二、商品检验的一般程序

进出口商品的检验一般分为报验、抽样、检验和鉴证四个部分。

报验是指外贸关系人(指货品的供货商、收货商、运输、保险契约部门)向商检部门提出申请。

抽样是指商检部门在接受报验后,派员按一定的方式对货物抽取样品,并发给抽样收据。

检验是指商检机构对货物按检验的依据和合同进行检验。

鉴证是指商检机构对检验的商品出具检验和鉴定的证书。

第二节　索赔条件

一、索赔的含义

索赔(Claim)是指买卖双方的一方违反贸易合同的规定,给另一方造成直接或间接损失,受损方向违约方提出赔偿要求。对索赔的处理称为理赔(Settlement of Claims)。

二、索赔产生的原因

索赔产生的原因主要有以下几点:

(1)卖方履行合同规定义务不完全或根本不履行。如不交货,不按合同时间、数量、品质交货等。

(2)买方不执行或不完全执行合同规定的义务。如不按规定接船、不付款等。

(3)双方对合同中的条款有理解的分歧,各自为自己的利益找借口。如立即装运等。

三、合同中的索赔条款

为使索赔和理赔有据可循,买卖双方一般在合同中都订有索赔条款。主要有以下两种:

(一)异议和索赔条款

异议和索赔条款(Discrepancy and Claim Clause)一般是针对卖方交货不符合合同规定而订立的。其主要内容为:

(1)索赔依据。规定索赔所应具有的证据和出证的机构。

(2)索赔期限。在有效的提赔时间内,违约方必须受理,逾期则违约方可以拒绝索赔。

(3)索赔方法和索赔金额。一般对这一条只有比较笼统的规定。

例如,买方对于装运货物的任何索赔,必须于装运货物的船只到达提单所订目的港后30天内提出,并须提供经卖方同意的公证机构出具的检验报告。如果货物已经过加工,买方即丧失索赔权利。属于保险公司或船公司的责任范围内的索赔,卖方不予受理。(Any claims by Buyers regarding the goods shipped shall be filed within 30 days after the arrival of the goods at the port of destination specified in the relation Bill of Lading and supported by a survey report issued by a surveyor approved by the Sellers. If the goods have already been processed, the Buyers shall there upon lose the right to claim. Claims in respect of matters within responsibility of Insurance Company and/or Shipping Company will not be considered or entertained by the Sellers.)

（二）罚金条款

罚金条款(Penalty)是指违约方向对方支付约定的罚金，以补偿对方的损失，一般适用于卖方延期交货或买方延期接货。

罚金一般规定上限，不超过货款的 5%。按天数订立罚金比例，如延误 7 天罚金为 0.5%，不足 7 天按 7 天算，同时订立最长延期时限，如超过 10 周，则可撤销合同。

例如，若卖方不能如期交货，在卖方同意由付款行从议付的货款中扣除罚金或由买方于支付货款时直接扣除罚金的条件下，买方同意延期交货。但是因延期交货的罚金不得超过延期交货部分金额的 5%。罚金按每 7 天收取延期交货部分金额的 0.5%，不足 7 天者按 7 天计算。如卖方未按本合同规定的装运期交货，延期 10 周时，买方有权撤销合同，并要求卖方支付上述延期交货的罚金。(In case of delayed delivery, the Sellers shall pay to the Buyers for every week of delay a penalty amounting to 0.5% of the total value of the goods whose delivery has delayed. Any fractional part of a week is to be considered a full week. The total amount of penalty shall not, however, exceed 5% of the total value of the goods valued in late delivery and is to be deducted from the amount due to the Sellers by the paying bank at the time of negociation, or by the Buyers direct at the time of payment. In case the period of delay exceeds 10 weeks after the stipulate delivery date, Buyers have the right to terminate this Contract but the Sellers shall not there by exempted from the payment of penalty.)

另外，应值得注意的是，各国法律对罚金条款有不同的解释和规定，在具体执行合同中应特别注意。如法国等大陆法系国家认可罚金条款，而英美等国则按英美法系对罚金条款有不同的解释。

第三节　不可抗力条件

一、不可抗力的含义

不可抗力(Force Majeure)是指在合同执行中，不是买卖双方中一方的过失或疏忽，而是由于不可抗力事件而使合同无法履行，受损方可免除合同履行之责任或延期履行合同，另一方则不可提出赔偿的要求。故此条款又可称为免责条款。

二、买卖合同中的不可抗力条款

不可抗力条款通常在合同中有明确的规定，可分为不可抗力范围、不可抗力法律后果、出具事故证明文件的机构及事故发生后通知对方的期限。

（一）概括式

对不可抗力不作明确的规定，如由于不可抗力的原因致使卖方不能交货或延期交货，卖方不承担责任。但卖方须用电报或电传通知对方，并在若干天内，以航空挂号信件向买方提交由出事地商会或合法的公证机构出具的证明。

（二）列举式

对不可抗力作具体的规定，如由于战争、地震、水灾、火灾、暴风雨、雪灾的原因，使卖方不能按时履约，卖方可不负责任。处理的方法同概括式。

（三）综合式

将概括式与列举式结合起来，对不可抗力进行规定，称为综合式。如由于战争、地震、水灾、火灾、暴风雨、雪灾和其他不可抗力的原因，卖方不能履行合同，卖方不负责任。同样，此条款的处理方法同概括式。

不可抗力条款既要规定哪些情况下可以解除合同、哪些情况下只能终止合同，又要明确规定买卖双方都可援引的不可抗力免责。当不可抗力事故发生后，遭受事故的一方应立即通知对方，并在一定期限内提供不可抗力事故的证明文件，对方接到通知后应及时答复，如有异议也应及时提出。我国不可抗力事故证明文件由中国国际经济贸易促进会或其设在各口岸的分会出具。

第四节　仲裁条件

一、仲裁的含义

仲裁(Arbitration)是指买卖双方在争议发生前或发生后，达成协议，自愿将双方经过协商或调解后未能解决的争议，交由双方同意的仲裁机构作裁决。仲裁机构作出的裁决具有法律效力，双方都不得违反。目前，仲裁是国际贸易中解决争议的很普遍的方式。

二、仲裁协议的形式和作用

（一）仲裁协议的形式

合同中的仲裁条款一般明确规定仲裁地点、仲裁机构、仲裁规则和裁决效力等内容。

例如，凡因执行本合同所发生的或与本合同有关的一切争议，双方应通过友好协商解决，如协商不能解决时，应提交北京中国国际经济贸易仲裁委员会，根据该会仲裁规则进行仲裁。仲裁裁决是终局的，对双方都有约束力。(All dispute arising out of the performance of, or relating to this contract, shall be settled amicably through negociation. In case no settlement can be reached through negociation, the case shall then be submitted to the China International Economic and Trade Arbitration Commission, Beijing, China, for arbitration accordance with its Rules of Arbitration. The arbitral award is final and binding upon both partners.)

仲裁协议必须为书面的，其形式有两种：一种是在争议之前，买卖双方在合同中订立仲裁条款；另一种是在争议发生后，双方订立“提交仲裁协议”，该协议独立于合同之外。

仲裁协议包括以下几条：

1. 仲裁地点。一般应选择在当事人的所在国，或双方认可的第三国。我国对外订立合同时，应争取仲裁地点选在我国。

2. 仲裁机构。仲裁机构分常设和临时两种。常设仲裁机构可分为三种类型：(1)国际组织设立，如国际商会仲裁院；(2)国家设立；(3)工商行业组织设立。临时仲裁机构则在争议解决以后即告解散。

3. 仲裁程序。仲裁程序一般可分为仲裁的申请、仲裁员的选定、仲裁案件的审理、仲裁裁决的效力、仲裁费用的负担等。

4. 仲裁效力。仲裁裁决具有法律效力，双方当事人必须遵守，仲裁的裁决是终局性的。如败诉方不执行裁决，可向法院申请强制执行。在裁决缺乏有效的仲裁协议依据、仲裁员行为不当、法律规定不可提交仲裁审理的事项的情况下，可撤销仲裁裁决。

（二）仲裁协议的作用

仲裁协议的作用主要表现在以下几个方面：

（1）仲裁协议是解决争议的依据，双方须受仲裁协议的约束，无仲裁协议的，则仲裁机构无权受理仲裁。

（2）仲裁协议可以排除法院对争议的案件的管辖权。

（3）在发生争议时，双方自愿将争议提交仲裁解决。

复习思考题

一、名词解释

检验　　索赔　　仲裁　　不可抗力

二、问答题

1. 进出口合同中，对于货物检验时间和地点有哪些规定方法？哪一种使用较多？
2. 简述进出口商品的检验程序。
3. 索赔发生的原因有哪几种？
4. 简述异议与索赔条款和罚金条款的用途和主要区别。
5. 何谓不可抗力？合同中的不可抗力条款有哪几种订法？哪一种较常用？
6. 援引不可抗力条款要求免责时，应注意哪些问题？
7. 何谓仲裁？合同中的仲裁条款包括哪些内容？
8. 仲裁协议有哪几种形式？哪一种比较常用？

三、案例

我国某进出口公司A与某国B公司签订出口笔记本合同，成交货号3350及3390的笔记本各120万册，分12个批号发出，批号从G000－G011号，每个批号内两种笔记本各10万册。合同中未对商检的时间、地点、机构等作出明确规定。

发货4个月后，B公司函告A公司称，他的客户向其提出索赔，原因是他所收到的G008批号中3350号货物少装3万册，而3390号却多装3万册，两种本册的价格不同，差价共为4.5万德国马克。因此，B公司向A公司提出赔偿4.5万德国马克的要求。A公司拒绝赔偿。B公司依据合同中的仲裁条款提起仲裁，要求赔偿损失4.5万德国马克并负担本案的仲裁费用。

被申请人（A公司）答辩称：

（1）经查在G008批号发运的两个货号的货物，未发现发货有差错，而且申请人也不能说明具体的箱号和装箱情况，因此，不能证明发货有错误。

（2）申请人所提供的数量证明书是由某省检验公司出具的，而非该国规定的数家有进出口货物检验权的检验机构所出具，因此，该商检证明无法律效力。

仲裁庭审理认为，申请人（B公司）向仲裁庭所提供的仅是其客户的索赔函件和非法定机构的检验证明，无其他的证据证明货物差价损失的成立和造成差价的责任在被申请人（A公司）方。因此，申请人的索赔要求不能成立。仲裁庭的裁决是驳回申请人要求被申请人赔偿4.5万德国马克的请求，本案仲裁费由申请人承担。

思考：仲裁庭的裁决是否合理？B公司应从中吸取什么教训？

延伸读物：

国际权威性商品检验机构

一、瑞士通用公证行

瑞士通用公证行（Societe Generale de Surveillance S.A.SGS）是目前世界上最大的专门从事国际商品检

验、测试和认证的集团公司，是一个在国际贸易中有影响的民间独立检验机构。创建于1878年，其总部设在日内瓦，是一个综合性的检验机构，可进行各种物理、化学和冶金分析，包括进行破坏性和非破坏性试验，向委托人提供一套完整的数量和质量检验以及有关的技术服务，提供装运前的检验服务，提供各种与国际贸易有关的诸如商品技术、运输、仓储等方面的服务，监督跟购销、贸易、原材料、工业设备、消费品迁移有关联的全部或任何一部分的商业贸易暨操作过程。在SGS内部，按照商品分类，设立了农业服务部、矿物化工和冶金服务部、非破坏性试验科、国家政府合同服务部、运输和仓库部、工业工程产品服务科、风险和保险服务部等部门。SGS在中国的业务由香港SGS中国事务部承担。SGS与我国国家技术监督局合资开办"通标检验公司"，取"通用公证行"和"标准计量局"首字之意，主要办理CISS业务。

二、英国英之杰检验集团(IITS)

英之杰检验集团(Inchcape Inspection and Testing Services，IITS)是一个国际性的商品检验组织，总部设在伦敦。为了加强其在世界贸易领域中的竞争地位，IITS通过购买世界上有名望、有实力的检验机构，组建自己的检验集团。IITS集团包括嘉碧集团、天祥国际公司、安那实验室、英之杰劳埃德代理公司(汉基国际集团、马修斯但尼尔公司)、英特泰克服务公司及英特泰克国际服务有限公司等。这些附属机构独立经营，各机构均有自己的专业技术人员和设备，以自身名义提供服务，财务由英之杰总部协调。

IITS各集团、公司与其分支机构在世界上90多个国家与地区设有办事机构与实验室。IITS与中国商品检验总公司(CCIC)有多年的友好往来，并签有委托检验协议。

三、日本海事检定协会

日本海事检定协会(Nippon Kaiji Kentei Kyokai，NKKK)创立于1913年，是一个社团法人检验协会，主要是为社会公共利益服务。NKKK总部设在东京，除在本国各主要港口设有检验所外，还在泰国、新加坡、马来西亚、菲律宾和印度尼西亚等国设有海外事务所。目前，NKKK在国内外设立的分支机构有70多个，业务范围很广，主要检验项目有舱口检视、积载鉴定、状态检验、残损鉴定、水尺计重、液体计量、衡重衡量及理化检验等，还接受从厂家到装船或从卸货到用户之间的连续检验。

NKKK与中国商品检验机构签订长期委托检验协议，多年来，双方有着密切的相互委托检验业务和频繁的技术交流。

四、新日本检定协会

新日本检定协会(Shin Nihon Kentei Kyokai，SK)创立于1948年，是日本的一个财团法人检验协会，为财团的经济利益服务。其主要业务是海事检定、一般检验、集装箱检查、理化分析和一般货物检量等。SK总部设在东京，在全国各地设有9个分支机构、22个办事处、2个实验室，在新加坡、马来西亚、印度尼西亚等国有其营业所、办事处或代理。SK与韩国、美国、巴基斯坦等国客户签有代理合同，与中国商品检验机构有良好的委托业务关系。

五、日本海外货物检查株式会社

日本海外货物检查株式会社(Japan Overseas Merchandise Inspection Company，OMIC)是经日本运输省、农林省、厚生省注册登记认可的，具有比较完善的检验技术和设备的国际性股份有限检验公司。其主要检验业务是工业品检验，化肥、化学品、医药品检验，矿产品检验和农作物土特产品检验，此外，OMIC还接受日本政府指定的国外检验业务。OMIC成立于1954年，总部设在东京。公司内部设总务部、业务部、财务部、检查部、咨询部、粮食部、油脂饲料食品部、钢材部、机械成套设备部九个部和一个中央研究所。国内在大阪、福山、广岛、北九州、名古屋设有分公司或办事处，国外在泰国、波兰、马来西亚、印度、菲律宾、加拿大设有分支机构。OMIC与世界上70多个国家的检验机构或贸易企业签署业务合作协议，与中国商品检验总公司(CCIC)签订合作协议，由CCIC代其办理中国对尼日利亚、巴基斯坦、伊朗等国出口商品的装船前检验业务，代其签发进口国商人通关用的清洁报告书(CRF)。

六、美国安全试验所

美国安全试验所(Underwriters Labora Tories INC.，UL)始建于1894年，总部设在伊利诺斯州的诺斯布鲁克，在纽约长岛、佛罗里达州的坦帕、加利福尼亚州的桑塔克莱拉等地设有分支机构。UL公司是美国最有权威的，也是世界上最大的对各类电器产品进行检验、测试和鉴定的民间检验机构。美国许多州的法律明文

第十九章

出口合同的履行

重合同、守信用，是我国对外经济贸易的重要原则，也是对外贸工作者的基本要求，它关系到一个企业乃至一个国家的对外声誉，关系到对外贸易的长期发展。出口合同的履行涉及面广、环节多、手续较为复杂，以 CIF 贸易术语和信用证收取货款的出口合同为基础，出口合同的履行一般包括证（催证、审证、改证）、货（备货）、船（托运、报关、投保、报验）、款（制单收汇）四个主要环节。每一环节又有着密切的内在联系。

第一节　催证、审证、改证和信用证融资

一、催证

外贸业务上有句话："信用证不到不备货，信用证没有修改好不装船。"这句话精炼地说明了催证工作的重要性。因为在以信用证为结算方式的贸易合同中，卖方履行合同义务的保障是买方开立信用证。如果买方不开出信用证，卖方即使备了货、装了船也不能结汇，因为银行是凭信用证结汇的。

一般来说，买卖合同中都订有开立信用证的时间。在实际业务中，遇到下列情况，卖方应向买方催开信用证（Urge Establishment of L/C）：(1)买方未按合同规定的日期开证；(2)船期较长、船次较少，卖方应在预定船期时催促买方开证，以免买方延迟开证而误了船期；(3)船期有保证，供货已有保证，可提前装运；(4)市场行情变化而不利于买方；(5)须办理进口许可证手续的出口商品，也须及时催证；等等。

二、审证

收到信用证后，卖方应根据合同内容及《跟单信用证统一惯例》（第 500 号出版物）对信用证进行认真审核。审证（Examination of L/C）的内容一般包括：

（一）对开证行的审核

对开证行的审核包括两方面的内容：其一是涉及政策问题。凡是政策上不允许与之往来

的国家或地区的银行来证，应予以拒收，或请客户另委托其他与我国允许往来的银行开证。信用证条款中若带有政治歧视性内容，应予以退回或请客户修改。其二是涉及开证行的资信。信用证结算卖方最终依赖的是开证行的资信情况和经营作用，卖方可通过通知行积极了解开证行的资信情况。若开证行资信较差，卖方可采取另找银行对原证加以保兑，或另找银行对原证进行代开，或在信用证索汇条款中增加电报索偿条款等措施，确保收汇的安全。

(二)对信用证性质的审核

对信用证性质的审核也包括两个方面的内容：其一是对信用证真伪的审核，包括电开本的密押和信开本的签名。如果信用证是由通知行转达的，则由通知行审核信用证的真伪；如果信用证是直接由开证行或开证申请人寄来的，则卖方应请其银行予以验证。对信用证审核的第二方面内容是开证行所承担的付款责任是否是“不可撤销”的且无任何的附加条件。对“可撤销信用证”应予以拒收或请买方修改。同时应注意，有的来证，虽然表面为“不可撤销”，但银行对其应负责任却加了一些限制和保留条件，如规定“须待进口许可证批准后另行通知方始生效”，对这类有付款责任附加条件的信用证也应请买方修改。通常开证行负保证付款的责任文句是“兹保证议付依本证条款开立的所有汇票”或“根据本信用证并按其所列条款开具之汇票向我行提示并交出本证规定之单据者，我行同意对其出票人、背书人及善意持有人履行承兑付款责任”。

(三)对信用证金额的审核

信用证金额以及币种应与合同金额和币种相一致。如果合同内订有商品数量的溢短装条款时，信用证金额也应规定相应的机动条款。如果货物溢装，原证由于进口国的外汇管制无法预先给予金额幅度，则卖方可以在确定溢装数量后，立即要求买方增加信用证金额；或者卖方将出口押汇的发票以及汇票等单据作成两套，一套根据信用证要求议付，另一套注明溢装数量和金额，以信用证申请人作为付款人的即期汇票托收。如果买方信誉良好，溢装部分货款也能收到。

(四)对信用证有关有效期、交单期和装运期的审核

按《跟单信用证统一惯例》规定，一切信用证均须规定一个有效期，即交单付款、承兑或议付到期日。未规定有效期的信用证是无效信用证，不能使用。信用证在规定有效期到期时还涉及到期地点。到期地点有三种定法：出口地、进口地或第三国地。后两种方法，因出口方难以控制，收汇不安全，我国出口业务一般要求在中国到期。

信用证还应规定一个运输单据出单后受益人向信用证指定的银行提交单据要求付款、承兑或议付的期限，即交单期。如果信用证未规定交单期，按惯例，银行有权拒收迟于运输单据日期 21 天后提交的单据。但无论如何，单据也不得迟于信用证到期日提交。

此外，信用证的有效期与装运期应有一定的间隔，以便有充分的时间办理制单、议付工作。一般要求信用证议付到期日规定在装运期限后 15 天。如果遇到来证规定的有效期(议付到期日)与装运期为同一天，即所谓的“双到期”，在这种情况下，出口方应安排提前装运，或者要求修改延长信用证有效期。

(五)对信用证装运条款的审核

按《跟单信用证统一惯例》的规定：信用证未规定“不准分批装运”和“不准转运”，可视为“允许分批装运”和“允许转运”。如果信用证上只注明允许分批装运，但未注明每批的数量，即视为卖方既可一次装运也可分批装运，每批数量不限。如果信用证上注明在指定时期内分批装运，则其中任何一期未按规定装运，信用证对该期和以后各期货物均告失效。

(六)对信用证出票条款规定的审核

按《跟单信用证统一惯例》的规定：信用证条款下的汇票付款人必须是开证行或开证行指定的银行，不能是开证申请人或者其他商号。汇票的期限应与合同内容一致。汇票的金额一般应与发票金额一致。

(七)对信用证有关货物情况的审核

出口货物名称、规格、数量、包装、贸易术语等条款应与合同一致，以免日后制单时才发现信用证与合同内容不符。

(八)对信用证要求的单据的审核

首先审核信用证所要求的单据是否能办到，如投保金额加成、险别、领事发票、其他国家的海关发票、产地证、普惠制证要求等能否办妥。其次审核所需单据是否全套，如有的要求 1/3 套提单送开证申请人、2/3 套提单转交银行等是否能接受。对单据审核是一项很重要的工作，涉及日后银行结汇是否顺利进行。

三、改证

在审查信用证时，如果发现不能接受的条款，就须进行改证(Amendment of L/C)。修改信用证条款直接关系到各当事人的权利和义务的改变，因此，凡是对不可撤销信用证在其有效期内的任何修改，都须取得有关当事人的同意方能生效。程序上，如果出口方提出修改，应首先征得开证申请人的同意，由开证申请人通知开证行办理修改手续，然后修改通知书再经原证通知行转交出口方(受益人)。如果进口方提出修改，在经开证行同意后，由开证行发出修改通知书经原证通知行转达出口方，经出口方同意接受后，方为有效。根据《跟单信用证统一惯例》规定，由开证申请人提出的修改，对受益人来说必须对修改表态，只有当受益人明确表示接受后，修改方能生效。“不表态不等于接受”。表态方式有两种：一是向通知行提交一份接受的通知或说明书；二是在交单时提交符合修改内容的单据，视为接受修改。受益人也有权在交单时，同时表示拒绝修改。但如果拒绝修改，除交出符合原证的单据外，一般应另附一份不接受修改的声明书。

在同一信用证上，如果有多处需修改的，应一次提出，受益人对涉及两项以上的修改条款，或者全部接受或者全部拒绝，不能接受其中的一部分而拒绝另一部分。换言之，如只能接受一部分的，应立即通知开证申请人继续修改。

改证的原则是非改不可的，应坚决要求修改；可改可不改的，或经过努力可做到的则尽可能不作修改，以免往返既费时又费力。

如使用银行保证函或备用信用证，也应以同样的原则和程序进行修改。

四、信用证融资

出口商可以利用取得的信用证从银行或其他资金市场融通资金，称为信用证融资(Financing through L/C)。融资方式主要有：

(一)信用证抵押贷款，又称信用证打包放款

为解决出口行业备货资金不足的矛盾，我国银行允许出口企业以信用证为抵押，申请到优惠的出口贷款。该笔贷款待出口押汇时予以偿还。

(二)出口押汇

货物出运后，出口方备齐信用证规定的单据，到议付行交单，单证相符、单单相符后，议付

行按信用证条款买入受益人的汇票和单据，按票面金额扣除从议付日到票款收到之日的利息，将净款按当日牌价折成人民币，售予受益人。这样，出口方在货物装运后可尽快收取货款，加速资金的周转。

第二节 备 货

按照合同或信用证规定交付货物是卖方最基本的义务之一。备货(Prepare Goods)工作的内容包括：按合同落实生产厂家或供货部门，催交货物、验货、入库、刷唛等。根据《联合国国际货物销售合同公约》第35条(1)款明确规定："卖方交付的货物必须与合同所规定的数量、质量和规格相符，并须按照合同所规定的方式装箱或包装"；第35条(2)款又规定："除双方当事人业已另有协议外，货物除非符合以下规定，否则即为与合同不符：(1)货物适用于同一规格货物通常使用的目的；(2)货物适用于订立合同时曾明示或默示地通知卖方的任何特定目的……(3)货物的质量与卖方向买方提供的货物样品或样式相同；(4)货物按照同类货物通用的方式装箱或包装，如果没有此种通用方式，则按照足以满足和保护货物的方式装箱或包装。"具体来说，在备货工作中，卖方应注意以下几个问题：

一、货物的品质必须与合同及信用证的规定一致

如果合同或信用证中的品质条款是以规格等文字说明表示，则所交货物的品质必须与合同规定的规格等文字一致；如果既凭文字说明，又凭样品的合同，则所交货物必须既符合说明又符合样品。因此，如果样品仅是外观造型或色彩的参考，而具体品质是以文字说明的，则应在提供样品时注明"参考样品"或"样品仅供参考"。

二、货物的数量必须符合合同或信用证的规定

在执行数量条款时，必须特别注意溢短装条款，以及溢短装的作价，可以根据市场行情充分使用溢短装。同时如为"约"量，应不超过双方形成的习惯幅度，或按《跟单信用证统一惯例》货物的数量可有10%的增减幅度，但以不超过信用证允许的金额为限。如果信用证未规定允许增减的幅度，也未使用"约"量，根据《跟单信用证统一惯例》，在支取金额不超过信用证金额的条件下，即使不准分批装运，货物数量允许有5%的增减。但信用证规定货物数量按包装单位或个数计数时，此项伸缩不适用。

三、货物的包装必须符合合同或信用证的规定

就运输而言，包装必须坚固结实，防止碎、损、漏、耗，并便于运输、装卸、储存和计数；就销售而言，包装除了要具备适合于销售的各项条件外，还要在包装用料、结构、造型、画面设计和文字说明上符合一定的要求。我们通常所说的包装装潢，通常是指根据商品不同性质、形态、数量、销售意图以及有关国家的规定和销售地区的风俗习惯，设计科学、适用、美观的包装造型、画面和文字说明。在设计销售包装时，还要注意以下几点：

(1)注意进口国对销售包装的规定。

(2)注意当地民族的爱好和习惯。

(3)对运输标志和包装衬垫物，也应按合同或信用证有关的规定办理。在备货过程中，对内、外包装及衬垫物都要认真核对和检查，以免造成违约而买方拒收货物的损失发生。

四、按照合同或信用证规定的期限交货

卖方应严格按照合同或信用证规定的期限交货，任何提前或延迟都有可能遭到买方的拒收或索赔。

第三节　报验、托运、投保、报关

一、报验

凡属法定检验的出口商品，必须向商检机构报验（Application for Inspecting Export Commodity），在取得检验合格书后，才能交运出口。凡出口合同或信用证中规定由商检机构出证的非法定检验商品，也须按规定向商检机构报验并取得符合合同或信用证规定的证书，方凭以结汇；凡非法定检验商品，合同或信用证也未规定应由商检机构检验出证的，则应分不同情况由有关机构检验或生产、供货部门或外贸企业自行检验后报运出口。

出口报验的程序一般包括下列内容：

(一)报验

即由出口经营单位或其委托的单位填写出口商品检验申请表，在出口运输前1周内提交商检机关。有理化、细菌等检验项目的须提前15天提出申请。报验时还应附下列单据：(1)出口货物明细单；(2)出口货物报关单或其他供通关的凭证；(3)对外签订的销售合同或确认书，有关函电、信用证，如信用证有修改的，要提供修改函电；(4)凭样成交的，应提供成交小样；(5)经生产、经营单位自行检验的，须附加厂检结果或化验报告单，如同时申请鉴定的，须加附重量明细单（磅码单）；(6)装箱单；(7)对尚未成交或已对外成交尚未收到信用证的出口商品，为了提前做好出口准备，出口单位可向当地商检机构申请预检，经预检的商品，应附预检结果单；(8)从外地直接收购的已经外地商检机构检验的出口商品，须加附当地检验机构签发的换证凭单（正本）。

(二)检验

商检机构可以派员与生产单位共同进行检验，也可由商检机构指定的检验机构进行检验，还可根据生产单位检验或外贸部门验收的结果换证。检验的内容包括商品的质量、规格、重量、数量、包装等对外合同所约定的检验标准。

(三)出证

商品检验合格后，由商检机构签发检验证书，或在出口货物报关单上加盖检验章。若检验不合格，由商检机构签发不合格通知书，报验单位可重新加工后申请复验，复验时应附加工整理情况报告和不合格通知书，经复验合格，商检机构签发检验证书。

检验证书一般正本一份，副本四份，也可根据需要增加副本。

二、托运(Entrustment for Shipping or Arrangement for Shipping the Export Goods)

按CIF或CFR条件达成的出口合同，租船订舱工作由我方负责。除了数量较大需要整船运输的货物需办理租船外，一般都通过班轮运输，由外运机构按装运货物的特性和数量代订班轮舱位。订舱及装船的程序一般包括以下内容：

(1)外运机构每月编印出口船期分发外贸企业，内列航线、船名、抵港日期、预计开始装船

日期和挂港(即船舶停靠的港口),各外贸企业据此进行催证、备货。

(2)外贸企业在收到信用证,经审核、修改无误后,备妥货物,就可办理托运。按照信用证和合同有关条款要求填写托运单,作为订舱的依据,在截止收单前(一般为装船日期前1周内)送交外运机构。

(3)外运机构在收到托运单后,会同中国外轮代理公司,根据配载原则、货物性质、货运数量、装运港、目的港等情况,结合船期,安排船只和舱位,然后由外轮代理公司据以签发装货单,作为通知船方收货装运的凭证。

(4)外贸企业或外运机构根据船期代各外贸企业往仓库提取货物送进码头,凭装货单将货物装船。

(5)货物装运出口前,必须先向海关申报。申报时须交验出口许可证、出口货物报关单等必要证件和单据。如属法定检验商品,还须提供商检局签发的检验证书。海关在核对查验无误后,在出口报关单上签章放行,然后才能装船。

(6)货物装船完毕后,由大副签发"大副收据"(Mate's Receipt),载明收到货物的详细情况。托运人凭大副收据向外轮代理公司换取提单,并同时向对方发出装船通知,以便于对方做好接货的准备。在CFR、FOB条件下,则便于对方在接到装船通知后及时投保。

三、投保

凡按CIF条件成交的出口货物,在装船前均须按合同和信用证规定向保险公司办理投保(Arrangement for Insurance)手续。投保程序包括以下几个方面的内容:

(1)投保人填写运输保险单。作为投保申请,投保单一式两份,一份由保险公司签署后交投保人作为接受承保的凭证,另一份由保险公司留存,作为签发保险单的依据,保险契约即告成立。有时为简化手续,也可以发票、出口货物明细单、报关单的副本代替投保单,但须在这些单据上加注运输工具名称、航次、是否转船、提单号码、开航日期、运输方式、投保险别、投保金额、索赔地点、保单份数、投保日期等内容。

(2)保险公司出具保险单。保险公司根据投保单的内容,签发保险单,并计算保险费。保险单一式五份,保险公司自留一份。

(3)保险单的批改。保险单出立后,投保人若需要补充修改,可根据保险公司的规定,向保险公司提出补充或修改的申请,经同意后保险公司出具批单。保险单一经批改,保险公司须按批改后的内容承担责任。批单粘贴在原保险单上,并加盖骑缝章,作为保险单不可分割的一部分。

四、报关

根据我国《海关法》规定,进口货物自进境起到办结海关手续止,出口货物自向海关申报起到出境止,过境、转运和通运货物自进境起到出境止,应当接受海关监管。进出口货物的收、发货人或他们的代理人,应当向海关如实申报、交验有关单证,接受海关对货物的查验。

海关对一般进出口货物的监管,包括接受申报、审核单证、查验货物、办理征税、收汇核销、结关放行六道程序。

(一)申报

申报即通常所说的"报关"(Making Custom Declaration),就是货物在出境时,由出口货物的发货人或其代理人,向海关申报,交验规定的单据文件,请求办理出口手续的过程。海关接受申报时要求申报人出示以下证明：

(1)申报单位在海关办理的《企业海关注册登记手册》。

(2)申报人员的《报关员证》。

(3)由申报单位和申报人员盖章的出口货物报关单一式两份。

(4)随附报关单的单据。对外经贸部门签发的出口货物许可证或有关主管机关的批准文件、法定检验商品的商检证书、货运单据、发票、装箱单、减免税证明文件、出口收汇核销单、出口合同、产地证以及海关认为必要时所应交验的其他有关单据。

(二)审核

海关对报关员出具的上述单据和证明文件进行审查。

(三)查验

海关查验货物，主要是在接受申报后，对出口货物进行实际的校对查验，确定货物的物理性质或化学性质，以及货物的数量、规格等是否与报关单证所列一致。除经海关总署准免验外，进出口货物都应接受海关的查验。查验货物，要在海关规定的时间和场所进行；在特殊情况下报经海关同意，也可由海关派员到发货人的仓库查验。海关按规定收取规费。海关查验时，出口货物的发货人应到现场，并按照海关的要求负责搬运货物、开拆和重封货物的包装等。海关认为必要时，可以自行开验、复验或提取货样。海关查验时若损坏了备验货物，应根据《海关查验货物、物品造成损坏的赔偿办法》予以赔偿。

(四)征税

按照《中华人民共和国海关出口税则》规定，目前海关仅对鳗鱼苗等十几种商品征收出口税。出口货物的完税价格是以海关审定的××国外的离岸价格扣除出口税，计算公式为：

$$完税价格=\frac{离岸价格}{1+出口税率}$$

$$应纳出口税关税税额=完税价格\times出口关税税率$$

纳税人应在海关填发税款缴纳证的次日起 7 日内(节假日除外)缴纳税款，逾期纳税的，由海关按日征收税款总金额的千分之一的滞纳金。

按照有关规定，下列出口货物可以享受关税的减免：

(1)经济特区和经济技术开发区内企业自行生产出口的应征出口税的货物，免征出口税。但对企业购自内地或内地经由特区和开发区出口的应征出口税的商品，仍应照章征收出口税。

(2)来料加工、进料加工生产的复出口的成品，如属于应税品种的，经海关审查确实后，免征出口关税。

(3)设在开放城市和沿海经济开放区的外商投资企业，自行生产出口的应税货物(不含国家限制出口产品)，免除出口关税。

(4)对沿海开放城市内的经济技术开发区出口的自行生产的应税产品，可按上述第三条的办法给予同等的关税优惠。

(5)其他企业因特殊原因，在货物出口前书面向海关提出申请，并经批准的，也可给予减免出口关税。

(五)核销

《出口收汇核销管理》由中国人民银行、国家外汇管理局、外经贸部、海关总署、中国银行制定，经国务院批准，于 1991 年 1 月 1 日开始施行。出口收汇核销的具体程序是：出口单位到当地外汇管理部门申领经外汇管理部门加盖“监管收汇”章的核销单。在货物报关时，出口单位必须向海关出示有关核销单,凭有核销单编号的报关单办理报关手续,否则海关不予受理报关。货物报关后,海关在核销单和有核销单编号的报关单上加盖"放行"章或"验讫"章。出口单位在货物出口后将海关退交的核销单、报关单及有关单据送银行收汇。银行收汇后,出口企业将银行确认的核销单送外汇管理局,由其核销该笔收汇。出口单位填写核销单后,因故未能出口的,出口单位向外汇管理部门办理核销单注销手续。

(六)放行

在完成上述工作后,海关在托运单和报关单上签押放行,发货人方可装船发运。货物的放行是海关对一般出口货物监管的最后一个环节,放行即为结关。

第四节 备制单据

出口货物发运后,出口商应立即按照信用证的规定,正确编制各种单据(Drawing Documents),并在信用证有效期和交单期送交银行为准议付结汇。制单时要做到"单证一致"、"单单一致",才能确保安全和及时收汇。

出口单位种类很多,视不同的交易和信用证规定所定。以下是常用的几种单据:

一、发票

发票(Commercial Invoice),全称为商业发票,是卖方在货物运出时开具的凭以向买方收款的发货价目清单。其主要作用是提供买卖双方凭以发货、收货、记账、收付货款和报关的依据。在即期信用证或即期托收业务中不要求提供汇票的情况下,发票还可代替汇票作为收款依据。总之,发票是全套单据的中心,是所交货物的总说明,是出口企业必须提供的主要单据之一。

发票没有统一格式,但其内容大致相同,通常由首部、正文、尾部三部分组成。

(一)发票的首部内容

(1)出票人名称和地址。也即出口商、信用证受益人的名称和地址,一般是相对固定的。公司更名且与信用证的受益人名址有误时,应及时请客户改证,以免造成单证不符。

(2)发票名称。一般写明"Invoice"或"Commercial Invoice"字样。

(3)发票抬头(To)。只有少数信用证指定发票抬头人,多数来证都不做说明。因此,习惯上将信用证的申请人名称、地址填入这一栏目。

(4)发票号码(No.)、发票签发日期(Date)、信用证号码(L/C No.)和合同号码(Contract No.)。发票号码由出口公司自行编制。发票号码一旦成立,出口报关的号码以及汇票、保险单等涉及发票号码的单据都必须保持一致。在全套单据中,发票是签发日期最早的单据,应注意发票的签发日期不能迟于提单的签发日期,也不能迟于信用证的有效期。信用证号码和合同号码应如实填写,如果不是以信用证方式支付,该栏空缺。若不是以合同成交,应具体更正填写,如 Order 9304。

(5)起讫地点(From ... to ...)。按货物运输实际的起讫地点填写,如果货物需要转运,转运地点也应明确地表示出来。如:货物从上海经香港转船至巴林(From Shanghai to Balin W/T Hong Kong)。

(二)发票的正文内容

(1)唛头。如果信用证有所规定,应严格按信用证规定填写;如果信用证无规定,合同中订明的，应按合同要求填写；如果信用证、合同都未规定，出口商可自行制定。唛头一旦确定，提单、装箱单等涉及唛头的单据都应保持一致。如果无唛头，填写“N/M”。

（2）货物内容。包括货物的名称、规格、数量、包装。根据《跟单信用证统一惯例》规定，商业发票的货物描述必须符合信用证中的描述，而在一切其他单据中，货物描述可使用统称，但不得与信用证货物描述有抵触。因此，在编制发票时，有关货物的内容必须齐全，不可擅自简化。

（3）价格。包括“单价”（Unit Price）和“总额”（Amount）两栏。价格是发票中变化较多的项目，如果价格中涉及佣金或折扣，发票中应该有表示并按信用证的要求填写，总体上要掌握发票金额不能超过信用证金额。如果属于溢装，那么超出的金额应另开汇票，另做单据，托收处理。发票“价格”栏内还应标明贸易术语，它涉及买卖双方责任和风险的划分，也是买方海关征税的依据。

（4）特殊条款（Special Terms）。出现在发票中的证明信用证中某些事项的条款。如要求在发票中注明净重、毛重、运费、保险费；要求某些证明内容，如证明货物原产中国、一套副本装运单据已预先航邮买方等。

（三）发票的尾部签名

发票的尾部签名一般由出口公司的法人代表或经办制单人员代表公司在此签名，并注明公司名称。签名在无手签要求下，可以使用印鉴。若信用证有手签要求时，必须手签。

发票的份数按信用证的要求制作。

图 19－1 为上海外经贸发展公司的商业发票。

上海外经贸发展公司
SHANGHAI INTERNATIONAL TRADE DEVELOPING CORP.

TO:M/S.

COMMERCIAL INVOICE

发 票 号 码
INVOICE NO ....

合约号码
S/C NO ....

日　　期
Date ....

装船口岸
From ....

目的地
To ....

信用证号数
Letter of Credit No ....

开证银行
Issued by ....

唛头号数 MARKS & NUMBERS	数量与货品名称 QUANTITIES AND DESCRIPTIONS	总　值 AMOUNT

上海外经贸发展公司
SHANGHAI INTERNATIONAL TRADE DEVELOPING CORP.
SHANGHAI. CHINA.

图 19－1　上海外经贸发展公司的商业发票

二、提单

提单(Bill of Lading,B/L)是货物承运人或代理人在收到货物后签发给托运人的单据。其作用可概括为三个方面:(1)作为货物收据(Receipt for the Goods),证明承运人或其代理人已按提单所列内容收到货物;(2)作为货物所有权凭证(Documents of Title),提单的合法持有人即为该批货物的所有者,该持单者可以凭提单在目的港向船务公司取货,也可转让提单所有权,也可凭提单向银行办理货物抵押贷款;(3)作为托运人与承运人之间的运输协议证明,它是处理承运人与托运人在运输中的权利和义务的依据。

提单可从不同角度予以分类,主要有以下几种:

(1)按货物是否装船,分为"已装船提单"(on board B/L,Shipped B/L)和"备运提单"(received for shipment B/L)。通常,信用证议付提单为已装船提单。备运提单在货物装上预定船只后,在备运提单上加盖"on board"字样,并由承运人或其代理人注明装船日期并签字,该备运提单即成为已装船提单。

(2)按承运人对货物外表状况有无不良批注,分为"清洁提单"(Clean B/L)和"不清洁提单"(Unclean B/L)。不清洁提单通常是承运人对货物表面状况或包装加有不良批注,如提单上注明"×件损坏"、"铁条松失"等。不清洁提单项下的货物如在运输途中受到残损,船方不负责任。通常,信用证议付提单为清洁提单。

(3)按提单收货人抬头不同,分为"记名提单"(Straight B/L)和"指示提单"(Order B/L)。前者由于指定收货人,因此这种提单不能转让;后者经背书可转让流通。在业务中较多使用的是"凭指示"并经空白背书的提单,习惯上称为"空白抬头"提单。

(4)按货物运输方式不同,分为"直达提单"(Direct B/L)、"转船提单"(Transhipment B/L)和"联运提单"(Through B/L)。一般情况下,买方为减少风险和费用,使用直达提单为多。转船提单须注明转船港口和第二船名。如须经两种或两种以上的运输方式联运货物,由第一程承运人所签发的、包括运输全程并能在目的港凭以提货的提单,称为联运提单。

(5)根据提单内容繁简,分为"全式提单"(Long Form B/L)和"略式提单"(Short Form B/L)。前者是指提单背面列有承运人和托收人权利和义务的条款;后者为省去背面条款,而在正面印有"本提单货物的收受、保管、运输和运费等项,均按本公司全式提单上的条款办理"字样。

(6)按商业习惯以及其他情况签发的提单还有"预借提单"(Advanced B/L)、"倒签提单"(Anti-dated B/L)和"过期提单"(Stale B/L)。前两者是货物尚未装船,为了在信用证有效期内交单议付,或者货物实际装船期迟于信用证规定的装运期,为了使单证相符,托运人出具保函,向承运人预借提单或要求承运人倒签提单的做法。预借提单和倒签提单严格来说是弄虚作假行为,一旦被揭露,其后果严重。过期提单有两种情况:一种是所交提单的时间迟于货物抵目的港时间,另一种情况是所交提单的时间迟于提单签发日 21 天后。过期提单除信用证另有规定外,一般情况下银行不予以议付。

提单是承运人根据托运人的托运单以及大副收据内容而签发的,审核时应注意以下几点:(1)提单的种类是否符合信用证的要求,重点审核收货人栏、装货港和卸货港栏、货物栏有无批注等;(2)被通知人栏名址是否详细、准确;(3)运费和费用是否按照信用证规定的预付或到付;(4)提单份数是否全套。

附:提单(附件 2)

三、汇票

汇票(Draft)是国际贸易结汇工具中最常用的一种单据，它的内容和使用已在前面章节中有所叙述。本节主要介绍汇票的制作要求。

汇票应按照信用证要求制作，审核时应注意以下几点：

(1)出票条款是否与开证行名称一致，信用证号码以及开证日期是否与来证相同；

(2)汇票金额是否与信用证要求一致，大小写金额是否相同；

(3)付款期限是否按照信用证要求填写；

(4)受款人是否为信用证的议付行；

(5)付款人是否按信用证要求为开证行或议付行或进口商；

(6)出票人盖章签字是否遗漏。

汇票一般一式两份，两份具有同等效力，任何一份对讫，另一份自动失效。

图 19—2 为汇票的一般格式。

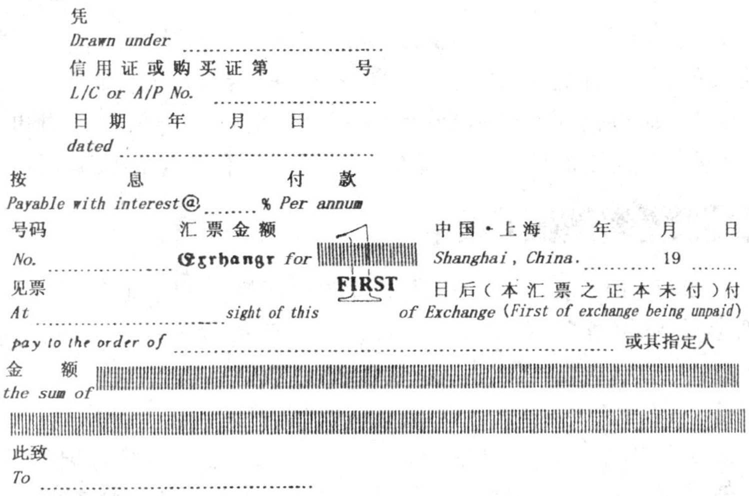
凭
Drawn under ....
信用证或购买证第　　　号
L/C or A/P No. ....
日期　年　月　日
dated ....
按　息　付款
Payable with interest @ ...... % Per annum
号码　汇票金额　中国·上海　年　月　日
No. .... Exchange for　Shanghai, China. .... 19 ....
见票　FIRST　日后(本汇票之正本未付)付
At .... sight of this　of Exchange (First of exchange being unpaid)
pay to the order of .... 或其指定人
金额
the sum of
此致
To ....

图 19—2　汇票的一般格式

四、保险单

保险单(Insurance Policy)是由保险公司按投保人的投保单内容编制的，出口商则根据信用证要求进行下列内容的审核：

(1)保险单的名称是否符合信用证的规定；

(2)投保人名称必须与受益人一致，其抬头应按信用证规定填写；

(3)唛头、货物名称、数量包装是否与发票一致；

(4)保险金额是否按信用证规定填写；

(5)保费和费率，一般只写“As arranged”；

(6)运输工具，开行时间，运输线路应与提单内容一致；

(7)承运人必须与信用证要求一致，若有些险别我国并无承办，则应该与客户以及我保险公司商议，直到取得统一认可；

(8)检验理赔代理人由保险公司指定目的地的代理人，赔付地点一般是货物的目的港或目的地；

(9)保单日期必须早于提单日期；

(10)保险公司签章。

五、装箱单

装箱单(Packing List)是商业发票的补充，主要作用是对货物名称、花色、规格等逐一详细描述，以便进口地的海关检验，也便于进口商核对、使用和销售。因而装箱单又名规格明细单(Specification List)、详细包装单(Detailed Packing List)、重量单(Weight List)、尺码单(Measurement List)和花色搭配单(Assortment List)等。装箱单的内容应与信用证、发票、提单等单据保持一致。

附：上海市对外贸易公司浦东公司装箱单(附件3)

六、商检单证

商检单证(Inspection Documents)是由商检局或其指定机构根据报验人的报验申请书内容进行检验后出具的证明文件。根据检验内容，商检证书又可分为多种，如品质、数量、重量、卫生、兽医等。出口商应审核证件名称及所列项目和检验结果与出口合同和信用证规定是否相符，以免造成单证不符而不能议付。商检单证出证日期不得迟于提单日期。

七、产地证明书和普惠制证格式A

产地证(Certificate of Origin)是一种证明货物原产地或制造地的证件，主要用途是提供给进口国凭以确定货物的生产国别从而核定进口货物应征收的税率。在我国，产地证由中国商检局签发。

普惠制是工业发达国家对发展中国家的某些产品，特别是工业制成品和半制成品，给予的一种普遍的关税减免优惠制度。若要享受这一优惠制度，必须向给惠国家提供普惠制单据。目前常用的普惠制单据是格式A单据(GSP Form A)，它适用于一般商品，由出口公司填制、商检局签发。

产地证和普惠制证都有固定格式，由签发单位统一印制。申领单位向签发单位购买领取空白申请书，向签发单位申请。

附：中华人民共和国产地证(附件4)

附：中华人民共和国普惠制证格式A(附件5)

八、其他单据

(1)海关发票(Customs Invoice)，有些国家规定进口货物报关时，须提交由出口商填制的海关发票，其用途是便于进口海关估价、统计、核定原产地、核定出口国的市场价格、征税、征收差别税和反倾销税。各国海关发票各有专用的固定格式，不能互相替代。

(2)领事发票(Consular Invoice)，其用途主要是确认商品原产地。领事发票可从领事馆取得，根据其固定格式填写。该发票的签证需一定的费用。

(3)受益人声明(Beneficiary's Statement)，一般是按信用证规定编制，并签字盖章。

(4)装运通知(Shipment Advice)，通常以承运人的装运通知副本电传通知。

(5)邮局/快递收据(Post/Courier Receipt),主要是 EMS、DHL、UPS、OCS 等快递单据服务。

(6)船公司证明(Shipping Company's Certificate),根据信用证规定提供船龄、船籍及航程证明。

(7)大副收据(Mate's Receipt),由船长或大副签发随船单据的收据。

第五节 出口结汇

出口结汇(Export Reimbursement)是指出口商在货物装运后,备妥所有的单据,在信用证有效期和交单期内送交银行。银行接到单据审核无误后,一方面向国外银行收款,另一方面按照银行与贸易商约定的办法,由出口商将出口外汇按外汇牌价卖给银行,银行以人民币付给外贸企业。

目前,我国出口结汇的办法有三种:收妥结汇、定期结汇和买单结汇。

(1)收妥结汇。又称"先收后结",是指我国银行经审核出口单位交来的单据,认定单、证一致后,将单据寄往国外付款行索汇,只有在收到国外银行价款传入我国银行账户的贷记通知书时,才按当日的外汇牌价,结算成人民币付给出口单位。

(2)定期结汇。是指我国银行根据向国外银行索偿的邮程远近,预先确定一个固定的结汇期限(如银行审单后 7 天或 14 天不等),到期不管是否收妥票款,都将票款折成人民币付入出口单位账户。

(3)买单结汇。又称"出口押汇",是国际银行界通常采用的信用证"议付"做法。具体程序是议付行在审单认可的情况下,按信用证条款买入外贸企业(信用证的受益人)的汇票和单据,按照票面金额扣除从议付到估计收到票款之日的利息,将余款净数按议付日外汇牌价折成人民币,付给外贸企业。银行买入跟单汇票后,就成为汇票的善意持有人,即可凭汇票向信用证指定的国外付款行或偿付行索取票款。出口押汇实际上是出口地银行对出口企业的资金融通,使出口企业在交单议付时即可取得货款,从而加速资金周转,有利于扩大出口业务。

第六节 出口退税

对出口产品实行退(免)税是国际上一条通行的税收规则,出口退税(Export Drawback)是为了使本国的产品以不含税的价格进入国际市场,增强产品在国际市场上的竞争能力。1984 年,为了使我国的出口贸易符合国际惯例,使我国经济与国际经济接轨,国家在实行税制改革时制定了出口退税的办法。1994 年,国家税务总局依据《增值税暂行条例》和《消费税暂行条例》规定,制定实施了《出口货物退(免)税管理办法》。1995 年,国务院又两次调低了出口退税率。1998 年以后又进行了几次调整。目前的退税率体现了"征多少,退多少,不征不退和彻底退税"的零税率原则。

一、出口退税的适用范围

根据国家有关管理办法,下列企业出口的货物,给予增值税退税:

(1)内资生产企业自营出口或委托外贸企业代理出口的自产货物。

(2)外贸企业收购后直接出口或委托其他外贸企业代理出口的货物。

(3)1994 年 1 月 1 日以后设立的外商投资企业自营出口或委托外贸企业代理出口的自产货物。

(4)对外承包工程公司运出境外用于对外承包项目的货物;对外承接修理修配业务的企业用于对外修理修配的货物;外轮供应公司、远洋运输供应公司销售给外轮、远洋国轮的货物;企业在国内采购并运往境外作为在国外投资人货物。

对于下列企业出口货物,给予消费税退税:

(1)有出口经营权的外贸企业购进应税消费品直接出口。

(2)外资企业受其他外贸企业委托代理出口应税消费品。

除经批准属于进料加工复出口贸易以外,下列出口货物不予退税:

(1)原油。

(2)援外出口货物。

(3)国家禁止出口的货物,包括天然牛黄、麝香、铜及铜基合金、白银等。

二、出口退税的申报

出口退税申报是指出口企业在产品报关出口后,由取得《办税员证》的人员按照办理退税的有关规定填写出口产品退税申请表,提供有关凭证,先报外经贸主管部门稽核签章后,再报主管退税的税务机关申请退税。出口产品退税申请表的内容包括:(1)申请单位名称;(2)企业性质;(3)银行账号;(4)出口产品名称;(5)代理出口产品证明编号;(6)出口货物报关单编号;(7)计量单位;(8)出口销售数量;(9)报关出口销售收入;(10)出口产品进价总价;(11)扣除费用率;(12)扣除费用总额;(13)计算退税价格总额;(14)税率;(15)应退税金额。

申报时除了出口产品退税申请表,还应随附下列资料:(1)购进出口货物的增值税专用发票(税款抵扣联)或普通发票。申请退消费税的企业,还应提供由工厂开具并经税务机关和银行签章的专用税票。(2)出口货物销售明细账。(3)出口货物报关单(出口退税联)。(4)出口收汇核销单。(5)1994 年 1 月 1 日后批准设立的外商投资企业办理出口退税的,应按月填报申报表,并提供海关签发的专用报关单、结汇水单、增值税专用发票等。(6)委托代理出口的还应提供代理出口证明、代理出口协议副本。(7)以“来料加工”方式出口的企业,凭来料加工免税证明办理出口退税。(8)以“进料加工”方式出口的企业,凭进料加工贸易申报表办理出口退税。

第七节 出口经济效益核算

一项出口业务经济效益如何,核算指标很多,最为常用的是出口商品换汇成本(Cost of Export Goods to Revenue in Foreign Exchange)。

出口商品换汇成本是指商品出口净收入每 1 美元所需的人民币成本,或者说一笔出口业务交易用多少人民币换回 1 美元。其计算公式为:

$$\text{出口商品换汇成本}=\frac{\text{出口总成本(退税后)}}{\text{出口销售外汇净收入(折成美元)}}$$

运用上述公式时应注意:(1)出口总成本=出口商品进价(含增值税)+出口经营费用-出口退税收入。(2)出口经营费用,因经营不同商品而定,一般包括银行利息、仓储码头费用、交通费、通信费等,通常费率为商品进价的 5%~10%不等。(3)出口退税收入=出口商品进价

(含增值税)÷(1+增值税率)×退税率。(4)出口销售外汇净收入是指FOB折成美元的净收入,即应扣除运费、保险费、佣金等非贸易外汇后的外汇净收入。

例如:某公司出口自行车,每辆进货价为400元人民币(含增值税),出口经营费率为10%,出口退税率为14%,出口价为每辆58.00美元CIFC3%汉堡,按发票金额110%投保一切险和战争险,两者总费率为0.69%,运费每辆10.00美元,则该笔业务换汇成本计算如下:

$$\text{出口自行车换汇成本}=\frac{400+(400\times10\%)-[400\div(1+17\%)\times14\%]}{58-58\times3\%-58\times110\%\times0.69\%-10}$$

$$=\frac{392.1368}{45.82}=8.5582$$

出口商品换汇成本若低于现行外汇(美元)买入价,则该笔出口业务为盈;反之则为亏。盈亏额可以通过如下公式加以计算:

出口盈亏额=出口外汇净收入×银行外汇买入价-出口商品总成本(退税后)

如上例,若银行外汇(美元)买入价为8.603 2,出口10 000辆自行车,则:

盈利额=(45.82×8.603 2-392.136 8)×10 000

=206 18.24(元人民币)

第八节 出口索赔

有关出口索赔(Claim of Export),按照第十二章法律规则所述以及国际贸易惯例,由于卖方不交货或交货的品质、数量、包装或时间不符合合同规定,构成违约时,根据违约的情况和程度,买方可以采取的方法有:向卖方要求损害赔偿、推迟履行、减低价格、交付替代货物、修理或宣告合同无效等。由于买方不支付货款、不收货物或不完全按照合同的规定支付货款、收取货物,卖方可采取的办法有:向买方要求损害赔偿、推迟履行或宣告合同无效等。

当一方违反合同而采取任何一种处理办法时,都不影响受损方要求赔偿的权利。损害赔偿应与受损害一方所遭受的包括利润在内的损失额相等,但以可预料到的合理损失为限;而由于受损害方未采取合理措施使有可能减轻而未减轻的损失,应在赔偿金额中扣除。

复习思考题

一、名词解释

清洁提单　　倒签提单　　海关发票　　装箱单

二、问答题

1. 对于CIF贸易术语和即期信用证收取货款的出口合同,我方履行时一般要经过哪些环节?
2. 简述催证、审证、改证工作的重要性。审证通常包括哪些内容?
3. 如开证行主动对我方已收到的不可撤销信用证进行修改,我方应如何处理?
4. 信用证融资有哪几种方式?
5. 备货工作中应注意哪些问题?
6. 简述申领出口许可证的程序。
7. 简述CIF出口合同中我方办理报验、托运、投保、报关工作的主要程序。
8. 我国出口贸易中常用的单据有哪几种?分别说出单据的中英文名称。
9. 出口退税申报需包括哪些手续?

10. 考核出口经济效益的常用指标有哪几种？其核算方法如何？

三、案例

1996年，我国某公司与国外某客商订立了一批出口合同，外商要求一证一船的交货办法，即不得将两张信用证项下的货物装在同一条船上。在该外商向我方正式提出上述要求时，我方公司作了口头承诺，但合同与随后的信用证未规定该项条件。后来，合同执行人员不知口头承诺，将两张信用证项下的货物装在同一条船上，外商接到装船通知后来电提出异议，我方则认为口头承诺是无效的，因而应按书面合同履行，双方因此发生争执。

思考：请作评析。

延伸读物：

海关的特殊监管区域

日前，一位《经济日报》记者在苏州工业园综合保税区海关业务现场看到，一份价值15 000美元的婴儿服装的出口报关单在被海关受理后，经过输入报关单号、分拣报关单、电脑自动审核等一系列程序，被判定为"低风险货物"快速放行。经测算，该环节共计用时37秒！

海关实行出口分类通关新模式后，单证通关时间平均缩短了30%，大大降低了单票货物的等待时间。在查验等海关监管过程中也能享受到的通关服务，帮出口商大大提升了流程的速度。

据了解，为了加快流程，海关在分类通关模式下，计算机系统对报关单进行自动审核，对守法企业不同风险等级的货物设置"低风险快速放行"、"低风险单证审核"、"高风险重点审核"三种通关作业模式，提高了企业货物的通关速度。

除此以外，为有效利用外资，发展先进制造业和高端服务业，我国先后设立了保税区、出口加工区、保税物流园区、保税港区、综合保税区、跨境工业园区等6类共98个海关特殊监管区域，分布在26个省、区、市。"十一五"期间，这些区域对承接国际产业转移、促进加工贸易发展、转变外贸发展方式、提高我国的对外开放水平、提升区域竞争力和扩大就业作用明显。

海关总署表示，"十一五"期间，全国海关税收连年大幅增长，由"十五"期间的1.88万亿元增长至"十一五"期间的4.46万亿元。海关监管效能明显提升，5年监管进出境旅客行李物品、货物、进出口总值同比分别增长39.9%、54.5%和156.3%，我国进出口贸易总额排名已跃居世界第2位。

"有了保税港区就是不一样，货物一入区，海关当天就签发了出口退税核销联，凭联就可以去办理退税了！"重庆国际复合材料公司关务经理邓四保高兴地告诉记者。虽然重庆保税港区地处内陆，距离上海2 300余千米，但由于采取了内陆保税港区特有的"预结关+转关"通关模式，出口货物入区即视同离境，邓四保在企业货物入区当天便拿到了出口退税核销联，大大减轻了企业的物流仓储成本和资金周转压力。

重庆两路寸滩保税港区是首个内陆保税港区，自2010年8月23日封关试运行以来，不仅进出口货物数量快速上升，通关速度明显加快，企业物流成本也大大降低，同时还缩短了企业出口退税的周期，使企业的资金周转率大幅提升。

"数千家重庆企业将像国际复合材料公司一样，从保税港区的实质性运作中受益。"重庆市外经委副主任何为介绍说。据介绍，重庆具有出口资质的企业达4 200多家。

从保税港区试运行中受惠的不仅是本地企业。据统计，在保税港区试运行后的短短一周内，已有7批来自外地企业的货物"借道出关"。

海关特殊监管区域由于功能、政策和管理上的特有优势，已成为实施国家战略的重要载体。除了服务西部大开发的重庆西永综合保税区和重庆两路寸滩保税港区，上海将洋山保税港区、浦东机场综合保税区确定为国际航运发展综合试验区，天津将东疆保税港区确定为金融航运产业先行先试的试验区等。

目前，凡是国家制定了主体功能区域规划的地方，海关特殊监管区域基本上都被确定为区域规划的核心区和先导区，如重庆两江新区中的西永综合保税区等。

在政府引导和海关多项优惠政策的推动下，全国许多区域都设有保税区，如苏州就设有工业园综合保税区。工业园综合保税区不仅实现了业务量的迅猛增长，功能优势及产业结构也不断优化。"从企业角度看，按照现在的趋势，随着贸易公司的进驻，苏州综合保税区将会出现由物流带动贸易流、通过商流再带动物流、推动资金流的循环，最终形成区域性的总部经济。"得尔达物流公司总经理戴林说。

"十一五"期间，海关通过对特殊区域的功能拓展和整合优化，推动了特殊区域自身的科学发展，也推动了当地产业升级和开放型经济的发展。通过成立综合保税区、保税港区，将一些距离相近的特殊区域、保税监管场所进行整合，实现了优化组合。目前，青岛、张家港、海口保税区 3 个保税区，大连、青岛、张家港、福州、宁波 5 个保税物流园区，以及北京天竺、重庆、广州南沙等 9 个出口加工区已经整合为保税港区或综合保税区。

据海关总署介绍，"十二五"期间，海关将进一步调整完善海关特殊监管区域政策功能，积极协调相关部门研究调整海关特殊监管区域"两头在外"的政策功能定位，会同有关部门对区内企业连接两个市场、利用两种资源需求进行调研，形成促进区内企业外销、内销双向发展格局。

同时，海关将健全保税监管账册化管理体系，确保监管到位。加工贸易全过程管理是以保税监管账册化管理为载体实现的，今后海关对加工贸易企业全部实行账册式管理，通过建立和完善与加工贸易有关的 11 种账册和 51 种贸易方式，加强对保税料件进、出、转、存的监管，做到账册数据的自动对碰与核注；建立保税货物监控分析系统，实施风险式管理；建立加工贸易账册电子数据联网传输，严密监管，便捷通关；简化加工贸易通关过程中合同备案、深加工结转、单耗审定、内销征税和手册核销等手续，推进海关加工贸易监管便利化；创新建立飞机、船舶等大型装备制造业和国际服务外包的海关保税监管模式。

另外，海关还将创新保税监管模式，主动适应"一个企业、两个市场"的发展需要。各地海关将深入研究加工贸易产业链、供应链运作规律，调整优化外发加工和委托加工监管方式，充分利用"入区、入中心退税"政策，使加工贸易企业和国内企业有机融合，带动国内企业进入加工贸易产业链和供应链，带动相关产业共同发展。

资料来源：海关总署网站，2012 年 2 月 15 日。

思考：海关特殊监管区一般是指哪些区域？

第二十章

进口合同的履行

进口贸易与出口贸易一样，也是通过交易前的准备、交易的磋商和订约、履行合同来实现和完成的，所涉及的国际贸易惯例和法规基本相同。但由于买卖双方地位不同，权利和义务对立，使进口商的工作重点与出口商的工作有所不同。进口商的工作重点围绕着对国际市场行情的了解、对供应商资信的调研、进口成本核算、进口许可证的申请以及进口合同的磋商、签订和履行等内容进行。进口交易的一般程序见图 20—1。

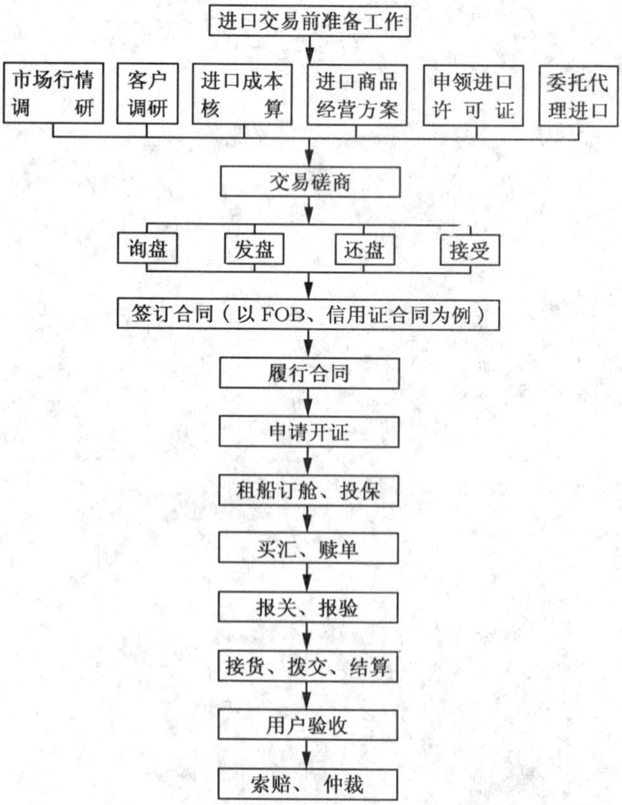

图 20—1　进口交易的一般程序

第一节 进口交易的准备

进口交易前的准备工作包括对国际市场行情的调研、对供应商资信的调查、进口成本核算、制订进口经营方案、申领进口许可证等。

一、对国际市场行情的调研

对国外供应市场的调研是进口交易准备工作的中心，是分析进口商品的经济效益、进行进口成本核算和制订进口经营方案的基础。进口商应予以高度的重视。

国外市场行情资料一般可以通过下列渠道进行收集：

(1)国内外专业报刊的报道。

(2)有关外贸公司、行业协会的成交资料。

(3)向经营该商品的外商直接进行询价。

(4)通过驻外商务机构了解。

市场行情调研是一个连续的长期积累的过程，有些价格资料对进口商具有重要的参考价值，如当前成交的价格、交易所的价格、拍卖行的价格、招投标价格等。进口商对于各方收集的资料要综合各种影响价格的因素进行对比、分析，从中得出有意义的结论作为进口决策的依据。

二、对供应商资信的调查

对合作伙伴资信调查的目的不仅是取得合同的优惠条件，还在于减少贸易纠纷，顺利圆满地完成交易。

对供应商资信的调查，主要是以下三个方面：

(1)资本(Capital)。主要是指资产额以及其他财务状况。

(2)能力(Capacity)。主要是指业务状况、经营能力以及公司的发展前景。

(3)品格(Character)。主要是指商业道德、经营方针和经营手段。

调查渠道与出口交易对客户的调查渠道相似，这里就不再重复。但须注意各种调查渠道各有优势、各有不足。如政府机构和国际机构资料偏重历史；驻外银行提供的资料较为概括且不愿提供不利于其顾客的情况，银行也因不愿承担责任而所提意见大多数是参考性的，不下结论；通过国内和国外同行加以了解，其情报较为真实可信，但须选择与进口商具有良好关系的公司；我驻外使馆也可提供可靠的实地资料，但业务须具备一定的数量，且情况紧急时才予以及时帮助；委托国际咨询机构，咨询手续费较高。因此，我们应当根据业务情况，有的放矢地选择调查渠道和方法，以最低费用、最快速度取得所需资料，然后以少量的采购对合同伙伴进行考察和评估，以逐步建立稳定的业务关系。

三、进口成本核算

进口成本核算是决定是否进口和进口交易谈判的依据，考虑因素应全面、计算应精确。

货物的进口成本＝进口合同的成交价＋进口费用

进口合同的价格在正式签约前是一种估价，是在供货商报价的基础上经过谈判可争取的价格。

进口费用包括内容较多，以 FOB 国外口岸成交条件为例，有如下内容：

1. 从国外装运港至我国进口目的港的运费。

2. 上述运输途中的保险费用。

3. 国外佣金费用。

4. 目的港装卸费用，包括卸货费、驳船费、港务费、码头包租费等。

5. 进口关税，包括进口关税以及海关代征税（如产品税、增值税、工商统一税）。

进口关税在进口费用中所占的比重较大，计算时不能有差错。我国目前进口货物都是按从价税征收关税。征税公式为：

$$关税税款=完税价格\times适用的关税税率$$

根据我国《进出口关税条例》规定，进口货物的完税价格，应该是货物在采购地的正常批发价格加上运抵我国输入地起卸货前的包装费、运费、保险费、手续费等一切费用的到岸价格。因此，结合进口合同的成交情况，各种情况表述如下：

（1）以我国口岸到货价格（CIF）成交的、到岸价加佣金（CIFC）成交的，如果正常，就以这个价格作为完税价格。其计算公式为：

$$\text{CIF}价格按中间价折成人民币=完税价格$$

（2）如果以国外口岸离岸价格（FOB 国外口岸）或者从运输出口国购买的以国外口岸到岸价格（CIF 国外口岸）成交的，海关应当分别另加从发货口岸或者国外交货口岸运到我国口岸以前的运杂费和保险费作为完税价格。其计算公式为：

$$完税价格=\frac{\text{FOB}+运费}{1-保险费率}$$

（3）以成本加运费价格（CFR）成交的，应当另计保险费作为完税价格。其计算公式为：

$$完税价格=\frac{\text{CFR}}{1-保险费率}$$

海关在对进口货物征收关税的同时，还代财政部征收工商统一税、产品税、增值税和代交通部征收进口车辆购置附加费。海关遵循“征一不征二”的原则。为方便进口商核算进口总税率，海关在公布的税率表后附录“进口关税与产品税（增值税）、工商统一税计税因素表”，只要确定进口商品的关税税率和工商统一税率或产品税（增值）税率，就可在“因素表”中查到总税率。但也应注意，此表只适用于征收关税和产品税（增值税）或工商统一税的进口商品，且计算结果与用公式计算有一定的误差，误差范围在万分之四。如果用公式计算，则为：

$$总税率=\frac{进口关税税率+代征税率}{1-代征税率}$$

$$总税款=完税价格\times总税率$$

上述税金均按人民币征收。

6. 银行费用，如开证费、修改费、结汇手续费或借款利息费用。

7. 进口商品的检验费和其他公证费。

8. 提货费，包括码头开箱费。

9. 国内运输费。

10. 外贸公司代理进口费。

11. 其他费用。

根据上述费用，我们可编制成相应的成本核算表，以便于操作（见表20－1）。

表 20—1 **进口成本核算表**

品名及规格：__________外汇买入价：__________

进口总数量：__________外汇中间价：__________

费用项目		单价费率	费用收取标准说明
货价成本	1. FOB 国外口岸成交价		
	2. 运费		
	3. 保险费		
	4. 进口 CIF 外币总值		
	5. 进口 CIF 人民币货价总值		
完税成本	6. 海关征税		总税率：
进口总成本	7. 码头卸货费用		
	8. 银行费用		
	9. 商检费用		
	10. 提货费用		
	11. 国内运输费用		
	12. 代理费用		
	13. 其他费用		
	14. 预期利润		
	15. 国内销售价格		

制表人：__________ 制表日期：__________

四、制订进口经营方案

进口经营方案的制订是在对国外市场行情的了解和进口成本核算的基础上进行的。方案中主要包括进口数量的安排、进口时间的确定、供货商的选择、进口成交价的掌握尺寸、贸易方式和交易条件的灵活运用等。经营方案也将随着谈判过程的发展而及时修改和完善。

五、申领进口许可证

我国对某些进口商品采用许可证进口管理办法，了解这一管理办法对进口业务人员至关重要。

（一）签发进口许可证的单位

国家规定，由对外经济贸易部统一签发进口许可证，或经对外经济贸易部批准，各省、自治区、直辖市对外经济贸易管理部门和有关派出机构也可签发进口许可证。

（二）领取进口许可证的范围

（1）国家限制进口的商品，不管以什么贸易方式，使用何种来源的外汇，一律向有关部门申报，特批件申领进口许可证；

（2）国家批准开办的寄售、代销、租赁业务等所需进口货物；

（3）购买外籍在华开办的展销会样品（属国家限制的样品）；

(4)经对外经济贸易部批准，厂矿企业自行购置的生产急需商品和电器、仪器零件，以及价值超过500美元的货物；

(5)补偿贸易、承接工程所禁止进口的商品、物资，以及来料、来件加工装配业务所进口的原料、零件和加工的成品因特殊需要转入国内销售的部分；

(6)外国人赠送的超过300美元以上的物品；

(7)根据国家规定，其他需要领取进口许可证的物品；

(8)经国家批准的中外合资经营企业所需物资，国内不能供应的，可委托有关外贸公司向国外订购，也可在该企业经营范围内自行进口，并申领进口许可证。

(三)不需申领进口许可证的商品

(1)经国家批准，可以经营进口业务的公司，在其规定经营范围和投资额内的商品；

(2)外贸专业公司经营的非国家限制的货物；

(3)国务院有关部、委、局所属的进口公司在经营范围内购买的用于本部门生产和科研的物品；

(4)经政府批准的，对外签订的来料加工、装配、补偿贸易、承包工程合同的单位，在批准的经营范围内的货物；

(5)经批准的中外合资企业，在筹建过程中由国外合资者进口的用于生产、建筑等非国家限制进口的货物。

(四)不予签发和撤销进口许可证的货物

(1)国家停止进口的货物；

(2)不符合我国国家、地区政策的货物；

(3)不符合我国同对方国家、地区签订的双边贸易协定和支付协定内容的进口货物；

(4)不符合国家卫生部门、农牧渔业部规定的药品、食品、动植物、农产品、畜牧品和水产品等卫生标准、检疫标准的进口货物；

(5)因其他原因，有必要推迟和减少进口的货物。

(五)免领进口许可证的进口货物

(1)外贸企业在进出口贸易中，按合同规定接受外商免费提供的样品；

(2)接受外国赠送的、价值在300美元以下的商品；

(3)经批准，在国外购买的、价值在300美元以下的科研、教育、文化用品；

(4)经国家批准后，厂矿企业自行在国外购买生产急需的、价值在300美元以下的机电、仪器和零部件。

(六)对违反进口许可证管理的处罚

(1)进口货物在向海关办理报关手续时，没有申领进口许可证的，海关根据情况，将其有关货物没收或退运。如经发证机关特案核准，补发进口许可证的，由海关罚款后放行。

(2)伪造进口货物许可证者，海关将其进口货物全部没收。情节严重的，另处以罚款并追究刑事责任。

(3)转让进口货物许可证者，由海关根据情节处以罚款。

(4)擅自涂改进口货物许可证货物名称、数量和对外成交单位的，海关将其进口货物没收；擅自涂改许可证中货物规格、金额、有效期的，海关罚款放行；伪报进口国别掩盖其违反国家贸易国别(地区)政策的，海关将其货物没收或退运，或处以罚款后放行。

以上是我国进口许可证制度的基本内容。根据我国与某些国家的双边贸易协定，随着我国改革开放进程的不断深入，我国许可证管理的进口商品将逐渐减少。国家每年都在国际商报等专业报刊上公布本年度受进口许可证管理的商品名录，以供进口商查核。

进口单位必须在委托外贸公司对外订货之前，填报进口许可证申请表，连同有关批件，申领许可证。签发许可证的单位，根据申领单位提交的有关文件及许可证申请表检查无误，即签发许可证。许可证一式四联，正本由领证单位凭以报关，第二联（副本）由领证单位凭以向银行申领对外付款，第三联（副本）由发证机关归档，第四联（副本）待省市发证机关或特派员办事处发证后向经贸部备案。

图 20－2 为中华人民共和国海关进口货物许可证的一般格式。

中华人民共和国海关
进口货物许可证
IMPORT LICENCE OF THE PEOPLE'S REPUBLIC OF CHINA

1. 我国对外成交单位： Importer　　编码：			3. 进口许可证编号： Licence No.		
2. 收货单位 Consignee			4. 许可证有效期： Validity		
5. 贸易方式： Terms of trade			8. 进口国家（地区）： Country where consigned		
6. 外汇来源： Terms of foreign exchange			9. 商品原产地： Country of origin		
7. 到货口岸： Port of destination			10. 商品用途： Use of commodity		
11. 唛头—包装件数 Marks & numbers—number of packages					
12. 商品名称： Description of commodity				商品编码： Commodity No.	
13. 商品规格、型号 Specification	单位 Unit	14. 数量 Quantity	15. 单价（ ） Unit price	16. 总值（ ） Amount	17. 总值折美元 Amount in USD
18. 总计 Total					
19. 备注： Supplementary details			20. 发证机关盖章 Issuing authority' stamp & signature 发证日期： Date		

第一联（正本）提货人办理海关手续　海关验放签注栏在背面

对外经济贸易部监制（92）　　本证不得涂改，不得转让。

图 20－2　中华人民共和国海关进口货物许可证的一般格式

六、委托代理进口

没有经营进口权或进口商超出其经营范围权的企业，如需进口，必须委托有经营权的外贸公司代理进口。在委托代理进口时，进口单位应向外贸公司提交许可证等有关文件，然后与外贸公司签订代理合同或协议，以明确代理人与被代理人之间的责任。

第二节 进口交易的磋商

进口交易的磋商方式和程序与出口交易的磋商基本相同，只是进口商所处的地位与出口商对立，因此在磋商过程中对各环节着重点有所不同。

一、询盘

进口商在对市场和客户进行调查的基础上，针对某一进口商品对外发出询盘。进口商的询盘有两种：一种是邀请对方发盘，目的是探询行情，这种询盘一般包括索取样品、产品目录或价目单等；另一种则是订购前的正式询价，此种询盘内容较详尽，一般进口商在询盘中就品名、品质、数量、包装、交货期、支付方式已有具体要求，请供货商就这些要求进行报价。

进口业务的询盘，一般也采用货比三家的做法，以便了解国外行情，并利用供货商之间的竞争，争取有利的进口条件。但询盘也要注意策略：

(1)切忌滥询盘，以免供货商乘机哄抬价格，对进口商不利。尤其是对定牌定厂的商品，或者是数量较大的进口商品。

(2)询盘中应详尽叙述商品规格、型号或技术要求，不要过早透露交货期和可接受的价格，以免过早暴露经营意图，在磋商中处于不利的地位。

(3)询盘中对进口数量的表示需慎重，既要吸引供货商积极报价，又不能过早暴露经营意图。

二、比价和还盘

在收到供货商的发盘后，要仔细研究发盘的内容，进行比价。比价应从各方面进行考虑和对比：

(1)品质、规格不同会引起价格的差异；

(2)包装不同有时也会引起价格高低；

(3)成交数量多少必然会有不同的报价；

(4)交货时间的急缓会影响价格，尤其是季节性商品，或者是行情变化很快的大宗商品，远洋货的价格与近洋货的价格都会有差异；

(5)付款条件不同也会影响价格，如同样是信用证付款，远期信用证的报价自然要比即期信用证高；

(6)老客户和新客户的报价也不同。

还盘，可以是直接还价，也可以是改变其他交易条件，同样达到还价的目的。如支付方式由即期信用证改为远期信用证、贸易术语由 CFR 改为 CIF、改变佣金、改变折扣等。当然还价一定要慎重，应根据不同的交易对象，采取不同的还价策略。要有理、有利、有节，切忌无故因无理还价而失去客户。

三、接受

与出口交易磋商一样，接受也是进口合同成立的必要条件之一。接受可由买方表示，也可由卖方表示。接受一旦成立，合同即告成立，买卖双方要受法律约束。

第三节　进口合同的履行

进口合同签订后，买卖双方都必须履行合同规定的义务。作为买方应遵守合同的规定、支付货款和收取货物，同时，还应督促卖方按合同规定履行其交货、交单和转移货物所有权的义务。以 FOB 海运进口合同、信用证支付方式为例，进口合同的履行包括以下几个方面的内容：

一、开立信用证

（一）开立信用证的程序

目前，我国外贸企业向银行申请开证的程序是：

1. 外贸企业作为开证申请人填写开立不可撤销跟单信用证申请书。开证申请书包括两个部分：第一部分是信用证的内容，也是银行凭信用证对出口商付款的依据；第二部分是进口商对开证银行的声明，用以明确双方责任。其内容一般可归纳为四点：

(1)进口商承认银行在进口商将货款付清赎单以前，对单据及单据所代表的货物有所有权。必要时，银行可出售货物，以抵付进口商的欠款。

(2)进口商承认银行可接受“表面上合格”的单据，对于伪造单据货物与单据不符或货物中途遗失，银行概不负责。

(3)进口商承认单据到达后，如期付款赎单。单据到达前，银行可在货款范围内，随时要求追加押金。

(4)进口商承认电报传递中如有错误、遗漏或单据邮递遗失等，银行不负责任。

2. 开证申请人提交进口合同副本并根据银行的要求，交付若干押金或提供保证人，并支付银行规定的开证手续费。

3. 开证行对申请内容进行审核，对开证申请人的资信情况进行调查，在取得开证申请人的保证金后，对照申请书的内容对外开证。开证行与开证申请人之间的权利和义务就此以开证申请书这一契约形式构成，双方都必须受其约束。

（二）信用证的格式

国际商会虽推荐有标准格式，但各银行不一定采用，仍有不少银行自行印制自己的格式。但信用证的基本内容包括以下几个部分：

1. 关于信用证本身

(1)表示信用证的形式(Form of Credit)；

(2)信用证号码(L/C Number)；

(3)开证日期(Date of Issue)；

(4)受益人(Beneficiary)；

(5)开证申请人(Applicant)；

(6)信用证金额(L/C Amount)；

(7)有效期限(Terms of Validity or Expiry Date)。

2. 关于汇票

(1)出票人(Drawer)；

(2)受票人(Drawee)；

(3)付款期限(Tenor)；

(4)出票条款(Drawn Clause)。

3. 关于货运单据

(1)商业发票(Commercial Invoice);

(2)提单(Bill of Lading);

(3)保险单(Insurance Policy);

(4)其他单据(Other Documents)。

4. 关于商品

(1)货名(Description);

(2)数量(Quantity);

(3)单价(Unit Price)。

5. 关于运输

(1)装货港(Port of Loading/Shipment);

(2)卸货港或目的地(Port of Discharge of Destination);

(3)装运期限(Latest Date of Shipment);

(4)可否分批装运(Partial Shipments Permitted/not Permitted);

(5)可否转运(Transhipment Allowed/not Allowed)。

6. 其他事项

(1)开证行对议付行指示条款(Instructions to Negotiating Bank),包括议付金额背书条款(Endorsement Clause)、索汇方法(Method of Reimbursement)、寄单方法(Method of Dispatching Documents);

(2)开证行负责条款(Engagement/Under-taking Clause);

(3)开证行名称及签字(Opening Bank's Name & Signature);

(4)其他特别条件(Other Special Conditions)。

(三)根据具体交易的需要还可加列特别条款

(1)电开证时,通知行在电报开证通知书上加列免责条款。

(2)电报证实书加列使用条款。

(3)开证行要求通知行保兑条款。

(4)限制由某银行议付条款。

(5)装运船只不允许在某港口停靠,或不允许采取某条航线的条款。

(6)限装运某国籍的船只或不允许装运某国籍的船只条款。

(7)发票加注进口许可证号码条款。

(8)受益人必须缴纳一定数额的履约保证金后,信用证方始生效的条款。

信用证开出后,如需修改,应按照修改信用证的程序予以办理修改。

二、租船订舱和投保

在FOB贸易术语下,由买方办理租船订舱。目前,我国进口货物的租船订舱工作可委托对外贸易运输公司办理,也可直接向中国远洋运输公司或其他外贸运输机构办理。一般程序是:

进口企业在接到卖方的备货通知后,即填制租船订舱联系单,连同进口合同副本送交外运公司或其他船舶公司,委托其安排租船订舱。办妥租船订舱手续后,将船名、航次、船期通知卖方,以便卖方做好装货准备。买方还应随时了解和掌握卖方备货和装船前的准备工作情况,及时做好催装工作。必要时，还可委托我驻外机构派员就近了解、检查、督促卖方按时、按质、按量履行交货义务。

货物装船后，卖方应及时发出装船通知，以便买方办理投保手续和接货准备。如果卖方未及时或未发出装船通知，卖方要承担装船后的一切风险。

进口货物运输保险一般有两种形式：预约保险和逐笔投保。为简化投保手续，并保证进口货物及时投保，大部分进口企业与保险公司签有预约保险合同。在预约保险合同中对各种货物的投保险别、保险费率、适用条款、保险费及赔偿支付办法等均作了具体规定，进口企业只需被告知每批进口货物的装船通知抄本已送交保险公司，即作为已办妥投保手续。若采用逐笔投保方式，则进口企业在办理进口保险时，应根据进口货物特性、运输路线和方式等因素，选择适当的险别投保，并逐笔确定投保金额、保险费率、适用条款、保险费及赔偿支付办法等。

保险公司对海运货物保险的责任期限，一般是从货物在国外装运港装上海轮起生效，到卸货港转运单据载明的国内目的地收货人仓库为止。保险公司对货物在卸货港港口的责任，以货物卸离海轮后 60 天为限。如不能在此期限内转运，可向保险公司申请延期，延期最多为 60 天。

三、审单、付款

货物装运后，卖方将汇票和全套货运单据送交出口地银行议付，议付行随即将汇票和单据转寄开证行或其他被指定的付款行。开证行对单据进行审核，若确定单证相符、单单相符，开证行履行付款义务。同时，买方按国家外汇牌价购买外汇、赎单，以便报关、接货。开证行经审单后付款即无追索权。

如果单据表面上与信用证不符，开证行将不符合情况告之进口企业，进口企业可予以接受，指示开证行对外付款；也可指示开证行拒付，或者视不同情况采用变通办法。如同意改为货到检验后付款，凭受益人或议付行出具的担保书付款，由国外议付行通知发货人更正单据后再付款等。

根据《UCP 500》规定，无论开证行或保兑行（如有的话）或其他被指定银行决定拒绝接受单据，则必须在收到单据次日起 7 个银行工作日以内，以电信方式或其他快捷方式，通知寄单银行或受益人（如单据由受益人直接向银行提交），并说明银行据以拒收单据的所有不符合点，还须说明单据是否保留以待交单人处理，或退回交单人。

四、报关、纳税

根据海关法规定，进出境的货物必须通过设有海关的地方进境或出境，接受海关的监督。

进口报关是指进口货物的收货人或其代理人向海关交验有关单据，办理进口货物申报手续的行为。具体程序如下：

（一）申报

进口货物的收货人或其代理人在货物抵达卸货港后，应填写进口货物报关单向海关申报。法定申报时限为自运输工具申报进境之日起 14 日内，超过 14 日期限未向海关申报的，由海关自第 15 日起按日征收进口货物 CIF（或 CIP）价格的万分之五的滞报金。超过 3 个月未向海关申报的，由海关提取变卖。进口报关单位必须正确、如实填写报关单，瞒报、伪报或申报不实的，经查实将受法律制裁。

在申报前，还须交验的单据有：提货单，发票，装箱单，进口货物许可证，以及其他海关认为有必要提供的进口合同、厂家发票、产地证书、商检证书等其他文件。

(二)查验

海关根据申报人的申报,依法对进口货物进行查验。查验的目的是检查进口货物与报关单和进口许可证等随附单据是否相符。海关查验,一般是在海关监管区域内的仓库、场所进行。为加速验收,减少进口单位的运输费用,经进口单位的申请,海关也可派人到监管区域以外的地点,就地查验。与出口查验一样,海关查验货物时,进口货物的收货人或其代理人应当到场,并负责搬移货物,开拆和重封货物的包装。海关认为必要时,可以径自开验、复验或者提取货样。

(三)纳税

进口申报单位在收到海关税款缴款书后,应及时履行纳税义务。根据海关规定,纳税人应当在海关签发税款缴款书签发的次日起 7 日内(星期日和节假日除外),向指定的银行缴纳税款。逾期未缴的,将依法追缴并按滞纳天数按日征收欠缴款额的千分之一的滞纳金。

(四)结关

进口货物在办完向海关申报、接受查验、缴纳税款等手续后,由海关在货运单据上签字或盖章放行。收货人或其代理人持海关签字放行的货运单据在港区办理提取进口货物的手续。未经海关放行的货物,任何单位或个人不得提取。但对保税货物、来料加工、来件装配项下的进口货物,海关放行不等于结关,海关还将对进口货物进行后续管理,如核销、结案或补办进口或纳税等结关手续。在此之前,未经海关许可,不得出售、转让或移作他用。

图 20—3 为中华人民共和国海关进口货物报关单的一般格式。

中华人民共和国海关进口货物报关单

预录入编号: 海关编号:

进口口岸	备案号	进口日期	申报日期	
经营单位	运输方式	运输工具名称	提运单号	
收货单位	贸易方式	征免性质	征税比例	
许可证号	起运国(地区)	装货港	境内目的地	
批准文号	成交方式	运费	保费	杂费
合同协议号	件数	包装种类	毛重(千克)	净重(千克)
集装箱号	随附单据	用途		
标记唛码及备注				
项号 商品编号 商品名称、规格型号 数量及单位 原产国(地区) 单价 总价 币制 征免				
税费征收情况				
录入员 录入单位	兹声明以上申报无讹并承担法律责任	海关审单批注及放行日期(签单) 审单 审价		
报关员 单位地址 申报单位(签章)		征税 统计		
邮编 电话 填制日期		查验 放行		

图 20—3 中华人民共和国海关进口货物报关单的一般格式

五、商品检验

根据商检法规定，凡列入商检机构实施检验的种类表的进口货物和其他法律、行政法规规定须经商检机构检验的进出口商品，必须经过商检机构或者国家商检部门、商检机构指定的检验机构检验。进口商品未经检验的，不准销售、不准使用。因此，进口货物到货后，收货部门或其代理人必须在合同规定的期限内，向商检部门报验，报验时填写进口商品检验申请书，并随附进口合同、发票、装箱单、提单、报关单等必要单据，由商检机构在报关单上加盖“接受登记”的印章，海关凭报关单上的印章验放，然后，由商检机构实施或组织实施检验。检验合格的，出具检验情况通知单；检验不合格的，签发检验证书。收货人可持检验证书提请索赔。

检验一般在用货部门所在地进行，但下列情况，为了在有效期内及时检验，应在卸货港（地）申请检验：

(1)属于法定检验范围内的商品；

(2)合同规定在卸货港（地）检验者；

(3)合同规定货到检验后付款者；

(4)合同规定的索赔期限即将期满者；

(5)货物卸离装运工具时已发现残损或有异状，或提货不着等情况者。

在完成上述过程后，进口商就可将进口货物拨交国内用户。如果用户部门定在卸货港口接货，则进口商就地拨交，由进口商与用户结算。如果用户不在卸货港，则进口商安排国内运输，在约定的地点拨交，国内运输公司与进口商结算运费，进口商与国内用户办理结算手续。

附：进口商品检验申请单（附件6）

六、进口索赔

在进口工作中，常见的索赔对象有三个方面：

(一)向卖方索赔

凡属下列情况之一者，均可向卖方索赔：

(1)交货数量不足；

(2)货物品质、规格与合同规定不符；

(3)包装不良致使货物受损；

(4)未按期交货或拒不交货等。

索赔时应备齐足够的证据，其次根据不同情况随附其他凭证，如发票、装箱单、运输单据副本等。在索赔函件中，应提出充足的理由和索赔的具体要求，还必须在合同规定的索赔有效期内提出，过期无效。按照《公约》规定，如果买卖双方合同中没有规定索赔期限，而到货检验中不易发现货物的缺陷的，则买方行使索赔权的最长期限是自其实际收到货物起不超过2年。

(二)向承运人索赔

凡属下列情况之一者，均可向承运人索赔：

(1)交货数量少于提单所载数量；

(2)提单是清洁提单，但货物却有残损情况，并且是属于承运人过失造成的；

(3)货物所受损失，根据提单或租船合同的有关条款应由船方负责的。

索赔时，收货人必须交由港务局签发的理货报告及船长或大副签证的短缺或残损证明。按照国际惯例，向船公司索赔期限为货物到达目的港交货后1年之内，过期无效。

(三)向保险公司索赔

凡属下列情况之一者,均可向保险公司索赔:

(1)由于自然灾害、意外事故或运输途中其他事故致货物受损并且属于承保险别范围内者;

(2)船公司不予赔偿或赔偿金额不足抵补损失的部分,并且属于承保险别范围以内的。

索赔时应提交保险单、保险公司或其代理人的检验报告等,并随附索赔清单、发票、装箱单、提单副本等文件。向保险公司提出海运货损索赔的期限为被保险货物在卸载港全部卸离海轮后 2 年内。

进口方在提出索赔时,必须保持货物的原状并妥善保管货物。根据国际惯例,如果买方不可能按实际收到货物的原装归还货物,他就丧失宣告合同无效或要求卖方交付替代物的权利。此外,买方还必须按情况采取合理措施,保全货物。

复习思考题

一、名词解释

定税价格　　进口经营方案　　征一不征二

二、问答题

1. 进口交易前对市场行情和客户资信调研的内容分别是什么?一般如何进行调研?

2. 化工进出口公司自韩国进口精萘,已知下列条件,请计算税款。

品名:精萘(Refine Naphthalene)

单价:每公吨 USD980 CFR SHANGHAI

数量:500 公吨

保险费率:0.62%

关税税率:10%

增值税税率:17%

设外汇牌价为:USD100=RMB831.13～832.45

3. 试举例说明进口成本核算应考虑哪些因素?

4. 海关对违反进口许可证管理制度的行为有哪些处罚规定?

5. 进口交易磋商应注意哪些问题?

6. 信用证包括哪些内容?简述开证手续。

7. 简述 FOB 进口合同,我方办理报关、订船、投保、报验工作的主要程序。

8. 进口索赔对象有哪些?分别应注意哪些问题?

9. 简述进口履约的基本程序。

三、案例

上海某公司向日本某商进口一批钢材,货物分两批装运,支付方式为不可撤销即期信用证,每批分别由中国银行开立一份信用证。第一批货物装运后,日商在有效期内向银行交单议付,中国银行审单后,即向该商议付货款。上海公司在收到第一批货物后,发现货物品质与合同不符,因而要求开证行对第二份信用证项下的单据拒绝付款,但遭到中国银行拒绝。

思考:你认为中国银行的做法是否有理?(提示:信用证付款责任、索赔)

延伸读物:

中国(上海)自由贸易试验区

中国(上海)自由贸易试验区[China (Shanghai) Pilot Free Trade Zone],是中华人民共和国中央政府设立的第一个国家级自由贸易试验区，位于上海市，于2013年9月29日挂牌成立。该试验区是中华人民共和国启动新一轮改革开放的标志性试点。

上海自由贸易试验区位于上海东部的上海外高桥保税区等4个海关特殊监管区域内，面积有28平方千米。上海自由贸易试验区作为海关特殊监管区，是在自己的国土上设立的一个很小的区域，在此区域内实施特殊的关税政策，如货物进出免关税等。

与外高桥保税区相比，自由贸易试验区将大大提升服务贸易，使法律、会计、知识产权服务更加国际化，投资自由度大幅提升，外资可在园区设厂，可能带来更多资源。

建设中国(上海)自由贸易试验区，是顺应全球经贸发展新趋势，更加积极主动对外开放的重大举措，将成为撬动中国新一轮改革开放的支点。建设上海自由贸易试验区不仅能为上海乃至中国带来发展红利，其更重要的意义在于成为中国积极主动对外开放的"试验田"。

提出设想

中华人民共和国的海关特殊监管区域始于1990年上海外高桥保税区的设立，这是中华人民共和国首个保税区。到2011年为止，中华人民共和国共有102个海关特殊监管区域。中国的海关特殊监管区域是迈向自由贸易区的一种探索，与自由贸易区"境内关外"不同的是，中国的海关特殊监管区域属于"境内关内"。

2001年，中国加入世界贸易组织(WTO)。此后，保税区在保税、进出口经营权等方面的优势逐渐减弱。中国各地的保税区面临转型。

从全球经济角度看，2010年代初，全球多边贸易体制遇到不少困难，多哈回合贸易谈判未取得新突破，同时区域贸易协定则在加强，尤其是在美国推动的跨太平洋伙伴关系协议(TPP)谈判中，中国有受到边缘化的危险。同时，发展中国家利用外资方面的政策竞争正在不断加剧，中国的成本要素优势逐渐下降，资本外移苗头出现。

从中华人民共和国国内看，在绝对优势下降的同时，政府管理效率也处于停滞。中国沿海可用的政策都已用完，这些政策在向中国中西部地区推进后，东部沿海地区吸引力下降，没有新增长点，原有模式已经不可持续。东部沿海地区需要创新，但创新急需动力以及相应的政策环境。在这种背景下，中国必须推动新一轮改革和开放，从对外开放和对内改革上寻找推动力。设立自由贸易试验区作为中国推动新一轮改革开放的"试验田"便成为中央的选择。

另一方面，上海市的经济则在2000年代末持续下滑。2011年，上海市GDP增速8.2%，在全国各省区市排名倒数第二；2012年，上海市GDP增速为7.5%，位居全国各省区市最后一名。除了经济大环境的影响之外，上海市主动对落后产能进行淘汰也是部分原因。增长放缓的上海市在不断寻找新的增长动力。2010年以后，中央先后批复上海市为国际金融中心、国际贸易中心、国际航运中心、国际物流中心(即"四个中心")。"四个中心"被视作政策红利，但上海市缺乏可以承接政策创新的载体，建设一个自由贸易区遂成为上海市的期望。

2013年1月1日，上海市在《上海市推进国际贸易中心建设条例》中第一次提出要在上海市"探索建立符合国际惯例的自由贸易园区"。同年2月28日，上海市颁布了《临港"双特"30条实施政策》，探索和实施不同于其他地区的特殊体制，以增强区域发展自主性，调动区域发展积极性。

2013年3月底，新任国务院总理李克强在上海市调研期间，考察了上海外高桥保税区，并且表示鼓励上海市在现有的上海综合保税区基础上，研究成立一个自由贸易试验区。据上海市市长杨雄透露，李克强在此次调研中一再问他，"上海市是否要改革？"杨雄态度坚决地回答，"上海市没有要政策，上海市要改革。"2013年4月18日，上海市商务委员会办公室主任邓福胜对媒体证实，上海市正配合中央有关部委制定《上海自由贸易园区建设总体方案》。同年5月14日，该自由贸易区项目获得了国家层面的立项。5月下旬，浦东自由贸易区试点方案经上海市人民政府讨论肯定之后，上报中央有关部门，进入会签阶段。

2013年上半年，中华人民共和国商务部、上海市人民政府会同国务院有关部门拟定了《中国(上海)自由贸易试验区总体方案》(草案)，上报国务院审批。

上海市最初希望将整个浦东新区全部纳入自由贸易试验区的范围。但由于区域太大，管理难度会加大，所以最后决定先进行小面积试验，待经验成熟后再逐步推开。

2013年8月22日，中华人民共和国商务部网站发布消息称，“近日，国务院正式批准设立中国(上海)自由贸易试验区。试验区范围涵盖上海市外高桥保税区、外高桥保税物流园区、洋山保税港区和上海浦东机场综合保税区4个海关特殊监管区域，总面积为28.78平方千米。”

2013年8月30日，第十二届全国人民代表大会常务委员会第四次会议通过《全国人民代表大会常务委员会关于授权国务院在中国(上海)自由贸易试验区暂时调整有关法律规定的行政审批的决定》，“对国家规定实施准入特别管理措施之外的外商投资，暂时调整《中华人民共和国外资企业法》、《中华人民共和国中外合资经营企业法》和《中华人民共和国中外合作经营企业法》规定的有关行政审批(目录附后)。上述行政审批的调整在三年内试行，对实践证明可行的，应当修改完善有关法律；对实践证明不宜调整的，恢复施行有关法律规定。”该决定自2013年10月1日起施行。

2013年9月29日，“中国(上海)自由贸易试验区”正式挂牌成立。中共中央政治局委员、中共上海市委书记韩正为“中国(上海)自由贸易试验区”揭牌，商务部部长高虎城和中共上海市委副书记、市长杨雄共同为“中国(上海)自由贸易试验区管理委员会”揭牌。同时，国家有关部门和上海市领导还为第一批入驻该试验区的企业及金融机构代表颁发证照。

总体方案

2013年9月18日，《国务院关于印发中国(上海)自由贸易试验区总体方案的通知(国发〔2013〕38号)》发布，正式印发了《中国(上海)自由贸易试验区总体方案》。

总体方案强调，“建立中国(上海)自由贸易试验区是党中央、国务院作出的重大决策，是深入贯彻党的十八大精神，在新形势下推进改革开放的重大举措。”“试验区肩负着我国在新时期加快政府职能转变、积极探索管理模式创新、促进贸易和投资便利化，为全面深化改革和扩大开放探索新途径、积累新经验的重要使命，是国家战略需要。”

经过两至三年的改革试验，加快转变政府职能，积极推进服务业扩大开放和外商投资管理体制改革，大力发展总部经济和新型贸易业态，加快探索资本项目可兑换和金融服务业全面开放，探索建立货物状态分类监管模式，努力形成促进投资和创新的政策支持体系，着力培育国际化和法治化的营商环境，力争建设成为具有国际水准的投资贸易便利、货币兑换自由、监管高效便捷、法制环境规范的自由贸易试验区，为我国扩大开放和深化改革探索新思路和新途径，更好地为全国服务。

总体方案规定“试验区的范围涵盖上海外高桥保税区、上海外高桥保税物流园区、洋山保税港区和上海浦东机场综合保税区4个海关特殊监管区域，并根据先行先试推进情况以及产业发展和辐射带动需要，逐步拓展实施范围和试点政策范围，形成与上海国际经济、金融、贸易、航运中心建设的联动机制。”

总体方案规定的该试验区的主要任务和措施包括：加快政府职能转变(深化行政管理体制改革)，扩大投资领域的开放(扩大服务业开放、探索建立负面清单管理模式、构筑对外投资服务促进体系)，推进贸易发展方式转变(推动贸易转型升级、提升国际航运服务能级)，深化金融领域的开放创新(加快金融制度创新、增强金融服务功能)，完善法制领域的制度保障(完善法制保障)。在营造相应的监管和税收制度环境方面，该试验区要创新监管服务模式(推进实施“一线放开”、坚决实施“二线安全高效管住”、进一步强化监管协作)，探索与试验区相配套的税收政策(实施促进投资的税收政策、实施促进贸易的税收政策)。

中央经济改革的“试验田”

自由贸易试验区或将成为中国主动开放市场，尤其是开放服务市场和资本市场的先行者。此前，国务院总理李克强在上海考察期间为自由贸易试验区划定了范围。李克强表示鼓励支持上海积极大胆探索，在自由贸易试验区内进一步扩大开放，推动完善开放型经济体制机制。

而上海自由贸易试验区这一试验性的功能在官方消息中亦得以明确，国务院常务会议消息称，要“防范各类风险，推动建设具有国际水准的投资贸易便利、监管高效便捷、法制环境规范的自由贸易试验区，使之成为推进改革和提高开放型经济水平的‘试验田’，形成可复制、可推广的经验”。

上海将获得更多制度红利

对于上海而言，自由贸易试验区获批推行，获得机会的不仅是贸易领域，对于航运、金融等方面均有“牵一发而动全身”的作用。

(1)将使上海突破已有的条框,放宽税收、外汇使用等优惠政策,有利于跨国公司内部的全球调拨,会有更多的金融机构在上海注册开业。

(2)自由贸易试验区的推进将使得海上保险等航运服务业务在上海得以培育和集中,解决航运中心建设中金融支持的问题,这将使得上海获得更多的制度红利。

(3)国务院2012年年底批复同意,自2013年1月1日起,经浦东和虹桥国际机场中转第三国的45个国家外籍旅客将享受72小时过境免签政策,再加上自由贸易区的项目,自贸区将有望成为贸易和购物零关税的自由港。

(4)免税和自由港将有利于吸引高端制造业,而贸易区将有利于吸引更多的加工、制造、贸易和仓储物流企业聚集,叠加中国的产业升级。因此,自由贸易区对于物流的集聚效应将更加显著。

资料来源:http://news.so.com/ns? q。

思考:分析上海自由贸易区的历史意义和经济效益。

第二十一章

国际贸易方式

国际贸易方式是指国际间进行货物买卖所采取的交易做法。随着国际贸易的发展,国际贸易买卖的交易做法越来越多,出现了许多适应时代发展的灵活的贸易方式。此外,随着现代信息技术的发展以及计算机在各国企业中的普及,贸易无纸化的趋势越来越明显,尤其是近年来,电子商务的发展异常迅猛,从各个方面改变着贸易的实现方式。

第一节　传统的国际贸易方式

一、包销

(一)包销的含义与特点

包销是指出口商通过与国外包销商签订包销协议,给予国外包销商在一定时期和指定地区内包销销售某种或某类商品的独家专营权利,采取由包销商承购后自行推销的方式。

包销方式的特点是:出口人与包销人是属于售定性质的买卖关系,货物由包销人购买,自行销售,自负盈亏,包销人承担亏损的风险。它与一般单进单出方式的区别在于包销人在一定时期和一定地区之内享有独家专营权,包销人享有这项权利是通过出口人与包销人签订的包销协议来实现的。

包销协议是指出口商与包销人签订的规定包销方式下双方权利与义务的书面文件,具有法律效力。包销协议有两种订立方法:一种是仅规定出口人与包销人的一般权利与义务,具体的包销货物数量、金额、价格、交货等内容尚需通过订立买卖合同约定;另一种包销协议即为买卖合同,在合同中规定给予国外商人独家专营的权利。这种形式多为成交数额较大、合同期限较长的业务。

(二)包销方式下应注意的问题

包销方式下应注意以下问题:

(1)应注意避免进口商不适当地运用包销方式,即存在着包销人包而不销或依赖出口商,导致出口受阻的风险。

(2)避免包销商利用垄断地位,操纵价格,控制市场的可能性。因此,出口商应注意选择有经营能力和资信较好的国外商人作为包销商。在实践中可以先以“独家发盘”逐步向包销过渡。

(3)采用包销方式,若处理不当,则会触犯有关国家的反垄断法律。

二、商业代理

(一)商业代理的含义

商业代理(Business Agent)是指委托人(Principal)即出口人授权代理人(Agent)代为出口人向第三者办理与货物买卖有关的事宜。代理人根据这种委托代理权,并以委托人的名义进行业务活动,出口人则根据代理协议承担责任。在代理方式下,委托人都给代理人在特定地区和一定时间内代销指定货物的权利。委托人与代理人之间是委托代销关系,代理商有积极推销货物的义务和享有收取佣金的权利。商业代理在国际贸易中使用比较广泛。

(二)商业代理的种类

商业代理按委托人对代理人授权之大小,代理方式可分为独家代理、一般代理和总代理等。

1. 独家代理

独家代理(The Exclusive Agency or Sole Agency)是指委托人给予代理商在一定区域和一定时间内享有代销指定货物的专营权。只要在一定区域和规定的时间限制内做成了该项货物的交易,除双方另有约定的外,无论是由代理商做成,或者是由委托人直接签订买卖合同,代理商都可按成交金额提取佣金。

2. 一般代理

一般代理是指除代理商不享有独家代理的专营权外,其他内容和独家代理相同。即委托人在一定区域和一定期限内选定一家或几家代理商作为一般代理商,根据推销货物的实际金额付给代理商佣金。委托人直接成交的金额不向代理商支付佣金。有人称这种代理是“佣金代理”。除个别情况外,代理商与委托人的关系是做一笔交易谈一笔交易,并不需要双方签订协议。

一般代理与独家代理的主要区别有两点:一是独家代理商享有独家专营权,而一般代理商则不享有这种权利;二是独家代理商收取佣金的范围,既包括招揽生意介绍客户成交的金额,也包括委托人直接成交的金额,一般代理商收取佣金的范围只限于介绍生意成交金额,委托人直接成交的则不另付佣金。

3. 总代理

总代理(General Agency)是指代理商在指定区域不仅享有独家代理的权利,还代表委托人进行全面业务活动,甚至包括非商业性质的活动。总代理人(General Agent)实际是委托人在指定地区的全权代表,但与代表还有不同之处:代理人的行为,就其效果直接归于委托人,而代表的行为则视为委托人的行为。

(三)独家代理与包销的区别

独家代理与包销的区别主要是:

(1)代理是委托代理关系,双方当事人的关系是委托与代理关系;包销是买卖关系,双方当事人的关系是货主对买主的关系。

(2)代理是由代理商根据委托人规定的交易条件在约定的地区内推销商品,招揽订单,收取佣金，不占用自己的资金，不承担经营风险；包销是包销商以自己的名义买进货物，自购自销，自负盈亏，自己承担货价涨落等经营风险。

(3)代理商介绍买主后，由实际买主向委托人开立信用证或支付货款；包销商买进商品后，自开信用证或以其他方式自行负责支付货款。

三、寄售

(一)寄售的含义和做法

寄售是一种委托他人代为销售的贸易方式。在国际贸易中，其具体做法是：出口商(寄售人)同国外客户(代售人)签订寄售合同，出口商先将寄售商品运送给国外代售人，由代售人按照合同规定的条件和办法，代替货主在当地市场进行销售。货物销售后，由代售人扣除佣金及其他费用后，按合同规定的办法汇交寄售人，因此是一种先出口后售货的贸易方式。

寄售业务的特点是先凭协议出运货物，后成交销出。寄售人与代售人不是买卖关系，而是委托代售关系。寄售人在货物出售前，对货物具有所有权。按照一般情况，代售人对货物的风险和可能产生的费用不承担责任。但在实际业务中，有的寄售协议规定货物在国外的费用、风险由代售人承担。在此情况下，付给代售人的报酬就会相应提高。寄售货物的作价方法可由双方协商；或采用规定最低限价的办法；或随行就市由代售人掌握；或双方规定结算价格，代售人有权决定售价等。究竟采用哪种方法，应视货物特点和市场情况而定。有时为了保证安全收汇，寄售人将货物发给当地资信好的银行，由银行掌握付款提货；也有的寄售人要求代售人提供银行出具的担保代售人支付货款的银行保证函。

(二)采用寄售方式应注意的问题

采用寄售方式应注意以下问题：

(1)选好寄售地和代售人。在寄售前必须对寄售地的市场情况，当地政府的有关对外贸易政策、法令、运输仓储条件以及拟委托的代售人的资信情况、经营作风等做好调查研究。

(2)对寄售货物的存放地点做好安排。一般有这样几种办法：一是直接运交代销人存栈出售；二是先存入关栈，随售随取；三是将货物运进自由港或自由贸易区存放，确定买主后再行出运；四是直接将货物发往国外资信好的银行，由银行负责售货付款。

(3)寄售货物存放海关仓库时，要注意存放期限。一般海关仓库的存放期限比较短，逾期有被拍卖的危险。

(4)签好寄售协议，保证货、款安全。在协议中对货物的所有权、代售人的责任和义务、决定售价的办法、货款的结算、各项费用的负担、佣金的支付等都应作出明确的规定。

四、拍卖

拍卖是指专营拍卖业务的拍卖行在规定的时间和地点，按照一定的章程和规则，将货物向买主展示后，由买主相互出价竞购，最后由拍卖人将货物卖给出价最高的买主的一种贸易方式。

拍卖是国际贸易中较为古老的一种方式，是一种实物交易。通过拍卖进行交易的商品一般是一些品质规格不易标准化的商品，如皮毛、烟草、茶叶、香料、木材等；某些易腐坏不能长期保存的商品，如水果、蔬菜、花卉、观赏鱼等；某些贵重商品或习惯上采用拍卖的商品，如贵金属、首饰、地毯、古董及其他艺术品。某些商品，如水貂皮、澳洲羊毛，大部分是通过拍卖方式进行交易的，它所形成的价格，对这些商品的行市有很大的影响。

拍卖的形式包括增价拍卖、减价拍卖、密封递价拍卖。

(1)增价拍卖。也称为买方叫价拍卖,是最常用的一种拍卖方式,即由拍卖人宣布该项商品的预定最低价格,然后由竞买者竞相加价,有时规定每次加价的金额限度,直至竞买者不再加价时,拍卖人击槌表示成交,将这批商品卖给最后出价最高的人。在拍卖时,非经允许,卖主不能参加叫价。

(2)减价拍卖。也称为卖方叫价拍卖,或称荷兰式拍卖,即由拍卖人提出一批货物,并喊出最高价格,然后逐渐减价叫价,直到有人表示接受承购为止。减价拍卖方式成交较迅速,常用于鲜活商品和水果、蔬菜等的拍卖。

(3)密封递价拍卖。又称招标式拍卖,即由拍卖人公布每批商品的详细情况和拍卖条件,然后由买主在规定的时间和地点将自己的出价密封递交拍卖人,拍卖人经过比较,将货物卖给最适合的买主并公布买主姓名。这种方法不是公开竞买,拍卖人有时要考虑价格之外的其他因素,一些国家的政府或国际组织处理没收货物或组织出售物资时常用这种方法。

第二节　灵活的国际贸易方式

一、展卖

展卖是利用展览会和博览会的形式出售商品,将展览与销售结合起来的贸易方式。国际博览会是一种以国家组织形式在同一地点定期由有关国家或地区的厂商举行的商品交易方式。国际展览会则不定期举行,通常是展示各国在产品及科技方面所取得的新成就。

(一)展卖的形式

(1)通过签约的方式将货物卖断给国外客户,由客户在国外举办展览会或博览会,货款在展后结算。

(2)由货主与国外客户合作,在展卖时货物所有权仍属于货主,并由货主决定价格,货物出售后,国外客户收取一定佣金或手续费作为补偿。展卖结束后,未售出的货物折价处理或转为寄售。

(二)展卖的特点和作用

展卖方式是一种灵活的贸易方式,可由货主自己举行,也可由货主委托他人举办。在国际贸易中,展卖可在国外举行,也可在国内举行。

当代的国际博览会和展览会不仅是一个商品交易场所,而且更多地具有介绍产品和新技术、广告宣传和打开销路的性质。参加展卖的各国商人除参加现场交易外,还大力地进行样品展览和广告宣传,以求同世界各地建立广泛的商业关系。

二、商品交易所的期货交易

(一)期货交易的含义

期货交易是一种特殊的交易方式。期货合同由交易所预先制定,对价格和交货期以外的各项交易条件进行统一规定。买卖双方在交易所进行交易时,只需商定价格、交货期、合同份数即可成交。期货合同交易并非实物买卖,一般不涉及货物所有权的转让,而只是期货合同所有权的转让,只是约定在一定期限内办理交割,并且通常在约定期到来时双方并不办理实际交割,而是支付或取得自签订合同之日与履行合同之日之间的价格差额。

(二)期货交易与现货交易的区别

现货交易分为即期交货与远期交货,买卖双方可以任何方式、在任何地点和时间进行实物交割,卖方必须交付实际货物,买方必须接受实际货物,支付货款。期货交易与现货交易的主要区别是:第一,现货交易买卖标的物是实际货物,而期货交易买卖标的物是商品交易所制定的标准期货合同。第二,现货交易成交的时间与地点由买卖双方自行确定达成交易,期货交易只能在商品交易所内,按交易所的规则、开市时间进行交易。第三,现货交易的双方在政策和法律允许的范围内,按“契约自主”原则签订买卖合同,合同条款是双方订立的,局外人不清楚其内容。期货交易是在公开、多边的交易所内,通过减价或竞争的方式达成的,其合同条款是标准化的,公众是清楚的。第四,现货交易的卖方应按合同交付实际货物,买方按合同规定接受货物,支付货款。期货交易的双方不一定交割实际货物,而是支付或取得自签订合同之日与合同履行之日的价格变化的差额。第五,在现货交易中,买卖双方达成交易构成直接见面的货物买卖的法律关系。而期货交易的双方并不互相见面,合同履行也不需要双方接触,由清算所替代通过有交易所会员资格的期货佣金商负责买卖和履行合同。第六,现货交易通过实物交割转移货物所有权。参加期货交易的人可以是任何企业或个人,目的也不同,有的是为了进行套期保值,有的是为了在期货市场上套取利润,有的专门从事买空卖空的投机生意。

三、补偿贸易

(一)补偿贸易的含义

补偿贸易是指在信贷的基础上,从国外企业购进机器、设备、技术和各种服务等,约定在一定期限内,待项目投产后,以该项目生产的产品或其他货物或劳务或双方约定的其他办法偿还贷款。由于进口机器设备的企业偿还贷款本息采用补偿办法,故称为补偿贸易。

补偿贸易是20世纪60年代末70年代初逐渐发展起来的一种贸易方式。目前,它在国际贸易中已被发展中国家、东欧各国与西方发达国家之间的贸易所采用,并具有一定的发展规模。

补偿贸易的主要特点是:第一,贸易与信贷相结合。购进机器设备的一方是在对方提供贷款的基础上购进所需要的货物。第二,贸易与生产相联系。补偿贸易双方是互相关心、互相联系的,出口方往往关心工程项目的进展和产品生产情况,进口方也关心产品在出口国家和其他市场的销售情况。第三,设备进口与产品出口相联系。补偿贸易在多数情况下是利用其设备制造出来的产品进行偿还,一般不动用外汇。第四,补偿贸易双方是买卖关系。设备进口方不仅承担支付货款的义务,而且承担付息的责任,对机器设备或其他原材料具有所有权和使用权。

(二)补偿贸易的种类

补偿贸易的种类和形式众多,主要有以下几种:

(1)直接产品偿付,或称产品返销。这种方式是指出口机器设备的一方在签订出口合同时,必须承担按期购买一定数量的由其提供的机器设备生产出来的产品进行偿还,即购买直接产品的义务。进口的一方用直接产品分期偿还合同价款。这种补偿贸易的方式一般适用于购买机器设备和技术贸易。

(2)间接产品偿付。如果进口机器设备或技术制造的产品并非对方需要或进口方国内有较大需要或进口机器设备不是生产有形产品等,经双方约定,可由进口方承诺分期供应一种或几种其他非直接产品进行补偿。

(3)部分产品和部分现汇偿付。进口机器设备和技术的一方可以用直接产品或间接产品偿还部分价款,其余用现汇来偿付,也可利用贷款进行偿付。

(4)通过第三国偿还。有时进口设备的一方,可提供的产品在出口机器设备的国内没有竞争力,或者该国对这些产品的进口实施限制,返销产品可以在第三国市场销售或由第三国购买转销其他市场。这种方式负责产品返销的商人往往不是提供机器设备或技术的一方,而是第三者,所以也称"三角补偿贸易"。

(三)采取补偿贸易方式时应注意的问题

(1)要注意把购买机器设备同返销产品密切结合起来,做到购买或引进合理、可行,补偿有利,经济效益好,偿还期限短。返销产品的规格、标准、数量及价格应在合同中予以明确规定。

(2)要注意购买机器设备的同时,引进专利或专有技术,提高我国科学技术水平。有些采用补偿贸易方式的工厂企业只考虑购买机器设备,忽视了引进软件技术这一重要内容。外商一般不愿意转让其先进的技术,我们可以购买机器设备为前提,在谈判时争取获得一定的先进技术。

(3)要注意使用对双方都有利的支付方式。补偿贸易的显著特征是要利用外资,必须先使用外国的机器设备后付本息。如果规定使用的支付方式违背了这个原则,就脱离了补偿贸易的初衷。同时,还要保证收汇及时、安全,避免外汇风险。

(4)选择补偿贸易项目要切实可行,注意经济效益。要选择生产型的项目,保证返销数量,企业要自身达到外汇平衡。一定要做好采用补偿贸易前期各项准备工作,对经济效益进行准确、合理的论证和评估。

(5)在补偿贸易合同中要明确双方的权利、义务和责任。在合同中除一般规定双方的权利与义务之外,还要约束对方按时履约发货和购买返销产品,并对其不履约应有一定的补救约束措施,防止因对方不履约和不按时履约给我方造成的损失。

(6)选择资信好的外商作为合作对象。补偿贸易的合作对象资信如何对我们是十分重要的,因此,除要求对方有一定的资金和信誉外,还应有一定的资金融通能力。因为提供机器设备金额较大,需要自身贷款,如果资金融通渠道狭窄或能力较差,双方的合作前景是不会好的。

四、加工贸易

加工贸易是一国通过各种不同方式进口原料、材料或零部件,利用本国的生产能力和技术,加工成成品后再出口,从而获得以外汇体现的附加价值。

(一)加工贸易的方式

加工贸易是以加工为特征的再出口业务,其方式多种多样,常见的加工贸易有:

(1)进料加工。也称以进养出,是指用外汇购入国外的原材料、辅料,利用本国的技术、设备和劳动力,加工成成品后,销往国外市场。在这种业务中,经营的企业以买主的身份与国外签订购买原材料的合同,又以卖主的身份签订成品的出口合同。两个合同体现为两笔交易,它们都是以所有权转移为特征的货物买卖。进料加工贸易要注意所加工的成品要在国际市场上有销路,否则进口原料外汇很难平衡。从这一点看,进料加工要承担价格风险和销售风险。

(2)来料加工。指加工一方由国外另一方提供原料、辅料和包装材料,按照双方商定的质量、规格、款式加工成成品,交给对方,自己收取加工费。有的是全部由对方来料,有的是一部分由对方来料,剩余部分由加工方采用本国的原料、辅料。此外,有时对方只提出样式、规格等要求,而由加工方使用当地的原料、辅料进行加工。这些做法统称为"来料加工"。

(3)来件装配。指由一方提供装配所需设备、技术和有关元件、零件，由另一方装配成成品后交货。来料加工和来件装配业务包括两个贸易进程：一是进口原料或零部件，二是产品出口。但这两个过程是同一笔贸易的两个方面，而不是两笔贸易。

(4)协作生产。指一方提供部分配件或主要部件，而由另一方利用本国生产的其他配件组装成产品出口。商标可由双方协商确定，既可用加工方的，也可用对方的。所供配件的价款可在货款中扣除。协作生产的产品一般规定由对方销售一部分或全部，也可规定由第三方销售。

(二)加工贸易的特点

(1)如果来料、来件、来图、来样不作价由国外厂商提供，其所有权属于国外厂商，加工装配方只有使用权；如果来料、来件、来图、来样由加工方购买，其所有权属于加工方，但国外厂商提供的机器设备除外。加工方必须保证成品与原材料、辅助材料和包装材料之间的比例关系。

(2)如果对来料、来件、来样等不作价，国外厂商应对上述内容和提供机器设备承担风险。如果国外厂商委托加工方代为投保，必须明确保险范围和期限，并将保险费计入加工成本或另外支付。

(3)加工贸易能够使贸易与生产紧密结合，互相联系。国外厂商既是提供原材料、零部件的厂商，又是接受或购买制成品的客户。国外厂商按合同规定及时提供原材料或零配件；加工装配方按合同规定的时间提供制成品，从而使贸易与生产有机联系。

(4)手续方便，形式比较灵活，协议双方可根据需要和可能，相互配合，发挥各自的优势。

(三)加工装配工缴费标准的确定

加工装配业务无论来料来件作价与否都涉及工缴费问题。加工装配方收取工缴费是加工装配贸易的一个显著特点，如何确定工缴费标准是一个非常重要的问题。

制定合理的工缴费标准不能以国内加工水平来确定，而应以国际上同行业或相似行业的加工水平来确定。例如，对港澳地区开展加工装配业务时，工缴费的标准原则上应略低于港澳地区的工缴费水平，使他们有利可图，我们也不吃亏。

从事加工装配业务的生产企业，还应按照国内加工水平核算加工产品的成本，并与工缴费比较，以确定项目的可行性。加工装配生产企业，不仅要考虑外汇收入，还要注意成本核算，计算人民币是否亏损。

在由国外厂商全部提供原材料和零部件的情况下，计算工缴费时，要包括工人和管理人员的工资、生产费用、折旧费、管理费、手续费、税金；如果使用我方商标，还要包括商标费；如果为加工装配业务成立新企业，还应包括企业注册登记费。如果外商提供的是部分原材料和零部件，我方补充的原材料和零部件的费用应包括在工缴费之内。

在研究来料加工是否可行时，一般要计算以下两个指标：

1. 工缴费盈亏率

工缴费盈亏率是计算工缴费外汇增值额占收取工缴费的百分比。其计算公式是：

$$\text{工缴费盈亏额}=\text{外汇增值额}-\text{工缴费}$$

$$\text{工缴费盈亏率}=\frac{\text{工缴费盈亏额}}{\text{工缴费}}\times 100\%$$

2. 工缴费换汇率

其计算公式是：

$$\text{工缴费换汇率}=\frac{\text{工缴费(人民币)}}{\text{外汇增值额(外币)}}\times 100\%$$

(四)采用加工装配方式时应注意的问题

(1)在加工装配贸易中,国外厂商往往提供商标,要注意商标的合法性。为了避免因第三者控告侵权造成被动,可以在加工装配协议中规定:“乙方(委托方)提供的商标保证具有合法性,如果有第三者控告加工装配产品的商标侵权,概由乙方与第三者交涉,与甲方无关,同时应承担由此给甲方造成的损失。”

(2)加工装配业务法律性较强,有关来料、来件一定要按照我国政策规定办理,并按有关法律办理。

(3)防止国外厂商只来料、来件,不购买成品,或借故产品质量不合格等拒绝返销现象出现。对此可以采取由国外厂商出具银行保函,或者采取“先收后付”的办法。

(4)加工装配收入,要在银行单独开立账户,单独结汇,以利于考核该企业经营活动成果。有关开立账户、支付方式、结汇办法和信贷管理等方面问题,应按国家有关规定办理。

(5)选择加工装配项目要适当,不能与我国正常向返销国家出口货物品种相冲突,更不能以加工装配的产品顶替正常销售产品的配额。

第三节 信息时代的国际贸易方式

随着科学技术的发展,计算机与信息技术逐渐渗透到各行各业,引起了生产方式的根本改变。EDI 便是计算机及通信网络技术在经济管理领域的应用,从而产生了“国际贸易无纸化”趋势。近年来,伴随着现代信息技术的发展,以国际互联网(Internet)为媒介进行的商务活动在全球范围逐渐兴起,在发达国家,电子商务(Electronic Commerce)发展尤其迅猛。电子商务的发展极大地改变了传统的国际贸易方式,对国际贸易的发展起着重要的作用。

一、基于 EDI 的电子商务活动

(一)EDI 的含义

EDI 是 Electronic Data Interchange 的首字母缩写,意为“电子数据交换”,是指通过电子计算机联机或网络化把根据统一标准格式编制的各种信息、数据在国际和国内有关企业和部门之间进行传递和交换的一种先进电子通信手段和技术。EDI 在商贸领域的应用,是指在有关商业机构之间,在电子计算机系统的支持下,通过电子通信手段传输和自动处理结构化数据。与 EDI 关联的机构涉及销售、生产、运输、仓储、金融、海关、保险、政府等众多领域。结构化的数据涉及各类单证,如询价单、报价单、变价通知、订货单、发货单、发货通知、提货单、装箱单、货运单、进出口许可证、产地证书、报关单、信用证、付款单、保险单等。EDI 以电子方式在贸易伙伴以及相关单位间传输上述贸易文件和单据,实现了无纸贸易,是一种新型的贸易方式和商务手段。

(二)EDI 的特点

EDI 是一种全新的通信技术和信息处理方式,与其他通信方式和贸易处理方式是有根本区别的,具有以下特点:

1. EDI 是用电子方法传递信息和处理数据的

EDI 一方面用电子传输的方式取代了以往纸单证的邮寄或递送,从而提高了传输效率;另一方面通过电脑处理数据代替人工处理数据,从而减少了差错和延误。

2. EDI 是采用统一标准编制数据信息的

要使各相关部门、企业的计算机能识别和处理有关电子单据，就必须采用统一的格式，特别是在国际贸易中，各国均需严格按照公认的国际标准制作各种电子单证。

3. EDI 是电脑程序之间的连接

EDI 实现的是电脑应用程序与电脑应用程序之间的信息传递和交换。由于电脑只能接受给定程序识别和接受信息，所以电子单证必须符合标准格式并且内容完整准确。

4. EDI 系统采用加密防伪手段

EDI 系统一般采用加密措施和核实程序来防止电子信息在传递过程中被泄密或修改，也采取一些其他措施严格限制 EDI 设备的使用范围，这些措施包括可靠性代码、口令、灵辨卡(Smart Cards)等，有助于防止 EDI 设备的非法操作使用。

(三)EDI 在商贸领域中的作用

1. 大幅降低了交易成本

由于 EDI 以电子单证取代了传统的纸单证，并建立了完善的信息传输和处理系统，企业节省了人力、物力、财力，降低了交易成本。具体体现在这样几个方面：(1)节省了纸单证的制作费用；(2)降低了人事成本；(3)降低了库存成本；(4)减少单据差错造成的损失；(5)缩短收款时间，加快资金周转，节省利息支出。

2. 大大提高了工作效率

通过 EDI 计算机网络，业务人员足不出户，就可以办理订货、报关、投保、租船订仓、结汇等有关业务手续，大大节省了时间，提高了工作效率。同时也缩短了交易周期，推动了贸易规模的扩大。EDI 把企业的经理和业务人员从繁琐的程序性工作中解放出来，专心研究企业发展和开拓业务范围，提高企业经营决策的科学性和管理效率。

3. 扩大了客户关系，巩固了竞争地位

EDI 作为一种先进的通信手段，在发达国家和部分发展中国家已得到广泛应用，能否使用这种技术并加入国际 EDI 网络，关系到企业能否获得更多的贸易客户及能否巩固与已有客户的贸易关系。由于 EDI 技术的优越性，绝大多数掌握 EDI 技术的商家都愿意与其他采用 EDI 方式的商家进行贸易往来，而不愿意采用旧的贸易做法。

二、基于互联网的电子商务活动

EDI 费用之高人人皆知，况且架设起来相当复杂，从而实际上将数以百万计的小企业拒之门外。而且 EDI 缺乏灵活性，它只能传送严格地格式化了的电子文件，如订购单和发票。相比之下，在互联网上运行的电子商务可让企业非常便宜地交换各种数据。因此，有了互联网以后，小企业也可以使用电子商务了。

开展该电子商务活动，一般包括以下几个程序：

(1)公司在互联网上设立自己的网页，通过它向顾客及全世界提供信息。发布的信息种类包括产品品种、公司介绍及有关信息，还应包括有助于客户更多地了解该公司的内容等。网页需要在企业文献、经营卡片、产品包装和其他形式的广告中加以引用。仅有网页并不能保证人们对它的访问，企业可以用有趣的信息、笑话、动画片、免费赠送以及提供相关资料等内容作为“主页”的诱饵，增加企业网页的被访问次数，并积极考虑如何才能使访问者成为可能的客户。

(2)进行网络营销。网络营销是指利用互联网技术，最大程度地满足顾客需求，以达到开拓市场、增加盈利目标的经营过程。其实质是客户需求管理，利用互联网对售前、售中及售后个环节进行跟踪并满足顾客需求。

(3)进行电子贸易(E-trade)。电子贸易是指在贸易过程中,利用互联网技术取代以往传统的交易方式,以提高效率,降低成本,增加利润。例如,在交易的磋商阶段,就可以用电子邮件来代替传统的函电。这样不仅可以节约时间、提高效率,还可以在很大程度上降低成本。为了加强电子邮件的保密性,可以采用数字签名加密邮件。谈判结束后,双方可以在磋商的基础上以书面文件和电子文件的形式签订贸易合同。在交易中,买卖双方可以利用网络技术和交易中要涉及的有关各方(即中介、银行、保险、税务运输等)进行各种电子票据和电子单证的交换。

三、EDI 与互联网的融合

在电子商务的具体应用中,EDI 和互联网各具特色,但同时也都具有局限性。互联网是一种开放型网络,因此建立客户关系及完成交易活动简便,但安全保密性差,需要解决网上安全传送及支付、保护知识产权和客户隐私问题。而 EDI 作为一种封闭型网络,安全性较强,但发展客户不方便,且架设起来需要较大的人力、物力和财力,在应用中还必须雇用专业人员来处理复杂的数据格式标准,其成本相对较高。但 EDI 网络带来的许多专业化的增值服务在互联网上是没有的。如果企业能充分利用这些增值服务,那么通过利润的更快增长来抵消成本的相对不利是完全可以做到的。

由此可见,如能将 EDI 和互联网结合起来,各取其优,互相融合,可以大大加快电子商务的推广应用。像 GEIS、Harbingers 和 Sterling 商务公司这样的 EDI 提供商,往往加装了“WebEDI”服务项目,可把大宗买主的采购订单转换成互联网格式,以便较小的供货商也可通过互联网获得订单。例如,每年花不到1 000美元就可加入通用电气公司的贸易网(Trade Web)。这一收费十分便宜,所以已有多家小型供应商签字加入了。

目前,许多国际组织、政府机构、私人企业正在积极研究利用互联网发展 EDI 的保密方法和操作技术。1996 年,Netscape 公司与 EDI 技术的主要推广者美国通用电气公司信息服务部合作建立一家企业 Actra Business Systems,并于 1997 年 3 月开发出一项新应用软件,可使 EDI 系统与互联网及 Intranet(企业内部网)互相交流。1997 年 6 月,全球最大的电子商务协会 Commerce Net 也宣布其四个主要 EDI 商家已完成了 14 项内容的 EDI 和互联网兼容试验,包括单据交换、加密文件、签字收据等,为利用互联网安全地进行 EDI 交易铺平了道路。

复习思考题

一、名词解释

包销　独家代理　投标　套期保值

二、问答题

1. 什么是包销?包销方式有何利弊?
2. 什么是商业代理?商业代理分哪几种?它们之间有何不同?
3. 什么是寄售业务?有何特点?
4. 补偿贸易的含义和特点是什么?
5. 何为加工贸易?它有哪几种形式?

三、案例

某客户于 3 月份在期货交易所购进 6 月份交割的 20 万立方米木材合同一份,价格为每立方米 55 美元,6 月份,当期货交易所的价格上升至每立方米 58 美元时,该客商便在期货交易所卖出 6 月份交割的 20 万立方米木材合同一份进行对冲。

思考：试分析此种交易的称谓。此交易会给当事人带来怎样的经济效益？

延伸读物：

全球电子商务网站排名

1. 阿里巴巴

阿里巴巴(ALIBABA)网站是目前世界上最大的、基于互联网的国际贸易供求交流市场，提供来自全球178个国家(地区)的最新商业机会信息和一个高速发展的商人社区。用户可以获得来自全球范围各行各业的即时商业机会、公司产品展示、信用管理等贸易服务。这里囊括32个行业、700多个产品分类的商业机会，每天都有大量来自全球范围的最新供求信息，会员可以分类订阅，并通过网络建立自己私人的"样品房"，展示产品。

2. 环球资源

环球资源(Global Source)植根中国大陆达27年，于全国设有44个办事机构并拥有超过2 000位团队成员。为专业买家提供采购信息，并为供货商提供综合的市场推广服务。但是环球资源基本不涉猎内贸，在内贸推广上处于弱势。

3. 万国商业网

1999年创办于我国香港的万国商业网(BusyTrade.com)是全球首家B2B网上电子交易平台之一，会员遍及全球200多个国家和地区，网站服务着300多万家活跃商家，流通着超过1 000万种产品。万国商业网独特的网商币系统和其所提倡的"按需消费"的B2B模式具有创新的网络推广和营销理念，是众多B2B平台中最具有特色以及性价比最高的平台。

4. EC21

EC21是一个全世界范围的电子商务平台，提供商业机会发布、搜索，公司、产品的搜索查询服务，还有相关国家的经济概况、投资环境等的介绍。其Trade opportunity贸易机会分为两个板块：一个是贸易机会搜索，可按交易类型和关键字来组合搜索；另一个是浏览和发布商机，又分为商品需求、供应、商业新闻组、商机发布四部分内容。

5. ECPLAZA

ECPLAZA是全球最负盛名的企业间(B2B)电子商务贸易网站，韩国外经贸部直属的KTNET(株)是ECPLAZA的母公司。KTNET自1990年成立以来一直从事提供贸易相关的EDI(电子数据交换系统)和商业信息技术服务。

6. 中国制造网

中国制造网(made-in-china)面向全球提供中国产品的电子商务服务，致力于通过互联网将中国制造的产品介绍给全球采购商，全面促进中国企业的对外贸易业务。

7. 台湾制造商

台湾制造商是一个B2B交易平台，命名为b2bmanufactures.com，拥有二十多个专业采购目录，分为机械、电子、电脑及无线通信产业，有效地帮助制造商和产品供应商开放其新的市场，创造更多的出口值，为他们服务。

8. 亚洲产品网

亚洲产品网(ASIAN products)具有十几年历史，具有完整的网上贸易名录、广泛的国际买家和供应商。

9. 美国进口商

美国进口商(Importers)是美国著名的B2B网站，在线目录20多万家国际公司。自1995年以来，importers.com已经成长成为一个最广泛承认和搜索的B2B贸易网站。importers.com供应商提供范围广泛的产品，其中包括正版品牌、OEM和非品牌产品、批发散装地段独特的又或者是很难找到的物品、盈余及清算手续的产品，以及更多。

资料来源：http://wenku.baidu.com/view/92b73da10029bd64783e2c6d.html。

思考：电子商务与实体贸易相比，具有哪些不可替代的优势？

总复习操作题[①]

一、判断题

1. 某公司以 FOB 价与外商签订了出口合同。签约后买方要求卖方代为订舱，卖方接受了要求。可是却因船期紧张，未能订到舱位。卖方只能自认违约，承担职任。（　）

2. 根据 Incoterms 2010，按 DAT 术语成交，卖方是否投保，由其自便，若按 CIF 术语成交，卖方则必须办理保险。（　）

3. Incoterms 2010 是目前国际上最具权威、使用最广泛的关于贸易术语的惯例，所以，当合同规定与其发生矛盾时，应该无条件服从 Incoterms 2010。（　）

4. 根据 Incoterms 2010，按照 DAT 术语成交与按照 DDP 术语成交的唯一区别是，进口清关的责任和风险的归属，前者由买方承担而后者由卖方承担。（　）

5. 还盘是对原发盘的拒绝，也是一项新发盘。（　）

6. 为了明确，在接受中必须重复双方已达成一致的所有条款。（　）

7. 虽表明是发盘，但表述中有类似"以货未售出为准"等语句。我们应视其为发盘的邀请。（　）

8. 根据惯例，发盘必须注明有效期；否则只能算作是无效的。（　）

9. 只要卖方所交货物的品质、重量和包装与合同规定相符，买方无权提出索赔。（　）

10. 定牌的出口商品是无牌无国别无生产厂家的特殊商品。（　）

11. 按国际惯例，shipping mark 必须由卖家决定。（　）

12. 合同中的包装条款一般包括包装材料、包装方式和每件包装所包含的数量或重量。（　）

13. 双方签订合同交货数量为 10 万吨，允许溢短装 10%。出口方装船时多装了 13 万吨。根据《联合国国际货物销售公约》规定，进口方可拒收多交部分。（　）

14.《联合国国际货物销售合同公约》规定向卖方的索赔期限为买方实际收到货物后 2 年。（　）

15. 象征性交货排除了进口方的检验权。（　）

16."离岸重量、到岸品质"是指在装运港检验重量、在目的港检验品质。（　）

17. 计算佣金必须在 FOB 的价格基础上。（　）

---

① 本部分题目选自近期全国自学统考、历届外销员资格考试等。

18. 如果原定价格是每吨 30 美元 CIF 纽约，保险费率 1%。现报 CFR 价每吨应为 29.70 美元。（　　）

19. "USD220 perton CIFc2% Seattle"此报价有误。（　　）

20. "net price USD60.00/per metric ton CIF Shanghai"此进价有误。（　　）

21. 在班轮运输中，货物由承运人负责配载装卸，并承担装卸费用。（　　）

22. 程租船运费的计算方法有两种，或是按运费计，或是按整船包价计。（　　）

23. 以 CIF 价达成的合同，制作海运提单时，"运费"一栏须填写"Freight to Collect"。（　　）

24. 海运提单的签发日期是指货物开始装船的日期。（　　）

25. 共同海损是为了维护船、货等的共同安全，有意识并合理地采用了一些抢救措施。对于施救中所造成的某些特殊的牺牲或额外支付的费用，应由相关的利害方平摊。（　　）

26. 某外贸公司以 CIF 价出口棉布 10 000 包，根据合同规定预先投了水渍险。货物在运输途中因船舱内淡水管道滴漏而使其中 200 包遭水渍损害，对此保险公司负有赔偿责任。（　　）

27. 出口茶叶在运输途中遭遇串味。如果只投了一切险，保险公司不会理赔，除非又加保串味险。（　　）

28. 根据《UCP 600》的规定，银行不接受签发日期迟于运输单据日期的保险单。（　　）

29. 在班轮运输中，货物由承运人负责配载装卸，并承担装卸费用。（　　）

30. 虽然开立信用证依据合同，但使用中信用证独立于合同之外，不受合同约束。（　　）

31.《UCP 600》适用于所有的跟单信用证。（　　）

32. 可转让信用证的第一受益人有权向当地任何银行转让，该银行有义务为其办理转让。（　　）

33. 信用证业务中，银行既处理单据，也出理与单据有关的货物、服务或履行行为。（　　）

34. 仲裁协议必须在合同中明确达成。（　　）

35. 仲裁裁决是终局，对双方当事人具有强制作用。（　　）

36. 国际贸易中，仲裁机构有两类：一类是临时性的；另一类是常设性的。（　　）

37. 仲裁裁决在国际贸易中被常用的理由是简便、快速。（　　）

38. 合同中的不可抗力条款属于异议和索赔条款。（　　）

39. 发生货币贬值时，违约方可缓引不可抗力条款要求免责。（　　）

40. 不可抗力引起的后果主要有解除合同或订立新合同。（　　）

41. 变更合同主要包括延期履行、减少履行和替代履行。（　　）

42. 关于索赔金额，如果由于受损害一方未采取合理措施而导致原本有可能减轻的损失发生了，这样的损失应在赔偿金额中得以扣除。（　　）

43. 进口商对货物的复验期实际上就是索赔期限。（　　）

44. 在合同被中止后，买方以合理方式购买了替代品，而卖方也以合理方式将货品转卖，其中遭受损失一方仍可要求赔偿损失。（　　）

45.《联合国国际货物销售合同公约》规定，向卖方的索赔期限为买方实际收到货物后 2 年。（　　）

二、综合练习 A

(一)单项选择题

1. 世界出口总额总是(　　)。

A. 小于世界进口总额　　B. 等于世界进口总额

C. 大于世界进口总额　　D. 不是通常所指的国际贸易额

2. 在国境内设置自由贸易区和出口加工区的国家,其国境(　　)。

A. 等于关境　　B. 大于关境

C. 小于关境　　D. 是货物贸易统计的唯一标准

3. 一定时期内一国出口贸易中各类货物的构成是(　　)。

A. 对外货物贸易结构　　B. 国际货物贸易结构

C. 出口商品结构　　D. 进口商品结构

4. 下列商品中,主要通过拍卖方式交易的商品是(　　)。

A. 谷物　　B. 原油　　C. 有色金属　　D. 茶叶

5. 下列观点不符合绝对优势论的是(　　)。

A. 国际分工的基础是各国存在的劳动生产率的绝对差别

B. 如果一国在某种产品生产上具有比别国低的劳动生产率,那么该国在该种产品生产上就具有绝对劣势

C. 劳动生产率差异的原因是历史条件和自然条件

D. 各国应进口具有绝对优势的产品

6. 世界贸易组织始终坚持的货物贸易的主要保护手段是(　　)。

A. 进口许可证　　B. 进口配额

C. 关税　　D. 技术性贸易措施

7. 在贸易条约与协定中,通常适用的法律待遇条款是(　　)。

A. 最惠国待遇条款　　B. 普惠制条款

C. 选择性保障条款　　D. 授权条款

8. 成员方之间完全废除关税与数量限制,建立统一对外关税,允许生产要素跨国界自由流动,商品、资本、服务、人员均可自由流动的区域经济一体化形式是(　　)。

A. 优惠贸易安排　　B. 自由贸易区

C. 关税同盟　　D. 共同市场

9. 在商品倾销的做法中,以占领、垄断国外市场,获取高额利润为目的,其实施会严重地损害进口国家利益,并通常会招致“反倾销税”等措施抵制的商品倾销方式是(　　)。

A. 偶然性倾销　　B. 掠夺性倾销

C. 长期性倾销　　D. 季节性倾销

10. 根据《2010 通则》,FOB 术语下买卖双方风险划分的界限是(　　)。

A. 装运港船舷　　B. 装运港船上

C. 装运港码头　　D. 目的港船舱

11. 按照国际贸易惯例,运输标志一般由(　　)决定。

A. 买方　　B. 卖方　　C. 承运人　　D. 货运代理人

12. 对于国际上没有公认的规格和等级的一些商品,如冷冻鱼、冻虾等,通常采用的品质

表示方法是(　　)。

A. 上好可销品质　　B. 良好平均品质

C. 看货交易　　D. 凭产地名称买卖

13. 轮船公司在提单上未作任何不良批注的提单是(　　)。

A. 清洁提单　　B. 不清洁提单　　C. 不记名提单　　D. 已装船提单

14. 小件急需品和贵重货物,其有利的运输方式是(　　)。

A. 海洋运输　　B. 铁路运输　　C. 航空运输　　D. 公路运输

15. 根据我国《海洋货物运输保险条款》的规定,基本险的责任起讫采用(　　)。

A. 仓至仓条款　　B. 门到门条款

C. 港至港条款　　D. 地至地条款

16. 付款人对远期汇票表示承担到期付款责任的行为是(　　)。

A. 提示　　B. 出票　　C. 承兑　　D. 背书

17. 具有双重付款保证的信用证是(　　)。

A. 可转让信用证　　B. 可撤销信用证

C. 对开信用证　　D. 保兑信用证

18."离岸重量,到岸品质"多用于(　　)。

A. 工业制成品交易的检验　　B. 机器设备交易的检验

C. 大宗商品交易的检验　　D. 服装交易的检验

19. 根据《联合国货物销售合同公约》的规定,下列属于货物买卖合同标的的是(　　)。

A. 供家庭使用而进行的购买　　B. 经拍卖方式进行的购买

C. 以商业为目的,有形的动产销售　　D. 电力的买卖

20. 在出口合同的履行中,制单结汇工作由(　　)进行。

A. 国外买方　　B. 卖方　　C. 议付行　　D. 开证行

21. 根据《联合国货物销售合同公约》的规定,收货人发现货物损坏,向卖方索赔的诉讼时效为(　　)。

A. 3 天　　B. 半年　　C. 1 年　　D. 2 年

22. 由招标人物色几家客商直接进行合同谈判的招标方式是(　　)。

A. 竞争性招标　　B. 谈判招标　　C. 两段招标　　D. 公开招标

23. 政府通过网络发布采购清单,企业以电子化方式响应的电子商务是(　　)。

A. B2C　　B. B2B　　C. B2G　　D. C2A

(二)多项选择题

1. 关于专门贸易体系,下列说法中正确的有(　　)。

A. 专门贸易体系以货物通过国境作为统计进出口的标准

B. 所有通过海关结关进入境内的货物计入进口贸易

C. 所有离开本国国境的货物计入出口贸易

D. 一国的货物出口包括进入经济特区,但没有离开国境的货物

E. 我国的贸易统计采用专门贸易体系

2. 某进出口贸易以 CIF London 条件成交,合同中规定"买方须于 9 月底前将信用证开到,卖方须于 10 月份自中国港口装运,并保证载货船只不迟于 12 月 10 日抵达目的港。否则,买方有权取消合同,如货款已经收妥,则须退还买方"。下列关于该合同的说法中,正确的有

(　　)。

A. 该合同是真正意义上的 CIF 合同　　B. 该合同不是真正意义上的 CIF 合同

C. 该合同有效,应该按合同办理　　D. 该合同无效,应该按《2010 年通则》办理

E. 该合同是买卖双方对惯例适用的修订,一旦签订就对双方具有约束力

3. 某轮船在航海途中船舱起火,该舱原载有文具、茶叶等物品,灭火后发现部分文具被烧毁,部分茶叶被水浸湿报废,则(　　)。

A. 烧毁的文具属于单独海损　　B. 烧毁的文具属于共同海损

C. 浸湿的茶叶属于单独海损　　D. 浸湿的茶叶属于共同海损

E. 烧毁的文具和浸湿的茶叶都属于共同海损

4. 下列关于信用证的说法中,正确的有(　　)。

A. 它是一种银行信用　　B. 它是一种独立文件

C. 它是一种商业信用　　D. 它是一种单据交易

E. 它是一种实物买卖

5. 下列关于仲裁特点的说法中,正确的有(　　)。

A. 一裁终局　　B. 当事人意思自治

C. 公开性　　D. 快捷

E. 费用昂贵

(三)计算题

1. 按《联合国国际贸易标准分类》(SITC),2011 年,我国 0～4 类商品的出口额分别为 505 亿美元、23 亿美元、150 亿美元、323 亿美元和 5.7 亿美元;5～8 类商品的出口额分别为1 147 亿美元、3 196亿美元、9 026亿美元和4 586亿美元;第 9 类商品的出口额为 23 亿美元。请计算我国出口商品结构中制成品的比重。(计算结果保留到百分数整数位)

2. 2010 年,我国货物贸易出口额和进口额分别为 15.8 千亿美元和 13.3 千亿美元,计算 2010 年我国货物贸易的差额。(计算结果单位以亿美元表示)

3. 我国 A 出口商向英国 B 进口商报某出口商品单价 FOB 上海每公吨 600 美元,B 商要求改报 CIF 利物浦价格。如果单位运费每公吨 12 美元,单位保险费每公吨 6 美元,试计算在不影响净利润的前提下,我国 A 出口商应该如何报价?(写出计算公式和过程)

4. 一批出口货物 CFR 价格为 2 000 美元,现客户来电要求按 CIF 价加 10%投保一切险,如保险费率为 1%,请计算保险费。(计算结果保留两位小数)

(四)简答题

1. 简要回答当代区域经济一体化发展的特点。

2. 简要回答汇付方式的特点。

3. 简要回答合同有效成立需具备的要件。

4. 简要回答进料加工与来料加工的异同。

(五)论述题

试述第二次世界大战后至 20 世纪 70 年代中期发达国家对外贸易的自由化趋势。

(六)案例分析题

1. 阅读下列案例材料,回答问题。

我国对外出口 1 000 公吨大豆,国外开来信用证规定不允许分批装运,装运港为天津新港。我出口方在规定期限内分别在大连、新港各装 500 公吨于同一航次的同一船上,提单也注

明了不同的装运地和不同的装船日期。

分析：我方是否违约？银行是否有权拒付？

2. 阅读下列案例材料，回答问题。

某进出口公司从某雨伞生产商处获得报价单后向其美国客户报价成交。美国客户按合同约定开出信用证并强调一定要按合同约定的7月底之前装运。7月初，雨伞厂仓库发生火灾，成品、半成品和原料均被烧毁，无法交货。该进出口公司以发生不可抗力事件为由要求解除合同。美国客户不接受并提出索赔。

请分析美国客户的索赔是否合理并具体说明理由。

三、综合练习B

(一)单项选择题

1. 主张“两优取最优，两劣取次劣”的贸易理论是(　　)。

A. 产业内贸易说　　B. 比较成本说

C. 绝对成本说　　D. 产品生命周期说

2. 国际分工形成和发展的决定性因素是(　　)。

A. 自然条件　　B. 资本流动　　C. 上层建筑　　D. 社会生产力

3. 一定时期内，当一国的出口总额大于进口总额时，称为(　　)。

A. 贸易顺差　　B. 贸易平衡　　C. 贸易逆差　　D. 贸易入超

4. 征收关税的机构是(　　)。

A. 海关　　B. 国家税务局　　C. 工商管理部门　　D. 地方税务局

5. 在普惠制下，受惠商品的减税幅度的大小取决于(　　)。

A. 普通税率与普惠制税率之间的差额　　B. 最惠国税率与普惠制税率之间的差额

C. 普通税率与最惠国税率之间的差额　　D. 普惠制税率与进口附加税率之间的差额

6. 在“自动”出口配额制的“自限协定”中，上下年度内组与组之间、项与项之间的留用额和预用额称为(　　)。

A. 水平融通　　B. 垂直融通　　C. 混合融通　　D. 协定融通

7. 一国政府规定某种进口商品的最低价格，凡进口货物价格低于规定的最低价格则征收进口附加税或禁止进口的政策是(　　)。

A. 禁止进口　　B. 进口最低限价

C. 国内税　　D. 歧视性政府采购政策

8. 下列不属于国民待遇条款适用范围的是(　　)。

A. 外国产品应缴纳的国内税　　B. 外国船舶在港口的待遇

C. 外国公民的著作权　　D. 外国公民或企业的购买土地权

9. 下列经济一体化形式中，程度最低、组织最松散的一种形式是(　　)。

A. 自由贸易区　　B. 共同市场　　C. 优惠贸易安排　　D. 关税同盟

10. 世界贸易组织的最高权力机构和决策机构是(　　)。

A. 总理事会　　B. 秘书处

C. 部长会议　　D. 贸易政策评审机构

11. 我某出口公司收到外商发来的电传，“你28日电传接受再订购500架同样条件即复”，属于交易磋商环节中的(　　)。

A. 邀请发盘　B. 发盘　C. 还盘　D. 接受

12. 在以 CIF 和 CFR 术语成交的条件下，货物运输保险分别由卖方和买方办理，运输途中货物灭失和损坏的风险(　　)。

A. 前者由卖方承担，后者由买方承担　B. 均由卖方承担

C. 均由买方承担　D. 前者由买方承担，后者由卖方承担

13. 对冷冻鱼、冻虾等商品采用的"上好可销"品质属于商品品质表示方法中的(　　)。

A. 凭规格买卖　B. 凭等级买卖　C. 凭标准买卖　D. 凭产地买卖

14. 国际货物运输中，运用最广泛的运输方式是(　　)。

A. 海洋运输　B. 铁路运输　C. 公路运输　D. 航空运输

15. 根据《跟单信用证统一惯例》规定，除非信用证有相反规定，(　　)。

A. 允许分批装运，不允许转运　B. 允许分批装运，允许转运

C. 不允许分批装运，不允许转运　D. 不允许分批装运，允许装运

16. 根据中国人民保险公司的保险条款，下列险别中，承保责任期限仅限于水上危险或运输工具上的危险的是(　　)。

A. 平安险　B. 水渍险　C. 一切险　D. 战争险

17. 某公司出口茶叶一批，因保险事故被海水浸泡多时而丧失其原有用途，这种损失属于(　　)。

A. 单独海损　B. 共同海损　C. 实际全损　D. 推定全损

18. 下列险别中，属于特别附加险的是(　　)。

A. 淡水雨淋险　B. 短量险　C. 渗漏险　D. 罢工险

19. 出票人是商号或个人的汇票是(　　)。

A. 商业汇票　B. 企业汇票　C. 个人汇票　D. 银行汇票

20. 在进出口交易的汇付业务中，解付行通常是(　　)。

A. 进口方　B. 出口方　C. 进口地银行　D. 出口地银行

21. 按《跟单信用证统一惯例》的规定，如一个信用证未标明该信用证是否可转让，应理解为(　　)。

A. 可转让　B. 不可转让

C. 由开证行来决定　D. 由信用证申请人来决定

22. 在我国进出口合同中，对于不可抗力事故范围的规定多采用(　　)。

A. 概括式规定　B. 列举式规定

C. 综合式规定　D. 模糊式规定

23. 进出口业务中，信用证开立的依据是(　　)。

A. 合同　B. 发票　C. 汇票　D. 本票

24. 采用寄售方式进行贸易时，货物所有权在寄售地售出之前属于(　　)。

A. 寄售人　B. 代销人　C. 最终消费者　D. 中间商

25. 进行补偿贸易必不可缺的前提条件是(　　)。

A. 担保　B. 信贷　C. 资金　D. 技术

(二)多项选择题

1. 普雷维什关于发展中国家应执行贸易保护政策结论的提出，其理论依据有(　　)。

A. 中心—外围论　B. 贸易条件改善论

C. 对外贸易乘数论　　D. 贸易条件恶化论

E. 保护就业论

2. 小岛清的协议性国际分工原理理论的内容有(　　)。

A. 贸易创造效应

B. 贸易转移效应

C. 扩大市场是获得规模经济的前提条件

D. 经济一体化更容易在同等发展阶段的国家之间建立

E. 作为协议分工对象的商品,必须是能够获得规模经济的产品

3. 根据《2000年通则》的解释,下列术语中,以装运港船舷作为划分买卖双方所承担风险界限的有(　　)。

A. FOB　　B. CFR　　C. CIF　　D. DES

E. FAS

4. 下列有关共同海损和单独海损的说法中,正确的有(　　)。

A. 单独海损是承保风险所直接导致的损失

B. 共同海损是为了解除船、货共同危险有意采取的措施所造成的损失

C. 共同海损中有意采取的措施必须是合理的

D. 单独海损由受损方自己承担

E. 共同海损由受益各方按受益比例共同分摊

5. 拍卖的出价方法有(　　)。

A. 增价拍卖　　B. 减价拍卖

C. 密封递价拍卖　　D. 美式拍卖

E. 英式拍卖

(三)简答题

1. 简要回答绝对成本论的主要内容。

2. 简要回答订立书面合同的意义。

3. 简要回答班轮运输的定义及其特点。

4. 简要回答仲裁协议的作用。

(四)计算题

1. 某国2007年的外贸出口总额为120亿美元,进口总额为100亿美元,该国GDP总额为400亿美元。试计算2007年该国的对外贸易依存度。(计算结果保留两位小数)

2. 以2005年为基期,某国2007年的出口价格指数为85%,进口价格指数为120%,出口商品数量指数为150%。试计算2007年该国的收入贸易条件,并说明它是改善还是恶化。(计算结果保留两位小数)

3. 某国进口某种型号的汽车的名义关税税率为118%,而进口汽车零部件的名义关税税率为60%,如果汽车零部件在该种汽车生产成本中所占的比重为50%,计算该国对该种汽车的有效关税保护率。(计算结果表示成百分比的形式)

4. 我国某出口公司出口商品一批,对外报价CIF纽约每箱2 000美元,现外商要求报价中含5%的佣金,为使净收入不减少,该公司应报CIFC5%纽约价格多少?(计算结果保留两位小数)

（五）论述题

根据国际贸易实践，论述订立国际货物买卖合同的品质条款应注意的事项。

（六）案例分析题

1. 阅读下列案例材料，回答问题。

某开证行按照自己所开出的信用证的规定，对受益人提交的、经审查符合要求的单据已履行了付款责任。但在进口商向开证行赎单后发现单据中提单是倒签的，于是进口商立即要求开证行退回货款并赔偿其他损失。

试分析，进口商的要求合理吗？

四、综合练习 C

（一）判断题

1. 对外经济部门的扩大对其余经济部门产生的后连锁效应是指以对外经济部门的产品供应别的部门的需要。（　　）

2. 国际资本移动是国际经济"传递"的重要渠道。（　　）

3. 第二次世界大战后，工业国与发展中国家之间的分工占据国际分工的主导地位。（　　）

4. 第二次世界大战后，国际分工以水平型国际投资为主要形式的资本流动作为其深入发展的重要条件。（　　）

5. 社会生产力发展是国际分工产生和发展的基础。（　　）

6. 国际分工是国际贸易和世界市场的基础。（　　）

7. "比较成本学说"是在劳动价值论基础上提出的，因此该理论揭示了国际商品交换所依据的价值规律的国际内容。（　　）

8. "要素赋禀学说"认为商品贸易趋向于消除生产要素收益的国际差别。（　　）

9. 国际生产价格是商品国际价值的货币表现，取决于各国商品的生产成本和各国平均利润之和。（　　）

10. 自由贸易区对内、对外都实行统一关税。（　　）

11. 经济同盟是地区经济一体化的最高形式。（　　）

12. 贸易创造效果与贸易转移效果的根本差别在于缔结关税同盟前同盟内各成员国是否采取自由贸易立场。（　　）

13. 根据关税同盟理论，无论是贸易创造还是贸易转移，对同盟内进口国而言，只要参加贸易的商品需求弹性大于1，关税同盟都可以促进贸易扩大，这就是贸易扩大效果。（　　）

14. 小岛清的协议性国际分工理论仅适用于水平国家之间的分工。（　　）

15. 北美自由贸易区与欧共体一样，有一个共同税则。（　　）

16. 第二次世界大战后，对外投资以直接投资为主要形式。（　　）

17. 第二次世界大战后，出现的巨型垄断公司成为对外间接投资的主要力量。（　　）

18. 国际间接投资即指证券投资。（　　）

19. 第二次世界大战后，国际服务贸易业发展速度与商品贸易发展速度同步。（　　）

20. 国际技术贸易是一种有偿的国际技术转让形式。（　　）

21. 比较成本学说与要素禀赋学说是自由贸易政策的理论依据。（　　）

22. 托马斯·孟的《英国得自对外贸易的财富》被认为是重商主义圣经。（　　）

23. 凯恩斯主义认为一国国民收入增加量是贸易顺差的若干倍。（　　）

24. 美国对进口贸易进行管理的决策部门是国际贸易委员会。（　）

25. 海关是一个国家监督管理进出口国境的货物、物品和运输工具的行政管理机关，负责进出口具体管理。（　）

26. 一国的关税越高，则来自关税的财政收入就越大。（　）

27. 国际贸易中全球配额比国别配额使用广泛。（　）

28. 保税就是免税，即海关不征收关税。（　）

29. 地区经济一体化中的自由贸易区关境与促进出口的经济特区中的自由贸易区的关境范围是一致的。（　）

30. 歧视性政府采购政策是规定商人优先购买本国产品的。（　）

31. 关税配额下的超额进口不可享受最惠国待遇。（　）

32. 只要出口国使用补贴，进口国就征收反贴补税，以防止不公平竞争。（　）

33. 最惠国待遇都是互惠的。（　）

34. 普惠制是最惠国待遇的一种例外。（　）

35. 参加世界贸易组织的主体资格可以是独立关税区。（　）

36. 世界贸易组织既是国际贸易多边协议，也是一个永久性的机构，因此其承诺是完整性的、永久性的。（　）

37. 世界贸易组织并不具备法人资格，因为它不是一个经营实体。（　）

38. 成立世界贸易组织是乌拉圭回合原有的议题。（　）

39. 1994 年是世界贸易组织与关贸总协定共存的一年。（　）

40. 世界贸易组织总理事会作为拿端解决机构有权成立专家小组，并通过专家小组报告，保持对裁决和建议的执行的监督。（　）

（二）单项选择题

1. 促进资本主义生产方式的产生和确立的基础是（　）。

A. 对外贸易的扩大　　B. 国际分工的深化

C. 生产力的发展　　D. 资本的原始积累

2. 国际分工产生和发展的决定性因素是（　）。

A. 社会生产力　　B. 自然条件

C. 人口劳动规模和市场　　D. 资本流动

3. 中国产手表和自行车都花 8 个劳动日，印度分别为 12 个和 10 个劳动日，因此（　）。

A. 印度生产手表有比较利益　　B. 中国生产手表有比较利益

C. 中国生产自行车有比较利益　　D. 印度生产自行车没有比较利益

4. 关贸总协定第八轮谈判又称为（　）。

A. 东京回合　　B. 肯尼迪回合

C. 马尼拉回合　　D. 乌拉圭回合

5. 世界贸易组织的决策机构是（　）。

A. 部长会议　　B. 总理事会　　C. 理事会　　D. 委员会

6. 广义的对外贸易是指（　）。

A. 货物贸易　　B. 货物贸易、有形贸易

C. 货物贸易、技术进出口、国际服务贸易

7. 商品国际价值形成的基础是（　）。

A. 国际生产价格　　B. 国际市场价格
C. 国别价格　　D. 国际分工

8. 国别价值与国际价值质的同一性是指(　　)。
A. 商品中所包括的社会必要劳动时间是相等的
B. 商品中都凝结着一般人类劳动
C. 商品的价值都是以价格反映出来的

9. 地区经济一体化中最松散、低级的一种形式是(　　)。
A. 关税同盟　　B. 自由贸易区
C. 共同市场　　D. 优惠贸易安排

10. 一国用出口商品换取进口商品，进口商品在其国内生产所耗费用应(　　)进口国内生产所耗费用，才有静态比较利益。
A. 大于　　B. 等于　　C. 小于

11. 根据俄林的生产要素禀赋理论，一国应(　　)。
A. 出口该国丰裕要素密集的产品　　B. 进口该国丰裕要素密集的产品
C. 出口该国稀缺要素密集产品

12. 由经济发展阶段不同国家所形成的一体化是(　　)。
A. 部门一体化　　B. 全盘一体化
C. 垂直一体化　　D. 水平一体化

13. 设某产品的进口关税为 20%，其所需原材料进口税率为 10%，则有效保护率为(　　)。
A. 10%　　B. 20%　　C. 小于 20%　　D. 大于 20%

14. 国际商品拍卖是指(　　)。
A. 卖者公开竞销　　B. 买者公开竞购
C. 买卖双方自由竞价　　D. 卖者低价竞销

15. 出口替代一般是指鼓励(　　)。
A. 初级产品出口　　B. 技术出口
C. 制成品出口　　D. 劳务出口

16. 下列不属于服务贸易的是(　　)。
A. 高技术产品　　B. 旅游
C. 发射卫星　　D. 运输

17. Dumping 就是出口商(　　)。
A. 低价出口　　B. 低于进口国价格出口
C. 低于出口国价格出口　　D. 低于其他国家价格

18. 下列情况中，本国可进行外汇倾销的是(　　)。
A. 本币贬值 15%，国内物价上涨 15%　　B. 本币贬值 15%，外币贬值 18%
C. 外币升值 15%，国内物价上涨 12%　　D. 外币贬值 15%，国内物价下跌 18%

19. 贸易条件是指(　　)。
A. 投资环境　　B. 初级产品与制成品的比价
C. 进出口商品比价　　D. 市场价格水平

20. 处在国际竞争有利地位的国家是(　　)。

A. 国别价值大于国际价值　　B. 国别价值等于国际价值
C. 国别价值小于国际价值　　D. 国别价值与国际价值无关

21. 假定投到国际市场上的某种商品总量不变，其中，在较差条件下生产的那部分商品占据绝大多数，那么这种商品的国际价值量就由(　　)。
A. 国际社会必要劳动时间决定
B. 生产条件差的国家社会必要劳动时间决定
C. 生产条件好的国家社会必要劳动时间决定

22. 关税是一种(　　)。
A. 直接税　　B. 调节税　　C. 间接税

23. 正常关税一般是指(　　)。
A. 普通税率　　B. 最惠国税率　　C. 财政关税　　D. 保护关税

24. 由出口方银行向出口商提供的贷款称为(　　)。
A. 出口信贷　　B. 买方信贷　　C. 卖方信贷　　D. 出口信贷担保

25. 在国际融资中，所谓约束性贷款是指(　　)。
A. 国际银团贷款　　B. 出口信贷　　C. 卖方信贷　　D. 买方信贷

26. 首先提出建立多边贸易组织倡议的国家是(　　)。
A. 英国　　B. 美国　　C. 意大利　　D. 中国

27. 存在着关税漏洞的经济一体化形式是(　　)。
A. 自由贸易区　　B. 关税同盟　　C. 共同市场

28. 要求成员国制定和执行某些共同经济政策和社会政策的经济一体化形式是(　　)。
A. 关税同盟　　B. 共同市场　　C. 经济同盟

29. 如果内部贸易障碍的取消使原来从非成员国进口的价格低的商品转向从成员国内进口免除关税后才显得价格更低的商品，这种效果称为(　　)。
A. 贸易创造效果　　B. 贸易转移效果　　C. 贸易扩大效果

30. 提出保护幼稚工业理论的是(　　)。
A. 凯恩斯　　B. 汉密尔顿　　C. 李斯特

31. 美国在对外贸易活动中专门针对知识产权保护问题的法律是(　　)。
A. 超级 301 条款　　B. 特制 301 条款
C. 1974 年贸易法

32. 出口替代、进口替代如果有共同点，则在于(　　)。
A. 实行保护贸易政策　　B. 汇率高估
C. 实行优惠的吸引投资政策

33. 关贸总协定的最惠国待遇条款是(　　)。
A. 无条件的，非互惠的　　B. 无条件的，多边互惠的
C. 有条件的，多边互惠的

34. 1992 年 2 月签署的《欧洲联盟条约》标志着欧共体改为欧洲联盟，它现有(　　)个成员国。
A. 12　　B. 25　　C. 28

(三)多项选择题

1. 第二次世界大战前，资本主义国际分工形成与发展过程的机制是(　　)。

A. 殖民统治
B. 垄断与资本输出
C. 价值规律下的市场自发力量
D. 跨国公司作用大大加强
E. 出现了有组织的“协议式”国际分工

2. 影响对外贸易的“传递”作用的主要因素有(　　)。
A. 一国进出口总值在世界总进出口值中的比重
B. 参加国际分工深度
C. 双边贸易关系
D. 参加贸易国家生产力水平

3. 对外贸易是“经济增长发动机学说”由(　　)提出。
A. 罗伯特逊　B. 考斯特　C. 大卫

4. 国际商品协定的重要条款包括(　　)。
A. 缓冲存货
B. 出口限额的规定
C. 进口限额的规定
D. 多边合同
E. 支付规定

5. 乌拉圭回合谈判达成的“服务贸易总协定”对服务贸易的定义包括(　　)。
A. 边境交付　B. 境外消费　C. 商业存在　D. 自然人流动
E. 跨国经营

6. 世界贸易组织的基本原则包括(　　)。
A. 关税保护和关税减让原则
B. 非歧视原则
C. 磋商调解原则
D. 市场准入原则
E. 公平竞争原则

7. 资本主义国家的出口管制形式主要有(　　)。
A. 双边出口管制
B. 单方面出口管制
C. 多边出口管制

8. 第二次世界大战后,世界经济“三大支柱”是(　　)。
A. 联合国贸发会议
B. 世界银行
C. IMF
D. 国际贸易组织
E. GATT

9. 世界贸易组织规定的最惠国待遇的特点是(　　)。
A. 单边的　B. 多边的　C. 无条件的　D. 有条件的
E. 非互惠的

10. 世界贸易组织是多边贸易体系的(　　)。
A. 法律基础
B. 组织基础
C. 国际分工与世界市场发展基础
D. 国际贸易发展基础

五、外销员资格考试历年试题选编

1. 我出口公司对外报某商品每公吨100英镑CFR伦敦,客户回电要求改报美元。问我出口公司应报多少美元?

(设当日我中行的外汇牌价是:USD 100=CNY 3.21.01,GBP 100=CNY 1 026.46)

2. 设我某公司以每公吨252.00美元CIF中国口岸进口盘条1 000公吨,加工成机械螺丝

100 万罗(Gross)出口，每罗 0.32 美元 CFR 卡拉奇纸箱装，每箱 250 罗，每箱 0.030 立方米，毛重 30 千克，海运运费按 W/M10 级，每运费吨 80 美元，试计算外汇增值率。

3. 我外贸公司出口某商品 1 000 箱，该货每箱收购人民币价 100 元，国内费用为收购价的 15%，出口后每箱可退税 7 元人民币，外销价每箱 19 美元 CFR 曼谷，每箱货应付海运运费 1.20 美元，试计算该商品的换汇成本。

4. 已知某日纽约外汇市场美元对欧元的汇率是：EUR1＝USD1.380 6，USD1＝EUR0.724 3(即期)。

我某公司出口商品一批，原报价为 CIFC5 Hamburg USD 1 000/pert，现外方要求改用欧元报价，我方报价多少比较合理？

5. 我某出口商品原报价为 USD800/case CFR 汉堡，客户要求改报德国马克价。问：按所附汇率，要保证我出口公司美元收入不变，我方应改报多少马克(设当日我中行的外汇牌价为：100 美元＝868.58/870.53 人民币，每 100 马克＝542.93/545.05 人民币)？

6. 出口箱装货物一批，报价为每箱 35 美元，CFR 利物浦，英国商人要求改报 FOB 价，我方应报价多少？已知，该批货物体积每箱长 45cm、宽 40cm、高 25cm，每箱毛重 35Kg，商品计费标准为 W/M，每运费吨基本运费率为 120 美元，并加收燃油附加费 20%，货币附加费 10%。

7. 一笔进料加工业务，付出进料外汇 180 万美元，加工出口成品 50 万件。外销价每件 5.60 美元 CIF 汉堡，共支付海运运费 364 400 美元，保险费 30 800 美元。试计算该笔业务的外汇增值率。

8. 已知某日英镑对加元和对美元的两对汇率为 1￡＝C＄1.785 5～1.786 5，1￡＝USD 1.432 0～1.433 0。我某出口商品原报单价 CIF 温哥华为 500 美元，现客户要求改报加元，请问：(1)美元等于多少加元的买卖价？(2)以上出口商品若以加元计价，则应报价多少？

9. 已知德国市场汇率报价如下：即期汇率：1 美元＝1.521 8/1.522 8 马克，3 个月远期：203/205。

我某出口商品原价为 CIF 汉堡 1 000 美元公吨，现德国客户向我方询价，若用马克报价，请问：(1)若采用即期付款，我方应报多少马克？(2)若采用 3 个月远期付款，我方应报多少马克(不计利息)？

10. 鑫兴公司收到澳大利亚某客户来电，询购 1 000 只睡袋，要求按下列条件报出每只睡袋的 CIFC3%悉尼的美元价格。

条件：睡袋国内购货成本为每只 50 元人民币，国内其他费用总计为 5 000 元人民币，鑫兴公司的预期利润为 10%。该睡袋为纸箱装，每箱 20 只。从装运港至悉尼的海运运费为每箱 20 美元。海运出口保险按 CIF 价加一成投保一切险、战争险，费率为 0.8%(注：人民币对美元汇率为 8 元兑换 1 美元)。

11. 某外贸企业与英商达成一笔交易，合同规定我方出口某商品 500 公吨，每公吨 450 美元 CFRC2%利物浦，海运运费每公吨 29 美元，出口收汇后出口企业向该英商汇付佣金。计算：(1)该出口企业向中国银行购买支付佣金的美元共需多少人民币？(2)该出口企业的外汇净收入为多少美元？(按当时中行牌价：100 美元＝829.45/830.15 人民币元)

12. 我某进出口公司向外商出口商品一批，原报价 SD300 000.00 FOB 上海，现外商要求改报英镑，试分别根据下列牌价折算，各应报多少英镑？

(中国银行某日牌价：USD100＝CH￥853.16/858.28，￡100＝CH￥1 256.27/1 262.16；伦敦外汇市场某日牌价 1＝USD1.412 5/1.414 5)

13. 我某公司出口商品一批，共 1 000 公吨，出口价格为每公吨 2 000 美元 CIF 汉堡。客户现要求改报 FOBC5%上海价。查该商品总重量为 1 200 公吨，总体积为 1 100 立方米，海运运费按 W/M 计收，每运费吨基本运费率为 120 美元，港口附加费 15%；原报价保险金额按 CD 价另加成 10%，保险险别为一切险，保险费率为 1%。试求该商品的 FOBC5%上海价。

14. 我某公司按 CFR 术语向德国某公司出口磁化杯一批，原报价是即期付款每箱 85 英镑。后客户要求改用欧元报价，当时的外汇牌价是：EUR1＝GBP0.835 8，GBP1＝EUR1.196 4。我方应改报成多少欧元才合理？

15. 我某公司拟从国外进口一批电脑。询价结果如下：美国某公司报价 2 500 美元/台；德国某公司报价4 800马克/台。已知纽约外汇市场美元对马克的汇率为：1 美元＝1.848 0/1.852 0 马克。

问：若不考虑其他因素，我某公司应接受哪家公司的报价？为什么？

16. 中国 A 公司在 B 国投标争取某项工程的承包权，该工程为 5 栋规格完全相同的住宅楼，经勘察核算，每栋楼的直接费用为 800 万美元，间接费用为 150 万美元。根据当地市场行情，A 分司将毛利率定为 3%，考虑到工程技术难度不大，竞争激烈，为提高中标率，最终报价降低 1 个百分点，问 A 公司最终报价为多少万美元？（结果保留一位小数）

17. 某公司出口货物一批，原报价为每公吨20 000美元 CIFC3%科威特，客户要求改报 CFRC5%科威特价。

查原报价保险为水渍险并附加钩损险，其费率分别为 0.8%和 0.4%，按 CIF 价加一成投保。试计算 CFRC5%科威特价。

18. 某公司出口箱装货物，报价为每箱 50 美元 CFR 伦敦，英商要求改报 FOB 价，我方应报价多少？

（已知：该货物体积每箱长 45cm、宽 40cm、高 25cm，每箱毛重 35kg，运费计算标准为 W/M，每运费吨基本运费率为 120 美元，并加收直航附加费 20%、港口附加费 10%。）

19. 我某企业向新加坡 A 公司出售一批货物，出口总价为 10 万美元 CIF 新加坡，其中从大连港运至新加坡的海运运费为4 000美元，保险按 CIF 总价的 110%投保一切险，保险费率为 1%。这批货物的出口总成本为 72 万元人民币。结汇时，银行外汇买入价为 1 美元折合人民币 8.30 元。试计算这笔交易的换汇成本和盈亏额。

20. 某公司向西欧推销箱装货，原报价每箱 50 美元 FOB 上海，现客户要求改报 CFRC3% Hamburg。问：在不减少收汇的条件下，应报多少？

（该商品每箱毛重 40kg，体积 0.05m^3。在运费表中的计算标准为 W/M，每运费吨基本运费率为 200 美元，另收燃油附加费 10%）

21. 我某公司出口机床，原报价为 20 万美元；现国外进口商要求改报法国法郎价，已知纽约外汇市场当日报价为 1 美元＝5.415 0/5.425 0 法国法郎。

问我公司应报多少法国法郎？

附件 1　上海市对外贸易公司浦东公司售货合同

正　本
ORIGINAL

上海市对外贸易公司浦东公司

中国上海浦东南路2111号
SHANGHAI FOREIGN TRADE CORP. PU DONG CORP.
2111 PU DONG (S) SHANGHAI, CHINA

合同编号：
CONTRACT No.

日期：
DATE

电传挂号：
TELEX

电报挂号：
CABLF

传真号
FAX:

售货合同
SALES CONTRACT

卖　方：　上海市对外贸易公司浦东公司　　　　买　方：
Sellers: Shanghai Foreign Trade Corp Pu Dong Corp. Buyers:

双方同意按下列条款由买方购进卖方售出下列商品：
The Buyers agree to buy and the Sellers agree to sell the following goods on terms and conditions as set forth below:

（1）货物名称，规格，包装及装运唛头 Name of Commodity, Specifications, Packing and Shipping Marks	（2）数量 Quantity	（3）单价 Unit Price	（4）总价 Total Amount
	（装运数量允许有 (Shipment quantity		%的增减） % more or less allowed)

（5）装运期限
Time of Shipment:

（6）装运口岸
Port(s) of Loading:

（7）目的口岸
Port of Destination:

（8）保险：报保　　　　险，由卖方按中国人民保险公司规定的条款按发票金额110%投保。
Insurance: Covering　　　　Risks for 110% of invoice value as per PICC Clause to be effected by the Sellers.

（9）付款条件
Terms of Payment:

信用证必须在　　　　　前开到卖方，信用证的有效期应为装船期后15天，在上述装运口岸到期，否则卖方有权取消本售货合约并保留因此而发生的一切损失的索赔权。
The covering Letter of Credit must reach the Sellers before
and is to remain valid in above indicated Loading port(s) 15 days after the date of Shipment, failing which the Sellers reserve the right to cancel this Sales Contract and to claim from the Buyers for losses resulting therefrom

卖　方
The Sellers

买　方
The Buyers

上海市对外贸易公司浦东公司

SHANGHAI FOREIGN TRADE CORP. PU DONG CORP.
2111 PU DONG (S) SHANGHAI, CHINA

Please sign and return one copy of this sales Contract.

附件 2　提单

SEA-LAND SERVICE, INC.

INTERNATIONAL BILL OF LADING
NOT NEGOTIABLE UNLESS CONSIGNED "TO ORDER"
(SPACES IMMEDIATELY BELOW FOR SHIPPERS' MEMORANDA)

(2) SHIPPER/EXPORTER (COMPLETE NAME AND ADDRESS)	(5) BOOKING NO.	(5A) BILL OF LADING NO.
	(6) EXPORT REFERENCES	
(3) CONSIGNEE (COMPLETE NAME AND ADDRESS)	(7) FORWARDING AGENT. F.M.C. NO.	
	(8) POINT AND COUNTRY OF ORIGIN	
(4) NOTIFY PARTY (COMPLETE NAME AND ADDRESS)	(9) ALSO NOTIFY-ROUTING & INSTRUCTIONS	

(12)	(13) PLACE OF INITIAL RECEIPT*	(9A) FINAL DESTINATION (of the goods-not the ship).	
(14) VESSEL VOY FLAG	(15) PORT OF LOADING	(10) LOADING PIER/TERMINAL	(10A) ORIGINAL(S) TO BE RELEASED AT
(16) PORT OF DISCHARGE	(17) PLACE OF DELIVERY BY ON-CARRIER*	(11) TYPE OF MOVE (IF MIXED USE BLOCK 20 AS APPROPRIATE) CY ORIGIN / CFS ☐ CY ☐	

PARTICULARS FURNISHED BY SHIPPER　　SEA-LAND-U.S. CUSTOMS CONTAINER BOND IIT 145

MKS. & NOS./CONTAINER NOS.	NO. OF PKGS.	HM **	DESCRIPTION OF PACKAGES AND GOODS	GROSS WEIGHT	MEASUREMENT
(18)	(19)		(20) SHIPPER'S LOAD & COUNT	(21)	(22)

(23) Declared Value $ ________ If shipper enters a value, carriers "package" limitation of liability does not apply and the ad valorem rate will be charged.	RATE OF EXCHANGE	(24) FREIGHT PAYABLE AT/BY

ITEM NO.	RATED AS	PER	RATE	PREPAID	COLLECT	LOCAL CURRENCY
	TOTAL CHARGES					

☐ If this box is checked, goods have been loaded, stowed and counted by Shipper. Carrier has NOT done so and is not responsible for accuracy of count, conditions or nature of goods described in PARTICULARS FURNISHED BY SHIPPER.

THE RECEIPT, CUSTODY, CARRIAGE AND DELIVERY OF THE GOODS ARE SUBJECT TO THE TERMS APPEARING ON THE FACE AND BACK HEREOF AND TO CARRIERS APPLICABLE TARIFF.

In witness whereof three (3) original bills of lading all the same tenor and date one of which being accomplished the others to stand void, have been issued by Sea-land Service Inc. or its designated agent on behalf of itself, other participating carriers, the vessel, her master and Owners or charterers

BILL OF LADING NO.　　　　DATE

AT ....

BY ....

FOR SEA-LAND SERVICE, INC.

* APPLICABLE ONLY WHEN USED FOR MULTIMODAL OR THROUGH TRANSPORTATION

** INDICATE WHETHER ANY OF THE CARGO IS HAZARDOUS MATERIAL UNDER DOT, IMCO OR OTHER REGULATIONS AND INDICATE CORRECT COMMODITY NUMBER IN BOX 20.

附件 3　上海市对外贸易公司浦东公司装箱单

上海市对外贸易公司浦东公司

SHANGHAI FOREIGN TRADE COR. PUDONG COR.

发票号
INVOICE NO. ....

合约号
SALES NO. ....

装箱单
PACKING LIST

货号
STYLE NO.

日期
DATE ....

箱号 CARTON NO.	箱数 QTY PER CTN	花型/色别 DESIGNS/ COLOURS	每箱尺寸搭配 SIZE ASSORTMENT PER CARTON										每箱(件/套) PCS/SETS PER CTN	共计数量(件/套) TOTAL PCS/SETS	每箱毛重(千克) GR.WT. PER CTN (KGS.)	每箱净重(千克) NETT WT PER CTN (KGS.)	箱长×箱宽×箱高(厘米) MEASUREMENT PER CTN (CMS)	每箱体积 立方米 M^3/CTN

总数量　　　　件/套
TOTAL QUANTITY: .... PCS/SETS

共装　　　　纸箱
PACKED IN: .... CARTONS ONLY

毛重　　　　千克
GROSS WEIGHT: .... KGS.

净重　　　　千克
NETT WEIGHT: .... KGS.

体积　　　　厘米
MEASUREMENT: .... CM^3.

上海市对外贸易公司浦东公司
SHANGHAI FOREIGN TRADE COR. PU DONG COR.

外销合同：..................

品名：..................

要货单号：.......... 交货单号：..........

我方货号(款式、型号)：..................

客户货号：..................

地区：.......... 商标：..........

外包装：(在下面格内作√号)			
木箱	麻纸板箱	布包	

箱外已刷：		
客户货号或代号	我方货号	出口唛头

注意事项：
（1）交货装箱单六份作交货附件，香港澳门客户的货需附三份。表列各项，必须填写清楚，如有更改，必须书面通知。
（2）每批、次交货的箱号必须顺序编列，不得重复或跳号。
（3）每箱尺寸搭配、花型、色别，必须具体填列，不能笼统写为三色、四色等。
（4）凡要货单上开明需要净重或在箱上刷唛时，厂方应在本装箱单上详细列明，特别是唛头的字样，要原原本本注明在本单上。

提货地址：..................

货工厂自送提单：
送达地址：..................

联系人姓名：

电话号：..................

①

.... 交装箱单

确实可靠的提货日期：　年　月　日

交货单位：.................. (盖章)　日期：..........年..........月..........日

附件 4　中华人民共和国产地证

1. Exporter (full name and address)	CERTIFICATE NO. CERTIFICATE OF ORIGIN OF THE PEOPLE'S REPUBLIC OF CHINA
2. Consignee (full name, address, country)	
3. Means of transport and route	5. For certifying authority use only
4. Destination port	

6. Marks and numbers of packages	7. Description of goods; number and kind of packages	8. H.S. Code	9. Quantity or weight	10. Number and date of invoices

11. Declaration by the exporter The undersigned hereby declares that the above details and statements are correct; that all the goods were produced in China and that they comply with the Rules of Origin of the People's Republic of China. -- Place and date, signature and stamp of authorized signatory	12. Certification It is hereby certified that the declaration by the exporter is correct. -- Place and date, signature and stamp of certifying authority

附件 5　中华人民共和国普惠制证格式A

1. Goods consigned from (Exporter's business name, address, country)	Reference No.
2. Goods consigned to (Consignee's name, address, country)	**GENERALIZED SYSTEM OF PREFERENCES** **CERTIFICATE OF ORIGIN** **(Combined declaration and certificate)** **FORM A** Issued in THE PEOPLE'S REPUBLIC OF CHINA .... (country) See Notes overleaf
3. Means of transport and route (as far as known)	4. For official use

5. Item number	6. Marks and numbers of packages	7. Number and kind of packages; description of goods	8. Origin criterion (see Notes overleaf)	9. Gross weight or other quantity	10. Number and date of invoices

11. Certification It is hereby certified, on the basis of control carried out, that the declaration by the exporter is correct. .... Place and date, signature and stamp of certifying authority	**12. Declaration by the exporter** The undersigned hereby declares that the above details and statements are correct; that all the goods were produced in CHINA .... (country) and that they comply with the origin requirements specified for those goods in the Generalized System of Preferences for goods exported to .... (importing country) .... Place and date, signature of authorized signatory

附件 6　进口商品检验申请单

进 口 商 品 检 验 申 请 单

报验日期：20　　年　　月　　日　　　　　　　　　　　　　　**报 验 号：**

报验单位（盖章）：　　　　　　　　　　　　**联 系 人：**　　　　　　**电　　话：**

单位地址：　　　　　　　　　　　　　　　　**邮　　编：**　　　　　　**休 息 日：**

进口公司			国外发货人		
商品名称、规格		合 同 号		HS 编码	
报验数/重量		商品总值		预约工作日期	
起运地、转运地及目的地			运输工具		
进口日期		卸毕日期		索赔有效期	
检验依据			包装情况		
贸易方式	一般（　） 三来一补（　） 边贸（　） 其他（　）			原 产 国	
外汇来源	中央外汇（　） 地方外汇（　） 其他外汇（　）			贸易国别或地区	
报验人提供资料（打√或补填） 合同（　） 发票（　） 提单（　） 装箱单（　） 质保书（　） 理货清单（　） 到货通知单（　） 磅码单（　）				标 记 及 号 码	

申请检验项目（打√或补填）	质量	规格	数量	重量	包装	安全	卫生	开箱检验	残损	复验出证	水测计重		

堆 存 地 点	
联 系 人	
电　　话	
开 户 银 行	
银 行 帐 号	

备　　注	

粗框内由商检局填写

检验费	

检验方式（打√或补填）		商检检验（　）			共同检验（　）			认可单位检验（　）				
项　目	经办人	月	日	时	项　目	经办人	月	日	时	项　目	经办人	月	日	时
接受报验					检务处收单					制　证				
检验处收单					计　费					校　对				
检验处发单					复　审					发　证				

报验日期：20　　年　　月　　日　　　**领取进口商品检验证单凭条**　　　**报验号：**

报验单位		商品名称		索赔有效期	

注意：1. 申请单各项须按贸易合同、发票等单据填写清楚，切勿遗漏。

2. 报验时必须附合同、发票、提单（或陆、空、邮运运单）、装箱单、码单、国外检验证等有关单据。

3. 运输工具一栏如系近海运输除须填明船名外还应写清航次，邮运商品须注明邮包号数。

4. 凡需登轮检验和鉴定的商品，要在船到前报验。报验时资料不齐，需在备注栏注明并及时补齐，若影响本局工作的，由报验人负责。

5. 索赔有效期由申请人注意掌握，希在该有效期前一星期向本局联系领取证书，如届期不来领证耽误索赔者，与本局无涉。

参考文献

1.(英)亚当·斯密著，郭大力、王亚南译:《国富论》,上海三联书店出版社 2009 年版。

2.(英)李嘉图著,周洁译:《政治经济学及赋税原理》,华夏出版社 2005 年版。

3.(瑞典)俄林著,录宇锋等译:《区际贸易与国际贸易》,华夏出版社 2008 年版。

4.(英)托马斯·孟著,袁南宇译:《英国得自对外贸易的财富》,商务印书馆 1997 年版。

5.(德)李斯特著,邱伟立译:《政治经济学的国民体系》,商务印书馆 2013 年版。

6.(英)约翰·梅纳德·凯恩斯著,高鸿业译:《就业、利息和货币通论》(重译本),商务印书馆 1999 年版。

7. 联合国贸易与发展会议编,南开大学跨国公司研究中心译:《世界投资报告 2006》,中国财经出版社 2006 年版。

8.(美)克鲁格曼主编,海闻等译:《战略性贸易与新国际经济学》,中信出版社 2010 年版。

9. 对外经济贸易大学国际贸易教研室:《当代国际贸易理论与政策》,对外贸易教育出版社 1988 年版。

10. 汪尧田:《乌拉圭回合多边贸易谈判成果》,复旦大学出版社 1995 年版。

11.[日]小岛清:《对外贸易论》,南开大学出版社 1987 年版。

12. 王章耀:《世界经济概论》,中国人民大学出版社 1985 年版。

13. 李东阳:《当代西方国际投资学》,东北财经大学出版社 1991 年版。

14. 吴百福:《新编进出口贸易实务》,知识出版社 1992 年版。

15. 上海对外贸易协会:《对外经济贸易实用大全》,复旦大学出版社 1989 年版。

16. 熊良福、夏国政:《国际贸易实务新编》,武汉大学出版社 1994 年版。

17. 黎孝先:《国际贸易实务》,对外经济贸易大学教育出版社 1994 年版。

18. 冯大同:《国际商法》,对外经济贸易大学出版社 1991 年版。

19. 许心礼:《国际贸易与金融》,中国财政经济出版社 1992 年版。

20. 廖庆薪、廖力平:《进出口业务与报关》,中山大学出版社 1993 年版。

21. 顾弈镆、彦庆平:《新编对外贸易运输实务》,上海知识出版社 1992 年版。

22. 李计广:《欧盟贸易政策体系与互利共赢的中欧经贸关系》,对外经济贸易大学出版社 2009 年版。

23. 吴百福、徐小薇:《进出口贸易实务教材习题集》,上海人民出版社 2013 年版。

24. 姚大伟:《外贸跟单理论与实务》,上海交通大学出版社 2012 年版。

25.《2012 世界投资报告》,2012 年联合国贸发会出版。

26.《2013 世界投资报告》,2013 年联合国贸发会出版。

27.《跟单信用证统一惯例 600》,2007 年国际商会出版。

28. 秦桐毅:《日本入关后，对外贸易政策演变述析》,《现代日本经济》，2007(4)。

29. 李远:《二战后日本对外贸易政策的变迁》,《经济体制改革》,2005(6)。

30. 王鹏:《美国的经济形势与走势分析》,《中国金融》,2012 年第 1 期。

31. 上海图书馆上海科技情报研究所:若干高新技术产业全球发展态势,《上图专递》,2010 年 4 月。

32. 商务部国际贸易经济合作研究院,陆燕:《世界服务贸易发展的结构与趋势》,2012 年 8 月 31 日。

33.223 网校:历届外销员资格证书考试试题。

34. 223 网校:历届国际贸易自学统考试题。

35. BBC 新闻网: WTO 多哈回合谈判破裂,2012 年 8 月。

36. 中国商务部网站:欧盟 2011～2015 年贸易政策文件。

37. 中国商务部:美国贸易政策评估报告 2010。

38. 百度百科:国际资本市场,2013 年 10 月 5 日。

39. 百度百科:当前国际贸易的发展现状与趋势,2011 年 2 月。

40. 中华人民共和国商务部网站美洲大洋洲:《行业调研报告:变废为宝的绿色产业——挪威的垃圾处理》,2013 年 6 月 4 日。

41. 中国商品网:《国际形势研究:联合国经济形势报告更新,展望 2013 全球经济形势》,2013 年 5 月 28 日。

42. 中国能源网:《3 450 桶页岩油资源催生中美能源》,2013 年 6 月 13 日。

43. 中国能源网:《关注世界能源格局新变化》,2013 年 6 月 9 日。

44. 中国能源网:《世界能源远景预测:向左天然气　向右太阳能》,2013 年 6 月 17 日。

45. 维基百科:尼古拉斯・卡尔。

46. http://www.lawtime.cn/info/wto/WTOchengyuanguo/。

47. http://www.wto.org/english/thewto_e/whatis_e/tif_e/org6_e.htm。